Jureks Erben

Katarina Bader

Jureks Erben

Vom Weiterleben nach dem Überleben

Kiepenheuer & Witsch

FSC
www.fsc.org
MIX
Papier aus verantwortungsvollen Quellen
FSC® C014496

Verlag Kiepenheuer & Witsch, FSC-N001512

3. Auflage 2011

Umschlaggestaltung: Rudolf Linn, Köln
Umschlagmotiv: © plainpicture; © ullstein bild – TopFoto;
Filmstills: © Jerzy Hronowski
Autorenfoto: © Benjamin Ganzenmüller
Gesetzt aus der Palatino
Satz: Pinkuin Satz und Datentechnik, Berlin
Druck und Bindung: GGP Media GmbH, Pößneck
ISBN 978-3-462-04200-9

Inhalt

Für Jurek

1 Die Beerdigung

Es wird behauptet, im Tod seien alle gleich, aber das ist nicht wahr. Innerhalb von einer Woche beerdige ich nun den zweiten Menschen, den ich geliebt habe. Ich kann zwar gerade nicht besonders klar denken, aber eines weiß ich doch sicher: Tod ist nicht gleich Tod. Dabei waren beide schon alt – in einem normalen Alter zum Sterben.

Meine Großtante starb im festen Glauben an ein Leben nach dem Tod. Sie war krank, und als sie spürte, dass es nun bald so weit ist, verabschiedete sie sich von ihren Geschwistern, ihren Kindern und den Enkeln, und auch ich habe mich von ihr verabschiedet. Bei meinem letzten Besuch war ihr Zimmer voller Blumen. Die Sonne schien zum Fenster herein. Ihr Mann, der sie jahrelang gepflegt hatte, saß nun ruhig an ihrem Bett. Meine Großtante war sehr gut vorbereitet. Auf ihrem Nachttisch lag eine Mappe, auf der »Trauerfeier« stand, darin Lieder und ein Text, den sie für uns geschrieben hatte. Bei ihrer Beerdigung wurde er vorgelesen. Die Dorfkirche war voll, der Text war sehr schön. Ich glaube, der Tod meiner Großtante war das, was man einen würdevollen Tod nennt.

Jurek starb auf dem Fußboden seines Badezimmers, und die alte Frau mit der Wollmütze sagt, er sei ermordet worden. Sie habe ihn selbst gefunden. Zwanzig Stunden nach seinem Tod, in einer Lache aus getrocknetem Blut liegend.

Wir stehen vor der Kapelle auf dem evangelisch-augsburgischen Friedhof von Warschau. Es ist ein grauer Tag Anfang März, die Bäume sind kahl, und es liegt Schnee. Kein schöner, weißer Schnee, sondern eine bräunliche Pampe, die sich vollgesogen hat mit Schlamm. Der Boden ist nicht gefroren, es ist nicht frostig, nur nass und kalt. Ich stehe seit über einer halben Stunde hier, denn ich wusste nicht, wann die Beerdigung beginnt, ja, ich bin nicht einmal sicher, ob ich wirklich auf dem richtigen Friedhof bin. Ich bin einfach nach Warschau geflogen nach diesem Anruf. Und ich bin auf den evangelischen Friedhof gekommen, weil mir gesagt wurde, dass die Beerdigung wahrscheinlich hier stattfinden werde. Jerzy Hronowski, genannt Jurek, war nicht evangelisch. Er hatte den Glauben an Gott längst verloren. Er war aus der katholischen Kirche ausgetreten, und wenn man in Polen nicht katholisch ist, dann ist es nicht so leicht, einen Platz zu finden für ein Grab.

Ich habe gewartet und schließlich diese Frau mit der braunen Wollmütze angesprochen, die genau wie ich schon eine Zeit lang vor der Friedhofskapelle stand. Sie sagt, sie wolle auch zur Beerdigung von Jerzy Hronowski, und dann sagt sie: »Diese Art zu sterben hat niemand verdient. Auch Herr Hronowski nicht.«

Es ist also wahr. Ich hatte noch gehofft, dass alles ein Missverständnis ist. Dass er ganz normal gestorben ist, mein Freund Jurek. Dass die Grausamkeit, der Jurek einst entkommen ist, ihn nicht wieder eingeholt hat – nach so vielen Jahren. Mir steigen Tränen in die Augen. Die Frau redet weiter, erzählt ausschweifend: Zweimal in der Woche habe sie seine Wohnung geputzt, gekocht und eingekauft, denn er habe ja niemanden gehabt. Man dürfe ja nichts Schlechtes sagen über einen Toten, aber ein einfacher Mensch sei er nicht gewesen, dieser Herr Hronowski. Ständig unzufrieden mit dem Essen. Nicht mal einen Schlüssel für die Wohnung habe er ihr geben wollen, so misstrauisch sei er gewesen. An jenem Morgen habe er die Tür nicht geöffnet. Sie habe gewartet, mehrere Stunden, und schließlich die Polizei gerufen. »Nein, Allmächtiger, das war kein schönes Bild«, sagt sie, und es klingt Mitleid aus ihrer Stimme – allerdings eher Mitleid mit sich selbst, weil sie dieses ekelhafte Bild ansehen musste.

Ein Mann kommt auf uns zu. Er schaut die Wollmützenfrau und mich genau an, er registriert die Tränen in meinen Augen und fragt mich dann, ob ich Jerzy Hronowskis Enkeltochter sei. Ich sehe, dass er einen Pastorenkragen unter der dunklen Winterjacke trägt. Ich schüttle den Kopf, beiße mir auf die Unterlippe und mache den Mund nicht auf, weil ich weiß, dass ich ohnehin gerade nichts sagen kann, sondern nur weinen, und das will ich nicht vor dieser Frau.

»Vielleicht ist das die Schwiegertochter. Ich habe gehört, dass sein Sohn eine junge amerikanische Frau hat, und die hier spricht komisches Polnisch«, sagt die Frau mit der Wollmütze. Sie mustert mich dabei, wie man ein interessantes fremdes Objekt ansieht. Ich beginne die Wollmützenfrau zu hassen, weil sie ständig redet, weil sie nicht trauert, weil sie mich anstarrt. Aber letztlich hasse ich sie doch nur, weil sie gesagt hat, dass es wahr sei, dass Jurek ermordet wurde.

»Nein«, sage ich schließlich, »wir waren Freunde.« Und ich merke, dass es nicht leicht ist zu erklären, wer Jerzy Hronowski genau für mich war.

Jurek war sechzig Jahre älter als ich und Pole, seine Jugend hatten ihm die Deutschen geraubt. Ich bin Deutsche, und als ich Jurek kennenlernte, steckte ich mitten in der geborgensten Jugend, die man sich überhaupt vorstellen kann: in einem schwäbischen Dorf, mit netten Eltern und vielen Geschwistern. Acht Jahre ist das jetzt her, und diese Jahre wären anders verlaufen ohne Jurek. Er hat mein Leben verändert. Und jetzt ist er tot.

»Ich habe ihn gefunden, das heißt, zusammen mit der Polizei, alles voll Blut, Allmächtiger, Herr Pastor, und dann diese Wunde am Kopf«, sagt die Wollmützenfrau, die sich inzwischen von mir ab- und dem Pastor zugewandt hat. Sie erzählt ihre Geschichte von vorn und hält erst inne, als drei weitere dunkel gekleidete Menschen auf uns zukommen: ein Mann, klein, eher untersetzt, Mitte fünfzig vielleicht, ein ebenfalls stabil gebauter Jugendlicher, ungefähr 18, und ein sehr dürres Mädchen, das ich trotz der dicken Make-up-Schicht auf höchstens 15 schätze. Der Mann gibt dem Pastor die Hand. Er stellt sich als Tomek Hronowski vor, und dann schaut er mich an und meine Tränen. Ein fragender Blick ist es und irgendwie auch ein verwunderter. Ich weiß, dass das Jureks Sohn ist, dass ich ihm jetzt mein herzliches Beileid ausdrücken und ihm erklären müsste, wer ich bin, aber all das überfordert mich. Ich halte ihm nur meine Hand hin und sage ihm meinen Namen. Ich sehe an Tomeks Gesicht, dass er ihn noch nie gehört hat.

Tomek gibt auch der Wollmützenfrau die Hand, und die erzählt ihre Geschichte noch einmal: der fehlende Schlüssel, die Tür, die Polizei, die Kacheln, das Blut. Tomek hört ihr mit versteinerter Miene zu und stellt keine Fragen. Er trägt einen schwarzen Anzug, sein Gesicht ist faltig, die Haare schwarz, mit vielen grauen Stellen.

Das ist also der Sohn, über den Jurek viel sprach, aber wenig Gutes. Er weiß nichts von mir, aber ich weiß viel von ihm. Ich weiß, dass er längst geschieden ist von dieser Amerikanerin, dass er Trucker ist in Amerika – und ein Tunichtgut; das hat zumindest sein Vater behauptet.

Wie groß sie schon sind, die Kinder. Auf den Bildern, die auf Jureks Nachttisch standen, waren sie noch im Kindergartenalter. Die beiden stehen stumm da und sagen kein Wort. Der Junge wirkt nervös, das Mädchen stochert mit seiner Stiefelspitze im Schneematsch herum. Sie verstehen nicht, was da auf Polnisch gesprochen wird. »So einen Tod hat niemand verdient«, sagt die Frau gerade zum dritten Mal, und der Pastor sagt, dass wir dann ja hineingehen können.

Es ist eine alte Kapelle aus weißem Sandstein. Vorne am Altar steht ein geschlossener dunkler Holzsarg. Ein kleines Gesteck ist darauf festgemacht. Rote Rosen mit viel weißem Kraut. Auf einem breiten Band aus Plastik steht »Jerzy Hronowski 2.4.1922–18.2.2006«. Jurek ist also schon seit drei Wochen tot; ich weiß davon seit weniger als 48 Stunden.

Ich habe einen Tulpenstrauß dabei, und mein Strauß birgt ein Geheimnis. Sonst gibt es keine Blumen in der Kapelle. Tomek und die beiden Teenager setzen sich in die erste Reihe rechts, die Frau mit der Wollmütze in die zweite Reihe links, ich in die dritte Reihe rechts. Jeder sitzt allein. Ich will die Tränen, die mir in Bächen über die Wangen fließen, vor Tomek verstecken. Sie kommen mir anmaßend vor, meine Tränen.

Als alle schon sitzen, kommen noch zwei Menschen herein – ein älteres Paar. Sie setzen sich hinter die Frau mit der Wollmütze. Ich habe sie schon einmal gesehen, weiß aber nicht mehr, wann und wo. In den ersten Jahren, nachdem ich Jurek kennengelernt hatte, hat er mir manchmal Freunde und Bekannte vorgestellt. In letzter Zeit nicht mehr. Die Glocken läuten. Der Pfarrer ist schon auf dem Weg zum Altar, da betritt noch ein Mann mittleren Alters die Kapelle. Das muss Leszek Szuster sein. Ohne ihn wäre ich nicht hier. Er hat mich anrufen lassen.

– Guten Tag, Internationale Jugendbegegnungsstätte Auschwitz hier, spreche ich mit Frau Katarina Bader?
– Ja, das bin ich.
– Ich habe eine Nachricht für Sie. Sie sind doch befreundet mit Jerzy Hronowski?
– Ja.
– Wir haben soeben die Nachricht erhalten, dass er tot ist. Aber das ist eine sehr eigenartige Sache, die Staatsanwaltschaft ermittelt offenbar. Es heißt, er sei nicht normal gestorben.
– Was heißt nicht normal?
– Getötet.
– Jurek hat Selbstmord begangen?
– Nein, anscheinend nicht er selbst. Wir wissen aber nichts Genaues. Die Beerdigung soll in Warschau sein. Auf einem protestantischen Friedhof, soweit wir wissen. Übermorgen am Nachmittag. Mehr weiß ich nicht, aber unser Direktor, Herr Szuster, bat mich, Sie anzurufen. Er ist jetzt auf einer Konferenz in Berlin, aber er wird auch zur Beerdigung kommen. Wir sind alle sehr traurig. Herr Hronowski war sehr geschätzt bei uns im Haus.

Ich habe Leszek Szuster noch nie gesehen, aber ich wusste, wie sehr Jurek ihn mochte, und offenbar wusste er, dass ich Jurek sehr mochte. Ohne Herrn Szuster und seine Kollegen hätten wir uns nicht kennengelernt. Damals, vor acht Jahren. Szuster schaut sich um, nickt mir zu und setzt sich dann zu mir in die Reihe. Ich fühle mich schon weniger allein.

Der Pastor beginnt mit seiner Rede. Es ist eine Rede, keine Predigt. Gott kommt darin nicht vor, aber Jurek hätte auch keinen Gott in seiner Trauerrede gewollt. Merkwürdig ist nur, dass auch Jurek selbst nicht vorkommt in dieser Rede. Der Pfarrer beschreibt ihn als polnischen Freiheitskämpfer, der von den Nazis ins Konzentrationslager gesteckt wurde. Als treu sorgenden Familienvater und als gütigen Großvater, der noch viele schöne Jahre im Kreis seiner liebenden Familie hätte verbringen können, wenn es nicht zu diesem ungeklärten, aber gewiss schrecklichen Zwischenfall gekommen wäre. 83 Jahre sei Jurek alt geworden, sagt er. Das Alter ist so ziemlich das Einzige, was an der Rede des Pfarrers stimmt, denke ich.

Die Nazis haben Jurek ins Konzentrationslager gesteckt, als er noch fast ein Kind war. Er wurde verhaftet, weil sein Vater ein polnischer Offizier war und er selbst Pfadfinderführer, nicht weil er den Besatzern irgendwie Widerstand geleistet hätte. Erst in Auschwitz wurde Jurek zum Kämpfer. Er hat mir oft davon erzählt. Vier Jahre lang kämpfte er gegen Krankheiten und Angst, um eine halbe Kartoffel, aber auch für einen Rest von Stolz und Menschenwürde. Keinen Moment durfte er dabei lockerlassen, sonst hätte er nicht überlebt.

Nach der Befreiung hat Jurek nie wieder aufhören können zu kämpfen. Ab Mitte der Sechzigerjahre kämpfte er für die Versöhnung zwischen Polen und Deutschen und zugleich gegen das Vergessen. Er fing an, Freundschaften mit Deutschen zu schließen, half die Arbeit von Aktion Sühnezeichen Friedensdienste in Polen aufzubauen. Er führte Gruppen durch das Lager in Auschwitz, sprach mit Tausenden von deutschen Schulklassen und arbeitete dann mit in der Jugendbegegnungsstätte Auschwitz, deren Direktor, Leszek Szuster, nun neben mir sitzt. Jurek hat vierzig Jahre lang versucht, Menschen für die politische Aussöhnung zu begeistern, aber er hat sich mit fast allen, die ihm persönlich nahestanden, überworfen.

Er war charismatisch, besaß Witz und einen hellwachen Verstand – er konnte bei der ersten Begegnung jeden für sich einnehmen. Aber ihm dauerhaft nah zu sein, war nicht einfach. Auch ich habe das oft gespürt. Trotzdem habe ich ihn sehr geliebt, diesen schwierigen alten Mann.

Vier Männer in Schwarz kommen und nehmen Jureks Sarg. Vor der Kapelle steht nun ein kleiner Wagen, eine Art Handkarre. Darauf wird der Sarg gelegt. Die Männer führen den Trauerzug an. Es geht langsam voran, denn die Räder des Wagens greifen nicht gut im Schneematsch. Wir gehen hinterher. Nur neun Menschen sind es, und drei davon kannten Jurek nicht, denn dieser Pfarrer kann Jurek nicht gekannt haben, genauso wenig wie die beiden Enkel.

Warum hat Tomek seine Kinder erst jetzt, zur Beerdigung, mit nach Polen gebracht? Warum gibt es keinen Kranz aus Deutschland für einen Mann, der immerhin Träger des Bundesverdienstkreuzes war? Warum war kein Grabredner aufzutreiben, der

Jureks Lebensgeschichte halbwegs richtig nacherzählen kann, wo Jurek selbst doch fast sein ganzes Leben dem Erzählen dieser Geschichte gewidmet hat? Wie ist Jurek gestorben? Und warum bin ich, eine sechzig Jahre jüngere Deutsche, der einzige Mensch auf dieser verdammten Beerdigung, der weinen kann?

Es ist ein alter Friedhof, und das Grab ist ganz hinten, schon nahe bei der Mauer, unter einer großen, kahlen Kastanie. Man kann es nur über einen sehr schmalen Weg erreichen. Der Sarg wird nicht ins Grab hinuntergelassen, sondern eher hineingeschoben, unter die schwere, dunkle Marmorplatte, die schon daraufliegt. Dann gehen die schwarz gekleideten Männer weg. Der Pfarrer drückt Tomek rasch die Hand und geht ebenfalls, ohne ein weiteres Wort. Die anderen bleiben stehen. Schweigend. Als ob sie warteten, dass noch etwas passiert. Tomek steht ganz vorne, dem Grab nur halb zugewandt, aber er tritt auch nicht zur Seite, damit man durchgehen könnte zum Grab seines Vaters. Sein Blick ist starr. Seine Kinder stehen stumm neben ihm, berühren ihn aber nicht. Sogar die Frau mit der Wollmütze schweigt. Es gibt hier nichts mehr zu tun, es gibt nicht mal Erde, die man ins Grab werfen könnte. Und auch den Tulpenstrauß, den ich noch immer in den Händen halte, werde ich Jurek höchstens auf die Marmorplatte legen können. Ich hätte ihn gern ins Grab geworfen, denn ich habe darin ein kleines Stück Schinken versteckt. Guten geräucherten polnischen Schinken.

– Du hast Blumen gekauft, Kati?
– Ja. Auf dem kleinen Markt nah bei der Tramstation. Zu Ostern gehören Tulpen. Magst du keine Tulpen, Jurek?
– Du weißt doch: Ich sehe fast nichts mehr. Hättest du besser Schinken gekauft.

Zwei Männer in Arbeitskleidung kommen mit einem Eimer. Sie schauen die versteinerte Gesellschaft etwas irritiert an, lassen sich dann aber nicht weiter stören. Sie schieben eine Platte vor die seitliche Öffnung des Grabes, und dann beginnt der eine, die Fugen zwischen den Platten mit Mörtel zu schließen. Er klatscht den Mörtel mit einer Kelle auf die Fuge und streicht ihn dann glatt. Ein kratzendes Geräusch auf dem Stein, das schrecklich laut wirkt, weil es sonst so still ist. Die kleine

Trauergemeinde starrt die Arbeiter an, als handele es sich bei dem, was sie da tun, um eine extrem bedeutungsvolle, ja, fast mystische Tätigkeit. Aber plötzlich gibt es noch ein anderes Geräusch – ein leises Schluchzen. Ich sehe hinüber zu Jureks Familie. Der Enkelsohn weint. Der junge Amerikaner, der seinen Großvater nie kennengelernt hat, weint. Es ist, als ob er damit einen Bann löst, der auf der Beerdigungsgesellschaft liegt. Tomek tritt zur Seite, legt einen Arm fest um seinen Sohn, und endlich werden Blumen auf die Grabplatte gelegt und Hände geschüttelt. Tomek, der bisher noch fast nichts gesagt hat, sagt nun mit lauter, fester Stimme, dass er alle einladen möchte zu einem Essen in ein Restaurant, in dem er ganz früher manchmal mit seinem Vater war.

Herr Szuster kann nicht mitkommen. Er ist um fünf Uhr morgens aufgestanden, direkt von dieser Konferenz in Berlin angereist, und nun hat er noch einen Termin, den er nicht verschieben kann. »Es war unheimlich, wie alle dastanden und diesem Mann mit dem Mörtel zugeschaut haben«, sagt er zu mir, als ich mich von ihm verabschiede. »Jurek hat eigentlich wenig gebraucht. Keine große Wohnung, kaum Geld. Nur Zeit. Unsere Zeit hätte er gebraucht. Mehr Zeit, als wir ihm gegeben haben. Ich glaube, dass wir ihm alle auf dem Friedhof noch Zeit schenken wollten, jetzt, wo es zu spät ist.«

Wir essen im »Kogut«, wo es laut Jurek die besten Kartoffelpuffer Warschaus gibt. Ich bin oft mit ihm hier gewesen. »Mit Pilzsoße schmecken sie mir am besten«, hat er immer gesagt. Jetzt trinken wir Wodka ihm zu Ehren, und die alte Frau, die ihre Wollmütze auch im Restaurant nicht vom Kopf nimmt, erzählt wieder und wieder von der Polizei und dem Blut.

Ich halte mich an Jureks Enkelsohn Merek. Er hat dunkle, strubbelige Haare, große und schwarze Augen mit langen Wimpern und ein freundliches, weiches Gesicht. Sein etwas übergewichtiger, plumper Körper passt gar nicht zu diesem Gesicht. »Ich kenne dich von Jureks Nachttisch«, sage ich, »aber auf dem Bild warst du noch ganz klein.«

Merek beginnt, mir eine Geschichte zu erzählen. Er hat Jurek einen Brief geschrieben, einen langen Brief, vor einem halben Jahr war das. Zu dem Brief hat er Fotos gelegt, von sich selbst, von seiner Freundin, von dem Abschlussball seiner Highschool und natürlich auch von Alyssa, seiner kleinen Schwester. Merek hat Jurek diesen Brief geschickt, weil er es schade fand, dass er diesen Großvater auf der anderen Seite des Atlantiks nicht kannte. Sie konnten ja nicht einmal am Telefon richtig miteinander sprechen, weil Jurek kaum Englisch konnte und Merek kein Polnisch versteht. Und diesen Brief hat Merek nun gefunden, ungeöffnet, in Jureks Wohnung.

»Jurek war fast blind und konnte seine Post nicht alleine lesen«, erkläre ich, »wenn er gewusst hätte, von wem der Brief ist, hätte er sich sehr gefreut.« Aber ich weiß, das ist ein miserabler Trost. Ich denke daran, wie sehr Jurek in den letzten Jahren auf ein Zeichen von seinem Sohn gewartet hat – und auch auf die Kinder, deren Fotos auf seinem Nachttisch standen. Er hat gewartet, aber er hat selbst nichts unternommen, um seine Enkel kennenzulernen. Dazu war er zu stolz.

Jurek war ein klein gewachsener Mann, aber in jeder Bewegung entschieden und kraftvoll. Er ging immer aufrecht. Ganz der Sohn eines polnischen Offiziers. Sogar wenn er zu Hause eine ausgebeulte Jogginghose trug, hatte er mehr Haltung als die meisten Soldaten in Ausgehuniform.

Merek weint, und ich würde ihn gern umarmen, aber ich kenne Merek ja gar nicht.

Ich finde heraus, dass die beiden älteren Herrschaften, die mir in der Kirche so bekannt vorkamen, Nachbarn waren. Sie hatten einen Hund, einen Cockerspaniel, und als Jurek noch seinen Spitz hatte, sind sie manchmal zusammen spazieren gegangen. Schon seit fast zwei Jahren haben sie ihn nicht mehr getroffen und jetzt nur zufällig, über den Nachbarschaftstratsch, von seiner Beerdigung gehört.

»Das mit der Polizei sprach sich ja rum«, sagt die Frau.

»In den letzten Jahren wurde er immer anstrengender«, sagt der Mann.

»Wer hat einen Grund, einen mittellosen Rentner zu töten?«, fragt die Frau und spricht aus, was mir auch seit Stunden durch den Kopf geht. Wie konnte das passieren? Jurek besaß doch kaum etwas: eine winzige Eigentumswohnung, ein paar alte Bilder … Aber er hatte Angst, manchmal schreckliche Angst. Und plötzlich muss ich an eine der Geschichten denken, die Jurek immer mal wieder erzählt hat, wenn er lange allein gewesen war.

– Kati, sie wollen mich umbringen. Sie denken, sie können mich noch erwischen.
– Wer will dich umbringen?
– Ein Geheimdienstler. Ehemaliger Geheimdienstler. Er wohnt über mir. Er hört mich ab. Er macht Geräusche, um mich zu treiben in den Wahnsinn und dann mitzunehmen, was ich habe. Er hat gebohrt durch die Decke meiner Wohnung ein Loch und will Gas leiten, durch dieses Loch, um mich zu töten.
– Jurek, das ist doch unvorstellbar …
– Dass du es dir nicht vorstellen kannst, heißt nicht, dass es unvorstellbar ist. Oder willst du behaupten, dass du dir alles vorstellen kannst, was es gibt?
– Nein, natürlich nicht, aber trotzdem. Das geht doch gar nicht, ich meine, wie soll das funktionieren …

Ich konnte mit diesen Ängsten nicht gut umgehen. Sie passten nicht zu dem klugen, rationalen und furchtlosen Menschen, der Jurek sonst war. Ich glaubte, es seien Ängste aus der Vergangenheit, die nun, weil Jureks Kraft nachließ, wieder in ihm hochstiegen. Ich nahm sie nicht ernst, aber ich fürchtete, Jurek könnte das merken und denken, dass ich ihn nicht ernst nehme. Das hätte er mir nicht verziehen. Also lenkte ich unser Gespräch immer auf ein anderes Thema, wenn Jurek auf seine Verfolger zu sprechen kam, und nachdem ich eine Weile da war, nachdem wir schwarzen Tee getrunken, Schinken gegessen und über dies und das geredet hatten, schienen die Ängste meistens wieder verschwunden zu sein.

Nun versuche ich, mich an Details von Jureks Verschwörungstheorien zu erinnern. Ist Jureks Tod nicht der Beweis dafür, dass Dinge passieren, die ich mir nicht vorstellen kann? Hatte er wirklich Feinde? Warum habe ich ihm nie richtig zugehört, wenn er darüber sprach? Ich muss mich erinnern, vor wem genau Jurek Angst hatte. Ich muss all das verstehen. In meinem Kopf beginnt sich alles zu drehen.

– Tomek, weiß man irgendetwas über den Tod deines Vaters?
– Nein. Was ich weiß, weiß ich nur von der Frau, die ihm den

Haushalt machte. Ich war bei der Polizei, aber ich konnte dort doch fast nichts sagen. Wir haben kaum miteinander gesprochen in den letzten Jahren.

– Ich weiß.

– Auch früher haben wir nie miteinander geredet. Ich weiß nichts über ihn. Über sein Leben. Kennst du Warschau?

– Ich habe hier studiert.

– Kannst du meinen Kindern morgen die Altstadt zeigen? Sie kennen Warschau nicht, und ich habe sehr viel zu tun. Muss zum Notar und mich um den Verkauf von Jureks Wohnung kümmern.

Mit Tomek zu sprechen ist merkwürdig. Ich habe immerzu das Gefühl, dass ich ihm erklären müsste, wer ich bin und wer ich für seinen Vater war. Aber Tomek stellt keine Fragen.

Am nächsten Morgen zeige ich Merek Warschau. Seine Schwester Alyssa ist im Hotel geblieben. Sie hat Magenschmerzen, und Merek sagt, dass sie all das nicht so richtig verdauen kann. Ich zeige Merek die Lieblingsplätze seines Großvaters, das polnische Nationalmuseum, die Prachtstraße Nowy Swiat, die nach dem Zweiten Weltkrieg wieder aufgebaute Altstadt und das neue Zentrum rund um den Kulturpalast, wo Wolkenkratzer in den Himmel ragen und riesige Shopping-Malls Designerkleidung anbieten.

Wir fahren auch ein Stück Straßenbahn, und ich bringe Merek bei, was »Ein Ticket bitte« auf Polnisch heißt – »Proszę jeden bilet jednorazowy«.

Unterwegs erzähle ich Merek von Jurek. Davon, wie sehr er diese vom Krieg zerschundene Stadt geliebt hat und auch dieses Land: die Berge im Süden, die Renaissancestädte entlang der Weichsel, die Seen im Norden, aber auch die polnische Geschichte, die Literatur und die Sprache. Merek will wissen, warum ich mich für Polen interessiere. Ich erzähle ihm eine Geschichte. Auch sie hat mit Jurek zu tun, und sie spielt in der Kantine der Jugendbegegnungsstätte in Auschwitz vor acht Jahren.

Es war mitten in der Nacht. 18 Jahre war ich damals, so alt wie Merek heute. Ich hatte Jurek gerade eben erst kennengelernt, aber wir saßen nun schon seit mehreren Stunden an diesem Tisch und waren in ein Gespräch vertieft, in dem es nicht nur um Jureks Zeit in Auschwitz ging, sondern auch um VW-Campingbusse und darum, wie gut Tomaten im Sommer schmecken. Jurek fragte mich nach meinen Plänen für die Zukunft.

– Ich glaube, ich würde gerne Polnisch lernen. Das habe ich mir in der Zeit hier zum ersten Mal überlegt. Nach dem Abi will ich sowieso ins Ausland. Da könnte ich eigentlich nach Polen kommen. Ich meine, es sprechen so viele Polen Deutsch. Sogar Sie, Herr Hronowski, trotz Ihrer Geschichte und allem.
– Wegen.
– Wie bitte?
– Nicht trotz, sondern wegen. Ich wäre krepiert ohne Deutsch. Warum genau willst du Polnisch lernen?
– Na, wegen der Versöhnung und so. Weil unsere Völker sich besser verstehen müssen. Als Nachbarn.
– Das erlaube ich nicht.
– Was?
– Ich erlaube dir nicht, aus solchen Gründen Polnisch zu lernen. Lern es, weil du reich und berühmt werden willst. Weil du an Polens Zukunft glaubst und dann profitieren willst von Kenntnissen, die in Deutschland sonst fast überhaupt niemand hat. Ich kann dir helfen dabei. Ich bin Jurek. Einfach Jurek.

Jurek bot mir an, bei ihm zu wohnen und einen Polnischkurs in Warschau zu machen. Das haute mich um. Ich kannte diesen alten Herrn damals noch keine sieben Stunden.

Merek gefällt meine Geschichte sehr. Er will genau wissen, wo ich Polnisch gelernt habe, wie viel Zeit man dafür einplanen muss. Er fragt mich, was Jurek außer Tomaten noch gern gegessen hat, und auch, warum Warschau an den meisten Stellen so »fucking new« aussieht, obwohl er doch immer dachte, dass die europäischen Städte alle alt seien. Merek ist wie ein trockener Schwamm, der alles aufsaugt, und ich sprudle über vor lauter Geschichten. Ich erzähle, dass ich nach dem Abitur nach Krakau gegangen bin, weil es dort die besten Polnischkurse gab. Am Wochenende fuhr ich aber oft zu Jurek nach Warschau.

Ich wusste, dass Jurek gerne gut isst, und versuchte bei jedem Besuch ausgefallene Gerichte für ihn zu kochen, bis ich merkte, dass ihm Einfaches lieber war. Salzgurken, Erbsensuppe, Rollmöpse – Lebensmittel, die er aus der Kindheit kannte, nach denen er sich in Auschwitz gesehnt hatte –, dunkles Brot und Schinken. Stundenlang sprachen wir über Schinken. »Das ist sehr guter Schinken«, sagte Jurek, wenn er den ersten Bissen nahm. Und: »Deutscher Schinken ist nicht so gut wie polnischer Schinken.« Er war enttäuscht, wenn ich auf die Provokation nicht reagierte. »Einmal habe ich auch in Deutschland hervorragenden Schinken gegessen«, meinte er wieder versöhnlich. »Das war 1978, als ich in Flensburg einen Vortrag hielt. Die hatten einen Schinken da!«

Ich erzähle Merek auch vom Warschauer Aufstand, nach dessen Niederschlagung 1944 Warschau von den Deutschen systematisch zerstört wurde, bis in der Stadt kein Haus mehr stand, und überhaupt von all den Aufständen, die es über die Jahrhunderte hinweg in Polen ständig gab: der Novemberaufstand 1830, der Januaraufstand 1863 und so weiter. Es kommt mir sonderbar vor, dass Jureks Enkelsohn die polnische Geschichte nicht kennt, denn Jureks ganzes Leben schien mit dieser Geschichte verwoben. Sogar wenn Jurek über die Schlacht bei Grunwald 1410 sprach, klang es, als wäre er dabei gewesen. Jahreszahlen, Helden und Tragödien. Jurek wusste bestens Bescheid. Dabei hatte er nie studiert. Die Deutschen hatten ihn »aus dem Lyceum wegarrestiert«, wie er sagte. Aber solange Jureks Augen noch mitmachten, verbrachte er ganze Tage in der polnischen Nationalbibliothek und las sich durch die historische Abteilung.

Auch von Jureks Eltern erzähle ich Merek. Von Jureks Vater, der Offizier war und im Ersten Weltkrieg noch im österreichisch-ungarischen Heer kämpfte, weil Polen doch geteilt war zu dieser Zeit und Galizien, die Gegend, aus der Jurek stammt, damals zum k. u. k. Reich gehörte. Und wie Jureks Vater dann desertierte, um sich dem polnischen Unabhängigkeitskampf anzuschließen. Ich erzähle von Jureks Mutter, Mereks Urgroßmutter, einer entschiedenen und anspruchsvollen Dame, die, obwohl die Familie nicht wohlhabend war, unbedingt Teil der polnischen High Society sein wollte, damals in der Zeit zwischen dem Ersten und dem Zweiten Weltkrieg. Und die sich deshalb gleich zweimal porträtieren ließ von dem damals bekanntesten polnischen Maler, Stanisław Ignacy Witkiewicz. »Wir gingen mit leerem Magen ins Bett, aber sie musste diese Bilder unbedingt machen lassen«, hatte Jurek immer erzählt.

Ich erzähle Merek die Geschichten, die Jurek mir erzählt hat. In seiner Einzimmerwohnung, an dem runden Tisch, an dem wir saßen und Tee tranken, unter dem strengen Blick seiner Mutter, die von den beiden Porträts an der Wand blickte. In einem der Bilder war ein Loch. Am Tag von Jureks Verhaftung hatte ein Gestapomann darauf geschossen.

Merek kennt all diese Geschichten über seine Familie nicht, will aber alles wissen, versucht zu verstehen und das, was er hört, zu verbinden mit sich und seinem Leben. »Ich dachte immer, dass ich der Einzige in unserer Familie bin, der gerne liest«, sagt er, »und Alyssa will in der Schule auch immer zu der Upper-Class-Clique gehören.« Merek sagt das so, als habe er soeben eine wunderbare Entdeckung gemacht, eine Lösung gefunden für eine bisher völlig unbeantwortbare Frage. Plötzlich verstehe ich: Jurek hat mir all das erzählt, was man eigentlich seinen Enkelkindern erzählt. Die Geschichten, die man hinterlässt für die nächste Generation. War ich für ihn eine Ersatzenkeltochter? Oder womöglich auch nur eine Art lebendes Aufnahmegerät? Hat er vielleicht gehofft, dass ich eines Tages so mit Merek durch die Stadt gehe? Zum ersten Mal seit der Nachricht von Jureks Tod fühle ich mich nicht fehl am Platz, zum ersten Mal habe ich das Gefühl, dass ich etwas Richtiges tue, indem ich Geschichten ausspucke wie ein Springbrunnen das Wasser.

Mereks Handy klingelt. Er murmelt abwechselnd »Tut mir leid« und »Kein Problem« in den Hörer. Nachdem er aufgelegt hat, sagt er, dass sein Vater ihn nun brauche, für eine Unterschrift beim Notar. Jurek habe alles, was er besaß, Alyssa und ihm vererbt, erzählt Merek, und Tomek sei nun wütend. Er brauche eine Vollmacht von ihm, damit er alles regeln könne, mit der Wohnung und so. »Ich vertraue meinem Vater total«, sagt Merek. Tomek sorge immer dafür, dass er und Alyssa nicht zu kurz kommen. »Er reißt ganz schön viele Stunden runter in seinem Truck, für unsere Ausbildung und so«, sagt Merek, und es klingt, als wolle er verhindern, dass sein Vater in ein schiefes Licht gerät. Tomek sei auch nicht kleinlich gewesen, erzählt Merek weiter, damals, bei der Scheidung. Er habe der Mutter das Haus gelassen und eigentlich alles. Aber genau deshalb verstehe er nicht, warum Tomek plötzlich böse sei über dieses Testament.

Ich schweige. Ich will mich nicht einmischen und vor allem will ich nicht, dass dieser Tomek den Eindruck gewinnt, dass ich mich einmische. Tomek beginnt mir unheimlich zu werden. Jurek ist ermordet worden, und sein Sohn regt sich über das Testament auf.

Wir warten in einem kleinen Café auf Tomek. Merek sagt immer wieder, dass er seinem Vater sehr vertraue und natürlich alles unterschreiben werde, aber dann fragt er mich, ob ich etwas wisse über den Streit zwischen seinem Vater und seinem Großvater. Ich sage, dass ich nichts darüber wisse, obwohl das nicht wahr ist.

Tomek kommt herein, er gibt mir die Hand, setzt sich zu uns, wirkt freundlich und plötzlich gut gelaunt. Er bedankt sich überschwänglich bei mir dafür, dass ich seinem Sohn die Stadt gezeigt habe. »Immerhin auch die Stadt, in der ich aufgewachsen bin«, sagt er und lacht über die drei polnischen Brocken, die ich Merek beigebracht habe. Er sagt, er würde sich gern bei mir revanchieren und ob es denn etwas gebe, was er für mich tun könne.

»Ich würde gern noch einmal in Jureks Wohnung gehen«, sage ich. Ich merke, dass Tomek nicht begeistert ist von meiner Bitte, aber ich weiß auch, dass er sie mir nicht abschlagen wird.

»Ich war selbst bisher nur kurz dort«, sagt Tomek, »die Polizei hat die Wohnung erst gestern Morgen freigegeben.« Und weil noch etwas Zeit ist vor dem Termin beim Notar, fahren wir mit einem Taxi zu Jureks Wohnung.

Merek und ich sitzen auf der Rückbank, Tomek vorne beim Fahrer. Merek erzählt, was er so gesehen hat in Warschau, und dann erklärt er, dass ich ihm von einem Uni-Institut erzählt habe, in dem man als Ausländer Polnisch lernen kann. Er sagt: »Das wäre doch cool. Ich ziehe für ein halbes Jahr in Grandpas Wohnung, mache diesen Kurs und verstehe dann deine Muttersprache, Dad.«

Tomek reagiert barsch. Die Wohnung werde verkauft, und Merek solle gefälligst etwas Ordentliches studieren. »Ich reiße mir nicht den Arsch auf, damit der Herr Sohn irgendwo im Ausland rumhängt und Wodka trinkt«, sagt Tomek. Und als Merek dann sagt, dass das schließlich noch seine Wohnung sei, da dreht Tomek sich plötzlich um und beginnt Merek anzuschreien, richtig zu schreien. Merek habe keine Ahnung. Er kenne dieses Land überhaupt nicht. Er wisse nicht, wie gefährlich es hier sei. Er solle doch die Augen aufmachen. Jurek sei umgebracht worden. Niemals werde er zulassen, dass Merek hier wohnt. Merek sei naiv. Eigentlich dumm sogar. Und Polnisch lernen könne er auch nicht mit seinem verdammten Spatzenhirn, in der Schule habe er doch schon bei Französisch versagt.

Ich würde am liebsten aus dem Taxi springen. Ich will mit dieser Familie und diesem ganzen Wahnsinn nichts mehr zu tun haben. Aber ich bleibe sitzen, stocksteif und stumm. Auch Tomek und Merek schweigen, als wir schließlich in die Straße einbiegen, in der Jurek gewohnt hat, eine von Bäumen gesäumte Straße mit einem Kiosk an der Ecke und dreistöckigen Häusern, nicht den riesigen Blocks, die sonst so typisch für Warschau sind.

Zur Wohnung gelangt man über einen Balkon, der sich an der ganzen Nordfassade des Hauses entlangzieht und von dem die Türen zu den Wohnungen abgehen. Es ist ein dreistöckiges Haus aus den Fünfzigerjahren. Jurek gehörte zu den ersten Mietern. Seine Wohnung ist ganz außen, am Ende des Balkons. An der Haustür sind noch Reste einer Versiegelung sichtbar. »Die Polizei sagt, dass Jureks Tür nicht aufgebrochen wurde«, sagt Tomek, als er meinen Blick bemerkt.

In der Wohnung riecht es wie immer. Ein bisschen nach Essen, ein bisschen nach Alter und auch nach dem teerhaltigen Shampoo, das Jurek immer benutzte, weil er glaubte, dass es gegen Haarausfall hilft. Er sagte, er habe in seinem Leben schon lange genug eine Glatze gehabt.

Eine enge Einzimmerwohnung ist es, vollgestopft mit Büchern. Im Wohnzimmer liegt auf dem Nachttisch neben Mereks und Alyssas Kinderfotos Jureks Brille. Die müsste doch eigentlich im Bad sein, denke ich – er wird doch nicht ohne Brille ins Bad gegangen sein. Aber ich weiß nicht, ob er vielleicht mehrere Brillen hatte. Die beiden Porträts seiner Mutter, die immer an der Wand hingen, sind verschwunden.

Auf dem Badezimmerboden ist festgetrocknetes Blut. Jureks Blut. In meinem Magen breitet sich eine merkwürdige Übelkeit aus, eine Übelkeit, die mich begleiten wird, über Monate hinweg, bis zu jenem Tag, an dem ich erfahren werde, dass alles doch ganz anders war mit Jureks Tod. Manchmal werde ich sie vergessen, aber mehr als ein halbes Jahr lang wird diese Übelkeit immer irgendwo in meinem Magen sein, wenn ich esse, wenn ich versuche einzuschlafen, wenn ich Blut sehe.

Tomek sagt, dass das Ermittlungsergebnis noch nicht vorliege. Er geht voraus in die enge Küche, in der ein Gästebett steht. Wenn ich bei Jurek übernachtet habe, dann habe ich hier geschlafen, zwischen dem Kühlschrank und dem Spülbecken, unter dem kleinen Hängeschrank. Neben der Spüle stehen noch die dünnwandigen Teegläser, aus denen wir immer getrunken haben.

– Tomek, das war doch bestimmt dein Bett früher, oder?
– Ich bin mit 16 ausgezogen. Vorher ja. Aber Mutter hat auch oft hier geschlafen.
– Weißt du, manchmal habe ich hier übernachtet.
– Mein Vater hat mich damals vertrieben. Er hat mich eigentlich gar nicht gewollt. Er sagte, ich sei dumm. Ein Versager. Jemand, der nichts weiß und nichts versteht.

Tomek beginnt plötzlich zu weinen. »Ich bin genauso, verdammt, Merek. Ich bin ein Scheißvater. Ich habe viel zu wenig Zeit für euch. Wohne viel zu weit weg. Habe keine Geduld. Ich schreie dich an.« Tomek weint, und Merek weint, und schließlich umarmen sie einander, und ich weiß wieder nicht, wohin mit mir. All das erscheint mir so unwirklich. Als sei ich versehentlich in die Dreharbeiten eines ziemlich dramatischen Films geraten.

Ich wollte noch einmal in Jureks Wohnung, um mich zu verabschieden von ihm. Denn auf dem Friedhof, vor dem geschlossenen Sarg, da konnte ich es nicht. Ich bin auch hergekommen, weil ich gehofft hatte, dass ich hier vielleicht etwas finden könnte. Etwas ganz Kleines und Wertloses. Vielleicht ein Glas. Vielleicht den Brief, den ich Jurek damals am Anfang unserer Freundschaft schrieb, als er noch lesen konnte. Irgendetwas, was mich erinnert an ihn. Aber jetzt stehe ich hier, in der vertrauten Küche, neben zwei weinenden Männern, die ich eigentlich gar nicht kenne. Und alles erscheint mir fremd. Ich wage nicht, nach einem Andenken zu fragen, denn ich habe panische Angst, dass Tomek denkt, dass ich auch etwas abhaben will von Jureks Erbe, das ihm offenbar schrecklich wichtig ist.

Ich traue mich auch nicht zu fragen, was mit den Porträts von

Jureks Mutter geschehen ist, die bestimmt recht wertvoll waren. Mir fällt etwas ein, was meine Mutter einmal gesagt hat, als es um eine Bekannte ging. »Streit ums Erbe ist doch eigentlich immer ein nachträglicher Streit um Zuneigung.«

Ich würde Tomek, der mir gerade noch Angst gemacht hat, plötzlich gerne etwas sagen, was ihn trösten könnte. Irgendetwas Nettes, was Jurek über ihn gesagt hat, aber mir fällt nichts ein in diesem Moment. Jurek hat gesagt, Tomek habe ihm die Enkel gestohlen. Er halte sie fern von ihm. Mit Absicht, nur um ihn zu quälen.

Erst als wir die Wohnung wieder verlassen, als wir über den Balkon gehen und das Treppenhaus hinunter, fange ich an, Tomek etwas zu erzählen. Etwas, was eigentlich nichts mit ihm zu tun hat. »Jurek war immer sehr streng zu mir, wenn ich ein polnisches Wort falsch aussprach«, sage ich, und auch, dass ich manchmal dachte, dass Jurek mich für dumm hält, weil er seine Kritik immer so drastisch formulierte. Er sagte, dass mein Polnisch voller Fehler sei. Dass ich härter daran arbeiten müsse. Dass ich es so nie zu etwas bringen würde.

Aber einmal, als ich bei ihm war, klingelte das Telefon. Jureks Bruder war dran, der damals noch lebte. Er war unmittelbar nach dem Krieg nach Kanada ausgewandert. Sie sprachen eine Weile, und dann sagte Jurek ins Telefon: »Dein Polnisch ist voller Fehler. Du redest wie ein Ausländer. Ja, eigentlich schlechter als Ausländer. Zumindest schlechter als die junge Frau, mit der ich gerade das Vergnügen habe, Tee zu trinken. Eine Deutsche. Kluges Mädchen. Schön auch. Und spricht Polnisch besser als du. Eigentlich fast ganz ohne Fehler.«

– Das war das einzige Lob, das ich je von ihm gehört habe.
– Typisch.
– Ich hab ihn gefragt, warum er immer auf meinem Polnisch rumhackt.
– Was hat er gesagt?
– Dass ich kämpfen lernen soll.

Als wir schon auf der Straße stehen, fragt Tomek mich plötzlich, ob Jurek mir auch über seine Zeit in Auschwitz erzählt hat. »Ja«, sage ich, und Tomek sagt: »Mir nicht. Nie.«

Wir stehen einen Moment schweigend da, bis Tomek schließlich sagt, dass sie jetzt losmüssten, Merek und er, und er fragt auch noch, ob sie mich irgendwo absetzen sollen. Ich sage, dass ich die Tram nehmen werde, und dann, im allerletzten Moment, bitte ich Tomek doch noch, mir den alten Brief zu schicken, falls er ihn irgendwo in der Wohnung seines Vaters findet. Den Brief, den ich an Jurek geschrieben habe, damals, als er noch lesen konnte.

»Er hat alles verkommen lassen. Die ganze Wohnung. Hast du gesehen, was für Berge von Papier? Lauter Kram«, sagt Tomek, aber dann sagt er auch: »Gib mir deine Nummer. Ich ruf dich an, wenn ich etwas finde.« Und ich frage ihn, ob ich ihn auch anrufen dürfe, wegen des Ermittlungsergebnisses. Dass die Wohnung wieder freigegeben sei, deute doch darauf hin, dass die Polizei schon etwas wisse, sage ich.

Als ich in der Tram sitze, beginne ich zu zittern. Ich steige an der nächsten Haltestelle wieder aus und gehe zu Fuß. Ich nehme den Weg durch den Park. Ich renne ein Stück. Ich setze mich auf eine Bank und versuche ganz tief zu atmen. Das Zittern lässt irgendwann nach, aber nicht die Übelkeit, die bleiern in meinem Magen liegt.

2 Das Erbe

Am Tag nach meiner Rückkehr aus Warschau bringt meine Schwester einen winzigen Jungen zur Welt, meinen ersten Neffen. Er ist zu früh geboren, aber gesund, kann sehr laut schreien und hält die ganze Großfamilie auf Trab. Mein Vater hat für ihn ein Gedicht geschrieben darüber, dass er, trotz seiner Winzigkeit, Licht bringt in die Trauer, die unsere Familie nach dem Tod meiner Großtante und dem Mord an Jurek erfasst hat.

Ich schreibe derweil Artikel für eine Apothekerzeitung. Kurz vor Jureks Tod habe ich mein Studium beendet: Politik, osteuropäische Geschichte, Journalismus – keine Fächer, mit denen man reich werden kann, aber ich lebe nun zum ersten Mal von meinem eigenen Geld. Ich bin frisch verliebt. Ich muss mich entscheiden, was beruflich aus mir werden soll, habe die Wahl zwischen einer schlecht bezahlten Promotionsstelle bei einer tollen Professorin, schlecht bezahlter freier Mitarbeit bei einer guten Zeitung und einer gut bezahlten Stelle bei einer schlechten Zeitung. Ich trinke große Mengen Tee und auch viel Rotwein in der Küche meiner WG, diskutiere mit Freunden nächtelang die Vor- und Nachteile aller beruflichen Varianten und entscheide mich dann für den Uni-Job.

Ich habe Jurek davon noch erzählt, bei unserem allerletzten Telefonat. Ich sagte, mir sei eine Stelle an der Universität in Aussicht gestellt worden, in einer Lehreinheit, die sich mit postkommunistischen Staaten befasst, und erzählte auch, dass ich diese Stelle ohne meine Polnischkenntnisse nicht angeboten bekommen hätte. Jurek sagte: »Siehste!«

Eigentlich ändert Jureks Tod wenig an meinem Leben. Aber manchmal schrecke ich nachts hoch. Die Träume beginnen allesamt damit, dass ich Jurek in Warschau besuche. Wir trinken Tee aus den dünnwandigen Gläsern, und alles ist wie immer, bis

Jurek nach nebenan geht, in das kleine Badezimmer, was der Anfang einer Katastrophe ist, die jedes Mal ein bisschen anders abläuft: In einem Traum ruft er plötzlich aus dem Bad herüber, dass ich die Tür aufbrechen solle, es komme Gas aus der Decke, aber ich bleibe sitzen, weil ich denke, das sei doch gar nicht möglich und Jurek mache nur einen ganz schlechten Witz.

In einem anderen Traum höre ich kein Rufen. Jurek geht ins Bad, ich sitze weiter an seinem runden Tisch, trinke Tee und telefoniere von meinem Handy aus wegen eines Zeitungsartikels, den ich schreiben will. Ich merke gar nicht, wie die Zeit vergeht, bis plötzlich die Polizei die Wohnungstür aufbricht und sagt, Jurek sei seit Wochen tot; warum ich nicht nachgesehen habe, es sei doch nicht normal, dass ein alter Mann wochenlang in seinem Bad ist. Im nächsten Traum will ich Jurek daran hindern, in dieses schreckliche Badezimmer zu gehen, aber ich bin plötzlich stumm, kann nichts sagen und mich nicht bewegen.

Mein Leben geht aber einfach weiter. Zum 35. Hochzeitstag meiner Eltern feiern wir ein großes Familienfest im Garten. Mein kleiner Neffe kann inzwischen nicht nur brüllen, sondern auch entzückend lächeln. Aber als ich auf dem Heimweg nach München im Zug sitze, da zerbreche ich mir plötzlich wieder den Kopf darüber, was passiert sein könnte mit Jurek.

Wenn die Tür doch nicht aufgebrochen war, denke ich mir, dann muss Jurek den Mörder gekannt haben. Fremden hätte er die Tür nicht geöffnet. Wenn ich ihn besucht habe, hat er immer erst durchs Küchenfenster gesehen und dann, weil er doch fast blind war, durch die geschlossene Türe sicherheitshalber auch noch »Wer da?« gerufen. Ich versuche mich an Details aus Jureks Verschwörungstheorien zu erinnern. Erstelle wieder einmal auf einem Stück Papier eine Liste mit allen möglichen und unmöglichen Hinweisen.

Ich frage mich auch, was Jurek im letzten Moment seines Lebens gedacht hat und ob er wohl gekämpft hat mit seinem Mörder. Er war ein sehr alter Mann, aber er hatte kräftige Hände. Man spürte das bei seinem Händedruck, und er hat auch davon erzählt, dass er früher, als junger Mann, in den Gebirgsbächen der hohen Tatra Forellen mit bloßen Händen gefangen hat.

Es geht so weit, dass ich zu hoffen beginne, dass Jurek im

Streit starb. Ich hoffe es, weil dann sein letztes Gefühl Wut gewesen wäre. Wütend zu sein, denke ich mir, ist für einen Menschen wie Jurek nicht so schlimm, wie hilflos ausgeliefert zu sein. Plötzlich reißt mich der Mann, der mir im Zug gegenübersitzt, aus den Gedanken. Er bietet mir wortlos ein Taschentuch an. Ich habe nicht einmal gemerkt, dass mir Tränen übers Gesicht laufen.

Meine Freunde sagen mir, dass diese Grübeleien doch niemandem weiterhelfen, dass ich keine Tatort-Kommissarin sei und keinen Mordfall lösen könne. Sie versuchen mich abzulenken, schleppen mich ins Kino, gehen mit mir tanzen. Ich rede bald weniger über Jureks Tod, aber manchmal, wenn ich spät in der Nacht nach Hause komme, dann rufe ich bei Tomek in den USA an und erkundige mich, ob er Neuigkeiten hat. »Nein«, sagt er jedes Mal, und ich frage mich, ob Tomek sich überhaupt um all das kümmert.

Ich rufe auch bei der Polizei in Warschau an. Aber wer kein Angehöriger ist, der hat auch kein Auskunftsrecht, das ist in Polen genauso wie in Deutschland, und dass ich keine Angehörige bin, hört jeder sofort an meinem Polnisch. Ich weiß also nicht, ob überhaupt noch ermittelt wird. Ich weiß nicht, ob irgendjemand verhaftet wurde oder womöglich sogar schon verurteilt. Ich befürchte, dass nichts geschehen ist und sich auch niemand darum kümmert, dass etwas geschieht.

Schließlich beginnt die Arbeit an der Uni. Und weil ich mich konzentrieren muss auf all diese komplizierten wissenschaftlichen Texte und weil es all meine Kraft braucht, mehrmals pro Woche vor dreißig Studenten zu stehen, versuche ich immer häufiger, die Gedanken an Jurek zu verdrängen. Aber mir ist nicht wohl dabei, denn ich frage mich, wer sich dann noch an ihn erinnern wird, wenn ich es nicht mehr tue, und ich sehne mich danach, mit Jurek über all das zu sprechen. Jurek hat sein Leben lang mit Toten gelebt. Er wusste, wie man das macht, ohne zu verzweifeln.

– Edek war ein kluger Kerl. Vielleicht bisschen jünger als ich. Groß und schön gewachsen. Ich erinnere gerade nicht seinen Nachnamen.
– Was wolltest du erzählen von Edek?

– Erst muss ich erinnern seinen Namen. Ganzen Namen. Er war aus der Gegend von Jarosław. War sehr guter Junge und mutig. Richtig mutig. Vielleicht bisschen zu mutig.

Wenn Jurek der Name eines Kameraden, der im Konzentrationslager gestorben war, nicht einfiel, dann war er unruhig. Manchmal sagte er dann Stunden später plötzlich: »Galiński. Er hieß Edek Galiński.«

Jurek erinnerte sich an alles: das Alter, den Beruf, den Vornamen, den Nachnamen, die Eigenheiten, die Statur. Er lebte mit diesen Menschen, und so lange Jurek lebte, lebten sie in ihm.

Jetzt ist Jurek tot, und an ihn selbst müsste erinnert werden.

Es fallen mir immer wieder Fragen ein, die ich Jurek stellen möchte. Ich würde gern seinen Rat oder seine Meinung hören. Ich habe Jurek nicht oft angerufen – vielleicht einmal im Monat, manchmal aber auch zwei Monate lang nicht. Wenn ich dann endlich anrief, begann ich das Gespräch mit einer langen Entschuldigung. Aber Jurek unterbrach mich jedes Mal und fragte mich dann über mein Leben aus: Was genau ich denn nun in diesem Uniseminar über Stalinismus in Mittelosteuropa gelernt habe, über das wir zuletzt gesprochen hatten? Ob ich das Buch schon gelesen habe, das er mir empfohlen hat? Aber auch, wie es um diesen jungen Mann steht, von dem ich ihm erzählt habe? Ich kannte keinen anderen Achtzigjährigen, der so viele Fragen gestellt hat.

Jurek hörte zu und hatte zu fast allem, was ich ihm erzählte, eine eigene Meinung. Oft überraschte mich sein Standpunkt, und manchmal erschien er mir auf den ersten Blick sogar völlig absurd. Aber wenn wir dann eine Zeit lang diskutiert hatten, wenn ich seine Argumente gehört hatte und auch die kleinen Beispiele aus seinem Leben, mit denen er seine Sicht der Dinge untermauerte, merkte ich, dass fast alles, was Jurek sagte, in sich zutiefst logisch war. Es war eine andere, fremde Sicht, aber eine kluge Sicht, die mir Zusammenhänge aufzeigte, die ich noch nie gesehen hatte, und die mir half, Dinge einmal anders zu verknüpfen. Diese Gespräche fehlen mir jetzt. Jurek fehlt mir.

Anfang November bekomme ich hohes Fieber. Es ist Allerheiligen. Der Tag, an dem in Polen alle Familien übers Land fahren, um ihre Toten zu besuchen. Über jedem polnischen Friedhof liegt an diesem Tag heller Kerzenschein, der kilometerweit durch die Novembernacht leuchtet. Politiker legen nationalen Helden, die im Kampf um die Freiheit Polens gefallen sind, prächtige Kränze auf die Gräber und halten pathetische Reden. Jeder Friedhof wird zum Blumenmeer. Und wenn die Menschen von den Gräbern heimkommen, dann stoßen sie mit Wodka auf ihre Toten an. Es wird nicht nur geweint an diesem Tag, sondern auch sehr viel gelacht: Anekdoten werden erzählt, Erinnerungen ausgetauscht und Mythen gepflegt.

Allerheiligen ist der polnischste aller katholischen Feiertage, und ich habe es immer geliebt, an diesem Tag dort zu sein.

Nun liege ich mit Fieber im Bett und denke an die Leere auf Jureks Grab – ich weiß, dass dort keine Kerze brennt, niemand Wodka trinkt und niemand Geschichten erzählt. Der Gedanke macht mich sehr traurig, und mitten in einem fiebrigen Heulanfall fasse ich endlich einen Entschluss: Ich muss versuchen, mehr an Jureks Leben zu denken, nicht immerzu an seinen Tod. Daran, wie ich Jurek kennengelernt habe, und an alles, was er mir geschenkt hat. Nicht nur an die Beerdigung, das Badezimmer und an das Blut.

Ein paar Tage später kaufe ich mir zwei Zugfahrkarten: eine nach Polen für die Semesterferien, bis zu denen es aber noch eine Weile hin ist, und ein zweites Ticket für eine Fahrt zu meinen Eltern – gleich am nächsten Wochenende.

Das Haus, in dem ich aufgewachsen bin, ist ein altes Bauernhaus, das mein Vater selbst renoviert hat. Eingebettet zwischen Obstwiesen und Wald liegt es am Rand eines schwäbischen Dorfes. Es ist ein Großfamilienhaus, in dem nicht nur meine Eltern leben, sondern auch meine Großmutter.

Meine Mama verwendet manchmal die Redewendung »Das Haus verliert nichts«, und in Bezug auf dieses Haus stimmt das, denn es steckt voller Erinnerungen – Erinnerungen, die sich mit einem bestimmten Geruch oder dem Knarren der Bodendielen verbinden – und Kisten voller Erinnerungsstücke, die meine drei Geschwister und ich zurückgelassen haben, als wir ausgezogen sind.

Auch Jurek finde ich hier wieder: In einer Baumwolltasche

ganz oben auf einem Bücherregal, neben meinem Mathematikbuch aus Klasse elf. 16 Tonbänder und acht Videokassetten. Mein Vater sagt, dass ich alles mitnehmen soll. Er komme ja ohnehin nicht mehr dazu, daraus etwas zu machen.

In meinem Koffer verstaut, transportiere ich die Bänder also in meine Münchner Wohnung. Im Zug gehe ich nicht auf die Toilette – aus Angst, dass der Koffer verschwinden könnte. Ich weiß jetzt, dass ich ein Andenken an Jurek habe, das wertvoller ist als ein Teeglas oder ein alter Brief.

Daheim in München angekommen, verschanze ich mich mit einer Kanne Tee in meinem WG-Zimmer, stecke die erste Kassette in den Rekorder und höre zwei Stimmen. Jureks Stimme und die Stimme meines Vaters.

– Kassette Nummer eins, Lebenserinnerungen von Jerzy Hronowski.
– Wo sehe ich, dass es gestartet wurde?
– Daran, dass die Taste hier runtergedrückt ist. Siehst du? Hier ist die Taste jetzt unten, und im Übrigen siehst du, dass es jetzt hier langsam läuft – das Zählwerk.

Jurek misstraute dem Kassettenrekorder. Er misstraute meinem Vater, der das Band angestellt hatte. Er wollte jederzeit selbst überprüfen können, ob das Band läuft und ob die Kassette wirklich aufnimmt.

Ich bin geboren am 2.4.1922 in Złoczów. Das ist das von den Österreichern so genannte Galizien, was aber ein Besatzernamen ist, mit den wirklichen Namen dieser Gegend hat das überhaupt nichts zu tun. Mein Vater war beim Militär, später auch bei Grenztruppe und ist versetzt worden sehr oft. Er ist gewesen der Sohn von Bauern in kleinem Dorf in Bergen, aber ist gelaufen als Junge jeden Tag 14 Kilometer zur Schule und nach der Schule 14 Kilometer wieder zurück, auch wenn der Schnee hoch war und er überhaupt nicht gehen konnte, nur auf Skiern. Andere Jungen aus dem Dorf haben das überhaupt nicht gemacht, aber mein Vater hat starken Willen gehabt, ist geworden Offizier. Er hat geheiratet meine Mutter – sehr schöne Frau von gutem Haus, aber das war dann Ende von Phase vom starken Willen von meinem Vater.
Mein Vater war Offizier, aber der General war meine Mutter, die voll war bis zum Hals mit Ambitionen. Manchmal gab es überhaupt kein

Geld für Essen, aber immer gab es Geld für den Französischunterricht und für die Klavierstunden und für sehr elegante Einrichtung von unserer Wohnung. Weil meiner Mutter natürlich nicht genügt hat die Dorfschule, bin ich als Siebenjähriger mit Schild um Hals allein im Zug gefahren nach Krakau und habe dort besucht eine Schule in einem der ältesten Gebäude von der Stadt. Ich habe dann gewohnt bei meiner Oma, die ich sehr herzig erinnere.

Das ist die Zeit gewesen von schwierigen ökonomischen Situationen von Polen, welches 120 Jahren geteilt war, aber das ist auch eine Zeit gewesen, in der sich sehr viel abgespielt hat von Ideen für neuen polnischen Staat. Daran habe ich selbst teilgenommen, als ich dann schon auf Gymnasium war, wieder bei meinen Eltern, die dann schon lebten in Nowy Sącz. Mein Gymnasium war sehr fortschrittlich, im Sinne von den Initiativen, welche entwickelt wurden vom Direktor von unserem Gymnasium.

Wir sind in unwahrscheinlich große Liebe zu unserem Vaterland erzogen worden und gehörten zu allen möglichen Organisationen, welche damals empfohlen worden sind, wie die Liga Morska i Kolonialna, welche als Ziel hatte, Geld zu sammeln, um zu kaufen für jungen polnischen Staat eine Kolonie. Wenigstens kleine. Damals wurde vor allem gedacht über ein Stück Land in dem Gebiet von Madagaskar oder in Brasilien. Sogar eine polnische Expedition ist dort gewesen und hat die Möglichkeiten von der Koexistenz mit den dortigen Leuten und Art von Erde und von Klima nachgeprüft.

Inzwischen hatte ich mich entschlossen, auch als ein tätiger Pfadfinder zu funktionieren, als Harcerz, und ich habe eine Gruppe von den Kindern angeleitet. Wir haben jährlich bis fünf Lager gehabt. Alle paar Tage frei waren ausgenutzt. Wir haben Zelte aufgebaut in den Bergen, in schwerem Terrain, und dort übernachtet, auch im Winter, wenn wir dorthin gegangen sind auf Skiern.

Später hat sich herausgestellt, dass das gerettet hat viele Leben, weil von diesen Leuten sind fast alle gelandet im Auschwitz oder in anderen Lagern, und wir Pfadfinder haben uns unterschieden gegenüber anderen Kollegen dort, weil wir hatten viel mehr Kräfte, die wir länger bewahren könnten, trotz schwerer Arbeit und Hungersportionen. Wegen solchem Training und schweren Übungen, die wir gemacht hatten in Jahren zuvor.

Nun, ein halbes Jahr nachdem er gestorben ist, klingt Jureks Stimme durch meine Wohnung. Es ist merkwürdig, ihn erzählen zu hören, seine Geschichten und auch sein altmodisches, etwas seltsames Deutsch. Es ist merkwürdig, aber es funktioniert, denn mit Jureks Stimme kommen Erinnerungen zurück an die Zeit, als wir einander zum ersten Mal begegnet sind, damals, bei diesem Seminar für Schülerzeitungsredakteure in der Jugendbegegnungsstätte Auschwitz.

Es war im Oktober 1998. Ich war 18 Jahre alt, hatte gerade zum ersten Mal gewählt und dazu beigetragen, dass »Bundeskanzlerhelmutkohl« abgewählt worden war, was für mich war, als sei ein ganz alltägliches Wort wie »Milch« abgeschafft worden und durch ein neues, frei erfundenes Wort ersetzt worden. Ich hatte nie einen anderen Bundeskanzler erlebt.

Auf die Idee, dieses Seminar in Auschwitz zu besuchen, war ich durch einen Zufall gekommen: Im Zug zwischen Ulm und Stuttgart hatte ich einen Jungen in meinem Alter kennengelernt. Wir waren ins Gespräch gekommen und hatten schließlich festgestellt, dass wir beide Journalisten werden wollten. Er erzählte, dass er bald zu einem Journalismusseminar nach Polen fahren werde und gehört habe, dass noch Plätze frei seien – vielleicht wolle ich ja noch mitkommen?

Ich glaube, ich habe mich damals nur angemeldet, weil mir der Junge gefiel. Er schien etwas Besonderes zu sein, aber schon während der Zugfahrt nach Polen merkte ich, dass er mich ganz schön nervte.

Und dann kamen wir nach Auschwitz – genauer gesagt in die polnische Kleinstadt Oświęcim. Wir wohnten in der Jugendbegegnungsstätte, einem gemütlichen Haus mit großen, hellen Seminarräumen. Wir besichtigten das Konzentrationslager, und dann stand eine Begegnung mit einem »Zeitzeugen« auf dem Programm.

Ich hatte bis dahin gedacht, dass ich gut genug Bescheid wisse – vielleicht sogar besser als »gut genug«. Mein Vater ist Geschichtslehrer, und in den Bücherregalen meiner Eltern stehen sehr viele Bücher über das »Dritte Reich«. Als Kind hatte ich das »Tagebuch der Anne Frank« gelesen und später auch »Hitlers willige Vollstrecker« von Daniel Jonah Goldhagen. In der Schule hatten wir in Religion über den Holocaust gesprochen und in Geschichte über die NS-Diktatur, und in Dachau waren wir auch gewesen.

Aber als ich nun einem Menschen gegenübersaß, der vier Jahre in Auschwitz überlebt hatte, verstand ich, dass ich nichts verstanden hatte. Als 17-Jähriger war Jerzy Hronowski verhaftet worden, kurz nach dem Einmarsch der Deutschen in Polen. Nicht weil er den Besatzern Widerstand geleistet hatte, sondern weil ihn die Deutschen zur polnischen Intelligenzija rechneten.

Früh am Morgen klingelte es. Ich öffnete. Da stand ein kleiner Mann. Noch kleiner als ich. Er hat nachgeprüft meine Papiere und sagte: »Zieh dich an und komm.« Ich habe nicht gefragt, wohin, habe mich ganz locker benommen. Ich habe nichts auf dem Gewissen gehabt und konnte mir überhaupt nicht vorstellen, dass unschuldige Menschen können verhaftet werden. Ich dachte, das sei ein Missverständnis. Es würde ein kurzes Verhör geben. Alles würde sich klären.

Es zeigte sich jedoch, dass es gab überhaupt kein Verhör. Sie haben mich einfach in eine Zelle gepfercht, im Gefängnis von Nowy Sącz, zusammen mit 15 anderen. Gymnasiasten, Studenten, Lehrer und Priester. Und fast alle diese Leute hatten keine Ahnung, worum es sich überhaupt handelte. Nach ungefähr zwei Monaten brachten sie uns nach Tarnów. Auf offenen Lastwagen, mit immer zwei Wachen von SS und dreißig Häftlingen. Das war also eigentlich schlecht organisiert, denn wenn wir uns alle gestürzt hätten auf die Wachen, hätten wir fliehen können. Aber wir wussten nicht, was auf uns zukommt, und konnten uns gar nicht vorstellen, dass es schlimmer wird als im Gefängnis von Nowy Sącz, und haben immer noch gehofft, dass es gibt irgendeinen Prozess, wo wir die Chance haben, unsere Unschuld zu beweisen.

In Tarnów wurden wir dann wieder in Zellen gestopft, die schon völlig überfüllt waren und wo die Zustände noch schlimmer waren: sehr wenig Essen und extrem schlechte Luft. Deshalb war es eine Art Erleichterung, als wir nach ein paar Wochen in einen Zug verfrachtet wurden, der nach Westen fuhr. Wir dachten, wir werden nach Deutschland gefahren, für irgendwelche Arbeiten, zum Beispiel in der Landwirtschaft, und waren sicher, dass das alles besser ist als Gefängnis.

Wir erreichten einen Bahnhof, auf dem der deutsche Ortsname »Auschwitz« stand, der mir überhaupt gar kein Begriff war. Ein Kol-

lege sagte, dass das eigentlich ein polnischer Ort ist, Oświęcim. Im Juni 1940 war das. Es war der allererste Transport nach Auschwitz überhaupt. Und wir wurden schon empfangen mit Schlägen von einer Mannschaft, über die wir erst dachten, das seien deutsche Matrosen, denn sie hatten komische gestreifte Uniformen. Uns wurde gesagt, mit Übersetzung, dass dies das Konzentrationslager Auschwitz ist und es von hier nur einen Ausgang gibt: durch Schornstein. Und da war ich schon nicht mehr Jerzy, sondern »Schutzhäftling Pole Nummer 227«.

Der alte Herr erzählte über das Lager: traurige, grausame Geschichten, aber in jeder der Geschichten war auch ein Funken Hoffnung. Sie handelten davon, wie er einem Verhungernden sein Brot zuschob, weil er im Kälberstall des Lagerkommandanten arbeitete und für sich selbst dort Kraftfutter abzweigen konnte. Und von einem Kameraden, der sich im letzten Moment vor der Erschießung retten konnte, indem er vorgab, Maler zu sein und ganz besonders interessante Züge im Gesicht eines SS-Manns entdeckt zu haben. Herr Hronowski sagte, dass wir Fragen stellen sollten – alles, was uns durch den Kopf ging, ganz ohne Scheu.

– Warum erzählen Sie nur Geschichten, die gut ausgehen?
– Mein Fräulein, zwei Gründe. Erstens: Wenn sie nicht gut ausgegangen wären, könnte ich sie nicht erzählen. Zweitens: Ihr seid jung. Ich will euch nicht den Glauben nehmen.
– Sie waren selbst ganz genauso alt, als Sie diese schrecklichen Dinge erlebt haben.
– Eben.

Das war unsere erste Diskussion, und ich glaube, meine Stichelei hat ihn amüsiert. Ich stellte sehr viele Fragen. Eine Stunde war für das Gespräch angesetzt, wir redeten mehr als drei, und als die Putzfrauen kamen, gingen wir zusammen zum Abendessen in die Kantine der Jugendbegegnungsstätte. Mich beeindruckte die Kraft, die dieser alte Mann ausstrahlte. Da war etwas sehr Junges in seinem Blick, etwas Waches, Warmes und ein bisschen Listiges.

Natürlich war nicht nur ich fasziniert. Am Anfang des Abends saß eine ganze Gruppe junger Leute um Herrn Hronowski herum. Wir sprachen nicht nur über Auschwitz, sondern über alles Mögliche: unsere Zukunftspläne und über Altbundeskanzlerhelmutkohl. Am Ende waren nur noch Jurek und ich übrig, und als wir einander um halb vier eine gute Nacht wünschten, hatte ich auf einer Papierserviette seine Anschrift in Warschau notiert.

Ein paar Wochen später habe ich Jurek geschrieben, dass ich ihn gerne nach Deutschland einladen würde. Er könne im Haus meiner Eltern wohnen, und ich würde Vorträge in den Schulen der Umgebung organisieren. Ich schrieb, dass ich beeindruckt von ihm sei. Er rief an und sagte: »Danke für den Liebesbrief!« Dann machte er sich darüber lustig, dass ich einen polnischen Rentner als Schwarzarbeiter anwerben wolle, zu einem »Urlaub in Deutschland«, in dem er schuften müsse. Er genoss es, mich verlegen zu machen.

Im Februar des nächsten Jahres besuchte er mich und meine Familie in dem kleinen Dorf, in dem ich aufgewachsen bin. Morgens, wenn meine Eltern, die beide Lehrer sind, meine Geschwister und ich in der Schule waren, frühstückte er ausführlich mit meiner Großmutter. Er küsste ihr Morgen für Morgen zur Begrüßung die Hand, und gleich beim ersten Frühstück fragte er seine Altersgenossin nach ihren Erinnerungen ans »Dritte Reich«. Er fragte ohne jeden Vorwurf, hörte zu, fragte nach und erzählte dann selbst. Als ich aus der Schule nach Hause kam, saßen die beiden immer noch in ein Gespräch vertieft am Frühstückstisch. Ich glaube, Jurek mochte an meiner Oma, dass sie sehr offen war, und meine Oma war tief beeindruckt, dass ein Mensch mit Jureks Lebensgeschichte einer Deutschen ihrer Generation unvoreingenommen gegenübertrat. Außerdem verband die beiden eine gemeinsame Liebe: die Liebe zu sorgfältig zubereitetem schwarzen Tee.

Genau wie Jurek verachtet meine Großmutter Teebeutel. Sie kocht Tee aus aromatischem, indischem Teekraut, das luftdicht verwahrt wird und exakt dosiert. Sie überprüft die Temperatur des Wassers mit einem Thermometer und stellt stets eine Eieruhr, um sicherzustellen, dass der Tee genau dreieinhalb Minuten zieht.

– Du hast sehr gute Oma, Kati. Feiner Mensch.
– Worüber habt ihr geredet?
– Sie hat einen Vater gehabt, der überhaupt kein Nazi war. Sie

könnte sich verstecken, hinter solchem Vater. Aber das tut sie nicht.
– Wie meinst du das?
– Sie sagt, dass sie sich als kleines Mädchen manchmal wünschte, dass ihr Vater ist wie alle. Ein normaler Nazi, für den man sich nicht schämen muss in der Schule. Und sie sagt auch, dass sie hätte mehr fragen können damals. Obwohl sie ja noch war ein ganz junges Mädchen.
– Und das gefällt dir?
– Ja. Weil das ist sehr ehrlich. Gerade. Und der Tee, den die verehrte Frau Oma macht, ist der beste Tee, den ich getrunken habe, im ganzen Leben.

Beim Mittagessen interessierte Jurek sich für alle Schulgeschichten, die um den großen Tisch herum erzählt wurden, aber die nachmittäglichen Ausflüge, bei denen ich ihm die Gegend zeigen wollte, interessierten ihn nicht besonders – er blieb lieber daheim und unterhielt sich mit allen, die im Haus meiner Eltern ein und aus gingen: Freunde von mir und meinen Geschwistern, Verwandte, Kollegen meiner Eltern, lauter Leute, die wegen irgendwelcher Anliegen vorbeischauten und die dann auf einen Kaffee blieben oder auf ein Glas Apfelsaft.

Wie von selbst kam Jurek mit vielen dieser Menschen ins Gespräch, und meistens gewann er sofort ihr Vertrauen.

Mein Großonkel, der eigentlich nur vorbeigekommen war, um eine Bohrmaschine zurückzubringen, begann vom Krieg zu sprechen. Er erzählte Jurek, dass er als junger Wehrmachtssoldat bei der blutigen Niederschlagung des Warschauer Aufstandes dabei war, und er weinte, während er das erzählte. Er habe gekämpft und dann auch am Straßenrand gestanden, als die letzten Kämpfer der Armia Krajowa, der polnischen Untergrundarmee, schwer verwundet zu einem Viehwaggon getrieben wurden. Es seien alles Jungs in seinem Alter gewesen und jünger. »Die Blüte der polnischen Jugend«, sagte er. Der Zug habe sie nach Auschwitz gebracht, aber das habe er erst später erfahren, nach dem Krieg. Ich hatte diese Kriegserinnerung noch nie gehört und meinen Großonkel auch noch nie weinen gesehen.

Ich weiß noch, dass es mir damals fast ein bisschen peinlich war, dass ein Verwandter Jurek so plötzlich, beim Kaffeetrinken, eine solche Offenbarung machte. Es kam mir so vor, als hoffe mein Großonkel auf eine Art von Vergebung, und das erschien mir als eine Zumutung für Jurek. Aber Jurek fragte in einem ruhigen und sehr sachlichen Ton nach.

- Wir können offen reden, und ich sehe, Sie wollen auch, weil sonst hätten Sie ja gar nicht anfangen, über den Aufstand. Waren Sie Teil von einem Erschießungskommando? Bei der SS oder bei der Wehrmacht?
- Ich war im Häuserkampf, als es darum ging, die Altstadt zurückzuerobern. Ich war Offiziersanwärter bei der Wehrmacht.
- Ich will Sie einladen nach Warschau. Ich kann Sie mitnehmen zu einer Sitzung von einem Verein, in dem sich Leute treffen von Armia Krajowa, die selbst gekämpft haben im Warschauer Aufstand. Zu verlangen, dass diese Leute reden mit jemand, der war in einem Erschießungskommando von SS, wäre nicht gut, aber sicher reden sie mit einem normalen deutschen Soldaten. Das wäre auch interessant für diese Männer, und sie könnten Ihnen geben Informationen über andere Seite. Denken und Fühlen von anderer Seite, die ich Ihnen so kann überhaupt nicht geben, denn ich war schon im Auschwitz.

Die Art, wie Jurek auf andere Menschen zuging, beeindruckte mich. Er schien überhaupt keine Angst zu haben – weder vor der Verlegenheit der anderen noch vor ihrer Ablehnung. Als mein Großonkel sagte, er könne momentan nicht nach Warschau kommen, weil er seine kranke Frau nicht alleine lassen könne, da war Jurek fast ein bisschen enttäuscht. Er hatte an seinem Plan schon Gefallen gefunden. Mein Onkel sagte, dass er den Besuch später sehr gerne nachholen würde, aber es kam nie dazu – denn als mein Großonkel sieben Jahre später am Sterbebett seiner Frau saß, in einem Zimmer voller Blumen, da lag Jurek tot auf dem Boden seines Badezimmers.

Am besten verstand sich Jurek mit meinem Vater. Nächtelang diskutierten sie über Bücher, die sie beide gelesen hatten, und über den unterschiedlichen Umgang mit Geschichte in Polen und in Deutschland. Ich weiß noch, dass ich stolz war, dass mein Vater so begeistert war von jemandem, den ich ihm vorgestellt hatte, andererseits war ich aber auch ein bisschen eifersüchtig.

Schließlich war ich es gewesen, die Jurek zuerst kennengelernt hatte.

Bei einigen meiner Mitschüler machte ich mich allerdings ziemlich unbeliebt, als ich vorschlug, einen KZ-Überlebenden in den Geschichtsunterricht mitzubringen. Eine Freundin sagte, ich sei schon ein verdammtes Prachtexemplar der Gattung SMV-Streber. Und der coolste Junge meiner Stufe, ein Sportleistungskursler, meinte, ihm komme dieses Erbschuldgerede unserer 68er-Lehrer sowieso schon zu den Ohren raus und ich wolle mich doch nur einschleimen.

Aber als Jurek wirklich in den Unterricht kam, da war es anders. Er fing nicht sofort an, über seine Zeit in Auschwitz zu sprechen, sondern er sprach erst mal über das Wetter: Ein absolut herrlicher Wintertag sei das, sagte er. Und dann sprach er den Coolen, der jetzt in der letzten Bank lümmelte, ganz direkt an – dabei hatte ich Jurek von dem Streit doch gar nichts erzählt. Er fragte ihn, warum er an einem solchen Tag nicht Schule schwänze, um Ski laufen zu gehen, und er gab ihm Tipps, wie man sich unauffällig abmeldet. Er brachte alle zum Lachen mit einer etwas anzüglichen Geschichte über das eigentlich sittenstrenge Skilager der Pfadfindergruppe, die er vor dem Krieg geleitet hatte. Und als Jurek dann vom KZ sprach, war es sehr still im Zimmer.

Wojtek war ein bisschen jünger als ich, 17 Jahre alt damals. Ein riesiger Schlacks. Er ragte über zwei Meter hoch in den Himmel. Für Weitsprung sehr gute Statur, für KZ sehr schlechte. Wojtek war immer hungrig und ständig auf der Suche nach Essen. Oft schlich er in die Lagerküche, um etwas zu organisieren. Eigentlich war das Stehlen, natürlich, aber wir haben das Klauen von der SS oder der Lagerverwaltung »organisieren« genannt damals. Stehlen war für uns nur, wenn man einen anderen Häftling beklaute, und das wurde unter den Häftlingen sehr streng bestraft, weil das Brot eines Kameraden klauen, wenn alle immer am Rand vom Verhungern balancieren, ist ein richtiges Verbrechen. Organisieren aber war überlebensnotwendig und voll akzeptiert von Häftlingen, aber auch lebensgefährlich, weil gar nicht akzeptiert von SS und Kapos.

Damals hatten alle Häftlinge an den Füßen nur Holzschuhe, denn die andern Schuhe hatte die SS beschlagnahmt. Wojtek hatte viel zu große

Füße, und deshalb hatte er seine Holzschuhe umgeschnitzt zu einer Art von Pantoffeln – also hinten offen und Ferse ist halb auf Boden. Er hat aber einen ganz besonderen Trick gehabt, wie er seine abgeschnittenen Holzschuhe nur mit den geballten Zehen festhalten und so rennen konnte. Es sah komisch aus, wenn dieser Riesenkerl mit großen Sprüngen flüchtete und ihm hinterher die mit Suppenkellen bewaffnete Besatzung von der Lagerküche! Einmal schnappten die Köche Wojtek und brachten ihn zu einem Kapo, der getauft worden war von den polnischen Häftlingen auf den Namen »Mateczka«, also »Mütterchen«. Man konnte totgeschlagen werden in solcher Situation, aber Mateczka war gutmütig, und als er dieses verkommene, riesige Kinderskelett gesehen hat, da machte er etwas eigentlich ganz Unerhörtes für KZ: Er machte Wojtek ein Angebot. Wenn Wojtek es schaffen würde, einen ganzen Eimer Suppe, ungefähr zehn Liter, mit einem Mal zu eliminieren, würde er bis zum Ende seines Aufenthalts im Lager jeden Tag eine Extraportion Suppe kriegen. Wojtek setzte sich auf den Boden, nahm den Eimer zwischen seine langen, staksigen Beine und begann in aller Ruhe die Suppe zu löffeln. Die SS-Männer, Kapos und wir Häftlinge standen daneben, schauten und konnten es kaum glauben: Wojtek fraß den ganzen Eimer auf einmal leer. Zehn Liter!

Jurek redete mit Händen und Füßen. Er schlackerte mit den Armen, um Wojteks besonderen Laufstil bei der Flucht zu demonstrieren, und obwohl Jurek klein war und ein bisschen untersetzt, schien er sich für einen Moment in diesen dürren Riesen zu verwandeln. Irgendjemand im Raum lachte ein unterdrücktes Lachen. Jurek legte daraufhin bei seiner kleinen Show noch ein bisschen zu, bis das Lachen ohne Scheu war.

Als Jurek über Freunde sprach, die nicht überlebt hatten, war es aber wieder ganz still im Zimmer. Die Rede war nicht von »Millionen unschuldiger Opfer«, sondern von Mietek und Edek, Menschen, die Jurek gekannt hatte, die seine Freunde waren. Aber sogar diese Geschichten, die Geschichten über den Tod, waren nicht ganz hoffnungslos, denn seinen Freund Mietek hatte Jurek in einem Haufen Leichen gefunden und ihn dann eigenhändig zum Krematorium gebracht – um ihm die letzte Ehre zu erweisen, wie er sagte. Und Edek, der von der SS vor den Augen der anderen Häftlinge erhängt worden war, als Strafe für einen

Fluchtversuch, hatte direkt vor seiner Hinrichtung noch »Es lebe Polen!« gerufen, wodurch er im Lager unvergessen blieb.

Jurek erzählte meistens Geschichten über Menschen, die in irgendeiner Weise würdig gestorben waren, und über Menschen, die wie durch ein Wunder überlebt hatten. Jurek schilderte also letztlich Ausnahmen, glückliche Ausnahmen, aber er verdeutlichte dabei eben doch, was die Regel war: Wenn Jurek über Mietek sprach, dann verstand man auch, dass der Tod in Auschwitz so alltäglich war, dass meist niemand mehr die Zeit und Kraft hatte, um einen verstorbenen Kameraden zu trauern.

Meine Mitschüler hörten gebannt zu, fragten nach, und ich glaube, am Ende hatten wir alle etwas verstanden. Nicht nur über Auschwitz, sondern über das Leben ganz grundsätzlich. Als ich Jahre später einen ehemaligen Mitschüler traf, fragte er mich gleich, wie es denn diesem »coolen alten Polen« gehe.

Ich begleitete Jurek auch in andere Klassen, in andere Schulen, schon weil ihn ja irgendjemand fahren musste. Anfangs kam es mir so vor, als sei sein Schatz an Geschichten unerschöpflich, aber irgendwann merkte ich, dass er über seine vier Jahre in Auschwitz immer dieselben dreißig Geschichten erzählte. Die Mischung und auch die Reihenfolge der Episoden variierten, aber die Geschichten selbst erzählte Jurek immer gleich. Nie ließ er etwas weg, nie schmückte er sie weiter aus. Jurek hätte diese Geschichten bestimmt im Schlaf erzählen können – aber er erzählte sie nicht im Schlaf. Er war vollkommen wach und strahlte jedes Mal aus, dass er gerade dieses Gespräch mit dieser Klasse für ganz besonders interessant hielt. Jedes Mal ermutigte er die Schüler, Fragen zu stellen, und immer hörte er den Fragenden aufmerksam zu. Dabei waren es in den meisten Klassen genau die gleichen Fragen: »Wovor hatten Sie am meisten Angst?«, »Kann man noch an Gott glauben, wenn man so etwas erlebt hat?«, »Wie haben Sie es geschafft, wieder Vertrauen zu fassen zu Deutschen?« Jedes Mal antwortete Jurek so gut er konnte. Gedenktagsfloskeln brauchte Jurek nie. Nur seine Geschichten.

Es kam von der Lagerverwaltung die Genehmigung, Pakete zu erhalten. Natürlich nur mit manchen Sachen, aber solche Pakete waren sehr wichtig für Überleben. Nicht nur wegen Nährstoffen, die man sonst überhaupt nicht bekommen konnte im Lager, auch als Zeichen von Familie, dass man nicht ganz vergessen war. Ich war damals Schreiber auf dem Quarantäne-Block, der übel terrorisiert wurde von sogenannter Viererbande. Drei Blockälteste und ein SS-Hauptscharführer, der in Sachen Schmuggel und illegale Geschäfte eng mit ihnen arbeitete. Sie öffneten die Pakete, nahmen alles raus, was irgendwie von Wert war, verhökerten es und kauften zum Saufen. Alkohol war sehr wertvoll im Lager und eigentlich völlig verboten, aber sie waren dauernd besoffen und brachten dann Menschen um – ohne Grund, aus reiner Selbstbefriedigung und auch um zu kassieren Essensrationen und diese zu verkaufen für noch mehr Schnaps.

In der zentralen Paketstelle arbeitete ein SS-Hauptscharführer, ein großer, intelligenter, harter Mann. Ich dachte, es muss etwas passieren, um die Situation zu verbessern in unserem Block.

Ich als Schreiber wurde geschickt mit dem Handwagen zur Paketstelle, um zu holen unsere Pakete. Ich nutzte Gelegenheit und steckte dem Hauptscharführer mit paar Sätzen, was auf unserem Block vor sich geht. Dann ging ich mit voll beladenem Rollwagen wieder zurück und sofort wurde zu den vier »Königen« gerufen, als ich im Block ankam. Ihre Spitzel hatten die Information, dass ich mit dem Hauptscharführer gesprochen habe, genauso schnell zu meinem Block gebracht wie ich die Pakete!

Es handelte sich bei der Art des Schlagens, mit der sie mich empfingen, um eine Methode, wo man plötzlich einen Schlag bekommt und zu Boden geht. Man muss sofort aufstehen, da man sonst totgetreten wird mit den schweren Stiefeln. Sie schlugen und traten auf mich ein und ich mühte mich ohne Erfolg, wieder nach oben zu kommen, als plötzlich der Hauptscharführer mit zwei Unteroffizieren und paar polnischen Häftlingen in das Zimmer stürmte und ganze Prozedur stoppte.

Weil ich überhaupt nicht mehr aufstehen konnte, ließ er mich hinstellen, notierte meine Nummer und die von den anderen. Dann stellte er sich vor die Viererbande und sagte: »Wenn ihm auch nur ein Haar vom Kopf runtergeht, dann seid ihr alle dran. Ich werde euch persönlich lynchen.« Der Unteroffizier der Postpaketstelle hat mich also gerettet und auch viele Kollegen vom Block, weil von da an hat die Bande sich nicht mehr getraut anzurühren irgendwas von unseren Paketen, und obwohl sonst immer gestorben sind sehr viele in Quarantäne, dann ist niemand mehr gestorben auf meinem Block – nur einer wegen Malaria.

Ich war einem anständigen Deutschen begegnet. Für mich waren also schon im KZ nicht alle Deutschen automatisch schlecht. Nicht einmal alle SS-Männer. Sogar sie konnten immer wieder entscheiden, wie sie handeln in einzelnen Situationen.

Während er sprach, hatte er immer die ganze Gruppe im Blick. Er spürte genau, wenn ein Schüler etwas fragen wollte und sich nicht traute, oder auch, wenn jemand sich unwohl fühlte. Er sprach diese Schüler dann direkt an und zog sie ins Gespräch. Im Auto, wenn wir heimfuhren, war Jurek sehr schweigsam.
– Jurek, wie oft hast du das eigentlich schon gemacht?
– Was?
– Mit einer Gruppe über Auschwitz sprechen, meine ich.
– Mehrere hundert Mal wahrscheinlich. Vielleicht sogar über tausend. Ich erinnere nicht.
– Hast du manchmal genug davon?
– Du fragst hier falsch.
– Warum?
– Weil es hier geht um was anderes.
Jurek sagte damals nicht, was »das andere« ist, und ich habe auch nicht gefragt. Jetzt, wo Jurek tot ist, fällt mir überhaupt auf, dass ich ihm manche Fragen nie gestellt habe, die ich ihm dringend hätte stellen müssen. Warum hat Jurek fast sein ganzes Leben dem Erzählen über die vier schlimmsten Jahre dieses Lebens gewidmet? Warum hat er hunderten von Schulklassen von Auschwitz erzählt, aber seinem eigenen Sohn nicht – kein einziges Mal?

»Könnt ihr mir assistieren?«, fragte Jurek irgendwann meinen Vater und mich. Er wolle seine Lebenserinnerungen auf Band sprechen, aus den Bändern solle dann ein Buch werden. Mein Vater war begeistert von diesem Plan, und so kam es, dass Jurek uns im Sommer desselben Jahres wieder besuchte.

Es war ein verregneter Sommer, und tagelang saßen wir mit eingeschaltetem Kassettenrekorder im Wohnzimmer – das heißt, eigentlich saß ich selbst nur in den ersten Tagen dabei, dann arbeitete nur noch mein Vater mit Jurek. Er hatte Jurek den bequemsten Platz auf dem Sofa zugewiesen, aber ich kann mich nicht erinnern, dass Jurek sich jemals zurückgelehnt hätte. Aufrecht saß er da und redete – viele Stunden am Stück, ohne je müde zu werden, und immer wieder warf er einen prüfenden Blick auf das Zählwerk des Kassettenrekorders, das sich langsam drehte.

Nur wenn die »verehrte Frau Oma« vorbeikam, um ihm eine Tasse frisch gebrühten Schwarztees zu bringen, erhob Jurek sich vom Sofa, begrüßte sie mit einem Handkuss und bedankte sich charmant. Sobald meine Großmutter den Raum wieder verlassen hatte, redete er jedoch hoch konzentriert und ohne Unterbrechung weiter, und abends bat er mich, den kalt gewordenen Tee wegzuschütten, »ohne dass die sehr verehrte Frau Oma etwas sieht«.

Hunger spürte Jurek immer erst, wenn wir abends das Band abstellten. Dann aßen wir alle zusammen, und Jurek redete bei Tisch weiter und nach dem Essen, bis tief in die Nacht. Er erzählte nicht nur die dreißig Geschichten aus Auschwitz, die er schon so vielen Schulklassen erzählt hatte, er sprach auch über die Vorkriegszeit und die Zeit nach dem Krieg.

Seine Erinnerungen an Auschwitz in eine chronologische Reihenfolge zu bringen, fiel ihm nicht leicht. »Die Jahreszeiten wiederholten sich, alles wiederholte sich im Lager«, sagte er einmal, »ein Häftling kann festhalten seine Erinnerung an fast nichts.«

Oft konnte er nur sagen, ob etwas bei seinem ersten Aufenthalt in Auschwitz geschehen war oder bei seinem zweiten. Jurek war zweimal im KZ. Zuerst ab Juni 1940 im Stammlager, bis er im Dezember 1941 freigelassen wurde und sofort in die Illegalität abtauchte. Ein Jahr später wurde er wieder verhaftet und nach mehreren Monaten im Gefängnis wieder ins KZ gesteckt – dieses Mal in Auschwitz-Birkenau. Ausführlich schilderte er, wie es zu seiner Entlassung 1941 gekommen war:

Plötzlich, im Sommer, beim Appell wurde ausgerufen meine Nummer, und ich wurde gesendet auf Block 17a, wo, soweit wie ich damals wusste, untergebracht waren Häftlinge, die zu Gestapoverhör in Gefängnissen außerhalb gebracht wurden oder auch in die Freiheit. Aber kein Häftling hat gewusst, was für ihn gilt. Wir dachten auch, vielleicht ist das von der Freiheit nur ein Gerücht. Vielleicht werden alle Häftlinge,

die aus Block 17 verschwinden, einfach getötet. Wir waren schon nicht mehr so voller Hoffnung nach eineinhalb Jahren im Auschwitz.
Alle Leute von diesem Block wurden eingesetzt zur Ernte von Rüben, aber nicht so schwer bewacht wie vorher, und wir sagten zueinander, dass das ein gutes Zeichen ist, welches eher spricht für Freilassung.
Die Arbeit mit Zuckerrüben hatte aber schlimme Folgen für einige von Kollegen, weil es sehr kalt war und sie bekommen haben schlimme Erfrierungen an den Händen. Es gab auf unserem Block eine Kommission, die uns immer wieder angeschaut hat, ganz nackt, um sicher zu sein, dass man bei uns keine Spuren sieht von Schlägen und schlechter Behandlung. Draußen sollte man gar nichts erfahren über die grausamen Zustände in den KZs. Ich hatte selbst eine eiterige Entzündung am linken Bein, die nicht verheilte. Aber ich habe das eingerieben mit Talg, damit die Haut da möglichst hell aussieht.
Kameraden mit Erfrierungen und Wunden sind zurückverlegt worden auf normale Blöcke und starben. So kurz vor der Freiheit! Oder vor der möglichen Freiheit.
Dann hat man mich und zwanzig andere gebracht zu Lagerführer Fritzsch, der gesagt hat, dass wir entlassen würden, aber dass wir mit niemandem reden dürfen über Auschwitz, und wenn einer von uns noch einmal etwas macht gegen das Dritte Reich und wieder hier landet, dann wird der überleben keine zwei Tage. Uns wurde auch gesagt, dass wir uns alle regelmäßig melden müssen bei der Gestapo. Dann wurden wir gebracht zu einem Zug, und als er losfuhr, merkte ich, dass ich zum ersten Mal seit eineinhalb Jahren absolut unbewacht war. Keine SS und überhaupt keine Kapos. Ich habe geheult vor Glücklichkeit.

Die Frage, warum er damals entlassen worden war, hatte Jurek nie losgelassen. Um eine Antwort zu finden, hatte er im Archiv des Museums in Auschwitz Akten gewälzt und in zahllosen Büchern nach Hinweisen gesucht, warum und unter welchen Umständen damals Entlassungen aus Auschwitz denkbar waren.

Auch mit meinem Vater diskutierte er stundenlang über mögliche Erklärungen: Vielleicht war Jurek freigekommen, weil sein Vater, der Offizier, in deutscher Kriegsgefangenschaft zufällig einen alten Bekannten wiedergetroffen hatte? Der Kommandant des Offizierslagers, in dem Jureks Vater während des gesamten Zweiten Weltkriegs interniert war, war zufällig ein Österreicher, der im Ersten Weltkrieg mit Jureks Vater Seite an Seite gekämpft hatte. Der Kommandant und der Gefangene verstanden sich noch immer gut. Sie spielten manchmal heimlich zusammen Karten, und als der Vater aus Polen die Nachricht erhielt, dass sein Sohn in einem Lager sei, da schrieb der Kommandant ein Gesuch an Hitlers Staatskanzlei, in dem er um Jureks Entlassung bat. Eine Antwort erhielt er nie, aber vielleicht hatte dieses Gesuch ja doch Erfolg gehabt?

Vielleicht hing Jureks Entlassung aber auch damit zusammen, dass der NS-Staat im Sommer 1941 die Sowjetunion angegriffen hatte? Jurek hatte zahllose Bücher über die politischen Verhältnisse in dieser Phase des Kriegs gelesen und darin Hinweise darauf gefunden, dass die NS-Führung damals erwog, in Polen ein Kollaborationsregime aufzubauen, um Soldaten für den Kampf gegen die Sowjetunion zu mobilisieren. Sogar geheime Gespräche zwischen Nazis und einem ehemaligen polnischen Premierminister namens Leon Kozłowski habe es damals gegeben, sagte Jurek. »In einem Buch stand auch ein halber Satz, dass als Zeichen vom guten Willen damals ein paar Politische in Polen rausgelassen wurden. Nur paar, weil schnell wurde den Nazis klar, dass sie patriotische Polen schon zu Feinden gemacht hatten mit brutaler Besatzungspolitik und niemanden gewinnen konnten für Kollaboration im großen Stil, aber es ist nicht unmöglich, dass ich war in dieser kleinen Gruppe von den Freigelassenen.«

Nun, als ich die Bänder wieder höre, spüre ich, dass es Jurek sehr beschäftigte, ja, fast quälte, dass er nicht erklären konnte, warum damals gerade er freigelassen worden war.

– Jurek, können wir, wenn wir das Buch schreiben, die Begründung nicht einfach weglassen oder einfach schreiben, dass du nicht weißt, warum du freikamst?
– Unmöglich.
– Warum?
– Dass ich entlassen wurde, passt nicht in die Logik von Auschwitz. Jeder, der sich bisschen mit Auschwitz befasst hat, weiß, dass das eigentlich war ein Lager ohne Ausweg. Nur mit Weg rein.
– Aber deine Geschichte zeigt doch …
– Dass es nichts gab, was es überhaupt nicht gab im Auschwitz.

Das war sehr großes Lager. Sehr viele Menschen. Sehr viele Tote. Und alle, die überlebt haben, erzählen Wundergeschichten, was aber überhaupt nicht heißt, dass das ein Lager von Wundern war. Nur die ohne Wunder sind alle tot. Ohne Wunder konnte man gar nicht überleben.

– Vielleicht sollten wir genau das schreiben?

– Aber Leser vom Buch werden doch verlangen irgendwelche möglichen Gründe für meine Entlassung. Sonst werden sie sich ausdenken einen Grund, der nicht wahr ist, aber wahrscheinlich.

– Was meinst du?

– Nach der Logik vom ganzen System ist wahrscheinlich, dass die Gestapo mich zum Spitzel gemacht hat gegen eigene Landsleute und dass ich erkauft habe meine Freiheit auf Kosten von anderen. Wahrscheinlich ist das, aber nicht wahr.

Am Beispiel von Jureks Entlassung aus Auschwitz verstand ich erstmals, dass es quälend sein kann, eine Ausnahme zu sein, denn als Ausnahme stellt man eine Wahrheit in Frage, die man eigentlich nicht in Zweifel ziehen will.

Jurek erzählte, dass er damals, als er frei war, sofort untertauchte und sich nicht, wie Fritzsch verlangt hatte, bei der Gestapo meldete, aus Angst, zum Spitzel gemacht zu werden. Er setzte sich nach Lemberg ab, wo ihn keiner kannte, und arbeitete als Gehilfe eines Lkw-Fahrers. Doch dort lebte er unter seinem richtigen Namen und hatte nie das Gefühl, dass ihn jemand suchte oder verfolgte. Der einzige Ausweis, den Jurek besaß, war die Mitgliedskarte der polnischen Liga Morska i Kolonialna aus der Vorkriegszeit, aber er kam damit durch sämtliche Kontrollen, bis er plötzlich, gut ein Jahr nach seiner Freilassung, wieder verhaftet wurde.

Ein Gestapomann verhörte ihn wegen eines angeblich geklauten Lkws, brachte seine erste Gefangenschaft in Auschwitz aber nicht zur Sprache. Offensichtlich wussten die Behörden, mit denen er nun zu tun hatte, davon nichts. Es wurden damals sehr viele Menschen verhaftet.

Jurek verbrachte zwei Monate im Pawiak, dem berüchtigten Warschauer Gefängnis, in dem während der Besatzungszeit Zehntausende gefoltert und umgebracht wurden. Dann wurde Jurek wieder ins KZ transportiert. Dieses Mal ins Lager Birkenau.

Der Transport war sehr groß. Das sind um 1800 Leute gewesen, ungefähr. Die waren verteilt in Güterwaggonen. Hundert pro Waggon. Genau nachgezählt. Und das war so viel, dass man überhaupt nicht atmen konnte in diesen geschlossenen Waggonen, was die SS genau wusste. Kein Wasser, keine Möglichkeit zum urinieren und überhaupt kein Luft. Jedes ganz kleine Nagelloch hat sofort einen Besitzer gehabt, der gesaugt hat an diesem Loch und gekämpft hat für dieses Loch, um zu haben etwas Luft. Und da war eine große Nervosität, die Leute wollten die Tür aufbrechen und alle sich stürzen in diese Tür und weglaufen, damit mindestens einer in Freiheit kommt, was überhaupt nicht möglich war, weil überall Wachen waren, die sofort geschossen hätten und getötet den ganzen Waggon.
Ich habe also laut gesagt, zu allen: »Wir brauchen gemeinsamen Plan, denn ich möchte nicht sterben wegen Dummheit von einem oder zwei Idioten. Die SS lässt den ganzen Waggon dezimieren, wenn es hier gibt einen Versuch einer Flucht.« Das war eine Regel. Ich kannte diese Regeln, denn ich kannte ja schon das Lager. Ich habe also alle überzeugt, daran zu arbeiten, wenigstens das kleine Fenster aufzubrechen, das es da gab im Waggon, und zwar so, dass die SS von außen nicht sehen konnte, dass es offen ist. Mehrere Leute haben sich konzentriert auf diese Arbeit, die uns gelang, und so bekamen wir genug Luft. Als wir ankamen im Auschwitz, hat man aus dem Waggon hinter uns 12 Tote geladen und auch viele Ohnmächtige. In meinem Waggon war niemand tot.

Jetzt, nach Jureks Tod, fallen mir Dinge auf, die ich früher nicht bemerkt habe. Wenn Jurek auf den Bändern über Situationen spricht, in denen er sich hilflos und ausgeliefert gefühlt haben muss, dann benutzt er das Wort »ich« nur ganz selten. Er sagt »der Transport war groß«, »man« und »die Leute«. Und er flicht in seine Erinnerung Zahlen ein, die er sich erst nach dem Krieg angelesen haben kann. Erst wenn Jurek beginnt, davon zu sprechen, wie er sich und anderen zu helfen wusste, dann ist er in seiner Erinnerung wieder »ich«, »die Leute« sind dann »wir« und der Eisenbahnwagen ist plötzlich sogar »mein Waggon«.

Jurek erzählt auf den Bändern auch über die Zeit nach dem Krieg. Darüber, dass er mit den Deutschen zunächst nichts mehr zu tun haben wollte und dann in den Sechzigerjahren doch begann, Jugendgruppen in Auschwitz zu betreuen, wie er mithalf, die Arbeit von Aktion Sühnezeichen aufzubauen. Es werden viele deutsche Namen auf den Bändern erwähnt. Namen von Menschen, mit denen Jurek einmal befreundet war, und ich frage mich, warum all diese Menschen aus Jureks Leben verschwunden sind.

Noch etwas fällt mir nun auf: Jurek erwähnt seinen Sohn kein einziges Mal. Ausführlich spricht er über die Anfänge der Versöhnungsarbeit, über die Gruppen von Sühnezeichen, ja, auch über einzelne deutsche Schüler und Studenten, die Mitglieder dieser Gruppen waren. Aber Tomek kommt mit keinem Wort vor und auch Jureks Frau Krystyna, Tomeks Mutter, wird kein einziges Mal erwähnt. Nicht einmal beiläufig.

Das ist mir vorher nie aufgefallen – das heißt, es konnte mir eigentlich auch gar nicht auffallen, denn als Jurek mit seinen Erzählungen in der Nachkriegszeit angelangt war, hatte ich mich längst aus den täglichen Sitzungen im Wohnzimmer verabschiedet. Mein Vater hatte die Bedienung des Kassettenrekorders übernommen, und eigentlich brauchte Jurek beim Erzählen auch gar keine Hilfe. Die Geschichten schienen fast fertig geordnet in seinem Kopf zu liegen.

Mein eigenes Leben war viel ungeordneter: Ich hatte gerade Abitur gemacht, begann nun ein Praktikum bei einer Lokalzeitung, und außerdem verbrachte ich viel Zeit bei irgendwelchen Behörden, weil ich doch ein Visum beantragen musste für mein Auslandsjahr in Polen. Polen war damals noch kein EU-Land, und ich brauchte einen ganzen Stapel Papiere – einen amtlich beglaubigten Aidstest zum Beispiel und auch einen Nachweis, dass ich keine Läuse hatte. Als Jurek nach gut drei Wochen wieder heimfuhr, hatte ich meine Papiere gerade alle zusammen. Mein Vater war völlig erschöpft, aber er hatte über 24 Stunden Jurek auf Band.

Ich bin sehr froh, diese Bänder zu haben, und immer wieder höre ich ein Stück davon an und auch ein paar der Videokassetten sehe ich mir an. Auch auf ihnen erzählt Jurek seine Geschichten, diesmal auf Polnisch. Die Shoah-Foundation von Steven Spielberg hat sie Ende der Neunzigerjahre aufgezeichnet. Drei Tage lang erzählte Jurek vor der Kamera, und am Ende legte ihm die Dame von der Stiftung einen Zettel vor, auf dem er unterschreiben sollte, dass er die Rechte an dieser Geschichte an die Stiftung abtritt.

Jurek hat mir mehrmals davon erzählt, und beim Erzählen kochte er jedes Mal wieder vor Wut. Er habe dieser Frau klargemacht, dass das seine Geschichte sei und sein Leben. »Und mein Leben werde ich nicht erst verteidigen vor Nazis und dann verschenken an einen reichen Amerikaner«, habe er gesagt, den Mitarbeitern der Shoah-Foundation die Bänder abgeknöpft und sie dann vor die Tür gesetzt. »Und zwar die Originalbänder«, betonte Jurek.

Später, als ich dann in Krakau studierte und ihn oft in Warschau besuchte, drängte Jurek mich, die Videos mitzunehmen – ins Haus meiner Eltern. Ich war gerührt, weil ich wusste, was ihm die Bänder bedeuteten, aber ich war auch verwirrt.

– Jurek, ich verstehe das doch nicht mal. Ich kann doch noch kaum Polnisch!

– Trotzdem. Bei euch sind sie in Sicherheit.

Ich verstand nicht, was er damit meinte, und ich verstehe es auch heute noch nicht, aber mir wird plötzlich klar, dass Jurek mir mit den Tonbändern und den Videos das Wertvollste vererbt hat, was er besaß. Seine Geschichten.

Natürlich habe ich nicht sofort die ganzen Tonbänder angehört und alle acht Videokassetten angesehen. Es ist ja sonst auch noch einiges zu tun: In der Uni muss ich eine Doppelsitzung einschieben, um die wegen Krankheit verpasste Stunde nachzuholen, am Wochenende will ich endlich mal wieder meinen Neffen besuchen, der gerade gelernt hat, sich alleine umzudrehen, und natürlich verbringe ich meine Abende lieber mit Freunden als mit Videos voller Erzählungen aus Auschwitz. Aber wenn die Bilder von Jureks Tod und seiner Beerdigung in meinem Kopf auftauchen, kann ich mir nun den lebendigen Jurek anschauen, und das hilft.

Er sitzt in seiner Warschauer Wohnung: ordentlich gekämmt und aufrecht wie immer. Im Hintergrund sieht man den alten

Wandteppich, der gegenüber den Porträts seiner Mutter hing. Es ist immer dieselbe Kameraeinstellung, und doch wird es nicht langweilig, Jurek beim Erzählen zuzusehen, denn er hat diese unglaubliche Gestik, die man in keinem Rhetorikkurs der Welt lernen kann: Er schwingt die Hände durch die Luft, ballt sie dann plötzlich zu Fäusten und lässt sie auf den Tisch donnern, der vor ihm steht. Und als er dann von einem Bauernmädchen erzählt, das er in den Monaten der Freiheit zwischen der ersten und der zweiten Gefangenschaft kennenlernte, da streicheln seine Hände die Luft so sanft und vorsichtig, dass jedem Zuhörer klar sein muss, dass es sich hier um eine Liebesgeschichte handelte – und das, obwohl Jurek nur sagt, dass da ein junges Mädchen war, das ihm zu essen brachte.

Ich bin stolz, dass ich inzwischen alles mühelos verstehen kann, was er erzählt. Ich frage mich, woher Jurek wusste, dass ich wirklich Polnisch lernen würde, als er mir damals, vor so vielen Jahren, die Bänder gab.

Aber ich entdecke auf den Bändern auch etwas, was mich sehr erstaunt. Am Anfang kann ich es gar nicht glauben. Mindestens eine halbe Stunde hantiere ich abwechselnd mit dem alten Videorekorder, den mir mein Mitbewohner geliehen hat, und mit meinem Kassettenrekorder, und dann erst bin ich sicher, dass es wirklich so ist: Jurek erzählt die Geschichten aus der KZ-Zeit auf dem polnischen Videoband genauso wie auf dem Tonband, das er mit meinem Vater aufgenommen hat: mit den gleichen Einschüben, den gleichen Abschweifungen und exakt denselben ironischen Anmerkungen. Stellenweise wirkt es, als seien die deutschen Bänder eine wörtliche Übersetzung der polnischen Videos. Dabei liegen fast zwei Jahre zwischen den Aufnahmen, und dabei hat Jurek beide Male völlig frei aus dem Gedächtnis gesprochen, ohne jedes Manuskript.

Jureks Geschichten, die immer so spontan und feurig dahererzählt wirkten, waren also wirklich bis ins Detail ausgearbeitet – noch viel genauer ausgearbeitet, als es mir bei Schulbesuchen aufgefallen war.

Alles würde ich darum geben, Jurek noch einmal anrufen zu können und ihn zu fragen: Warum hast du die Geschichten immer gleich erzählt?

3 Jureks Einsamkeit

Ich mag die Atmosphäre in diesem Zug. Auf keiner anderen Zugstrecke habe ich so viele gute Gespräche geführt – mit Fremden und auch mit alten Bekannten, die ich hier zufällig wiedergetroffen habe. Nette polnische Rentner, die ihre Enkelkinder in Deutschland besuchen, Leute, die irgendwann einmal mit mir im selben Polnischkurs waren, polnische Journalisten, die über Deutschland schreiben und die ich von irgendwelchen Workshops kenne, deutsche Professoren, die über Polen forschen und bei denen ich einmal in einer Vorlesung saß ... All diese Menschen sind im Berlin-Warschau-Express daheim.

Das Wohnzimmer dieser polnisch-deutschen Familie ist der Speisewagen. Glücklicherweise ist es ein polnischer Wars-Speisewagen und kein deutsches »Bordrestaurant«. Das Rührei wird hier aus Eiern in der Pfanne gemacht und nicht aus Pulver in der Mikrowelle. Den Ober mit Schnurrbart, der hier meistens bedient, kenne ich schon lange, aber nur »vom Sehen«, genau wie die Landschaft, die vor dem Fenster vorbeifliegt. Ausgestiegen bin ich unterwegs noch nie. Draußen liegt kein Schnee, aber es hat gerade begonnen zu schneien. Der Zug fährt durch große, nasse Flocken, die sich auf dem Fenster in Wasser verwandeln, das vom Fahrtwind über die Scheiben gejagt wird. Wieder ist Winter. Bald wird ein Jahr seit Jureks Tod vergangen sein.

Der schnurrbärtige Kellner bringt mir die Speisekarte. Außer ihm sind heute hier keine bekannten Gesichter zu entdecken, und ich bin froh darüber, denn ich will heute gar nicht reden, lieber aus dem Fenster schauen, nachdenken und Tagebuch schreiben. Ich habe ein extra »Polentagebuch«, in das ich immer schreibe, wenn ich in Polen unterwegs bin. Darin zu lesen gehört für mich zum Ritual jeder Fahrt im Berlin-Warschau-Express – genau wie das Aus-dem-Fenster-Schauen.

Wir haben die Oder schon überquert und fahren nun durch flaches Land: kahle Felder, Dörfer, hier und da ein Birkenwäldchen, manchmal ein Bahnübergang. Die Strecke ist für mich ein guter Gradmesser dafür, wie das Land sich verändert: In den letzten fünf Jahren sind tausende bonbonfarbener Einfamilienhäuser mit Erkern und großen Garagen zwischen die alten Holzhäuser und die sozialistischen Betonblöcke gebaut worden. Rund um die Städte wuchern moderne Fabrikhallen und riesige Einkaufszentren: Hypermarché, Ikea, Obi. An den Bahnübergängen standen vor ein paar Jahren noch Fiat Polski und warteten darauf, dass die Schranke hochgeht. Nun sind Brücken gebaut worden, und auf den Straßen sieht man die gleichen Autos wie in Deutschland: Opel, VW, Mercedes …

Leider hat die Europäisierung auch die Speisekarte des Berlin-Warschau-Express erreicht. Frankfurterki – Frankfurter Würstchen mit Parmesan. Italienisches Bruschetta. Französisches Frühstück mit abgepackten Croissants. Beruhigt bin ich aber, als ich die Piroggen mit Griebenschmalz wiederfinde, die es hier schon immer gab, und auch das legendär gute Rührei. Ich bestelle Rührei mit Brot und Tee. Noch vier Stunden bis Warschau. Ich bin in den letzten neun Jahren oft nach Polen gefahren. Nun fahre ich zum ersten Mal in dem Wissen, dass Jurek und ich dieses Mal nicht zusammen Tee trinken werden.

Als ich 1999, direkt nach dem Abitur, in dieses Land kam, um für ein Jahr zu bleiben, verstanden viele meiner deutschen Freunde nicht, was ich dort wollte. Die Vereinigten Staaten oder Neuseeland hätten wahrscheinlich die meisten ganz normal gefunden, aber bei Polen fragten Freunde, Nachbarn und Lehrer: »Warum denn gleich so weit weg?« und »Ist das denn nicht gefährlich, so allein?«

Ich hatte viele Gründe, so weit weg zu wollen, und einer davon war, dass ich »so allein« sein wollte. 19 Jahre hatte ich in einem schwäbischen Dorf verbracht, in dem die Hecken gerade geschnitten sind, der letzte Bus von der nächsten Stadt aus um 22.30 Uhr abfährt und in dem jeder jeden kennt. Ich wollte etwas anderes sehen und anders gesehen werden, nicht als Teil einer großen Familie, mit einem Vater, der Leserbriefe schreibt, einer Mutter, die Kommunalpolitik macht. Ich wusste, dass ich meine

Familie vermissen würde, aber ich wollte endlich irgendwo neu sein, fremd und allein.

Und so war ich eigentlich nicht traurig zu hören, dass es die besten Polnisch-Anfängerkurse in Krakau gibt, nicht in Warschau, wo ich bei Jurek hätte wohnen können. Ich war zwar auch sehr froh, dass in nur zweieinhalb Zugstunden Entfernung jemand leben würde, der mir vertraut und lieb war, aber mehr Nähe wollte ich nicht – auch weil ich seit dem Erzählmarathon im Sommer wusste, dass es mit Jurek sehr anstrengend sein konnte.

Ich studierte an einem Institut der Krakauer Jagiellonen-Universität, das für ausländische Studenten bestimmt war, polnische Sprache und Landeskunde. Es lag auf einem Hügel vor den Toren der Stadt mit Blick über die Weichsel. Das Hauptgebäude des Instituts sah aus wie eine alte Burg, aber in Wirklichkeit war es erst Anfang der Vierzigerjahre gebaut worden – im besetzten Polen als SS-Sanatorium. Jetzt studierten hier Studenten aus dreißig verschiedenen Ländern: Franzosen, Koreaner, Brasilianer, Schweden, Dänen, Japaner und ziemlich viele US-Amerikaner.

Der Erasmus-Boom hatte Polen noch nicht erreicht, und fast alle, die damals nach Krakau kamen, um Polnisch zu lernen, hatten eine spannende Familien- oder eine romantische Liebesgeschichte zu erzählen. Es gab da einen schüchternen fünfzigjährigen Dänen namens Ole, der in eine energische Polin namens Jadwiga verliebt war, die ihr Land aber auf keinen Fall verlassen wollte. Deshalb hatte Ole daheim alles verkauft und war mit seinen fünfzig Jahren noch einmal in ein Studentenwohnheim eingezogen, um Polnisch zu lernen und dann zu seiner Jadwiga in die südpolnische Kleinstadt Pszczyna zu ziehen.

In meinem Anfängerkurs saß auch ein 17-jähriger Kerl mit langen, zotteligen Haaren, der sich als Mikołaj Rej vorstellte. Die Lehrerin dachte, er mache einen blöden Witz, denn Mikołaj Rej war der erste Dichter, der im 16. Jahrhundert auf Polnisch schrieb und der deshalb als »Vater der polnischen Literatur« bezeichnet wird. Unser Mikołaj Rej konnte auch am Ende des Semesters auf Polnisch eigentlich nur ein Bier bestellen, aber er war tatsächlich ein Spross der adeligen polnischen Dichterfamilie, die schon zur Zeit der polnischen Teilung nach Frankreich emigriert war. Ein paar Zimmer weiter wohnte eine Belgierin namens Marysia

Sobieski, Nachfahrin des polnischen Königs Jan Sobieski, der die Türken vor Wien zurückgeschlagen hatte. Ich erzählte Jurek am Telefon von meinen neuen Bekanntschaften.

– Siehst du, echte Polen zieht es alle wieder heim.
– So arg echt sind die nicht, Jurek. Die sprechen alle kein Polnisch – sogar ich kann mehr Polnisch als Mikołaj Rej.
– Nicht schlecht für eine Szwabka. Wann besuchst du mich in Warschau?

Szwab, also Schwabe, und Szwabka, also Schwäbin, sind auf Polnisch Schimpfwörter – und zwar noch viel deftigere als »Polacke« im Deutschen. Aber wenn Jurek mich am Telefon eine Schwäbin nannte, dann klang das liebevoll, ja, fast ein bisschen stolz.

Polen, Krakau und das internationale Studentenwohnheim auf dem Berg waren genau das, was ich nach 19 Jahren schwäbisches Dorf gebraucht hatte – es war die große, weite Welt, aber sehr verdauungsfreundlich portioniert und malerisch schön gelegen. Abends zogen wir oft durch die zahllosen Kneipen und Clubs, die in den gotischen Gewölbekellern der Krakauer Altstadt zu entdecken sind. Wir kochten im Studentenwohnheim reihum: koreanisch, brasilianisch, deutsch, französisch. Alles war neu und aufregend für mich.

Die polnische Sprache fiel mir erst mal sehr schwer. Der Ortsteil von Krakau, in dem sich unser Institut befand und in dem ich nun auch wohnte, hieß Przegorzały, aber der Taxifahrer, der mich aus der Kneipe heimbringen sollte, verstand auch beim vierten Anlauf nicht, wohin ich wollte – ich musste ihm den Namen schließlich aufschreiben. Als ich endlich daheim war, schlug ich im Wörterbuch nach, was dieser absurde Ortsname zu bedeuten hat, und stellte bei der Gelegenheit fest, dass ungefähr ein Zehntel aller polnischen Worte mit diesem unaussprechlichen prz-Laut beginnen. Am nächsten Tag erklärte mir die Polnischdozentin dann auch noch, dass ich den Ortsnamen, genau wie jedes anderes polnische Substantiv, je nach Fall komplett verändern müsse: in Przegorzały – w Przegrorzałach, nach Przegorzały – do Przegorzał … Sieben verschiedene Fälle, jede dritte Form schien eine Ausnahme zu sein.

Am zweiten Wochenende fuhr ich mit müdem Kopf und verknoteter Zuge zu Jurek nach Warschau. Es war das erste Mal, dass ich ihn in seiner Wohnung besuchte. Ich staunte darüber, wie eng dort alles war: die kleine Küche mit dem Gästebett. Das Badezimmer, in dem kein Platz für ein Waschbecken war. Man wusch sich die Hände über der Badewanne. Das helle, aber nicht sonderlich große Wohnzimmer, in dem der runde Holztisch stand und auch Jureks Bett mit dem Nachttisch und den Fotos der Enkelkinder darauf.

Jurek trainierte mit mir, wie man »Przegorzały« ausspricht – hundertmal und in allen grammatischen Formen, so lange bis es ganz richtig war. Dann zeigte Jurek mir Warschau. Warschau und Krakau, die beiden größten polnischen Städte, wirken, als lägen sie auf unterschiedlichen Planeten und nicht nur ein paar hundert Kilometer voneinander entfernt.

Krakau ist eine gemächliche Stadt, eine Spaziergängerstadt mit engen Gassen, weiten Plätzen und wunderschönen alten Gebäuden, die im Krieg fast alle unversehrt geblieben sind. Die Deutschen wollten viele der Baudenkmäler bei ihrem Abzug zwar eigentlich sprengen, aber die Rote Armee rückte schneller vor als gedacht und verhinderte die Zerstörung.

Warschau ist anders: Jurek und ich spazierten durch eine hässliche Plattenbausiedlung, die bis in die Innenstadt hineinwuchert, und standen dann plötzlich inmitten ultramoderner Wolkenkratzer. Kühle Spiegelglasbauten aus den Neunzigerjahren, funktionale Wohnsilos aus den Siebzigern, stalinistische Prachtbauten mit überlebensgroßen Statuen von Arbeiterhelden aus den Fünfzigern und irgendwo, zwischen all dem versteckt, hier und da eine hübsche alte Barockkirche, die nach dem Krieg wieder aufgebaut wurde, die aber optisch völlig erdrückt wird von all den neueren und größeren Gebäuden rundum.

Warschau kam mir chaotisch und irgendwie konzeptlos vor. Oder genauer gesagt: anhand zu vieler zu gegensätzlicher Konzepte zu oft umgebaut. Und dann noch die Autos: überall stinkende, hupende Autos. Keine Spaziergängerstadt. Wer zu Fuß ging, ging schnell und schien auf dem Weg irgendwohin zu sein. Nur Jurek und ich bewegten uns inmitten von alledem ganz gemächlich fort.

»Schau mal, dort an der Wand«, sagte Jurek, und ich dachte zuerst, er meine das riesige Reklameplakat für ein teures Parfüm, auf dem der schöne Rücken einer nackten Dame zu sehen war. Aber Jurek meinte das kleine Marmorschild daneben. »An dieser Stelle wurden am 1.3.1943 zwanzig polnische Zivilisten von den Hitlerowcy erschossen«, stand darauf. Es gibt sehr viele solcher Tafeln in Warschau. Wann immer polnische Partisanen während der Besatzungszeit einen Anschlag verübten, erschossen die Deutschen zur »Vergeltung« beliebig ausgewählte Hauptstädter. Aber Jurek zeigte mir das Schild nicht in erster Linie, um auf die Opfer aufmerksam zu machen – Jurek wollte mir vor allem die Geschichte der mutigen Partisanen erzählen, die eine Menge deutscher Waffen erbeutet hatten bei dem Anschlag, der der Erschießung vorausgegangen war.

– Wussten die Partisanen, dass Leute umgebracht werden für ihre Aktion?
– Natürlich. Man hat das ja gemacht, damit es die Partisanen wissen. Damit sie aufgeben. Und damit die Leute sie nicht mehr unterstützen.
– Und hat das funktioniert?
– Nein.

Jurek war erstaunlich gut zu Fuß. Wir liefen durch einen Park zur Altstadt, die etwas abseits vom heutigen Zentrum liegt. Hier gibt es enge Gassen und Häuser mit spitzen Giebeln, genau wie in Krakau. Aber irgendwie kam mir die Warschauer Altstadt unwirklich vor. Kulissenhaft.

– Ganzes dieses Gebiet war völlig zerstört, nachdem die Deutschen sind rausmarschiert. Das war ein Befehl von ganz oben. Warschau sollte überhaupt nicht mehr existieren. Ausradiert. Aber Polen haben die Altstadt wiedererrichtet, gleich nach dem Krieg. Sie haben das durchgesetzt ganz gegen die Pläne von Sowjets, die ganzes Warschau im Stil von Stalin aufbauen wollten.
– Jurek, als Kind hast du doch auch eine Zeit lang in Krakau gelebt, oder?
– Ja, bei Oma und später bei meiner Tante. Meine Tante war Schauspielerin im alten Theater in Krakau. Gute Schauspielerin übrigens.
– Was ist mehr deine Stadt, Krakau oder Warschau?
– Krakau liebt jeder von allein. Vielleicht die schönste Stadt der

Welt. Warschau hat fürchterlich geduldet und kämpft immer noch, um wiederzubekommen sein Gesicht. Warschau muss man sich erlieben. Ich kam gleich nach dem Krieg her, wegen der Möglichkeiten zu arbeiten. Warschau war damals größter Haufen aus Trümmern in ganz Polen, aber auch größte Baustelle. Kaputte Stadt, die nicht kaputt bleiben wollte. Eine sehr gute Stadt für Mann in meinem Zustand. Und deshalb ist Warschau meine Stadt.

Nach unserem Spaziergang gingen wir essen, und zwar ins Kogut, also in genau das Restaurant, in dem ich viele Jahre später, nach Jureks Beerdigung, mit seinem Sohn, seinen Enkeln und der Wollmützenfrau essen würde.

Über diesen ersten Nachmittag im Kogut steht einiges in meinem »Polentagebuch«. Wir saßen lange dort. Jurek erzählte – dieses Mal nicht von Auschwitz, sondern von der Zeit nach dem Krieg und davon, wie er zurückgefunden hatte ins Leben. Direkt nach der Befreiung hatte Jurek in Oberschlesien als Lkw-Fahrer gearbeitet, obwohl er nicht einmal einen Führerschein besaß. Er hatte einfach behauptet, sein Führerschein sei zur Kriegszeit verloren gegangen.

Dann wurde er, dank eines Freundes, der auch in Auschwitz gewesen war und nun ein hohes Amt bekleidete, zum Vizedirektor einer staatseigenen Mühle bei Warschau ernannt. Jurek sagte, er sei überhaupt nicht ausgebildet gewesen für diese Tätigkeit, aber er habe die Arbeit doch gut gemacht – vor allem, weil er die Fähigkeit hatte, Material zu organisieren, das es im völlig zerstörten Nachkriegspolen eigentlich gar nicht gab. Organisieren hatte er in Auschwitz gelernt.

Es müssen chaotische Zeiten gewesen sein: Die Städte waren zerstört. Es gab fast gar keinen Wohnraum. Das Land war ausgeplündert. Ein Fünftel der polnischen Vorkriegsbevölkerung hatte die Besatzungszeit nicht überlebt. In jeder Familie fehlten also Väter, Söhne, Brüder, Mütter ... Kommunisten und nationale Polen rangen um die Macht, in den Wäldern tobte ein Partisanenkrieg. Und überall waren Flüchtlinge, weil die Siegermächte Polen nach Westen verschoben hatten: Gebiete, die vor dem Krieg polnisch waren, wurden nun sowjetisch, und Gebiete, die vor dem Krieg deutsch waren, wurden nun polnisch.

Irgendwann, mitten in diesem Chaos, beschlagnahmten die Sowjets die Mühle, die Jurek leitete, demontierten sie und transportierten sie nach Osten. Jurek war also plötzlich Vizedirektor einer nicht mehr existierenden staatlichen Mühle, aber er und sein Direktorenkollege wussten sich auch in dieser Situation zu helfen. Sie richteten den Betrieb einfach neu aus: Dieselben Arbeiter, die bisher Mehl gemahlen hatten, bauten jetzt Brücken, was ebenfalls ein gewinnbringendes Geschäft war, denn die meisten Brücken Polens waren zerstört.

Als ich Jurek fragte, wie er es denn geschafft habe, aus Müllern Brückenbauer zu machen, da sagte er einfach: »Bücher. Wir haben sehr viele Bücher über Brückenbau gelesen.«

1949 wurde Jurek von seinem Posten entlassen, weil er sich weigerte, in die kommunistische Partei einzutreten, die in Polen inzwischen die Alleinherrschaft errungen hatte. Jurek musste sich nach einer neuen Beschäftigung umsehen. Das war nicht leicht, denn er hatte beschlossen, nie wieder in einer untergeordneten Position zu arbeiten.

»Ich habe im KZ genug Befehle für hundert Leben bekommen«, erklärte er mir, während er nun im Kogut genüsslich Kartoffelpuffer mit Pilzsoße aß. »Aber ohne rotes Parteibuch konnte ich nicht in höheren Position arbeiten. Deshalb habe ich mir immer gesucht eine Nische, in der ich arbeiten konnte allein. Frei. Freiheit war einzige Bedingung – sonst konnte ich mich einstellen auf überhaupt jede Beschäftigung.«

Jurek verdiente sein Geld ab Ende der Vierzigerjahre als Grafiker, denn beruflich selbstständig sein konnte man im stalinistischen Polen eigentlich nur als »Künstler«. Er gestaltete Wanderausstellungen zum Thema »Arbeitsschutz und Verhinderung von Betriebsunfällen«, die in den Kantinen der neu erbauten Fabriken gezeigt wurden. Er versuchte sich aus der Politik herauszuhalten. Er lernte Krystyna kennen, seine spätere Frau, die ihn beeindruckte, weil sie fröhlich war und »auf normale Art jung«, wie Jurek es nannte. Das sei im Nachkriegspolen selten gewesen. Er sagte, er habe Krystyna »völlig überstürzt« geheiratet. Im Januar 1952 kam dann sein Sohn Tomek zur Welt.

Auschwitz wollte Jurek in dieser Zeit nur vergessen. Und es wollte sie ja auch niemand hören, seine Geschichten über das

Lager. Andere Probleme waren drängender. »Ganze Gesellschaft war uns ehemaligen KZlern gegenüber hart in dem Sinne, dass man uns überhaupt nicht unterschieden hat gegenüber normaler Leute. Und wir haben auch selbst alles getan, um so schnell wie möglich zu dieser Gruppe anzuschließen, welche als normal betrachtet wird. Wir waren ja auch nicht unnormal, eigentlich.«

Mitte der Fünfzigerjahre wurde Jurek krank – ständig fühlte er sich beengt und hatte oft Atemnot. Nur in den Bergen Südpolens, also dort, wo er als Jugendlicher mit den Pfadfindern zum Skilaufen gewesen war, hatte er noch das Gefühl, frei atmen zu können. Er beschloss, in die Tourismusbranche zu wechseln. Dass er dadurch kaum noch bei seiner Frau und dem kleinen Sohn in Warschau war, war für Jurek kein Nachteil. Die Einzimmerwohnung in Warschau, in der Windeln trockneten, Essen gekocht wurde und das Kind gerade laufen lernte, war ihm ohnehin zu eng. Jurek brauchte seine Freiheit. Im Gebirgsort Zakopane gab er von da an den ganzen Winter hindurch polnischen Parteifunktionären und besonders verdienten Arbeitern Skiunterricht.

– Jurek, wie hast du es geschafft, in all diesen verschiedenen Berufen ohne irgendeine Ausbildung zu arbeiten? Ich meine, das klingt ziemlich unglaublich.
– Weißt du, ich hatte sehr gute Ausbildung dafür, ohne Ausbildung zu arbeiten.
– Wie meinst du das?
– Vor dem Krieg habe ich überhaupt nichts gelernt. Aber im Auschwitz konnte man als Lateinschüler, der überhaupt nichts kann, nur Deklinationen, nicht überleben. Ich habe also gelernt, wie man ganz schnell funktioniert in verschiedenen Berufen. Zum Beispiel als Automechaniker, ohne davor je einen Motor gesehen zu haben. Oder als Zimmermann. Ich habe gelernt, wie man ganz genau zusieht, was andere machen, und ganz schnell versteht. Und dann einfach macht. Nur so konnte ich überleben. Deutsch habe ich auch so gelernt. Im Auschwitz.
– Wie hast du das denn geschafft?
– Das erzähle ich gleich. Jetzt müssen wir erst mal über andere wichtige Fragen entscheiden, und zwar über Frage vom Nachtisch: Kompott oder Szarlotka?

Als die Szarlotka, ein warmer polnischer Apfelkuchen, dampfend vor uns auf dem Tisch stand, begann Jurek zu erzählen, wie er damals im KZ Deutsch gelernt hatte.

Im KZ haben solche junge Leute wie ich am meisten geduldet, weil sie überhaupt kein Wissen gehabt haben, das gebraucht wurde zum Ausbau von Lager, und deshalb eingeteilt wurden für die schwerste Arbeit: Sie mussten tragen die Säcke mit fünfzig Kilo, die fast so schwer waren wie wir, und wir mussten auch Gräben bauen, bei Regen und Schnee, und die durchnässten Uniformen musste man auch am nächsten Tag wieder so nass anziehen. Das war das Schicksal der jungen Leute. Jeder war verzweifelt auf der Suche nach irgendeinem Beruf oder einer Tätigkeit, mit der er sich auskannte, um bisschen weniger schnell zu krepieren.
Ich habe gemerkt, dass gebraucht wurden Leute, die Deutsch sprachen und auch schreiben konnten mit gotischen Buchstaben. Das Lager war im Bau und man hat aufgestellt überall große Tafeln mit »HALT! TODESZONE!« und »ES WIRD SCHARF GESCHOSSEN!«. Die SS hatte sich ausgedacht, dass die Tafeln schwarz angestrichen sein müssen und darauf in gotisch Buchstaben mit weißer Farbe die Schrift. Warum das so gemacht sein musste, weiß ich auch nicht. Vielleicht, damit es die Polen, die damals noch ganz große Mehrheit waren im Auschwitz, nicht lesen könnten? Auf jeden Fall habe ich gewittert die Chance auf eine bessere Arbeit.
Ich habe organisiert irgendwo ein Bleistift und auch von Klohäuschen von Wachmannschaft eine Zeitung, und zwar solche Zeitung, die unsere SS-Intellektuellen sehr gern gelesen haben: den »Stürmer«. Wenn sie mich erwischt hätten, hätten sie mich einfach umgebracht, weil Diebstahl von wertvollem Klopapier für SS-Hinterteil war natürlich wert Todesstrafe, aber ich habe die Zeitung geschnappt, bin abgehauen und habe mir in freiem Moment gesucht ein sehr gutes Versteck im Keller von Block drei und dann versucht die gotischen Buchstaben nachzumalen und auch Wort zu Wort zu übersetzen, was da steht, um überhaupt besser Deutsch zu lernen – weil in der Schule hatte mich Deutsch überhaupt gar nicht interessiert.

Die Szarlotka hatte aufgehört zu dampfen, als ich mir die erste Gabel nahm. Das habe ich nie gekonnt – zu essen, während Jurek von Auschwitz sprach. Das ist so geblieben, all die Jahre. Jurek war da anders. Er aß genüsslich seinen warmen Apfelkuchen, während er über den Hunger, die Kälte und die schweren Betonsäcke sprach. Aber Jurek musste ja auch immer mit diesen Erinnerungen leben. Nicht nur, wenn er darüber sprach.

Wir saßen an diesem Tag sehr lange im Kogut. Nach dem Apfelkuchen gab es einen Verdauungswodka. Wir wechselten das Thema, ich erzählte von dem, was mich beschäftigte, und Jurek begann mich zu beraten. Wir redeten lange, und es war ein gutes Gespräch. Wir bestellten noch eine Portion Kartoffelpuffer und noch einmal Wodka. Ich mochte es, wenn Jurek mich beriet. Einen trivialen Satz wie »In zehn Jahren wirst du darüber nur noch lachen« hat Jurek dabei nie zu mir gesagt. Er nahm meine Sorgen ernst. Eine Zeit lang habe ich mich darüber gewundert. Meine jugendlichen Problemchen mussten Jurek doch lächerlich erscheinen angesichts all dessen, was er in meinem Alter schon durchgemacht hatte.

Aber irgendwann wurde mir klar, dass Jurek, wahrscheinlich gerade weil in seinem Leben für die kleinen emotionalen Nöte kaum Raum gewesen war, meine Problemchen so interessiert verfolgte. Es machte Jurek Freude mitzuerleben, dass ein junger Mensch heute seine ganze Energie darauf verwenden kann zu entscheiden, ob X oder Y besser zu ihm passt. Ob man in den Semesterferien ein Praktikum macht oder lieber einen gut bezahlten Ferienjob. Jurek fand nicht, dass solche Fragen irrelevant sind. Er gönnte mir ein Leben, das sich um solche Probleme drehte, und er nahm gern daran teil.

Während ich in Krakau studierte, habe ich Jurek fast jeden Monat besucht. Ich schlief in dem Gästebett in Jureks Küche. Manchmal gingen wir spazieren oder aßen im Kogut, aber die meiste Zeit verbrachten wir redend und Tee trinkend an seinem runden Tisch. Obwohl ich Jurek damals erst seit knapp zwei Jahren kannte, hatte ich dabei immer das Gefühl, bei jemandem zu Besuch zu sein, der zu meiner Familie gehört. Und deshalb war es immer wieder merkwürdig festzustellen, was für ein anderes, ja, für mich letztlich unvorstellbares Leben Jurek hinter sich hatte.

Ich merkte es meist an kleinen Dingen. Zum Abendessen gab es oft dunkles Brot, Essiggurken und polnischen Kochschinken, und wenn von diesem Schinken dann nur noch ein Scheibchen auf dem Tellerchen lag, dann fragte Jurek mich: »Kati, willst du nicht den Schinken eliminieren?« Wenn andere Leute »austrinken« oder »wegwerfen« sagen, sagte Jurek »eliminieren«, »liquidieren« oder »vernichten«. »Kati, vernichtest du deinen Tee noch oder soll ich ihn wegschütten?« Oder: »Lass uns noch rasch das schmutzige Geschirr liquidieren, dann haben wir auf dem Tisch Platz für die Fotos.« Sein Deutsch war noch immer das Deutsch, das er im KZ gelernt hatte.

Es war schön, bei Jurek zu sein. Aber es war auch anstrengend. Manchmal sehr anstrengend. Wir redeten meistens Deutsch miteinander, denn wenn wir Polnisch sprachen, dann war das Sprachunterricht und kein Gespräch. Jurek war sehr genau. Fast unaussprechbare polnische Wörter wie »skrzypce« musste ich fünfzig Mal wiederholen, so lange, bis die Betonung genau stimmte. Einmal gerieten wir während einer solchen Polnischstunde sogar in einen richtigen Streit. »Sein« heißt auf Polnisch »być« – das »y« spricht man dabei weich und tief in der Kehle. Ich sprach es als spitzes, deutsches »i«.

»Bić heißt schlagen, nicht sein!«, rief Jurek, nachdem er mich hundertmal verbessert hatte. »Mag sein, dass für Deutsche Schlagen und Sein dasselbe ist, aber im Polnischen ist das anders.« Ich war sehr beleidigt.

Mit Jurek war es nur selten harmonisch. Jurek verlangte seinem Gegenüber immer vollkommene Aufmerksamkeit ab und auch die ständige Bereitschaft, etwas Neues zu lernen. Und er liebte die Konfrontation. Er widersprach, auch wenn Widerspruch gar nicht nötig war, sondern nur eine kleine Präzisierung oder Ergänzung.

– Falls Polen dann wirklich mal der EU beitritt, gehört es da ja nicht zu den ganz kleinen Staaten.
– Nein, Kati, falsch. Das weißt du nicht richtig. Wenn Polen in der EU ist, wird es darin sein das sechstgrößte Land nach Bevölkerung und genauso nach Fläche – also zu großen Staaten in EU gehören, nicht nur nicht zu den ganz kleinen.

Oft ärgerte ich mich darüber, dass er alles, was Polen und die polnische Geschichte anbetraf, immer so schrecklich genau nahm. Aber ich bewunderte ihn auch wegen seines immensen Wissens, das er sich ganz allein angelesen hatte und das kein totes Faktenwissen war, das er irgendwo in seinem Gehirn abgelegt hatte, sondern lebendiges Wissen, das er immer wieder neu verknüpfte und reflektierte.

Oft sprachen wir über das, was ich bei meinem Studium in Krakau lernte. Manchmal war ich sehr verwirrt während dieses Jahres. Ich hatte eine Einführung in die polnische Geschichte belegt – auf Englisch, nicht auf Polnisch. Aber obwohl es kein Sprachproblem gab, verstand ich vieles von dem, was der Professor da dozierte, nicht. Geschichte war immer mein Lieblingsfach in der Schule gewesen, aber jetzt, in Krakau, kam ich mir plötzlich ahnungslos und ungebildet vor. Adelsrepublik? Polnische Verfassung als erste moderne Verfassung Europas? Januaraufstand? Alles nie gehört. In meinem Geschichtsbuch aus der Mittelstufe war Polen nur dreimal erwähnt worden: einmal bei den drei polnischen Teilungen im 18. Jahrhundert, dann erst wieder mit der »Wiederentstehung Polens«, was ein Punkt auf einer langen Liste der »Folgen des Ersten Weltkriegs« war, und dann noch einmal bei dem Angriff NS-Deutschlands auf Polen am 1. September 1939. Mehr war da nicht zu holen gewesen.

Das Problem war nicht nur, dass mir vieles völlig neu war, viel schwieriger war für mich, dass manches dem widersprach, was ich bisher gelernt hatte. Für die Abiturprüfung hatte ich das Thema »Die Entstehung der Sowjetunion« vorbereitet und dabei erfahren, dass 1920 Polen Sowjetrussland angegriffen und im Kampf gegen das vom Bürgerkrieg geschwächte Russland seine Grenze weit gen Osten verlagert habe.

Mein Professor in Krakau erzählte uns nun eine ganz andere Version des polnisch-sowjetischen Kriegs: 1920 habe Sowjetrussland Polen überfallen und dabei die Absicht gehegt, ganz Europa zu überrennen und bolschewistisch umzugestalten. Aber das gerade erst wiedererstandene freie Polen habe sich heldenhaft dazwischengeworfen und bei der Schlacht an der Weichsel nicht nur sich selbst, sondern das ganze europäische Abendland vor den Kommunisten verteidigt – obwohl es von diesem »europäischen Abendland« doch in den Jahrhunderten zuvor derart schlecht behandelt worden war.

– Weißt du, Jurek, mich nervt der heroische Ton dieses Profs, und ich weiß auch überhaupt nicht mehr, was ich glauben soll.

– Das kannst du auch nur verstehen aus Geschichte. Aus neuer Geschichte. Über ganze diese Sachen durfte überhaupt nicht geredet werden noch bis vor Kurzem, weil die Sowjetunion doch war eng verbündet mit uns. Wir Polen müssen ausprobieren, wie ganze polnische Geschichte aussieht ohne Scheuklappen von staatlich verordneter polnisch-sowjetischer Freundschaft.
– Aber es muss doch irgendwie feststellbar sein, wer wen angegriffen hat, damals 1920. Entweder habe ich in Deutschland in der Schule Quatsch gelernt oder lerne ich hier Quatsch.
– Was bedeutet angreifen?
– Na, über Grenze marschieren und …
– Welche Grenze? Grenze von Mittelalter, wo Polen reichte einmal fast bis Moskau? Grenze von direkt vor erster polnischer Teilung? Vor zweiter polnischer Teilung? Grenze von Siedlungsgebiet, in welchem wohnten damals Polen?

Jurek erklärte mir die komplizierte politische Lage nach dem Ersten Weltkrieg. Er wusste ganz genau Bescheid – natürlich auch nur aus Büchern, denn er war ja erst 1922 geboren worden, aber trotzdem war seine Erzählung wunderbar lebendig. Er erzählte von der polnischen Unabhängigkeitsbewegung und auch von der ukrainischen, flocht kleine Geschichten ein, die ihm sein Vater erzählt hatte, sprach über die verschiedenen Staatsideen polnischer Zwischenkriegspolitiker, und irgendwann verstand ich, dass weder mein Lehrer in Deutschland noch mein polnischer Professor »gelogen« hatte. Es war nur jeweils eine andere Auswahl der Fakten, bei einem Krieg, der aus kleinen Scharmützeln und Grenzstreitigkeiten heraus eskaliert war.

Ich liebte diese Gespräche mit Jurek. Es war, als hauche er den Daten und Fakten, die ich in Krakau lernte, Leben ein, und ich glaube, ich habe dank Jurek zum ersten Mal begriffen, dass ein Land nicht einfach eine Geschichte hat, sondern dass Geschichte geschrieben wird. Dank Jurek begriff ich auch, wie mühsam es ist, eine »gemeinsame« Version der europäischen Geschichte auszuarbeiten, und ich verstand, dass man dazu genau sein muss – ja, vielleicht sogar so detailversessen wie Jurek. Man muss zurück ins Detail gehen, um den Kern der unterschiedlichen Versionen der Geschichte zu verstehen, und dann muss man gemeinsam aushandeln, welche der Fakten in der Geschichte vorkommen müssen und welche nicht unbedingt – genau damit hatte Jurek einen Großteil seines Lebens verbracht.

Er erzählte mir, wie entsetzt er in den Sechzigerjahren war, als er zum ersten Mal nach Westdeutschland reiste und durch einen Zufall ein deutsches Schulbuch in die Hand bekam. Es war ein Erdkundebuch.

– Du musst dir vorstellen, Kati, da stand ganz einfach: »Warschau ist das Zentrum der polnischen Holzindustrie und ist im Krieg schwer beschädigt worden.« Sonst stand da nichts über Warschau. Das klingt doch so, als ob es in Polen nur Wald gibt! Und dann »schwer beschädigt« – was für ein Quatsch! Ich habe zu meinen deutschen Freunden gesagt, da müsste stehen »von der Wehrmacht und der SS fast völlig zerstört. Systematisch. Durch Sprengungen. Nicht nur als Folge von den Kämpfen«.
– Was haben deine Freunde gesagt?
– Sie haben mir recht gegeben. Und ich habe gesagt, dass man gründen muss eine Kommission aus Experten – Historikern und Pädagogen –, welche die Schulbücher in beiden Ländern untersuchen und angleichen. Und das wurde auch gemacht, und eine solche Kommission gibt es immer noch. Nicht nur für Polen und Deutschland, sondern für ganz viele Länder. Für Mexiko und die USA zum Beispiel. Aber alle sind entstanden nach dem Vorbild von deutsch-polnischer Kommission – also eigentlich nur wegen meiner Idee.

Ich muss lächeln, als mir dieses Gespräch mit Jurek wieder einfällt. Sechs Jahre sind seither vergangen. Sechs Jahre, in denen ich diesseits und jenseits der Oder studiert und viel Zeit in diesem Zug verbracht habe, dem Berlin-Warschau-Express, in dem ich auch jetzt wieder sitze. Jahre, in denen ich viel gelernt habe über Deutschland, über Polen und darüber, wie Geschichte geschrieben wird. Irgendwann im Verlauf dieser Jahre bin ich auch auf eine andere Version der Geschichte der deutsch-polnischen Schulbuchkommission gestoßen. Eine offizielle Version, laut der die Gründung der Kommission keinesfalls auf Jerzy Hronowski aus Warschau zurückgeht, sondern auf die Unesco. Aber ich bin sicher, dass Jurek damals nicht gelogen hat. Ich bin sicher, dass er die Fakten nur aus seiner Sicht zusammengesetzt hat – eben ein bisschen anders als der Rest der Welt.

Die Orte, die vor dem Fenster vorbeiziehen, verraten mir, dass wir bald in Warschau sind. Fast die ganze Zugfahrt habe ich im Restaurant verbracht, in meinem Polentagebuch gelesen und versucht, mich zu erinnern. Gute Erinnerungen ohne blutige Badezimmerfliesen. Der schnurrbärtige Kellner kommt und räumt die leere Teetasse ab, die vor mir auf dem Tischchen steht.

Es ist Lipton-Tee. Die Beutel mit dem knallgelben Papierschildchen waren schon vor zehn Jahren in Polen allgegenwärtig. Irgendetwas muss Lipton richtig gemacht haben, als es darum ging, den mittelosteuropäischen Markt zu erobern. Der einzige Pole, den ich je getroffen habe, der Lipton-Tee verachtete, war Jurek, und dies ist meine erste Fahrt im Berlin-Warschau-Express, bei der ich nicht eine Kilopackung des indischen Fair-Trade-Biotees im Koffer habe, den die »verehrte Frau Oma« mir immer für Jurek mitgab.

Meine Freundin Agnieszka holt mich vom Bahnhof ab. Sie trägt die roten Haare jetzt ganz kurz, und das steht ihr gut. Wir fahren zu ihrer Wohnung, es ist ein bisschen wie heimkommen. Agnieszkas Mann Leszek hat gekocht. Wir essen von den gleichen Ikea-Tellern wie in meiner Münchner WG. Wenn ich bei Agnieszka und Leszek bin, bin ich in einem ganz anderen Warschau als bei Jurek, dabei ist seine ehemalige Wohnung nur drei Kilometer Luftlinie von hier entfernt. In den letzten Jahren habe ich, wenn ich in Warschau war, meistens hier gewohnt. Das war entspannter für mich und auch besser für meine Freundschaft zu Jurek.

Agnieszka habe ich im Herbst 2001 kennengelernt. Ich studierte damals in München Journalismus, und in den Semesterferien machte ich im Auslandsressort der polnischen Wochenzeitung *Polityka* ein Praktikum. Jurek hatte mir immer von den wunderbaren Reportagen in dieser Zeitung vorgeschwärmt und mir geholfen, das Bewerbungsschreiben zu formulieren. Ich war die erste westliche Ausländerin, die dort ein Praktikum machte. Agnieszka, die ein paar Jahre älter ist als ich, hat am gleichen Tag wie ich begonnen, dort zu arbeiten – als Journalistin, nicht als Praktikantin.

Als am 11. September 2001 die Flugzeuge ins World Trade Center rasten und eine Sondernummer erstellt werden musste, saßen wir jeden Tag 18 Stunden zusammen in der Redaktion. Jede Arbeitskraft wurde damals gebraucht. Später war ich zu Agnieszkas Hochzeit eingeladen, und ich habe Agnieszka und ihrem Mann Leszek in den Allgäuer Alpen das Skifahren beigebracht.

Jurek und Agnieszka sind einander nur einmal begegnet. Das war vor zwei Jahren. Sie holte mich damals bei ihm ab. Eigentlich wollten Agnieszka und ich schnell ins Kino, zu einem Kurzfilmfestival, auf das wir uns beide sehr gefreut hatten, aber Jurek bat Agnieszka herein. Er war schon lange neugierig auf meine polnische Freundin, die bei seiner Lieblingszeitung arbeitete.

Jurek schlug vor, noch zusammen eine Tasse Tee zu trinken, und er schlug es auf eine Art und Weise vor, die keinen Widerspruch zuließ. Während wir tranken, begann er Agnieszka aus seinem Leben zu erzählen. Es war fast unmöglich, wieder aufzubrechen. Als wir uns endlich losreißen konnten, lud Jurek Agnieszka ein wiederzukommen. Er fragte sie noch, als wir schon in der Tür standen, ob sie sich nicht um die polnische Version seines Buches kümmern könne. Wir kamen viel zu spät ins Kino.

»Vielleicht hätte ich ja hingehen sollen«, sagt Agnieszka, als ich ihr erzähle, dass Jureks Tod noch immer nicht aufgeklärt sei und dass ich versuchen wolle, etwas herauszufinden. »Aber mir war das einfach zu vereinnahmend. Ich habe doch kaum Zeit für meine eigene Familie, für meine eigenen Großeltern.«

Am nächsten Morgen gehe ich zu Fuß zu Jureks ehemaliger Wohnung. Es ist ein sonniger Wintertag. Unten, am Eingang des Hauses, ist eine neue Gegensprechanlage angebracht, auf der man einen Code eintippen muss, um in das Treppenhaus zu gelangen. Ich kenne diesen Code nicht und stehe eine Zeit lang unschlüssig vor der Tür herum, bis irgendwann eine mit Einkaufstüten beladene Frau kommt, die Tüten neben der Tür abstellt und beginnt, auf der Gegensprechanlage herumzutippen.

– Entschuldigung, wohnen Sie hier?
– Ja, warum?
– Erinnern Sie sich an den alten Herrn, der im ersten Stock gelebt hat?
– Der, der umgebracht wurde?

– Ja. Jerzy Hronowski. Ich war mit ihm befreundet. Wissen Sie vielleicht irgendwas? Über seinen Tod oder was mit der Wohnung passiert ist?
– Die haben alles leer geräumt. So ein Entrümpelungsdienst ist da gekommen. Lauter alten Krempel haben die rausgeschleppt. Einen ganzen Container voll Müll. War ein komischer Kauz, der alte Hronowski. Ich weiß gar nicht, wie das alles in diese kleine Wohnung gepasst hat.

Ich frage nach Jureks Sohn Tomek, und die Nachbarin sagt, sie habe gehört, dass er alles von den USA aus geregelt habe, über so einen Immobiliendienst. In der Wohnung wohne jetzt jemand anderes, eine junge, berufstätige Frau, die nur selten zu Hause sei. Mehr wisse sie nicht.

Ich gehe zur Tram und denke an die Briefe, die ich an Jurek geschrieben und um die ich Tomek gebeten hatte. Sie sind im Müllcontainer gelandet, genau wie alles andere, was sich in Jureks Wohnung befand. Der runde Tisch. Die Sessel. Die dünnwandigen Teegläser. Alle Papiere. Alle Erinnerungen.

Plötzlich verstehe ich, warum Jurek die Videokassetten, die er der Shoah-Foundation abgenommen hatte, in Sicherheit bringen wollte. Er wusste, dass nach seinem Tod niemand da sein würde, der sein Erbe sortiert. Er wusste, wie einsam er war.

Die Straße, in der Jurek gewohnt hat, sieht aus wie immer. Die Tramhaltestelle sieht aus wie immer. Der Blumenstand ist auch noch da. Alles ist wie immer, nur Jurek ist nicht mehr da, und niemand außer mir scheint ihn ernsthaft zu vermissen. Dabei, wer war ich schon. Irgend so eine junge Deutsche, die ihn ein- oder zweimal im Jahr besucht hat. Die ihn viel zu selten angerufen hat.

Ich kaufe ein paar Tulpen und beschließe, zum Friedhof zu fahren. Ich denke an Jurek.

– Wo warst du?
– Ich habe einen Spaziergang gemacht. Das hatte ich dir doch gesagt. Ich brauche frische Luft. Ich kann nicht den ganzen Tag nur hier sitzen.
– Du hast Blumen gekauft?
– Ja. Auf dem kleinen Markt nah bei der Tramstation. Zu Ostern gehören Tulpen.

– Du weißt doch, ich sehe fast nichts mehr. Hättest du besser Schinken gekauft.
– Aber ich wollte Tulpen haben. Riech mal. Sie riechen nach Frühling.
– Du kommst und gehst und überhaupt benimmst du dich, als würdest du in einem Hotel wohnen. Mich behandelst du wie Luft.
– Jurek, ich bin extra hergefahren, um mit dir Ostern zu feiern.
– Ich war den ganzen Winter allein. Ich hätte auch jetzt allein sein können. Du bringst alles durcheinander. Stellst die ganze Wohnung voll mit Blumen, und dann gehst du wieder, und die Blumen vergammeln, und ich muss alles wieder aufräumen.

Je älter Jurek wurde und je weniger er allein aus dem Haus gehen konnte, desto dringender brauchte er Besuch, aber desto schwieriger war es auch, für ihn da zu sein. Besonders schmerzte ihn, dass er wegen einer Augenkrankheit langsam erblindete und deshalb nicht mehr lesen konnte. Aber auf Mitleid reagierte er allergisch. Er war sehr stolz. Das spürte man an tausend Gesten: Wenn ich ihm in den Mantel helfen wollte, nahm er mir den Mantel weg, zog sich selbst an, um mir dann galant in meinen Mantel zu helfen. »Vielleicht bin ich achtzig«, sagte er, »aber ich bin immer noch der Herr und du die Dame.«

Ich fahre zum Friedhof, finde aber Jureks Grab nicht. Ziemlich weit hinten muss es sein, nah an der Mauer.

Ich gehe wieder und wieder die Reihen ab und lese die Inschriften auf den Gräbern: Langer, Schinkel, Krüger, Knedler. Viele Nachnamen auf dem evangelisch-augsburgischen Friedhof klingen deutsch, doch die Vornamen sind meistens polnisch. »Jerzy Klemm« lese ich auf einer schlichten, schwarzen Marmorplatte, die eng beschrieben ist. Er war ein bisschen jünger als Jurek, geboren 1925, Soldat der Armia Krajowa, gefallen im Warschauer Aufstand 1944, wie auch sein Vater, Albin Klemm. Außerdem ruht hier noch eine Stefania Klemm, offensichtlich Jerzy Klemms Schwester, und unter deren Namen steht, dass sie ebenfalls im Warschauer Aufstand gekämpft hat und dann im KZ Auschwitz gewesen war.

Ich denke daran, wie mein Großonkel als junger Soldat an der Straße stand, als die letzten Kämpfer der Heimatarmee aus der

Stadt getrieben wurden. Ich frage mich, ob Stefania Klemm dabei war und auch, ob die Klemms sich als »volksdeutsch« hätten registrieren lassen können. Evangelisch zu sein und Klemm zu heißen – das sind doch Hinweise auf deutsche Abstammung. Wahrscheinlich hätten sie alle zusammen am Straßenrand stehen können, wenn sie sich nicht dafür entschieden hätten, polnisch zu sein.

Ich suche weiter. Grosser, Kulman, Kulinski … Auf alten Gräbern aus der Vorkriegszeit findet man teilweise deutsche Inschriften. »Ruhet sanft« und »Heimgeholt in Gottes Hand« steht da. Nach 1945 wurde hier nichts mehr auf Deutsch beschriftet. Merkwürdig, dass Jurek gerade hier liegt. Auf einem halb deutschen Friedhof – und das, weil Jurek seinen Glauben verloren hat in einem deutschen KZ und bei den polnischen Katholiken deshalb nicht mehr liegen konnte.

Aber liegt er wirklich hier? Szneider, Klein, Bukowski. Kein Hronowski weit und breit. Zuerst finde ich den Friedhof noch interessant – mit all den Gräbern und den Familiengeschichten, die man sich daraus zusammenreimen kann. Aber je länger ich Jureks Grab suche, desto panischer werde ich. Irgendwelche Spuren muss Jurek doch hinterlassen haben. Wenigstens ein Grab auf diesem Friedhof. Irgendwo muss doch noch sein Name stehen, wenn schon seine Wohnung entrümpelt worden ist und die Briefe, die Sessel, die Teegläser irgendwo auf einer Deponie gelandet sind.

»Suchen Sie jemand Bestimmtes?« Ich drehe mich um, und hinter mir steht eine ältere Frau mit einer Wollmütze. Sie sieht der Frau, die auf Jureks Beerdigung war, zum Verwechseln ähnlich. Dieselbe Art von Wollmütze, derselbe neugierige Gesichtsausdruck. Aber sie sagt, sie habe den Namen Hronowski noch nie gehört. »Ist das Ihr Großvater?«, fragt sie und mustert mich von oben bis unten. Der Einfachheit halber nicke ich. Ich finde, das geht diese Frau gar nichts an. »Kommen Sie aus dem Ausland?«, bohrt sie weiter. »Waren Sie etwa noch nie an dem Grab Ihres Opas?« Aber schließlich schlägt sie vor, mich ins Büro des Friedhofsverwalters zu bringen. Den kenne sie persönlich. Und während wir über den Friedhof zu dem kleinen Verwaltungsbau gehen, jammert die Frau leise vor sich hin. Sie spricht nicht wirklich mit mir, mehr mit sich selbst. »Die Toten werden allein gelassen«, sagt sie. »Niemand wird sich an uns erinnern. So ist das.«

Der Friedhofsverwalter sieht in einer Kartei nach, findet Jureks Namen und sagt, dass er sich auch dunkel erinnern könne an diesen alten Herrn. Er werde mich zu dem Grab begleiten.

Jureks Grab hat keinen Grabstein. Da ist nur die schlichte, flache Marmorplatte, unter die sie Jureks Sarg vor nun schon fast einem Jahr geschoben haben. Sie ist vollständig mit braunem, durchweichtem Laub bedeckt. Es ist schon fast wieder Frühling, aber seit dem Herbst hat niemand das Laub weggeräumt. Deshalb konnte ich Jureks Namen also nicht finden, als ich durch die Reihen ging.

Der Verwalter erzählt, dass Jerzy Hronowski diese Platte vor seinem Tod bestellt habe – zumindest, soweit er sich erinnern könne. Er lässt mich allein. Ich kratze die halb vermoderten Blätter von der Steinplatte und finde dort nicht nur Jureks Namen, sondern auch den seiner Mutter, seines Vaters und seines Bruders: Maria Baranowa, Stanisław Baran und Tadeusz Baran. Auch Jurek hieß ursprünglich Baran. Aber nach dem Krieg, in den Fünfzigerjahren, hat er seinen Namen geändert in Hronowski, den Mädchennamen seiner Großmutter väterlicherseits. Warum, weiß ich nicht so genau. Vielleicht einfach, weil das viel eleganter klingt. »Baran« bedeutet nämlich Schafbock. Hronowski hingegen klingt in polnischen Ohren adelig. Wenn es um solche Dinge ging, war Jurek ziemlich eitel.

Jedenfalls ist auf dem Grabstein die ganze Familie Baran mit Geburts- und Sterbedatum aufgereiht. Hinter Jerzy Hronowski steht nur das Geburtsdatum – das Sterbedatum fehlt. Als habe sich niemand darum gekümmert, es nachzutragen. Ich weiß, dass Jurek der Einzige ist, der wirklich in diesem Grab liegt. Seine Eltern waren längst tot, als Jurek dieses Grab kaufte, und der Bruder, der ein Jahr vor Jurek starb, liegt in Kanada begraben, wo er seit Kriegsende lebte – das weiß ich ganz sicher, denn Jurek war damals traurig, dass er nicht zur Beerdigung fahren konnte. Die Reise war zu weit und zu teuer.

Auch Jureks Frau, Krystyna Hronowska, liegt hier nicht begraben. Ihr Name steht allerdings auch nicht auf dem Grabstein. Krystyna, die Mitte der Neunzigerjahre starb, verfügte vor ihrem

Tod, dass ihre Asche in der Hohen Tatra ausgestreut wird. Jurek hat oft davon gesprochen, und er war traurig darüber – ja, auch wütend: »Es war vielleicht keine sehr gute Ehe, aber wir waren doch verheiratet fast übers ganze Leben«, hat er gesagt, »und dann stirbt sie und bestimmt, dass sie nicht will ins Familiengrab. Das ist rücksichtslos. Sie war doch trotz allem meine Frau. Sie hätte bei mir liegen sollen.«

Ich fand Jureks Wut über Krystynas letzten Willen immer etwas merkwürdig. Ich konnte sie mir nur so erklären, dass er partout nicht alleine in dieses Grab wollte. Nun liegt er doch allein hier, hat aber eine Inschrift machen lassen, die vorgaukelt, dies sei das gemeinsame Grab einer Großfamilie. Ich bleibe lange an Jureks Grab stehen, bis sich meine Füße schließlich wie Eisklötze anfühlen.

Meine Mutter wollte, als die Deutschen kamen, mit uns Jungen fliehen – nach Osten. Ich war 17 Jahre alt und, wie gesagt, sehr patriotisch. Ich bin ausgebüxst am Abend vor Flucht, um mich freiwillig zu melden zur polnischen Armee. Mein Vater war da schon im Krieg.

Ich wurde in die Armee aufgenommen, aber dann gab es gleich ein großes Drunter und Drüber, weil einmarschiert sind nicht nur die Deutschen von Westen, sondern dann auch noch Sowjetarmee aus Osten.

Der Krieg war aussichtslos für Polen, das kaum Unterstützung bekam von Engländern und Franzosen, die eigentlich waren Verbündete, aber Polen ganz allein gelassen haben. Ich selbst bin gleich geraten in Gefangenschaft bei Sowjets, aber die war so schlecht organisiert, dass ich konnte wieder ausbüxsen und mich durchschlagen über Grenze nach Nowy Sącz, wo wir gewohnt hatten. Jetzt war das deutsches Gebiet.

Ich habe in unserer Wohnung überhaupt keine Nachricht gefunden von meiner Familie. Meine Mutter war ohne mich geflohen, mit meinem kleinen Bruder. Ich bin ins Bett, und schon am nächsten Morgen kam ein Mann, der überprüft hat meine Papiere und gesagt hat: »Zieh dich an und komm.«

Erst nach Krieg habe ich erfahren, dass mein Vater da schon war in deutscher Gefangenschaft. Meine Mutter war mit dem Bruder erst in Rumänien und ist dann gegangen nach Nordafrika, und mein Bruder ist weiter gegangen nach England. Er hat im Zweiten Weltkrieg gekämpft, als Pilot in der Royal Air Force, und ist dann im Ausland geblieben für immer. Meine Mutter hat in Afrika über komplizierte Wege erhalten die Nachricht, dass ich bin interniert in Polen. In Nordafrika gab es damals auch Internierte, deutsche Kolonisten, die interniert worden waren von den Briten. Das waren sehr ordentliche Lager, mit gutem Essen. Und meine Mutter hat das gesehen und sich gefreut, dass ich interniert bin, weil sie dachte, dass es gut ist für Jungen, der fast noch Kind ist, nicht ohne Aufsicht zu sein und gut versorgt und mit jemandem, der achtet auf seine Erziehung. Aber ich war im Auschwitz, und meine Mutter hat sich nicht mal richtige Sorgen gemacht.

Ich wusste nicht, wo meine Familie ist. Man konnte im Auschwitz überhaupt keine Nachricht aus dem Ausland bekommen und auch keine Pakete. Und das hat sehr schlechte Folgen gehabt für meine Gesundheit, weil eine ganze Menge von Stoffen, die nötig für den Organismus, hab ich nicht bekommen können ohne Pakete. Ich war deshalb mehr anfällig für Krankheiten, und ich rechnete nicht damit, dass ich das überlebe.

Aber ich sollte mich nicht beklagen, weil wenigstens einmal hat mir doch jemand plötzlich ein Paket geschickt. Darin war Käse, wie er gemacht wird in dem polnischen Bergen, und noch sonst paar Sachen. Auf dem Absender stand ein Vorname und Name, den ich erst überhaupt nicht erkannte, aber dann erinnerte ich doch. Das ist eine Frau gewesen, die nach meiner Geburt mich gepflegt hat. Ein Kindermädchen. Wir hatten immer Kindermädchen, weil meine Mutter war zu vornehm für Wechsel von den Windeln. Diese Frau gehörte zu ganz einfacher Familie, aber sie hat mich gefunden auf einer Liste von den Verhafteten und für mich organisiert was zu essen, was große Sache war wegen der Situation von dem polnischen Volke zu dieser Zeit, wo nie reichte das Essen, welches man bekommen könnte auf Karten, und auf Schwarzmarkt alles zu teuer war für so einfache Frau. Leider habe ich sie nach dem Krieg nie gefunden. Ich hätte ihr gern gedankt, weil sie die Einzige war, die mich nicht allein gelassen hat.

Als Agnieszka am Abend von der Arbeit kommt, findet sie mich in eine Wolldecke gewickelt und ziemlich verheult in der Ecke ihres Sofas. Warum kümmert sich nicht einmal jemand darum, Jureks Sterbedatum einzutragen, geschweige denn herauszufinden, warum und wie er gestorben ist? Wie kann ein Mensch so allein sein? Warum ist diese beschissene Welt so ungerecht? Agnieszka kocht mir Tee mit Honig und Zitrone, Marke Lipton natürlich, und dann beginnen wir einen Plan zu schmieden. Agnieszka ist Journalistin, und sie kennt Leute, die Leute kennen, die wiederum Leute kennen, und all diese Kontakte aktiviert sie jetzt. Mir zuliebe und Jurek zuliebe …

Als Agnieszka schließlich die Staatsanwältin ausfindig macht, die in Jureks Fall ermittelt hat, bin ich schon wieder in Deutschland, genauer gesagt sitze ich gerade in der etwas trostlosen Cafeteria meines Uni-Instituts, als plötzlich mein Handy klingelt und Agnieszka am Apparat ist.

– Ich habe sie erreicht, und es ist alles ganz anders. Hast du Zeit zum Reden?
– Wen? Die Staatsanwältin?
– Ja, sie wusste erst gar nicht, von welchem Fall ich spreche, aber ich habe ihr gesagt, dass das eine ganz wichtige Recherche ist, und ein bisschen Druck gemacht, und da hat sie die Akte rausgekramt. Ich lese dir vor, was ich mitgeschrieben habe: »Die Ermittlungen im Fall Jerzy Hronowski, wohnhaft Ulica Dąbrowskiego, Warschau, wurden am 30.3.2006 abgeschlossen. J. Hronowski starb eines natürlichen Todes. Das ergab die Obduktion des Leichnams zweifelsfrei. Todesursache war ein plötzlicher Kreislaufzusammenbruch. Das Blut stammt von dem Sturz, der darauf folgte und bei dem der Verstorbene sich eine Wunde am Kopf zuzog. Wahrscheinlich war er nach dem Sturz sofort bewusstlos und starb dann wegen des Blutverlusts. Fremdeinwirkung ausgeschlossen.« Hörst du? Kein Mord. Überhaupt ist der absolut einzige Hinweis auf ein Verbrechen, den die Staatsanwältin in der Akte finden kann, die Aussage der Haushälterin. Alles sonst spricht dagegen. Die Tür war, als die Polizei kam, von innen verriegelt.

Die Worte drehen sich in meinem Kopf. Natürlicher Tod. Kreislaufzusammenbruch. Sturz. Verriegelte Tür. Akte geschlossen – schon zwei Wochen nach Jureks Beerdigung! Merkwürdige Gefühle breiten sich in mir aus. Es ist absurd: Obwohl ich die Vorstellung, dass Jurek ermordet wurde, als unerträglich empfand, fällt es mir nun schwer, die neue Version zu akzeptieren. Irgendetwas in mir wehrt sich.

Den ganzen Tag lang versuche ich die Fakten, die ich so oft in meinem Kopf hin- und hergewälzt habe, ganz neu zusammenzusetzen. Vielleicht hat Jurek der Haushälterin dieselben Verschwörungstheorien erzählt wie mir, und sie dachte deshalb, als sie das Blut sah, gleich, dass ein Verbrechen geschehen sei? Und das hat sie dann eben allen erzählt. Auch den Nachbarn? Aber kann man sich auf die Aussage der Staatsanwaltschaft wirklich verlassen? Warum hat es nach der Beerdigung noch zwei Wochen gedauert, bis die Akte geschlossen wurde, wenn doch alle Zweifel schon durch die Obduktion ausgeräumt waren – und die muss ja logischerweise vor der Beerdigung stattgefunden haben? Aber vielleicht ist das dann einfach ein formaler Vorgang, ein bürokratischer Akt, der einige Zeit erfordert?

Vor allem aber frage ich mich, warum Jureks Sohn Tomek, den ich doch immer wieder angerufen habe, mir von diesem Ermittlungsergebnis nichts gesagt hat. Er muss doch von der Polizei informiert worden sein, dass sein Vater nicht umgebracht wurde. Ich weiß nicht, was ich glauben soll – ja, nicht einmal, was ich glauben will.

Ein paar Tage später träume ich noch ein letztes Mal den Traum von Jureks Badezimmer: Ich sitze mit Jurek an seinem runden Tisch. Er geht aus dem Zimmer und kommt nicht wieder. Ich rüttle an der Badezimmertür. Blut fließt durch den Spalt unter der Tür. Ich schreie und versuche die Tür einzutreten. Als all das nichts nützt, sitze ich, an die Badezimmertür gelehnt, weinend in Jureks Wohnung. Aber anders als in den Träumen zuvor sehe ich mich in diesem Traum von außen. Ich sehe mich da sitzen wie eine Fremde, und ich sehe, wie plötzlich Jurek aus der Küche kommt und an mir vorbei zurück ins Wohnzimmer geht. Er war also gar nicht im Badezimmer, und er ist nicht tot! Er streicht mir im Vorbeigehen kurz über den Kopf und lächelt – es ist ein etwas trauriges Lächeln, aber auch ein liebevolles. Ein Lächeln, das sagt: »Ist ja gut, meine Kleine« – dabei hätte mich Jurek doch niemals »meine Kleine« genannt!

Als ich aufwache, fühle ich mich, als habe Jurek mir ein großes Geschenk gemacht. Es fühlt sich an, als habe er sein Einverständnis gegeben, dass ich glauben darf, was in der Akte steht. Dass ich glauben darf, dass er eines natürlichen Todes starb, dass seine Lebensgeschichte doch irgendwie gut ausging, genau wie all die Geschichten, die er über Auschwitz erzählt hat.

4 Symbolische Freundschaft

Vor dem Zugfenster sehe ich schwarz-weiß gefleckte Kühe, hoch aufgetürmte weiße Wolkenberge am Himmel, Backsteinhäuser, Alleen – flaches, norddeutsches Land. Es ist Sommer, und ich bin wieder unterwegs. Unterwegs wegen Jurek.

Nachdem ich erfahren hatte, dass er gar nicht ermordet worden war, konnte ich endlich einen Text schreiben, den ich schon in all den Monaten zuvor schreiben wollte, den ich immer wieder begonnen hatte, aber nie beenden konnte: einen Text über Jurek.

Ich schrieb den Text zunächst eigentlich nur für mich und meine Freunde. Dann aber zeigte ich ihn auch einem Redakteur der *Süddeutschen Zeitung*, mit dem ich oft zusammenarbeitete. Er wollte ihn unbedingt veröffentlichen. »Ist eine super Story«, sagte er, und mir kam das ganz merkwürdig vor, denn es war ja keine »Story«, sondern Jureks Leben und irgendwie auch das meine. Der Text handelte davon, wie Jurek und ich Freunde wurden. Schließlich willigte ich doch ein. Jurek selbst hatte jahrzehntelang fremden Menschen von seinem Leben erzählt. Er war überzeugt, dass diese Geschichte, seine Geschichte es wert ist, weitergegeben zu werden.

Normalerweise bin ich mit Texten, die ich geschrieben habe, nicht übertrieben pingelig. Ich lasse mir gerne Verbesserungsvorschläge machen. Aber dieses Mal war es anders: Jede noch so kleine Änderung wollte ich kontrollieren, die Fotos wollte ich selbst aussuchen und die Überschrift bestimmen. Irgendwann fing ich sogar Streit an, weil der Redakteur vorschlug, in einer Bildunterschrift das Wort »Holocaust« zu verwenden. »Völlig falsch«, sagte ich, »Jurek war nicht als Jude im KZ. Du hast den Text ja gar nicht richtig gelesen.« Ich glaube, ich war so pedantisch, weil Jurek immer so exakt gewesen war.

In der Nacht, bevor der Text in der Zeitung erschien, lag ich wach. Für mich war das nicht ein Artikel von vielen. Ich dachte daran, dass jetzt irgendwo aus einer Druckmaschine Jureks Bild kommt. Eine Zeitungsseite nur über Jurek, die bald auf hunderttausenden von Frühstückstischen liegen würde. Ich stellte mir vor, dass meine Enkel den Artikel vielleicht irgendwann in meinen Sachen finden würden. Sie würden sagen: »Krass, Oma, du hast noch jemanden gekannt, der in so einem KZ war? Du bist ja total alt!« Für sie würde Auschwitz ein so ferner Gräuel sein wie der Dreißigjährige Krieg.

Ich war froh, dass es nun etwas gab, was an Jurek erinnerte. Ich dachte, das sei ein gutes Ende für die Geschichte unserer Freundschaft. Aber ich sollte mich täuschen – es war nicht das Ende.

In Warschau hatte ich nach Jureks Spuren gesucht und nichts gefunden als einen mit Laub bedeckten Grabstein. Nachdem der Artikel erschienen war, fand ich Jureks Spuren plötzlich überall: in meinem Postfach in der Redaktion und in meinem E-Mail-Account, ja, sogar auf meinem Anrufbeantworter:

»Vielen Dank für Ihren Beitrag über Jurek. Im Mai 1975 war ich mit einer Gewerkschaftsgruppe aus Hannover für eine Woche in Polen, und Jerzy Hronowski war unser Reiseleiter. Wir saßen jeden Abend stundenlang zusammen und lauschten seinen Geschichten und Anekdoten, statt uns in der Warschauer Altstadt zu betrinken. Da wir noch mehr von Jurek erfahren wollten, besuchten zwei Freunde und ich ihn dann privat und verbrachten mit ihm eine Woche in Masuren. Leider hatte ich später keinen Kontakt mehr …«

»Ich danke Ihnen ganz herzlich für das Portrait von Jurek Hronowski. Mich hat es besonders berührt, da ich Herrn Hronowski im Juli 2002 auf einer Studienfahrt mit Studenten der University of Pittsburgh nach Auschwitz persönlich kennenlernen konnte. Er bleibt mir als eine warmherzige Persönlichkeit in Erinnerung. Seine Fähigkeit, so lebendig über diese belastenden Erinnerungen zu sprechen, hat mich außerordentlich beeindruckt …«

»Am Montag las ich Ihre Seite zu Jurek in der *Süddeutschen*. Ich bin ein alter Freund von Jurek. Ich kenne alles, was Sie da schreiben. Ich saß auch so manches Mal am runden Tisch, kenne seine Geschichten …«

»Zufällig bin ich gerade im Internet auf Ihren Artikel über Jurek gestoßen und habe mich sehr gefreut und wieder einmal getrauert um ihn. Aber ich habe eine konkrete Frage an Sie – es geht mir um Jureks Memoiren, denn ich habe mit Jurek daran gearbeitet, bis schließlich die Freundschaft an dieser Arbeit zerbrach. Aber sind sie denn jemals erschienen?«

Noch nie habe ich auf einen Artikel hin so viele Reaktionen bekommen. Die Briefe und E-Mails kamen von Pastoren, Historikern und Arbeitern, von Sechzigjährigen und von Leuten Anfang zwanzig. Alles Menschen, die Jurek gekannt hatten. Sie schrieben darüber, wie er ihnen seine Geschichten erzählt hatte und wie wichtig und beeindruckend die Begegnung mit ihm für sie war. Und unter manchen der Briefe standen Namen, die Jurek auf den Tonbändern erwähnt hatte: Namen von Deutschen, mit denen er einmal befreundet gewesen war.

Ich begann zu rechnen: Fast vierzig Jahre lang betreute Jurek Jugendgruppen in Auschwitz. Anfangs im Zweiwochentakt und später, als ich ihn kennenlernte, vielleicht noch vier oder fünf Gruppen im Jahr. Zudem machte er Vortragsreisen und besuchte Schulklassen in Deutschland. Insgesamt müssen es fast 10000 Menschen gewesen sein, denen Jurek im Lauf der Jahre erzählt hat und die ihn, davon bin ich zumindest überzeugt, nie vergessen werden. Von wegen »Es bleibt nur ein mit Laub bedeckter Grabstein«.

Allerdings entstanden durch die Briefe auch immer neue Fragen: Viele schrieben mir, dass sich Jurek ihnen auch ganz persönlich geöffnet habe. Dass er sie zu sich nach Hause eingeladen habe – und dass innerhalb kürzester Zeit ein geradezu freundschaftliches Verhältnis entstanden sei. »Bei Jurek hatte man nach drei Stunden das Gefühl, ihn seit Jahren zu kennen«, schrieb einer, »aber es konnte auch passieren, dass man nach drei Jahren der Freundschaft merkte, dass man ihn letztlich nie wirklich gekannt hatte.«

Warum hat Jurek über all die Jahre hinweg die Freundschaft von Deutschen gesucht, und warum hat er all diese Freundschaften am Ende doch nicht halten können?

Ich habe einmal eine Rentenbescheinigung von ihm gesehen, als ich ihm half, Papiere zu sortieren. Als Berufsbezeichnung stand da »Fremdenführer«, aber er war sehr viel mehr als das. Er hat all diese Menschen nicht nur durch sein Land geführt und durch das ehemalige Konzentrationslager Auschwitz, sondern auch durch sein eigenes Leben. Er fuhr mit ihnen in seiner Freizeit nach Masuren und bot ihnen eine Schlafgelegenheit in der Einzimmerwohnung an, die er damals noch mit Frau und Sohn teilte. Warum war ein Mensch, der so kontaktfreudig war, am Ende doch so einsam? Warum hat er mit all diesen Deutschen über Dinge gesprochen, von denen sein eigener Sohn nichts weiß?

Die Fragen ließen mich nicht mehr los, und irgendwann beschloss ich, mit den Briefschreibern Kontakt aufzunehmen. Ich begann also zu telefonieren und stieß schließlich auf den Namen Rudolf Dohrmann. Er war der erste Deutsche, mit dem sich Jurek nach dem Krieg anfreundete. Eine Freundschaft, die wie viele von Jureks Freundschaften im Streit endete.

Rudolf Dohrmann war in den Sechzigerjahren Industriepfarrer in Wolfsburg, engagierte sich gegen die Wiederaufrüstung und gegen die Verhärtung der Fronten im Kalten Krieg. Deshalb habe er, so Dohrmann am Telefon, damals eine Reise ins kommunistische Polen organisiert. Von der staatlichen polnischen Reiseagentur Juventur sei ihm Jurek als Reiseleiter zugeteilt worden. Jahrelang arbeiteten die beiden zusammen, vor allem beim Aufbau der Aktion Sühnezeichen Friedensdienste in Polen. Aber Jurek sei nicht immer ein einfacher Partner gewesen.

»Sie müssen sich mal vorstellen, wir sind mit der Aktion Sühnezeichen zum ersten Mal nach Auschwitz gekommen. Wir hatten uns monatelang vorbereitet. Wir waren tief bewegt. Und er sagte: ›Schön, dass ihr da seid. Und wenn wir uns jetzt regelmäßig treffen, dann könnten wir nebenbei doch auch noch mit Regenmänteln und Gebrauchtwagen handeln.‹ Das müssen Sie sich mal vorstellen: Er sagte das in Auschwitz!«

Aufgrund solcher Erfahrungen beschloss Dohrmann irgendwann, Jurek nicht mehr unter die Leute zu bringen. »Ich wollte nicht, dass das alles quer geht und in den falschen Hals kommt. Es gab ja genug Gegner unserer Versöhnungsarbeit. Die warteten doch nur darauf, dass sich ein Pole danebenbenimmt.« Dohrmanns Stimme am Telefon klang auch vierzig Jahre nach diesen

Ereignissen noch aufgeregt. »Und Geschäfte zu machen an so einem Ort, in so einem Kontext – das war einfach unpassend.«

Ich dachte noch lange über das Telefonat mit Rudolf Dohrmann nach. Es erschien mir absurd, einem ehemaligen Auschwitzhäftling vorzuwerfen, er verhalte sich nicht würdig genug an diesem Ort. Jurek musste doch ein ganz normales Leben führen, trotz der Erinnerungen, die ihn wahrscheinlich immer begleiteten, nicht nur auf dem Gelände des ehemaligen Konzentrationslagers, sondern auch zu Hause beim Schuheputzen, Suppeessen, wenn er mit seinem Sohn spielte und vielleicht auch manchmal auf dem Klo. Mit welchem Recht stellen wir solche moralischen Anforderungen an Opfer? Warum sollte Jurek keinen Handel treiben dürfen?

Im Lager kreiste eine ganze Menge von Gold in verschiedenen Formen. Gold und Diamanten waren dort sehr billig. Dagegen war Essen sehr teuer. Für eine Zwiebel konnte man zwei oder drei Karat Brillant haben. Diejenigen, die Zwiebeln gekauft haben, waren erfahrene Häftlinge und wussten genau, dass das ein Konzentrat von Vitaminen ist. Auch »Sprit« war als Währung sehr beliebt, ganz hochprozentiger Alkohol also. Am meisten Gold gab es in Kanada, das war der Block, wo jüdische Häftlinge beschäftigt waren mit der Sortierung von allen Sachen, welche den anderen Juden weggenommen wurden, bevor sie getötet wurden im Gas. Eigentlich wurden diese Sachen gleich ins Reich geschickt, in ausgebombte Städte wahrscheinlich, aber die Häftlinge haben auch Wertsachen gefunden und abgezweigt, um sie dann einzutauschen gegen ein bisschen Essen. Solche Wertsachen wurden hin- und hergehandelt im Lager. Ich kenne aus meiner Zeit im Auschwitz keinen SS-Mann, der nicht in den Schmuggel oder Handel mit solchen Sachen verwickelt gewesen ist – die haben ganze Kisten geschickt, heim, zu ihren Familien. Ich gehörte damals schon zu einer Gruppe im Untergrund vom Lager, Leute aus der polnischen Heimatarmee waren das, die noch im Lager versucht haben, irgendeine Form von Widerstand zu planen – zum Beispiel für den Fall, dass die Nazis das ganze Lager, alle Menschen liquidieren, auf einmal, bevor sie vor der Roten Armee abhauen. Wir haben auch einen kleinen Schatz gehabt für die Organisation dieser Gruppe. Wir haben gesammelt kleine Gegenstände, am liebsten Brillanten, ein Zehntel von Karat, bisschen größer auch, damit wir in Notfällen beste-

chen könnten irgendwelche Kapos oder sogar SS-Männer, zum Beispiel wenn es darum ging, jemanden, der wichtig war für unsere Organisation, freizukaufen von einem Abtransport in ein anderes Lager. Das ging nicht immer, aber konnte gelingen.

War Dohrmanns politische Korrektheit nicht völlig übertrieben? Ich hörte mir auch noch einmal die Stellen in Jureks Bändern an, wo er über die Zeit spricht, die er mit Dohrmann verbracht hat. Vieles von dem, was er über Dohrmann erzählt, klingt freundlich, aber dann, als es ums Ende der Freundschaft geht, sagt Jurek: »Rudolf hat mich fallen lassen wie man lässt fallen eine Kartoffel, die heiß ist.«

Vielleicht, denke ich mir, ging es ja Dohrmann und vielen von Jureks deutschen Freunden gar nicht um ihn als Menschen, sondern vor allem um Jurek als Symbol der Versöhnung. Vielleicht war das ein Grund dafür, dass diese Freundschaften meist nicht lange hielten: Je länger man einen Menschen kennt, je näher man ihm kommt, desto schlechter taugt er doch als Symbol und desto schlechter ist er für eine bestimmte Art von Versöhnung zu gebrauchen – eine Art von Versöhnung, bei der Orte und Nationen wichtiger sind als Menschen. Aber für wen soll diese ganze Versöhnerei eigentlich da sein, wenn nicht für Menschen wie Jurek?

Mir ist aber auch bewusst, dass ich diesem Rudolf Dohrmann vielleicht unrecht tue, dass ich wahrscheinlich seine Version der Geschichte hören sollte, um seine Sicht auf Jurek zu verstehen.

Deshalb habe ich ihn um ein ausführliches Gespräch gebeten, und deshalb sitze ich nun wieder im Zug und schaue hinaus, auf Kuhweiden und reetgedeckte Backsteinhäuser. Im Gepäck habe ich eine lange Liste mit Fragen und auch mit einigen Zitaten aus Jureks Tonbändern. Alles, was Jurek darauf über Rudolf Dohrmann erzählt, habe ich abgetippt.

Rudolf Dohrmann holt mich am Bahnhof von Eystrup ab, tief im ländlichen Niedersachsen. Mitte siebzig ist er, hünenhaft groß, aufrecht und breit. An den Füßen trägt er braune Birkenstocksandalen und schwarze Socken. Seine Frau Rita wartet im Auto – eine energische Inderin, zierlich und sehr gesprächig: 15 Minuten fahren wir, und dann weiß ich schon, dass Rita Dohrmanns Vater ein anglikanischer Bischof war, dass Frau Dohrmann in England studiert hat, dass Rudolf Dohrmann vor Rita schon einmal verheiratet war und dass die Dohrmanns zusammen jahrelang in Indien »Dorfarbeit« geleistet haben. Das Wort »Entwicklungshilfe« lehnen sie ab – und den Ausdruck »Mission« erst recht.

Seitdem die beiden pensioniert sind, wohnen sie in Bücken, dem Dorf, das nun vor uns zwischen Wiesen und Feldern daliegt und in dessen Mitte eine erstaunlich große Kirche aufragt. Dohrmann sagt, dass dies die Stiftskirche zu Bücken sei, in der er getauft und auch konfirmiert wurde, in der er aber als Pfarrer nie gearbeitet hat. »Die Bückener hätten einen wie mich kaum ertragen«, sagt er lachend, und ein merkwürdiger Stolz klingt aus diesem Satz – eine Art von Rebellenstolz. Ohne die Stiftskirche zu besichtigen, findet Dohrmann, könne man sein Dorf nicht besuchen, ganz egal ob man wegen eines Interviews gekommen sei oder wegen irgendetwas anderem. Und so setzt er Rita an einer Ecke in der Nähe ihres Hauses ab und fährt dann mit mir zum Dorfplatz.

Ausführlich zeigt er mir den romanischen Kirchenbau aus dem 9. Jahrhundert, den prächtigen Altar und die wunderschönen Glasfenster. Am wichtigsten sind Rudolf Dohrmann an dieser Kirche zwei geschnitzte mittelalterliche Statuen: Die eine zeigt Kaiser Karl den Großen in goldenen Gewändern mit einer Krone auf dem Kopf und den Insignien der Macht in Händen. Diese Statue steht ganz im Mittelpunkt der Kirche – ein zentrales Element des geschnitzten Altars. Die zweite Statue, die Dohrmann für besonders bemerkenswert hält, steht in einer Nische der meterdicken Außenwand. Es ist ein splitternackter und am ganzen Körper blutender Jesus mit einer Dornenkrone auf dem Kopf. Die Figur kauert mit angezogenen Beinen in der Nische. »Ein bisschen wie ein Obdachloser, der friert«, sagt Dohrmann. Seine sonst so laute Stimme wird dabei plötzlich leise und fast liebevoll. Überhaupt hat er eine erstaunlich wandlungsfähige Stimme. Beim nächsten Satz klingt sie nämlich schon wieder getragen, ja, pastoral. »Schon damals drängte die weltliche Macht das Eigentliche in den Kirchen in die Ecke«, sagt er, um sich dann darüber aufzuregen, dass »über diesen eklatanten Gegensatz zwischen den beiden Königen«, dem weltlichen und dem geistlichen, rein gar nichts in dem kleinen Informationsblatt steht, das in der Kirche ausliegt.

Als wir die Kirche wieder verlassen, weist Dohrmann mich noch auf eine kleine Messingtafel hin, die an der Außenwand angebracht ist. Auf ihr wird an zwei jüdische Familien erinnert, die bis 1942 in Bücken gelebt hatten. Viele Mitglieder der beiden Familien sind in Auschwitz getötet worden. »35 Jahre habe ich darum gekämpft, dass diese Tafel angebracht wird«, sagt Dohrmann, »erst 2003 haben sie sie dann montiert. Da waren diejenigen schon tot, die durch die Tafel an ihre Schuld hätten erinnert werden können.«

Dohrmann erzählt mir dann noch von einem Viehhändler namens Moses Magnus, der nahe der Kirche wohnte und Anfang der Vierziger eines natürlichen Todes starb, kurz bevor die Deportationen einsetzten. Der kleine Trauerzug, mit dem Moses Magnus zu Grabe getragen wurde, sei von Hitlerjungen mit Dreck und Steinen beworfen worden. Die trauernden Angehörigen wurden beschimpft.

– Sie rechnen gerade im Kopf, nicht?
– Was meinen Sie?
– Na, wie alt ich damals war.
– Nein, ich hatte eigentlich …
– Ich war nicht dabei. Aber ich hätte dabei sein können. Ich erzähle gleich alles. Sobald wir daheim sind.

Die Dohrmanns wohnen in einem kleinen Backsteinhaus in einer Neubausiedlung. Der Rasen des Gärtchens ist sehr gepflegt, die Hecke ist gerade geschnitten, und neben dem Haus steht ein Carport aus weißen Balken. Wenn man das Häuschen betritt, ist man aber plötzlich in einer anderen Welt: Im Wohnzimmer hängen großformatige abstrakte Kunstwerke eines modernen indischen Malers, der Flur ist vollgestopft mit Regalen, in denen Bücher in mindestens zehn verschiedenen Sprachen stehen. Fotos im Treppenhaus zeigen die Dohrmanns vertieft ins Gespräch mit Frauen in bunten Saris.

Rita Dohrmann arbeitet im ersten Stock an einer Übersetzung. Rudolf Dohrmann und ich setzen uns im Wohnzimmer an den Esstisch. Ohne dass ich viel fragen muss, beginnt Dohrmann, mir seine Geschichte zu erzählen. Es ist eine lange Geschichte. Sie handelt von einem mittellosen und vaterlosen Jungen, aus dem ein junger Herrenmensch wird. Von einem Herrenmenschen, der sich in einen pazifistischen Pastor verwandelt. Und von einem Pastor, der sich zur Hassfigur für den konservativen Teil der deutschen Nachkriegsgesellschaft entwickelt. Ich merke schnell, dass ich mir die ganze lange Geschichte anhören muss, wenn ich verstehen will, warum Dohrmann und Jurek einander fünf Jahre lang sehr wichtig waren und warum sie sich dann überworfen haben.

Als Rudolf Dohrmann am Heiligen Abend 1931 zur Welt kam, war sein Vater als Malermeister ein anerkannter Mann in Bücken, aber damals schon sehr krank. »Eine Spätfolge des Ersten Weltkriegs, wo er sich im Schützengraben eine nie ausgeheilte Grippe geholt hat«, erklärt Dohrmann. Als der Vater 1937 starb, ging es finanziell steil bergab im Hause Dohrmann, und bald begann die Mutter als Tagelöhnerin für die Bauern der Umgebung Rüben und Kartoffeln aus den Feldern zu ziehen.

Rudolf und seine älteren Brüder auf eine weiterführende Schule zu schicken, war unbezahlbar, was der Mutter große Sorgen bereitete, denn die Jungs lernten gerne, und vor allem Rudolf war sehr wissbegierig. »Meine Mutter mochte die Nazis nicht besonders, dazu war sie zu fromm«, sagt Dohrmann, »aber Ende der Dreißiger- und Anfang der Vierzigerjahre hatte sie trotzdem wichtigere Sorgen. Oder glaubte, wichtigere Sorgen zu haben.« Die Mutter verhinderte nicht, dass Dohrmanns älterer Bruder früh in die Hitlerjugend eintrat und bald zum Scharführer aufstieg. »Bei denen hat man auch ohne Geld Anerkennung gefunden«, sagt Dohrmann, der selbst mit großer Begeisterung zum Jungvolk ging. »Das Zusammensein mit den älteren Jungs, die straffen Regeln – all das hat mir schrecklich gefallen. Vielleicht lag es ja daran, dass ich ohne Vater aufgewachsen bin.«

1943 kam dann ein Entsandter der Napola in die Volksschule von Bücken. Die sogenannten Nationalpolitischen Erziehungsanstalten waren spezielle Nazi-Eliteschulen. Auf ein solches Internat zu gehen, war damals der Traum fast aller kleinen Jungs. Die Volksschüler wurden getestet – in Sport, Mathematik und Deutsch. Und der Prüfer, ein Hundertschaftsführer namens Brekow, achtete auch darauf, wer körperlich dem »germanischen Urbild« entsprach. Rudolf war ein kräftiger Junge, groß gewachsen für sein Alter, blond und blauäugig. Er wurde zur zweiten Runde eingeladen, die dann schon auf dem Gelände der Napola bei Neuzelle stattfand. Dort wurden die Abstammung und die Gesinnung der Kandidaten genau unter die Lupe genommen, und es gab Mutproben zu bestehen. »Wir mussten von einer großen Eiche hinunter auf eine Turnmatte springen«, erinnert sich Dohrmann, »es waren mindestens zehn Meter, und viele Prüflinge saßen auf der Astgabel, schauten hinunter und krochen wieder zurück.« Rudolf sprang und wurde aufgenommen.

Er war von da an ein Jungmann, so nannten die Nazis ihre Eliteschüler. Aus den Buben sollten unerschrockene Kämpfer und entschlossene Führer geformt werden – jene Elite, die Deutschland nach dem Endsieg regieren würde. Die Jungen trugen militärisch anmutende Uniformen, trieben viel Sport und wurden immer wieder auf ihren Mut hin getestet. Einmal nahm ein Ausbilder die Jungmannen mit auf ein Feld. Er sagte den Schülern, sie sollten sich vorstellen, dass er nun ein feindlicher sowjetischer Panzer sei, und dann nahm er einen massiven Backstein und warf ihn auf die Elfjährigen, die in alle Richtungen davonstoben.

Rudolf reagierte schnell, hob den Stein auf und warf ihn mit voller Wucht zurück. Er traf den Ausbilder so hart, dass dieser anschließend erst einmal humpelte. Rudolf erschrak, dachte für einen Moment, dass er nun der Schule verwiesen werden würde, aber er bekam ein großes Lob, denn wenn ein Panzer angreife, sagte der lädierte Ausbilder, dann dürfe man nicht zögern und zaudern, sondern müsse ohne Rücksicht auf Menschenleben zurückschlagen.

»Ich weiß nicht, was aus mir geworden wäre, wenn Deutschland den Krieg gewonnen hätte«, sagt Dohrmann. »Damals glaubte ich auf jeden Fall, dass ich auf dem besten Weg sei, ein vollkommener Herrenmensch zu werden.«

Die Posten, also die SS-Leute, welche einen Arbeitskommando bewacht haben, haben eingeführt eine merkwürdige Sitte. Ich habe das selbst gesehen. »Komm, komm«, sagte der Posten zuerst zu einem Häftling. Wenn der Häftling zu diesem SS-Mann kam, musste er stillstehen,

Mütze runter, und er musste die Formel von der Meldung sagen. In meinem Fall war das »Schutzhäftling Pole 227 meldet sich gehorsam«. Der SS-Mann sagte: »Gib mir die Mütze.« Und schmiss die Mütze dann hinter die Postenlinie. Dann kam der Befehl: »Hol mal die Mütze!« Befehl von einem SS-Mann war ein Gottesgebot. Man konnte überhaupt nicht sagen nein. Die meisten Häftlinge haben aber auch nicht gewusst, dass solcher Befehl ein Todesurteil ist.
Der Häftling ging, bückte sich über die Mütze und von der Entfernung von vier, sechs Metern kriegte er einen Schuss in den Kopf oder in den Rücken. Dann hat der Posten die Meldung weitergegeben, dass ein Häftling auf der Flucht erschossen wurde, und wirklich, die Leiche lag hinter der Postenlinie. Zur Belohnung kriegte der SS-Mann ein oder zwei Tage Urlaub zu Hause. Was sich aber überhaupt nicht gelohnt hat, denn kaum waren sie dort, mussten sie schon wieder zurück. Sie haben ja weit weg gewohnt.

Das ist öfters gemacht worden. Aber ich habe ausgearbeitet einen Trick, mit dem ich mich herausmogeln konnte aus dieser Situation.
Und dann, später, hätte sich auch keiner mehr getraut, sich mir gegenüber so zu verhalten. Mein Schutz war meine niedrige Nummer, denn dass ich war Häftling Nummer 227, hat doch gezeigt, dass ich schon sehr lange überlebt habe, im Lager – mehrere Jahre sogar. Und alle dachten: Das kann nur ein Mensch, der sehr stark ist oder der sehr gute Verbindungen hat, zum Beispiel zu Kapos. Und vor solchen Menschen, die so lange gelebt haben mit wenig Essen und vielen Schlägen, hatten sogar die SS bisschen mehr Respekt. Obwohl, Respekt bestimmt ist ein ganz übertriebenes Wort. So darwinistisches Denken war ganz typisch im Lager. Alle haben so gedacht. Auch Häftlinge.

Eineinhalb Jahre lang war Rudolf Dohrmann auf der Napola. Im März 1945, als die Front näher kam, wurden den älteren Schülern Waffen in die Hand gedrückt, die jüngeren, zu denen der 13-jährige Rudolf gerade noch gehörte, schickte die Schulleitung nach Hause. Rudolf wartete in Bücken auf den Endsieg, an den er fest glaubte, aber die Panzergranaten schlugen bald schon in Hörweite ein, und die Zwangsarbeiter, die auf den Höfen rundum beschäftigt waren, liefen weg, ohne dass sie irgendjemand zurückhielt. Rudolf begann, auf den Weltuntergang zu warten. Er wartete im Keller, zusammen mit seiner Mutter und dem Bruder,

der vorher seine Hitlerjugend-Uniform und Rudolfs Napola-Uniform auf dem Dachboden des Hauses versteckt hatte.

Als schließlich, gegen Morgen, jemand an die Tür pochte, öffnete die Mutter, und Rudolf kam mit zur Tür, weil er seine Mutter im Notfall verteidigen wollte, wie es sich eben für stolze Jungmannen gehörte. Vor der Tür stand ein englischer Offizier, und das Erste, was der tat, war, sich für die Störung zu entschuldigen. Er sagte, er müsse bedauerlicherweise in ihrem Haus einen Verbandsplatz einrichten. Die Mutter solle rasch Frühstück für sich und ihre Kinder machen, bevor dann ihr Herd und ihre Küche für einige Zeit beschlagnahmt würden.

»Ein Offizier an der Frontlinie! Ein britischer Plutokrat, ein Feind, der uns, die Besiegten, wie Menschen behandelte. Menschen, die ein warmes Frühstück brauchten, auch wenn sie gerade einen Weltkrieg verloren hatten! Das war ein Schock für mich«, sagt Rudolf Dohrmann. »Ich glaube, in genau dem Moment ist in mir der Keim eines ganz merkwürdigen Gefühls entstanden. Erst Jahre später wurde mir aber klar, dass dieses Gefühl Scham war.«

Der Krieg war vorbei, die Napola gab es nicht mehr, und Rudolfs Mutter steckte ihren Sohn nun in den Konfirmandenunterricht – etwas, was sie schon längst hatte tun wollen. Es gab damals einen neuen Pfarrer in Bücken, ein Flüchtling aus Ostpreußen, der zur Bekennenden Kirche gehört und während des »Dritten Reichs« deshalb eine Zeit lang im Gefängnis gesessen hatte – was die meisten im Dorf aber erst viel später erfuhren. Der Pfarrer sprach nicht nur über Bibeltexte, sondern fragte die Jungs immer erst einmal, was sie in dieser Woche erlebt hatten an kleinen und großen Ungerechtigkeiten, an Ängsten und Veränderungen.

Er sprach von einem Gott, für den alle Menschen gleich wertvoll seien, und er ließ sich nicht aus der Ruhe bringen von Rudolfs anfänglichen Widerworten, von den Sätzen über wertvolles und unwertes Leben, die da durch den Kopf des Jungen spukten. »Irgendwann während dieser Gespräche kamen mir selbst meine Napola-Argumente nicht mehr schlüssig vor«, sagt Dohrmann. »Meine Idee vom Herrenmenschen bekam Risse, und schließlich habe ich sie über Bord geworfen.«

»Über Bord geworfen«, das klingt, als handle es sich um einen kompakten Stein, den man in die Hand nimmt, ins Wasser wirft und so den unnötigen Ballast ein für alle Mal loswird. Aber als Dohrmann weitererzählt, merke ich schnell, dass er sein ganzes Leben lang damit beschäftigt war, über Bord zu werfen, was er an der Napola gelernt hatte. Als 16-Jähriger beschloss er, Lehrer für geistig behinderte Kinder zu werden. Er fuhr mit dem Fahrrad bis nach Mainz, wo er bei einem ökumenischen Aufbaulager mitmachte, bei dem Jugendliche aus 25 verschiedenen Nationen zusammen in Zelten lebten. Er fand ausgerechnet hier das Gemeinschaftsgefühl wieder, das ihm an der Napola so gefallen hatte.

Evangelisch-katholische Ökumene war Rudolf Dohrmann aber bald nicht mehr umfassend genug. Er interessierte sich für das Judentum, las Bücher darüber und war schließlich der Erste in Bücken, der öffentlich die Frage aufwarf, was eigentlich mit der Familie Magnus und den Liepmanns passiert war. Eine Frage, die ihm niemand beantworten konnte oder wollte, die Rudolf aber immer wieder stellte.

Bald galt Rudolf in Bücken als Prinzipienreiter und als einer, der alles ein bisschen zu schwer nimmt, denn er ging auch nicht zu den sogenannten Holstenbällen – das waren Tanzveranstaltungen der Dorfjugend in irgendwelchen Scheuern. Er mied diese Bälle, weil er fand, es sei unangebracht zu tanzen, während noch so viele Gleichaltrige in Kriegsgefangenschaft waren und Europa in Trümmern lag.

Nach dem Abitur begann Rudolf Dohrmann, Theologie zu studieren, und er schloss sich einer Gruppe junger Theologen an, die sich gegen die Wiederbewaffnung Deutschlands engagierten. Seine erste Pfarrstelle verlor er wegen einer pazifistischen Predigt, nur zehn Tage nach seinem Amtsantritt – eine Patronatspfarrstelle war das gewesen und der Patron ein rechtskonservativer Adliger. Er fand kurze Zeit später eine neue Stelle als Industriepfarrer in Wolfsburg. Die Kirche hieß »Arche« und verstand sich als ein Treffpunkt, an dem politisch diskutiert werden sollte und auch Platz für Nichtchristen war.

Dohrmann beriet nun Wehrdienstverweigerer und baute schon damals, mitten im Kalten Krieg, Kontakte in die DDR auf. In Zeitungskommentaren aus dieser Zeit wird Dohrmann als

»roter Skandalpfarrer« bezeichnet. Der Verfassungsschutz begann seine Predigten mitzuschreiben und rückte schließlich für eine mehrstündige Hausdurchsuchung ins Pfarrhaus ein. Kurz nach dieser Hausdurchsuchung erlitt Dohrmanns damalige Frau eine Fehlgeburt. Die Anklage der Staatsanwaltschaft lautete auf Wehrkraftzersetzung und Landesverrat.

Im Nachrichtenmagazin *Der Spiegel* wurde der »Fall Dohrmann« wochenlang diskutiert, und Dohrmann wird dort zitiert mit Sätzen wie: »Klar war ich als Agent tätig und habe für eine fremde Macht gearbeitet, und ich tue es auch in Zukunft – als Agent Gottes in dieser Welt.«

Der spätere Bundespräsident Gustav Heinemann, der damals schon ein prominenter Kämpfer gegen die Wiederbewaffnung war, übernahm als Rechtsanwalt Dohrmanns Verteidigung. »Sie mussten schließlich alle Anklagepunkte fallen lassen«, sagt Dohrmann, »denn alles, was ich damals getan habe, war voll und ganz verfassungsgemäß. Dass man Kommunisten verachten muss, steht nämlich nicht im Grundgesetz und in der Bibel übrigens auch nicht. Im Gegenteil.«

Wenn Dohrmann solche Anekdoten erzählt, dann klingt er stolz – fast ein bisschen, als sei er noch einmal von einer sehr hohen Eiche gesprungen. Nur ist er dieses Mal nicht gesprungen, um irgendwo aufgenommen zu werden, sondern um sich abzugrenzen – um kein Mitläufer mehr zu sein. Nie mehr.

– Warum lächeln Sie?
– Weil Sie das alles sehr gründlich betrieben haben. Ich meine: geistig Behinderte, Juden, Wehrdienstverweigerer, Polen, Russen, Kommunisten – es klingt fast, als hätten Sie bei Ihrem Engagement eine Liste derer abgearbeitet, die für die Nazis Untermenschen waren.
– Mag sein. Ja. Da ist schon was dran. Es hat mich eben nicht losgelassen, dass ich auf dem Weg war, zu einem Herrenmenschen ausgebildet zu werden. Ich dachte ja wirklich, ich gehöre zur Spitze der menschlichen Gesellschaft. Ich war ja im Begriff, diesen ganzen Wahnsinn zu glauben.
– Und wie fing dann das mit Jurek an?

1965 organisierte Dohrmann für eine Gruppe junger VW-Arbeiter eine Fahrt nach Polen. Jurek war ihr Reiseleiter und nahm die

Gruppe direkt auf der Brücke über die Oder in Empfang. »›Hallo, ihr Nazis!‹, das waren die ersten Worte, die Jurek auf dieser Oderbrücke zu uns gesagt hat«, erzählt Dohrmann.

Niemand hatte ihm gesagt, dass der Reiseleiter, der ihnen zugeteilt worden war, ein ehemaliger KZler war, aber Dohrmann merkte es schnell. »Braucht noch jemand in der Gruppe die Latrine, bevor wir dann starten?« – »Ein Sonderkommando geht schon mal zur Theaterkasse – der Rest kommt dann nach.« Dohrmann kannte diese Art zu sprechen von deutschen KZ-Überlebenden. Dann entdeckte er auch die eintätowierte Nummer auf Jureks Arm. Nummern wurden nur in Auschwitz eintätowiert, das wusste Dohrmann. Als er Jurek darauf ansprach, begann zwischen den beiden ein Gespräch, vorne auf der ersten Bank des klapprigen polnischen Reisebusses.

Jurek führte die Gruppe durch Warschau, Krakau und auch durch Auschwitz. Dohrmann sagt, er könne sich an die einzelnen Stationen dieser Reise aber kaum mehr erinnern. Sehr gut erinnern könne er sich jedoch an das Gespräch mit Jurek, das sich eigentlich über die ganze Reise hingezogen habe: im Bus, in einem Straßencafé auf dem Krakauer Marktplatz, abends im Hotel. Dohrmann erzählte Jurek von seiner Jugend in der Napola, sie sprachen über Auschwitz und auch darüber, was sich ändern müsste, damit das damals noch völlig feindselige Verhältnis zwischen Polen und Deutschen wieder besser würde.

Ich weiß schon von diesem Gespräch. Jurek spricht auch auf den Bändern darüber. Er erzählt, dass er vor Dohrmanns Gruppe schon mal mit Touristen aus der ehemaligen DDR zu tun gehabt hatte, mit diesen aber nicht gerne gearbeitet habe. »Ich habe verstanden, dass die DDR-Gruppen sich einfach die ganze Zeit die Schnauze zugehalten haben vor Angst, und man konnte gar nicht offen sprechen über lauter Vorbehalte, die noch da waren. Die Gruppe von Pastor Dohrmann war meine erste Gruppe aus der Bundesrepublik, die ich eigentlich überhaupt nicht betreuen wollte, aber mein Kollege war krank, und ich war Einziger, der übrig war und Deutsch sprach. Aber das war sehr gute Gruppe. Gleich vom Anfang haben wir ganz offen geredet – auch über Politik. Ich habe festgestellt, dass meine Überzeugungen gar nicht auseinanderliegen mit denen von Dohrmann und auch den jungen Leuten, die da gereist sind mit ihm. Ich habe mich auch sehr gewundert, anerkennend gewundert, dass es in der Bundesrepublik überhaupt Leute gibt, die anerkennen, was Polen geduldet hat im Krieg und deshalb zum Beispiel nicht infrage stellen die Grenze zwischen Polen und Deutschland. Das hat man in Polen überhaupt nicht gewusst, weil die Kommunisten immer haben gesagt, dass die Freundschaft zur Sowjetunion ist die einzige Garantie dafür, dass Polen nicht schrumpft auf eine minimale Größe. Sehr interessante Gespräche waren das für mich.«

Ich lese Dohrmann die Stelle vor, und er lächelt freundlich und sehr zufrieden. »Ja«, sagt er, »dadurch, dass wir direkt aufeinander zu sind und nicht irgendwie aneinander vorbeischrammten, ist zwischen Jurek und mir sofort eine große Nähe entstanden.«

Dohrmann lud Jurek bald zu sich nach Wolfsburg ein, in dieses Land, das Jurek zuletzt betreten hatte, als er 1945 auf einem Todesmarsch von Sachsenhausen hundertfünfzig Kilometer durch Deutschland bis in die Gegend von Schwerin getrieben worden war.

Ende 1944 wurde das Lager Auschwitz-Birkenau fast ganz leer geräumt, und Mehrzahl von noch lebenden Häftlingen wurde geschickt in Eisenbahnwaggons nach Westen. Ich bin gelandet in Nebenlager vom Lager Sachsenhausen, bisschen nördlich von Berlin.
Am 21. April 1945 wurden wir aufgeteilt, in die Kolonnen zu je fünfhundert Mann. Ich habe den Marsch angetreten in Holzpantoffeln, welche schnell meine Füße in Wunden gebracht haben. Ich habe trotzdem hart versucht weiterzumarschieren, um nur nicht zurückzubleiben, weil die, welche blieben, wurden am Ende von Kolonne getötet mit einem Genickschuss.
In den Dörfern, durch die wir gingen, haben sich versammelt Frauen und Kinder. Sie haben versucht, uns mit den Latten von den Gartenzäunen zu schlagen, und andere wollten uns unbedingt glücklich machen, mit den Eimern von dem Kloinhalt, welchen sie geholt haben aus den Häusern und auf uns gegossen haben.
Auf dem ganzen Marsch, der gedauert hat viele Tage, kriegten wir nur einmal Essen. Aus Hunger haben wir Brennnesseln gegessen, Gras, auch Rinde von den Bäumen, die wegen dem Frühling ganz saftig war, aber viele sind gestorben, weil die Rinde verursacht hat schreckliche

Verstopfungen. Ich habe das gewusst und keine Rinde gegessen, aber ich hatte großes Glück, Schnecken zu finden. Nacktschnecken, welche waren die Portion von wertvollem Eiweiß, das ich dringend gebraucht habe.

Trotzdem war meine Lage – vor allem Lage von meinen Füßen – schon sehr schlecht, als wir kamen durch ein Dorf – ein großes Dorf mit breiter Straße in der Mitte. Plötzlich kam uns entgegen in schnellem Tempo eine Einheit von der SS. Als sie näher kamen, haben wir verstanden, dass das eine Einheit ist von den Leuten aus dem Kaukasus. Ich glaube, dass das Tschetschenen waren, weil sie sahen so dunkel aus, und nach dem Krieg haben ich erfahren, dass solche Leute waren rekrutiert von den Deutschen für Kampf gegen Russen. Ganz am Ende vom Krieg haben sie alle in die SS aufgenommen, die noch bereit waren, auf ihrer Seite zu kämpfen.

Als sie uns gesehen haben, haben sie angehalten und sind auf uns zugekommen. Unsere SS-Wachen haben gehalten die Maschinengewehre gegen die SS-Kaukasier, aber sie haben dasselbe gemacht gegen unsere Wachen. Es war am Rande von dem Gefecht zwischen zwei Gruppen von SS-Leuten.

Die SS-Kaukasier waren schon so sicher über ihren Tod, dass sie überhaupt gar keine Angst mehr gehabt haben und nur noch getan haben, was sie wollten. Sie waren auf dem Weg an die Front und somit in Gefahr zu geraten in Gefangenschaft von eigenen Leuten, also von Roter Armee, die sie ganz besonders grausam betrachtet hätte, weil sie waren ja Verräter. Die SS-Kaukasier haben alles, was sie Essbares mit sich hatten und auch alle Tabakwaren uns Häftlingen in die Hände gedrückt. Sie wussten, dass sie höchstens noch leben paar Stunden und deshalb nichts mehr brauchen, und sie hatten Mitleid mit uns. Die meisten von ihnen waren selbst schon in deutscher Kriegsgefangenschaft gewesen und hatten sich aus der befreit, indem sie sich für solche SS-Einheit gemeldet haben. Sie wussten, wie schlecht die Deutschen ihre Gefangenen versorgen.

Ein großer Mann war ganz umringt von den Häftlingen, die gekämpft haben, um das, was er schenken wollte, aber er hat mich beobachtet. Ich habe in diesem Moment überhaupt nicht mehr kämpfen können, sondern gerade noch stehen, zwischen zwei Kameraden geklemmt. Er ist gekommen direkt zu mir und hat aus seiner Uniform, da wo Herz ist ungefähr, ein Paket rausgeholt. Er hat mit einer Hand beiseitegeschoben

die Händen von den anderen Häftlingen, die das wollten schnappen, und mit anderer Hand mir das Paket gesteckt, in meine Bluse.
Ich hing zwischen zwei Kollegen, die mich überhaupt nicht mehr tragen wollten und auch nicht mehr konnten, aber weil ich hatte jetzt solches Päckchen, haben sie schon damit gerechnet, dass ich mit ihnen teilen werde, was ja auch so war. Sie haben wieder beschlossen, mich zu tragen, solange es irgendwie geht.
Bald darauf haben wir die erste Pause gehabt von diesem Tag. Mit großer Neugier habe ich auseinandergewickelt mein Paket. Es war Tabak – fast ganzes Kilo ganz trockener Tabak, welcher geduftet hat und welcher immer noch sehr wertvoll war. Und für diesen Tabak habe ich gleich zur Verfügung gehabt einen Arzt, der geholfen hat zu behandeln meine Füße, sogar Salbe gegen Blasen, und außerdem habe ich eingetauscht die guten Lederstiefel. Am nächsten Tag ging ich fast ohne die Hilfe von anderen.

Jurek besuchte Dohrmann in Wolfsburg, und offenbar fühlte er sich wohl, denn von nun an kam er jedes Jahr mindestens einmal nach Deutschland. Manchmal blieb er einen ganzen Monat. Er hielt Vorträge in Schulen und Kirchengemeinden. »Er hat die Leute immer gleich in seinen Bann gezogen«, sagt Dohrmann.

Es ist merkwürdig – einige Wochen zuvor kam er am Telefon sofort auf Jureks Schwächen zu sprechen und auf die Gründe, warum ihre Freundschaft nicht von Dauer war. Nun, als wir im Kontext von Dohrmanns eigener Biografie über Jurek sprechen, klingt fast alles, was er über Jurek sagt, warmherzig und auch bewundernd – fast so, als halte Dohrmann an seinem Wohnzimmertisch die Gedenkrede, die ich auf dem Friedhof vermisste. »Tief beeindruckt hat mich vom ersten Treffen an, dass Jurek immerzu für seine Würde gekämpft hat«, sagt Dohrmann zum Beispiel. »Schon als Häftling in Auschwitz hat er sich mit riesigem inneren Protest aufgelehnt gegen all die Hintansetzung, Nichtwahrnehmung und menschliche Degradierung. Es ging den Nazis im KZ darum, das berechtigte Ich eines Jerzy Hronowski auszulöschen. Und das über vier Jahre hinweg. Aber Jurek hat das nicht zugelassen.«

Dohrmann lobt Jureks Fähigkeit zu vergeben und zu differenzieren. Jurek habe ihn nie wegen seiner Vergangenheit angegriffen, sagt Dohrmann. Er habe immer anerkannt, dass Menschen sich entwickeln können und etwas dazulernen.

Diese Bereitschaft zu lernen habe er den Menschen, die er mochte, auch abverlangt. »Jurek bestand darauf, dass man richtig zuhört, sich zum Beispiel, wenn er übers KZ sprach, hineindenkt in die Situation eines Häftlings, obwohl das letztlich doch gar nicht möglich ist. Er verlangte es in Auschwitz, aber auch, wenn man sich in Krakau in einem Café gegenübersaß. Man musste jederzeit zu der Anstrengung bereit sein, zuzuhören und auch die Nuancen zu verstehen. Plattes Mitleid und salbungsvolle Worte waren ihm zuwider.«

Mir gefällt Dohrmanns kleine Esstisch-Predigt über Jurek. Ich erkenne in ihr den Jurek wieder, den ich geliebt habe, und ich bin plötzlich sicher, dass Dohrmann Jurek sehr gemocht haben muss. Als Mensch und auch als Symbol.

»Ich glaube, wir spürten beide, dass seine Zeit im KZ und meine Zeit auf der Napola zwei Seiten von ein und derselben Idee einer gereinigten, deutsch-germanischen Volksgemeinschaft waren«, sagt Dohrmann, »und dass wir beide unser Leben besser verstehen, dank dem anderen.«

Über seine Zeit in Auschwitz zu sprechen, fiel Jurek nicht immer leicht. »Ich habe gespürt, dass es Jurek anstrengt. Manchmal hat er mit den Tränen gekämpft, manchmal hat seine Erzählung gestockt, aber niemals hätte er zugegeben, dass er nicht mehr konnte.« Dohrmann sagt, dass er niemals vergessen werde, wie Jurek damals in Auschwitz über die Einsamkeit im KZ sprach.

– Was hat er da erzählt?
– Er hat erzählt, wie er sehr krank war und schwach und ganz erstarrt vor Angst, dass ihm die Kraft ausgeht. Aber dass er das verbergen musste, vor allen, weil er Angst hatte, ausgesondert und in den Krankenbau geschickt zu werden. Jurek wusste, dass man Kranke dort mit Spritzen tötete. Giftspritzen direkt ins Herz.
– Meinen Sie die Geschichte mit dem Misthaufen?
– Wieso Misthaufen?

Dohrmann sieht mich ziemlich entsetzt an. Ganz offensichtlich versteht er nicht, worauf ich anspiele. Dabei hat Jurek diese Geschichte doch so oft erzählt.

An Ostern 1941 bekam ich Bauchtyphus. Dass ich genau in den Tagen krank wurde, war noch Glück, denn das war ein Moment, in dem die SS-Belegschaft von Auschwitz das erste Mal Urlaub bekam – zum Teil zumindest. Die, die noch da waren, konnten all die Häftlinge alleine nicht so gut bewachen. Deshalb hatte man angeordnet, dass alle Häftlinge in den Blöcken bleiben und für drei Tage das ganze Lager nicht arbeitet. Genau da hatte ich also den Höhepunkt von dieser Krankheit, mit blutigem Durchfall. Ich war bald so entkräftet, dass ich ohnmächtig wurde und wahrscheinlich schon ganz aussah wie tot oder fast tot, weil der Stubendienst hat mich gelegt schon zu den Leichen vor dem Block, die abtransportiert werden sollten, sobald die Häftlinge, welche zuständig waren für einen solchen Transport, wieder arbeiten.
Aber mich hat dort ein Kollege gefunden, der hieß Feliks Klecha, und dieser Feliks hat mich gekannt, aus einer ganz anderen Zeit, halbes Jahr vorher war das, als ich eine gute Arbeit hatte als Heizer in der Blockführerstube, wo herumlag ziemlich viel altes Brot. So viel, dass es nicht nur gereicht hat für mich, sondern auch für andere – zum Beispiel für diesen Feliks Klecha, der damals herumlief wie ein Muselmann, also ganz dünn war und immer wippte mit seinem Körper vor und zurück, um ein bisschen warm zu bleiben. Im Lager nannte man solche Leute, die aussahen wie lebendige Skelette, Muselmänner, weil wenn sie so wippten, sah das aus wie Islamleute beim Beten.
Muselmänner haben eigentlich nur noch gewartet auf den Tod. Sehr selten nur hat sich so ein Muselmann selbst wieder hochgeholt und zum Beispiel wieder erreicht eine bessere Arbeit, wo er wieder bekommen konnte ein normales Gewicht, aber dieser Feliks hat es geschafft – vielleicht auch mit Hilfe von meinem Brot. Er hatte jetzt eine gute Arbeit im Kälberstall vom Lager, wo man organisieren konnte zusätzliches Essen, Kraftfutter, welches man geklaut hat den Kälbern. Kälber wurden sehr gut versorgt im Lager. Feliks hat also überprüft meine »Leiche« und gemerkt, dass ich eigentlich noch lebe, und beschlossen, sich zu revanchieren. Er hat verkauft sein Essen, die Ration von fast der ganzen Woche, um Opium zu bekommen und zu stoppen meinen Durchfall.
Am nächsten Tag, an dem alle Häftlinge schon wieder arbeiten mussten, schleppte er mich in den Kälberstall, wo er arbeitete. Tagsüber hätte ich überhaupt nicht im Block bleiben können – das hätte den Tod bedeutet, aber Feliks hat dafür gesorgt, dass ich auf die Liste vom Tierpflegerkommando geschrieben werde. Beim Stall grub er zusammen mit Kollegen

in einem Misthaufen ein Loch und polsterte es mit Teerpapier und sauberem Stroh. Da legten sie mich dann rein und deckten das Loch mit Teerpapier und trockenem Kuhmist ab, um mich zu verstecken, vor Kapos und der SS. Abends schleppte Feliks mich wieder auf den Block und morgens holte er mich wieder ab. So habe ich mich dann erholt in dem Misthaufen beim Kälberstall.
Es war nicht so guter Luft in solchem Sanatorium, aber es war viel gesündere Kur als die Giftspritze im Krankenbau. Am Ende von der Krankheit wog ich nur noch 27 Kilo, aber ich war am Leben.

Dohrmann sagt, dass er sich an eine solche Geschichte nicht erinnern könne. Ja, er sei eigentlich sicher, dass Jurek das in den Sechzigerjahren nicht so erzählt habe. Jurek habe damals über Auschwitz auch keine so langen und zusammenhängenden Geschichten erzählt, sondern eher einzelne Erinnerungsstücke, Bilder, Assoziationen. Oft habe er auch Geschichten erzählt, in denen er selbst gar nicht vorkam. Das mit der Einsamkeit sei ihm, Dohrmann, besonders im Gedächtnis geblieben, weil es so persönlich war. Er habe Jurek damals gefragt, ob es denn irgendjemand gab in solchen Situationen, dem er vertrauen konnte und mit dem er über seine Angst sprechen konnte, und Jurek habe gesagt: »Sehr selten nur.«

Einen Moment lang ist es still im Zimmer. Ich glaube, es ist das erste längere Schweigen in diesem Gespräch, denn bisher hat Rudolf Dohrmann seine Lebensgeschichte und auch die Geschichte der Freundschaft zu Jurek mit allen Wendungen und Brüchen sehr flüssig und lebendig erzählt – eben wie einer, der diese Geschichten schon sehr oft erzählt hat.

Ich schaue zum Fenster hinaus, auf den kleinen Garten, die gerade geschnittene Hecke, und denke über die dreißig Geschichten nach, die Jurek, solange ich ihn kannte, immerzu über Auschwitz erzählt hat. Logisch waren sie, spannend, und alle enthielten einen Funken Hoffnung. In ihnen ging es nicht um Einsamkeit, sondern um Kameradschaft. Nicht um Tod, sondern um wundersame, kleine Rettungen.

In den Sechzigerjahren, als Jurek über Auschwitz zu erzählen begann, gab es diese Geschichten offenbar noch nicht. Aber sind sie überhaupt wahr? Oder sind es Legenden, die Jurek sich im

Lauf der Jahre zurechterzählt hat? Andererseits war Jurek doch immer so genau mit den Fakten, legte so viel Wert auf die Namen und darauf, dass alles ganz korrekt ist. Er kann diesen Feliks Klecha doch nicht erfunden haben. Aber vielleicht hat sich ja auch nur der Fokus von Jureks Erzählung verändert – weg von der Verzweiflung, hin zur Rettung? Ich muss versuchen, das herauszufinden.

Dohrmann reißt mich aus meinen Gedanken. »Am meisten schockiert hat mich«, sagt er schließlich, »als Jurek erzählt hat, wie er von Mithäftlingen betrogen wurde. Dass es da Leute gab, die ihm Brot geklaut haben, aus Schwäche und aus Angst ums eigene Leben. Andere Häftlinge!« Diese Vorstellung, sagt Dohrmann, habe ihn mehr gequält als alles, was Jurek über die Grausamkeit der SS erzählte.

– Warum ist das eigentlich so?
– Was?
– Warum schockiert es uns so, wenn wir hören, dass sich Häftlinge gegenseitig beraubt haben? Warum wollen wir nur Geschichten über Kameradschaft hören? Ich meine, sonst gehen wir ja auch nicht davon aus, dass Leid Menschen altruistisch macht.
– Ich glaube, Leid kann Menschen besser machen. Muss es aber nicht. Es kann auch bitter machen und einsam, und da sind wir dann auch schon wieder bei Jurek.
– Haben Sie Jurek als bitter empfunden?
– In der ersten Zeit nicht. Da habe ich nur seine Kraft bewundert. Seine Offenheit. Dass er nach alledem noch so freundlich lachen konnte. Erst später habe ich verstanden, dass sein Lachen manchmal auch voll Bitterkeit war.

Und wieder beginnt Rudolf Dohrmann zu erzählen – davon, wie Jurek ihn zum ersten Mal in seine Warschauer Wohnung einlud und ihn vollstopfte mit Leckereien, die nur schwer zu organisieren waren im kommunistischen Polen. Jurek machte Dohrmann auch bekannt mit seiner Frau Krystyna und seinem Sohn Tomek, der damals 13 Jahre alt war. Dohrmann sagt, er habe Krystyna Hronowska gemocht, aber auch gleich gemerkt, dass es die beiden nicht immer ganz einfach miteinander hatten. »Jurek war von einem extremen Lebenshunger getrieben«, sagt er, »er musste immerzu unterwegs sein, Leute um sich haben, etwas Neues lernen. Ich glaube, Krystyna hätte gern gehabt, dass er häuslicher wäre. Aber einen Mann wie Jurek kann man nicht einsperren.«

Sogar an Weihnachten war Jurek nicht immer bei seiner Familie. 1967 feierte Jurek lieber mit seinen deutschen Freunden in der Wolfsburger »Arche«.

Rudolf Dohrmann sagt, dass Jurek an Heiligabend aber viel schweigsamer war als sonst. Er habe in sich gekehrt gewirkt und sehr traurig. »Es war nicht einfach, Jurek hier zu haben«, sagt Dohrmann. »Ich glaube, dass ihm in solchen Momenten bewusst wurde, wie viel wertvolle Lebenszeit ihm zerstört worden war in Auschwitz. Und für uns war es bitter zu wissen, dass wir ihm die zerstörte Zeit nicht ersetzen konnten. Dass es niemand konnte. Durch nichts.«

Dohrmann war damals auch bei Aktion Sühnezeichen Friedensdienste engagiert, einer von der evangelischen Kirche initiierten Gruppe, deren Ziel es war, junge Deutsche zu einer Art symbolischer Wiederaufbauhilfe dorthin zu schicken, wo die Nazis besonders gewütet hatten. Anfangs, in den Fünfzigerjahren, waren nur westliche Länder wie die Niederlande, Norwegen und Frankreich Teil des Programms, aber Mitte der Sechziger plante Sühnezeichen auch, eine Gruppe nach Auschwitz zu schicken, trotz des Kalten Krieges. Dohrmann befürwortete diese Idee sehr und bat Jurek nun zu helfen, denn ein paar Jahre zuvor war ein Antrag von Aktion Sühnezeichen für ein Projekt in Polen abgelehnt worden mit der Begründung, Polen brauche keine Hilfe von außen, schon gar nicht aus Deutschland.

Jurek legte sich mächtig ins Zeug: Er redete den Zuständigen in der polnischen Tourismusbehörde ein, dass das Projekt dringend unterstützt werden müsse, weil dadurch Devisen in die Kasse des staatlichen Reisebüros gespült würden, die dann wieder ausgegeben werden könnten für Auslandsreisen von Parteikadern. Er warb im Kreis ehemaliger KZ-Häftlinge für das Anliegen und organisierte für die deutsche Gruppe eine Unterkunft nahe beim ehemaligen KZ Auschwitz – eine ehemalige SS-Kaserne war es, aber etwas anderes war nicht aufzutreiben.

Im Sommer 1968 konnte Jurek dann die erste Sühnezeichen-

Gruppe in Empfang nehmen. Mehrere Jahre lang verbrachte Jurek die Sommermonate komplett in Auschwitz, mit Gruppen, für die er fast rund um die Uhr da war. Sein Reisebüro hatte ihn auf seinen Wunsch hin für diese Arbeit abgestellt. Jurek hat mir oft erzählt von dieser Zeit, und auch auf den Tonbändern spricht er mit meinem Vater über Sühnezeichen.

– Jurek, du hast doch mal gesagt, dass du nach dem Krieg beschlossen hast, nie wieder mit Deutschen zusammenzuarbeiten.
– Ja.
– Und warum hast du deine Meinung geändert? Ich meine, du warst dann plötzlich ständig mit Deutschen zusammen.
– Das war doch schon eine ganz andere Generation. Diese Kinder haben doch schon mit Auschwitz nichts mehr zu tun gehabt, sondern mit neuem Europa, und sie haben ehrlich gemeint, dass sie verändern wollen die Verhältnisse zwischen Polen und Deutschland.

Jurek sprach liebevoll über diese Gruppen – ja, fast väterlich. Sehr oft erzählte er beispielsweise, dass die Leitung von Aktion Sühnezeichen damals vorgegeben habe, dass die Jugendlichen acht Stunden am Tag körperlich arbeiten sollten, um ein Krematorium auf dem Gelände des KZs freizulegen, das von Erde bedeckt und von Pflanzen überwuchert war. Für die Abende waren dann noch Vorträge über Auschwitz vorgesehen. »Dabei hat sich herausgestellt, dass es überhaupt nicht zu schaffen war für diese Kinder, nach acht Stunden harter Arbeit noch ein Referat zu hören, vor allem weil sie ja auch noch kämpfen mussten, innerlich, mit neuem Wissen um lauter Verbrechen, von denen in Deutschland damals ganz wenig gesprochen wurde«, sagt Jurek auf den Bändern.

Jurek beschreibt, wie er einwirkte auf die Führung von Sühnezeichen in Deutschland, so lange bis die Arbeit reduziert wurde auf vier Stunden am Tag, und dass er dafür sorgte, dass Mittagsruhe gehalten wurde – eine Pause zwischen der körperlichen Arbeit am Vormittag und den Fortbildungen am Nachmittag. Nach der Pause gab es dann noch eine Erfrischung mit schwarzem Tee und dann erst wieder Gespräche über Auschwitz, und abends organisierte er für die Jugendlichen

Lagerfeuer im Garten der Villa, die früher einmal dem Lagerkommandanten gehört hatte.

Jurek wollte, dass die jungen Leute sich willkommen fühlten, und er wollte die richtige Atmosphäre schaffen für Gespräche. »Gleich nach Ankunft habe ich mich immer gesetzt mit allen in einen Kreis, und ich habe gefragt, was sie dazu bewegt hat, hierherzukommen. Ich habe gesagt: ›Ihr müsst das überhaupt nicht sagen, aber es interessiert mich doch, wer ihr seid, und ich sage auch ganz offen, wer ich bin.‹ Ich hörte Antworten wie ›Mein Vater war ein Nazi‹, ›Mein Vater war Offizier bei der SS‹ oder auch ›Ich bin hergekommen, weil die zwei Wochen kostenlos sind und ich sonst überhaupt keine Möglichkeit habe zu verreisen‹. Es gab also ganz verschiedene Antworten – aber jede wurde akzeptiert, und so war von Anfang an etabliert ein Kontakt. Echter Kontakt meistens.«

Wenn Jurek über diese Zeit sprach, dann ging es immer um die ganz konkrete Arbeit vor Ort und um kleine, alltägliche Kämpfe: darum, wie er versuchte, für das Archiv in Auschwitz ein Kopiergerät zu organisieren, damit die Originaldokumente nicht so schnell abgenutzt wurden, oder darum, wie er bessere Verpflegung für die Gruppen erkämpfte, Schinken schon zum Frühstück, obwohl Fleisch in Polen damals doch knapp war.

Die Geschichten, die mir Rudolf Dohrmann nun über seine Arbeit für die deutsch-polnische Verständigung in dieser Zeit erzählt, drehen sich um andere Themen: Er spricht über politische Allianzen, die geschmiedet werden mussten, um Projekte wie das in Auschwitz ans Laufen zu bekommen, und über die Empörung konservativer Kreise, die die Versöhnungsarbeit in Osteuropa torpedierten und behaupteten, dass dabei mit bundesdeutschen Steuergeldern kommunistische Propaganda befördert werde. Dohrmann erzählt, wie sein ehemaliger Rechtsanwalt Gustav Heinemann, der damals für die SPD Bundesjustizminister war, ihn, Dohrmann, bat, Briefe nach Polen zu transportieren und im Warschauer Justizministerium abzugeben. Es sei in diesen Briefen offenbar um die Zusammenarbeit beim Sammeln von Beweisen gegen Naziverbrecher gegangen, die damals größtenteils noch frei herumliefen.

»Heinemann konnte nicht den Postweg benutzen«, erklärt

Dohrmann, »weil doch die DDR dazwischenlag und die Bundesregierung damals nicht wollte, dass die Stasi jeden Schritt der Annäherung mitbekam. Das war noch vor den Ostverträgen, und die Verhandlungen waren noch absolut geheim.« Dohrmann erzählt weiter, er habe Heinemann damals gefragt, was er tun solle, wenn er an der Grenze von den DDR-Behörden gefilzt werde, und Heinemann habe geantwortet: »Dann iss den Brief einfach auf.«

Dohrmann organisierte die erste Reise von bundesdeutschen Abgeordneten nach Polen und engagierte sich auch für die kirchliche Zusammenarbeit. Jurek lernte über Rudolf Dohrmann nicht nur Gustav Heinemann kennen, sondern auch den Ratsvorsitzenden der Evangelischen Kirche, Bischof Scharf, der damals, Ende der Sechzigerjahre, als absoluter Vordenker der Annäherung zwischen Polen und Deutschland galt.

»Jurek war mächtig stolz auf diese Kontakte«, sagt Dohrmann, »und vor allem mit Bischof Scharf hat er sich auch privat gut verstanden.« Ich habe das Gefühl, dass Dohrmann eigentlich sagen müsste: »Jurek und ich waren mächtig stolz.«

»Aber wann kam es dann zu diesem Konflikt?«, frage ich, doch Dohrmann will nun plötzlich von einem Konflikt zwischen ihm und Jurek nichts mehr wissen. Streit habe es da nie gegeben, sagt er, man habe sich einfach auseinandergelebt, sagt er, nach jahrelanger guter gemeinsamer Arbeit. Diese Reaktion wundert mich. Am Telefon klang das noch ganz anders. Ich glaube nicht, dass Dohrmann den Streit mit Jurek verschweigen will oder ihn plötzlich aus seinem Gedächtnis verdrängt hat. Ich glaube, er will darüber nicht sprechen, weil er gerade eigentlich eine andere Geschichte erzählt: Die Geschichte einer Freundschaft zwischen zwei Männern – einem Polen und einem Deutschen –, die gemeinsam viel bewegen in den Beziehungen zwischen den beiden Ländern, weil es ihnen gelingt, ihre eigene Vergangenheit zu überwinden. Eine Geschichte, die bestimmt wahr ist, aber eben nicht vollständig. Das Ende der Freundschaft passt nicht besonders gut zu dieser Geschichte. Trotzdem will ich darüber sprechen – auch deshalb bin ich schließlich hierhergereist.

– Aber Sie haben doch am Telefon gesagt, dass es Probleme gab mit Jurek, und er hat das auch erzählt, auch auf diesen Tonbändern.

– Was genau hat er da gesagt?
– Soll ich es vorlesen?
– Ja, bitte.
– »Einmal bin ich mit Rudolf durch die Stadt gegangen, und da blieb er plötzlich einen Moment stehen. Ich habe eine sehr unfreundliche Grimasse gesehen. Ich kannte schon ein paar von diesen Fällen, als er mit jemandem eine Auseinandersetzung hatte. Rudolf konnte sehr streiten. Aber jetzt hat er nicht gesagt, was eigentlich das Problem ist. Er hat nur gesagt, dass ich an Sühnezeichen schreiben solle, dass ich nicht mehr arbeiten möchte. Ich solle resignieren. Ich sagte: Nein, das werde ich nicht tun. Ich werde auf keinen Fall resignieren, wofür ich solchen Einsatz geleistet habe. Du kannst mir kündigen, aber ich resigniere nicht. Er wollte mir nicht erklären, warum ich zurücktreten sollte. So ist es bis heute. Niemand hat mir je erklärt, weshalb ich nicht mehr arbeiten sollte für Sühnezeichen, und Rudolf hat mir überhaupt nicht erklärt, warum er sich zurückgezogen hat. Er hat mich einfach rausgeschmissen aus ganzem seinem Leben. Rudolf hat mich fallen lassen, wie man lässt fallen eine Kartoffel, die heiß ist.«

Rudolf Dohrmann zieht das Blatt zu sich hin, von dem ich gerade Jureks Zitat vorgelesen habe. Er setzt seine Lesebrille auf, beugt sich über das Blatt und liest den Text noch einmal. »An eine solche Szene kann ich mich überhaupt nicht erinnern«, sagt er, als er das Blatt wieder von sich schiebt. Wieder schweigt Dohrmann für einen Moment, und dann schildert er doch die Schwierigkeiten, die zwischen Jurek und ihm aufkamen, damals, Ende der Sechzigerjahre.

Irgendwann, bei einem Aufenthalt in Wolfsburg, habe Jurek angefangen, sich umzuhören, was ein gebrauchter Mercedestransporter kostete oder vielleicht ein VW-Bus. Jurek plante, dieses Gefährt umzubauen in eine Art Wohnmobil, um dann damit in der Türkei Urlaub zu machen. Für sein Reisebüro hatte er einmal polnische Funktionäre auf einer Fahrt durch die Türkei begleitet, und dort hatte er zum ersten Mal Touristen mit Wohnmobilen gesehen. So ein Gefährt, in dem man fahren kann, so lange man will, und bleiben kann, wo immer man will, war seither Jureks Traum.

Jurek erkundigte sich bei verschiedenen Leuten, ja, fast bei jedem, den er in Wolfsburg traf, um herauszufinden, was ein fairer Preis für so ein Auto war. Er erwog verschiedene Finanzierungsmöglichkeiten, und dann hatte er die Idee mit den Regenmänteln. Die gab es in der Bundesrepublik für ein paar Mark in allen Farben zu kaufen, aber in Polen waren sie Mangelware wie so vieles. Und weil Jurek ein Honorar bekommen hatte für die Vorträge über Auschwitz, beschloss er, von diesem Honorar einen ganzen Sack voll bunter Regenmäntel zu kaufen, die er dann wieder verkaufen konnte, daheim in Polen – für seinen erträumten Kastenwagen würde der Gewinn natürlich nicht reichen, aber es war doch ein Anfang.

Jurek behielt diesen Plan aber nicht für sich, sondern er erzählte einigen Leuten von dieser guten Idee und bat Dohrmann, ihn in dieser Sache zu unterstützen. Dohrmann war das unangenehm – ja, man hat das Gefühl, dass es ihm bis heute unangenehm ist.

– Für Jurek ging es in zunehmendem Maße darum, Geschäfte zu machen. Ich konnte und durfte bei diesen Geschäften nicht mitmachen. Ich sagte: »Jurek, du musst dich dafür nicht rechtfertigen oder entschuldigen, wenn du das machst, aber mich halte da raus.«
– Und Jurek hat das nicht akzeptiert?
– Doch, eigentlich schon.
– Aber warum entstand denn dann Streit?
– Sie stellen ganz schön dämliche Fragen.

Vermutlich will Dohrmann, dass dieser letzte Satz ironisch klingt und locker, aber er klingt aggressiv. So, als ob er sich angegriffen fühlt, von mir – dabei will ich ihn gar nicht angreifen, sondern wirklich nur verstehen, was damals vor sich ging. Einen Moment lang schweigen wir beide.

»Wissen Sie«, sagt Dohrmann schließlich, »ich war damals wirklich am Rand dessen, was ich leisten konnte.« Seine Stimme ist wieder freundlicher, aber sie klingt gar nicht mehr pastoral; er spricht plötzlich leise und stockend. »Privat lief damals bei mir einiges anders als geplant. Das war die Zeit, in der ich Rita kennenlernte und akzeptieren musste, dass meine erste Ehe zu

Ende ging. Und wir hatten ja Kinder. Denen musste ich das erklären. Und ich habe damals meine Ordinationsurkunde zurückgegeben, obwohl das gar niemand von mir verlangt hat und der Bischof sogar dagegen war. Ich hörte also auf, Pfarrer zu sein, wegen dieser Scheidung. Ganz einfach, weil ich nicht wollte, dass die Arbeit, die ich bisher gemacht hatte, in irgendeiner Weise in Frage gestellt wurde, von mir als Mensch, von den Schritten, die ich da privat tun musste. Wir waren doch unter Dauerbeobachtung. Ständig haben Leute versucht, alles Mögliche und Unmögliche als Munition zu verwenden gegen die Versöhnungsarbeit. Sie wollten uns als kommunistische Agenten entlarven, Geschäftemacher oder ganz einfach als schlechte Menschen. Ich musste absolute Vorsicht walten lassen. Und in so einer Phase hatte ich einfach Angst, dass Jurek unserem gemeinsamen Projekt schadete.«

– Das sind schrecklich hohe moralische Maßstäbe.
– Es war ja auch eine sehr wichtige Sache.
– Aber ist es nicht absurd, wenn man nicht menschlich sein darf, weil man für mehr Menschlichkeit kämpft?
– Vielleicht. Aber das ist schwer zu beurteilen aus heutiger Sicht.

Im Februar 1971 haben sich Dohrmann und Jurek zum letzten Mal gesehen. Auf einer Konferenz in Frankfurt war das, die Dohrmann mitorganisiert hatte, »Friede mit Polen« war der Titel dieser Konferenz, und Ziel war es, die neue Ostpolitik von Willy Brandt zu unterstützen. Bundeskanzler Brandt hatte kurz zuvor den »Warschauer Vertrag« unterzeichnet, mit dem die Bundesrepublik die neue polnische Westgrenze erstmals anerkannt hatte, und er war niedergekniet beim Denkmal des Ghettoaufstands in Warschau.

Jurek war eingeladen zu dieser Konferenz, aber Freunde waren Jurek und Dohrmann damals schon nicht mehr. Dohrmann kann sich noch gut an eine Szene erinnern, die sich gleich am Anfang bei der Begrüßung am Flughafen ereignete. »Wir hatten eine sehr hochrangige Delegation aus Polen eingeladen mit allen möglichen Politikern und Historikern – und Jurek war als KZ-Überlebender eben auch in dieser Delegation«, erzählt Dohrmann. »Wir empfingen sie am Flughafen – mit einer entsprechenden deutschen Delegation natürlich. Besuch aus Polen war damals ein absolutes Ereignis. Jurek kam die Treppe herunter mit einem großen Pappkarton unter dem Arm. Auf halbem Weg rutschte ihm der Karton weg und aus ihm heraus kullerten mindestens 15 Flaschen Wodka.« Lustig sei das gewesen – aber eben auch irgendwie unpassend. Er wisse nicht genau, was Jurek mit dem Wodka gemacht habe. Vielleicht verkauft. Wahrscheinlich verschenkt.

Er selbst habe mit Jurek während dieser Konferenz kaum geredet, weil er viel Arbeit hatte und Jurek auch immerzu in irgendwelche Gespräche vertieft war. »Jurek hatte damals viele neue Freunde«, sagt Dohrmann, »Polen war ja plötzlich total in.« Dohrmann selbst ging kurz nach dieser Konferenz nach Indien, zusammen mit seiner neuen Frau Rita.

Erst sehr viel später gab es dann noch einmal einen Kontakt zwischen Dohrmann und Jurek. Ende der Neunzigerjahre war das, als ich Jurek schon kannte. Damals war von Aktion Sühnezeichen ein Heft herausgebracht worden, eine dünne Broschüre eigentlich nur, in der auch die Anfänge der Versöhnungsarbeit in Polen beschrieben wurden. Die politischen Kämpfe, die Pastor Dohrmann und andere ausgetragen hatten, wurden darin beschrieben, aber Jureks Namen tauchte nirgends auf. Auf den Bändern regt sich Jurek im Gespräch mit meinem Vater darüber sehr auf.

- Es scheint da Interessen zu geben, welche wollen die Erinnerung an meine Arbeit, an meinen Beitrag zur Arbeit von Sühnezeichen in Polen völlig eliminieren.
- Jurek, ich glaube, du übertreibst, warum sollte das jemand tun wollen?
- Weil ich Pole bin. Weil sie nicht zugeben wollen, dass Hauptarbeit in diesem Ganzen, ganze praktische Arbeit, gemacht wurde nur von Polen. Dass die meisten Deutschen nur gegeben haben paar schöne Worte und vielleicht bisschen Geld, und für solche Leute steht da jetzt ein Denkmal in der Jugendbegegnungsstätte im Auschwitz. Und für mich nicht mal ein Satz in solcher Broschüre.

Jurek rief Dohrmann damals an und sagte, dass er bis zum heutigen Tag nicht verstehe, warum es zu diesem Bruch gekommen sei, und auch nicht, warum er, Jurek, nicht erwähnt werde in diesem Heft. Jurek mutmaßte sogar, dass Dohrmann selbst dafür gesorgt habe, dass Jureks Name aus der Geschichte von Aktion Sühnezeichen getilgt wurde.

Dohrmann antwortete Jurek damals nicht nur am Telefon, sondern auch noch einmal per Brief. Er schrieb, dass er nicht mehr engagiert sei bei Sühnezeichen, schon seit zwanzig Jahren nicht mehr, und keinen Einfluss auf irgendwelche Broschüren habe. Aber der genaue Wortlaut sei doch letztlich egal. An einem solchen Projekt seien doch letztlich immer viele beteiligt.

Jurek war entsetzt über diesen Brief von Dohrmann, der eigentlich ganz und gar nicht unfreundlich war. Er kopierte ihn und schickte ihn an gleich mehrere der Deutschen, mit denen er damals noch in Kontakt war. An eine deutsche Freundin schrieb er, dass »der Brief von Rudolf Dohrmann zwar freundlich klingelt, aber zusammengeklebt ist aus Halb- und Viertelwahrheiten«. Ich weiß das, weil diese Freundin zu den Menschen gehörte, die auf meinen Artikel reagierten. Sie hat mir eine Kopie von Jureks Brief geschickt.

Jurek schreibt in diesem Brief auch, dass es für Dohrmann offenbar gar keinen Unterschied mache, ob es einen Jerzy Hronowski gegeben habe oder nicht. Dass er als Mensch, als Persönlichkeit nicht wichtig sei für diesen Dohrmann.

Rudolf Dohrmann sagt zu alledem nur, dass Jureks Wut ihm leid getan habe, dass er sie aber nicht habe verstehen können und auch bis heute nicht verstehen könne.

Bevor er mich wieder zum Zug bringt, trinken wir noch zusammen mit Rita Tee und essen Butterkuchen. Die Dohrmanns erzählen Anekdoten aus der Zeit, in der sie »Dorfarbeit« gemacht haben in Indien: von der Schule, die sie dort aufgebaut haben, von der Nähwerkstatt und von der Arbeit mit sogenannten Kastenlosen, wobei Rudolf Dohrmann in die Luft ziemlich große Anführungszeichen malt, während er das Wort »Kastenlose« ausspricht.

»Also immer noch Thema Herrenmensch und Untermensch«, sage ich, und Rudolf Dohrmann lacht.

5 Der Rechtsstaat

Nach dem Besuch bei Rudolf Dohrmann denke ich viel darüber nach, wie aus Erinnerungen Geschichten werden und wie diese Geschichten sich verändern, wenn man sie immer und immer wieder erzählt. Nicht nur bei Jurek.

Die Geschichte von Jurek und dem Wodka auf dem Frankfurter Flughafen, die Dohrmann mir erzählt hat, beispielsweise. Kurze Zeit später wird sie mir noch einmal erzählt – von einem anderen Teilnehmer der Konferenz in Frankfurt, der mit Dohrmann seit Jahren keinen Kontakt mehr hat. Auch er erzählt die Geschichte sehr bildhaft und wunderbar lebendig, aber dieses Mal geht sie so: Die polnischen Konferenzteilnehmer werden vom Flughafen abgeholt, und alle stehen am Gepäckband, um ihre Koffer entgegenzunehmen. Das Band läuft an, und plötzlich riecht es in der ganzen Flughafenhalle gewaltig nach Schnaps. Dann kommt ein pitschnasser Koffer auf dem Gepäckband angefahren, den Jurek mit einem Grinsen vom Band nimmt. Später stellt sich heraus, dass drei der zwölf Flaschen Wodka, die Jurek illegalerweise in seinem Koffer hatte, geplatzt sind. Jurek sagt nur: »Jetzt ist wenigstens alles gut desinfiziert.«

Ich bin sicher, dass beide Anekdotenerzähler ihre Version der Wodkageschichte genau so vor dem inneren Auge sehen, wie sie sie erzählen. Dabei kann doch zumindest eine der beiden Versionen nicht wahr sein. Es gab nur eine Konferenz in Frankfurt, nur einen Jerzy Hronowski und aller Wahrscheinlichkeit nach transportierte der den Wodka nicht sowohl im Koffer als auch in einer Pappkiste unter dem Arm.

Fast vierzig Jahre lang haben die beiden Konferenzteilnehmer ihre Geschichte unabhängig voneinander erzählt und irgendwann in den Jahrzehnten des Erzählens verändert, vielleicht auch vermischt, mit anderen Erinnerungen, vielleicht sogar mit einer Szene aus einem Film. Ein altbekanntes Phänomen. Passiert wahrscheinlich uns allen.

Aber wie ist das mit Jureks Geschichten? Mit seinen dreißig Erinnerungen an Auschwitz? Der über Feliks Klecha zum Beispiel, den Mann, der das Sanatorium im Misthaufen gebaut haben soll? Hier erscheint es plötzlich viel gewichtiger, viel bedeutungsvoller, ob jede der Geschichten stimmt, ja, genau stimmt, denn Jurek ist hier für uns ja kein Anekdotenerzähler, sondern ein Zeitzeuge. Zeugen müssen die Wahrheit sagen und nichts als die Wahrheit – egal ob ihnen Gott dabei hilft oder nicht. Egal ob sie vor Gericht stehen oder vor einer Schulklasse.

Jurek hat Feliks Klecha nicht erfunden. Natürlich nicht. Ich finde den Namen in einer Liste aller Auschwitzhäftlinge des ersten Transports wieder. Nummer 669: Klecha, Feliks, 1921 geboren, 1940 ins KZ gebracht und genau wie Jurek im Dezember 1941 wieder aus Auschwitz entlassen.

Aber kann jemand in Jureks Situation sich wirklich immer an jedes Detail erinnern? Im KZ durfte er keine Notizen machen und keinen Kalender führen. Und als er befreit wurde, sprach er fast zwanzig Jahre lang kaum über diese Zeit, versuchte »ganz normal« zu leben, zu vergessen. Ich muss an Jurek denken, wie er damals auf dem braunen Sofa im Wohnzimmer meiner Eltern sagte: »Ein ehemaliger Häftling kann festhalten seine Erinnerung an fast nichts.«

Mehr als zwanzig Jahre, nachdem er befreit wurde, hat Jurek vor Gericht ausgesagt. Das war im März 1968, beim dritten Frankfurter Auschwitzprozess. Auf der Anklagebank saßen damals zwei besonders brutale Kapos: Bernhard Bonitz und Josef Windeck, genannt Jupp. Deutsche Kleinkriminelle, die als Funktionshäftlinge in Auschwitz zu Massenmördern geworden waren. Ich habe mit Jurek immer wieder über dieses Ereignis gesprochen.

– Jurek, warum fand dieser Prozess nicht früher statt?
– Weil die deutsche Seite doch hatte gar keine Beweise.
– Keine Beweise dafür, dass in Auschwitz gemordet wurde?
– Ja, weil meiste Beweise waren doch in Polen. Dort waren sie auch gesammelt von polnischen Behörden. Aber Polen war kommunistisch, und westdeutsche Demokraten konnten

doch nicht zusammenarbeiten mit bösen kommunistischen Behörden. So war die Logik damals. Weil die Bundesrepublik ein Rechtsstaat war und Polen nicht, sind ganze Mörder von Auschwitz in Westdeutschland gemütlich rumspaziert, bis in die Sechzigerjahre.

Um die Unterlagen des Prozesses einzusehen, muss ich nach Wiesbaden reisen. Dort, im Hessischen Hauptstaatsarchiv, lagern die Akten der Frankfurter Auschwitzprozesse. Vor dem Zugfenster ziehen kahle Rebstöcke vorbei. Ein grauer Morgen Ende November. Es ist schon neun Uhr, aber wegen des Nebels noch immer düster. Um diese Jahreszeit sollte man kein Buch über Auschwitz schreiben.

In Mainz muss ich umsteigen, und die S-Bahn lässt ziemlich lange auf sich warten. Ich ziehe meinen Schal bis über die Nase. Mit mir wartet eine Gruppe lärmender Kinder. Vorschulausflug, vermute ich. Zwei Erzieherinnen kreisen um ihre Herde wie Hirtenhunde. Ein kleiner Junge zieht ein Mädchen an den Haaren. Sie schubst ihn. Er heult los. Zwei andere Mädchen üben sich im Auf-einem-Bein-Hüpfen.

Es ist komisch, dazustehen und den Kindern zuzuschauen. Sie sind wahrscheinlich auf dem Weg zum Zoo, ins Kindertheater oder vielleicht auch in irgendein Dinosaurier-Museum. Ich bin auf dem Weg, um Jureks Aussage einzusehen. Eine Aussage, die verbunden ist mit einer Geschichte aus Auschwitz, die sich nun in meinen Kopf drängt. Ich gehe instinktiv ein paar Schritte weg von den Kindern. Ich will an diese Erzählung Jureks nicht denken, wenn Kinder in der Nähe sind, dabei fällt sie mir doch ein, weil Kinder in der Nähe sind.

Im Frühjahr 1944 gab es eine Zeit, da war der Block 27, auf dem ich Schreiber war, überhaupt nicht belegt, bis dann plötzlich an einem Tag über zweihundert Kinder in den Block geführt wurden. Niemand hatte mich vorher darüber informiert, dass mein Block wieder belegt werden sollte, noch dazu mit Kindern. Es waren ungarische Jungs, alle im Alter zwischen viereinhalb und zwölf Jahren und – Zwillinge.

Damals kamen Transporte mit Juden aus Ungarn ins Lager. Ununterbrochen. Die meisten wurden direkt geschickt ins Gas. Von einem Teil der Transporte sammelten die Ärzte und die Funktionäre, die Selektio-

nen an der Rampe gemacht haben, Zwillinge für pseudomedizinische Experimente zusammen. Das waren meine Zwillinge.
Die Kinder wurden mir einfach gebracht, und kurz danach kam ein SS-Offizier, er fragte mich nach der genauen Belegzahl des Blocks und nach dem Zustand der Kinder, und ich sagte, dass ein paar der Kinder ganz offensichtlich seien krank. Nicht gefährlich. Normale Kinderkrankheiten nur. Sofort wurde eine Blocksperre verhängt. Das heißt, die Kinder durften gar nicht mehr verlassen den Block.
Ich habe zuerst nicht gewusst, dass die Kinder von der SS für Experimente bestimmt sind, aber dann habe ich erfahren von meinen Kollegen, dass der Offizier der SS-Arzt Mengele ist. Dann haben wir uns schon so alles gedacht, weil wir doch wussten, dass Mengele im Auschwitz dafür da ist, brutale Experimente zu machen. Alte, erfahrene Häftlinge wussten das alle.
Zusammen mit meinen Kollegen habe ich dann beraten, wie man die Kinder beschützen kann. Und wir haben schnell gemerkt, dass Mengele sich sehr ärgert, wenn sie krank sind, weil er sie dann nicht nutzen kann, weil bei kranken Kindern die Ergebnisse von den Experimenten überhaupt nicht stimmen. Und so haben wir beschlossen, die Kinder immer wieder anzustecken mit den ganzen Kinderkrankheiten. Wenn ein Kind krank war mit Masern, dann haben wir es gelegt zwischen die gesunden Kinder, sodass fast alle Kinder ständig waren bisschen krank. Mengele konnte sie überhaupt nicht brauchen.
Ich muss sagen, dass ich bis Ende von der Zeit im Lager nie erfahren habe, was für Experimente das waren. Erst danach habe ich erfahren, dass Mengele die Kinder operiert hat ohne jede Betäubung und dass viele Kinder starben dabei. Aber uns ist gelungen mit diesem Trick, dass in der Zeit, in der ich zuständig war für den Block, kein Kind vom Mengele mitgenommen wurde. Zumindest ich erinnere nicht daran, dass die Kinder mitgenommen wurden für die Experimente.
Ich habe einen sehr guten Block gehabt. Die Kinder haben mich genannt »Papa Schreiber«, und ich musste sie nicht schlagen, denn ich habe mir überlegt ein ganzes System von den Regeln, wie ich Ordnung halten kann in dem Block ohne Schlagen, und zu meinem Assistenten habe ich gemacht einen 12-jährigen Jungen, der Ukrainisch gesprochen hat und auch Jiddisch, denn die Verständigung mit den Kindern war schwer, weil die meisten von ihnen doch nur konnten Jiddisch und Ungarisch. Aber mit meinem Assistenten konnte ich mich verständigen, weil Pol-

nisch und Ukrainisch ähnlich sind, und er hat alles übersetzt für die anderen Kinder.
Ich glaube, sie haben mich sehr gemocht, die Kinder. Ich habe auch versucht, zusätzliches Essen zu organisieren über meine Kontakte zu alten Kollegen aus dem ersten Transport, die jetzt arbeiteten in der Lagerküche. Keine Kapos durften rein in meinen Block. Ich habe versucht fernzuhalten all diese Kriminellen, die schlagen und morden. Solange ich dort war, konnte ich verhindern, dass Kinder getötet werden.
Es ist nur einmal etwas passiert, als Mengele kam, zur Visite, da hat er mitgebracht den Lagerkapo Jupp Windeck. Der rannte dann durch den Block und brüllte: »Ruhe! Stillgestanden!«, obwohl die Kinder doch gar nicht verstanden diese Befehle. Und ich habe meinem Assistenten ein Zeichen gemacht, dass er den anderen sagt, sie müssen ruhig sein und still liegen in ihren Buchsen. Aber ein kleiner Junge, ganz kleiner Junge – vielleicht viereinhalb –, hat nicht zugehört und immer weiter geredet mit seinem Nachbarn. Und Jupp wurde so wütend, dass er nahm eine große, schwere Porzellidschüssel, und die hat er geschmissen aus einem Meter Entfernung auf den Kopf vom Kind. Der Schädel des Jungen zersprang und sein Gehirn spritzte in alle Richtungen.

Ich konnte diese Geschichte nicht ertragen. Bis heute kann ich es nicht. Ich glaube, es war die schlimmste Geschichte, die Jurek erzählt hat. Ich bin sicher, dass Jurek wusste, wie unerträglich diese Geschichte ist. Er hat sie trotzdem erzählt, aber stets zusammen mit einer anderen Geschichte, der Geschichte über den Prozess in Frankfurt.

Für Jurek war der Prozess in gewisser Weise »das gute Ende« der Geschichte über das mit der Schüssel ermordete Kind. Jurek selbst musste 24 Jahre lang auf dieses »gute Ende« warten. Aber seinen Zuhörern hat er es immer direkt im Anschluss erzählt, in diesen Moment der Stille hinein, als alle im Raum wie erstarrt dasaßen und an den kleinen Jungen dachten, der nicht still sein wollte und deshalb erschlagen wurde.

»Der Zug kommt!«, brüllt eine Kinderstimme. Sie gehört zu dem Mädchen, das vorhin geschubst hat. Die Kinder plappern durcheinander. Es geht darum, wer neben wem sitzen darf. Alle wollen den Platz neben der molligen Erzieherin mit dem lila Schal.

Vielleicht hat er auch so etwas diskutiert, der kleine Junge, wer in der Buchse neben wem liegt.

Ich steige an einer anderen Tür ein als die Kinder und suche mir ein ruhiges Abteil. Zur Vorbereitung auf den heutigen Tag habe ich auf den Bändern die Stellen herausgesucht, an denen Jurek über den Auschwitzprozess erzählt. In den Neunzigerjahren gehörte die Geschichte des Prozesses fest zu Jureks Repertoire. Er sprach auch mit meinem Vater darüber:

– Irgendwann gab es in Deutschland paar Juristen, vor allem so ein Staatsanwalt, der hat angefangen mit ganzen Auschwitzprozessen. Erst gegen Hauptverbrecher, gegen SS-Leute und so weiter, später gegen Kapos. Und dann ist er gestorben. Es heißt, er hat sich umgebracht, weil fast alle Deutschen gegen das waren, was er da mit den Prozessen gemacht hat. Die wollten überhaupt nicht wissen von solche Verbrechen.
– Du meinst Fritz Bauer?
– Ja. Guter Mann. Er hat beschlossen zu arbeiten, auch mit polnischen Behörden, und hat angefordert Zeugen in Polen. Ehemalige Häftlinge vor allem.
– Und du warst einer dieser Zeugen?
– Ja.

Jurek erzählte, dass die polnischen Behörden ihn und die anderen Zeugen überhaupt nicht auf das vorbereitet hätten, was sie in Deutschland erwartete. Man habe ihm nicht einmal gesagt, worum genau es in dem Prozess gehen werde und welcher Verbrechen man die beiden Kapos genau angeklagt habe. »Ich bin naiv ins Blau gefahren«, sagt Jurek auf den Bändern, und man hört ihm an, dass er sich hinterher über diese Naivität geärgert hat. Jurek vermutete, dass die polnischen Behörden keine Informationen herausgaben, weil sie sicherstellen wollten, dass die deutsche Seite ihnen nachher nicht vorwirft, sie hätten die Zeugen beeinflusst.

Jurek fuhr mit dem Zug nach Frankfurt am Main. Er war in einem guten Hotel untergebracht. Er sagte, dass er am Abend vor dem Prozess in feierlicher Stimmung gewesen sei – es würde Gerechtigkeit geben, wenigstens ein bisschen. Am Morgen, als er zum Gericht fuhr, als er in dem Korridor darauf wartete, ausgerufen zu werden, und als er dann den Verhandlungssaal betrat, da war ihm nicht mehr feierlich zumute. Jurek war nervös. Er war noch nie zuvor in einem Gerichtssaal gewesen. Der Richter wies ihm den Platz im Zeugenstand zu. Jurek saß dort allein, und nur ein paar Meter entfernt sah er die beiden Angeklagten sitzen, umringt von Anwälten.

Jurek erkannte Jupp Windeck, über den er aussagen sollte, sofort wieder. Er hatte immer noch dieselben glasig wirkenden Augen. In Auschwitz hatte Jurek Windeck oft gesehen. Als Windeck dort Lagerkapo war, war Jurek Blockschreiber.

Jurek begann nun dem Gericht von Auschwitz zu berichten. Er sagte aus, dass er über Jupp Windeck wisse, dass er als Lagerkapo von Auschwitz täglich Menschen ermordet habe. Oft völlig grundlos oder deshalb, weil diese Menschen wegen der weit verbreiteten Durchfallerkrankungen mehr als einmal am Tag auf der Latrine gewesen waren. Windeck habe das als »Sabotage« bezeichnet.

Jurek sagte aus, dass niemand Windeck gezwungen habe, derart grausam zu sein. Andere Kapos seien längst nicht so grausam gewesen. Das Gericht fragte Jurek, ob er denn selbst Zeuge dieser Morde gewesen sei, und Jurek sagte, dass er mehrere der Morde selbst gesehen habe und noch von viel mehr Morden gehört habe. Jeder im Lager habe gewusst, dass man sich vor Windeck in Acht nehmen musste, er habe auch sehr oft und sehr grausam geschlagen.

Das Gericht sagte, es gehe hier ausschließlich um Mord. Alles andere sei verjährt. Die Richter wollten die Namen der Opfer wissen. Den genauen Ort der Morde. Den genauen Tathergang. Am besten ein Datum. Namen weiterer Zeugen.

Jurek sagt auf den Bändern, er habe in diesem Moment erst gemerkt, wie verschwommen seine eigene Erinnerung ist. Was wusste er aus Büchern, was aus der eigenen Erinnerung? Er bekam große Angst, etwas Falsches zu sagen. Die Ereignisse lagen ja schon fast 25 Jahre zurück, und dass ein Kapo einen Häftling erschlägt, war in Auschwitz nichts Besonderes. Man hatte sich das Datum nicht gemerkt, ja, gar nicht merken können.

Aber nun stand er als Zeuge vor Gericht. Er hatte versprochen, die Wahrheit zu sagen und nichts als die Wahrheit, und wusste plötzlich selbst nicht mehr so genau, was die Wahrheit ist. »Ich habe dann gesagt, dass ich nur sagen kann, dass es grausam war und dass die schlimmste Verhältnisse wurden im Auschwitz aufgebaut, mithilfe von Leuten wie Windeck, damit die Häftlinge am meisten dulden, ehe sie getötet werden«, erzählt Jurek.

Jurek sagt, dass die vier Anwälte der Angeklagten ihn daraufhin regelrecht anbrüllten. Was er erzähle, seien keine Fakten. Er erzähle Auschwitzprosa. Er solle nun bitte endlich zu den Fakten kommen.

Jurek sagte, dass sein Kopf angesichts dieses deutschen Gebrülls ganz leer wurde. Er war sicher, dass die Anwälte sich so aufführten, um ihn einzuschüchtern, um ihn zu verunsichern, um dafür zu sorgen, dass er sich in Widersprüche verwickelte, dass er Details aussagte, an die er sich eigentlich nicht genau genug erinnern konnte. Und dass sie ihm das dann nachweisen würden. Dadurch würde dann seine ganze Aussage, seine ganze Geschichte wertlos. Jurek sagt, er habe sich richtig bedroht gefühlt von diesen Anwälten.

Schließlich wandte sich Jurek an den Richter. »Ich habe gesagt, dass ich das Gericht dringend darum bitte, mich unter Schutz zu nehmen gegen solchen Ton, weil ich seit Auschwitz sehr nervös bin, krank die ganze Zeit, und nicht in der Lage, eine sachliche Aussage zu machen, wenn man mich so anschreit, und dass ich außerdem bitte um eine Pause, um wieder aufzubauen Ordnung, innerlich.«

Das Gericht habe daraufhin eine Pause von zehn Minuten angesetzt. Fast alle seien während dieser Pause im Saal geblieben, nur ein paar Zuschauer, er und Windeck seien hinausgegangen, auf den Korridor.

Dieser Windeck habe sich völlig frei bewegen können. Obwohl er des mehr als hundertfachen Mordes angeklagt war, war Windeck nicht in Untersuchungshaft genommen worden und trug auch keine Handschellen. Wegen einer Krankheit hatte ihm das Gericht für die Zeit des Prozesses Haftverschonung gewährt.

Windeck spazierte also in der Prozesspause rauchend auf dem Korridor auf und ab. Auch Jurek rauchte und ging dabei auf und ab. In der Mitte des Flurs trafen sie sich jedes Mal. Windeck sah Jurek dabei völlig unverwandt an. »Er hat ironisch auf mich geschaut mit solchem leichten Grinsen und war absolut sicher, dass ihm nichts passiert. Und das hat mich sehr geärgert – diese provokatorischen Blicke.«

Jurek ging zurück in den Gerichtssaal, setzte sich in eine Ecke und überlegte. Was war das mit Windeck auf diesem Kinderblock? Jurek konnte sich nicht mehr erinnern, sein Gedächtnis hatte die grausame Szene verdrängt, aber er wusste noch, dass da etwas war. Jurek verfluchte seinen eigenen Kopf, sein Gedächtnis. So viele Jahre hatte er versucht zu vergessen, zumindest die schlimmsten Grausamkeiten, aber sie hatten sich immer wieder in seinen Kopf gedrängt. Nun wollte er sich erinnern, musste er sich erinnern, an jedes Detail, aber auf einmal war alles verschwunden. Nur das Allgemeine war geblieben. Keine Details. Und Jurek war sicher, dass es all seinen Kollegen, den anderen ehemaligen Häftlingen, genauso gehen würde, und er fürchtete, dass Windeck deshalb am Ende überhaupt nicht zur Rechenschaft gezogen würde.

Die zehn Minuten Prozesspause waren bald um, die Richter kamen wieder in den Saal, alle erhoben sich, die Gespräche verstummten. Und da, plötzlich, erzählte Jurek, habe er diese Szene wieder vor Augen gehabt. Ganz genau. Bild für Bild. Wie Mengele und Windeck in den Block kommen. Wie Windeck brüllt, wie alle still werden, nur der eine kleine ungarische Junge nicht aufhört, mit seinem Nachbarn zu quatschen, und wie Windeck die große, schwere Schüssel wirft, direkt auf den Kopf des kleinen Jungen. Und wie der Junge mit aufgeplatztem Schädel daliegt. Jurek sagt auf den Bändern, er habe all das dem Gericht geschildert. Ganz plastisch. Genauso, wie es ihm nun wieder vor das innere Auge trat. Jurek hatte bis dahin nie mehr an diese Szene gedacht. Hatte noch nie von ihr erzählt, aber plötzlich war sie wieder da.

Einer der Richter habe nachgefragt. Er erkundigte sich nach dem Gewicht der Schüssel und ob Windeck denn keinen leichteren Gegenstand hätte werfen können, wenn es ihm doch darum gegangen sei, für Ruhe zu sorgen. Eine Blechschüssel zum Beispiel wäre leichter gewesen. Solche Details waren wichtig, damals vor Gericht, denn es ging ja darum, Windeck des Mordes zu überführen. Nur wenn Windeck aus niedrigen Motiven gehandelt hatte und vorsätzlich, war das Mord. Jurek wurde auch gefragt, wie der kleine Junge ausgesehen habe und ob er selbst überprüft habe, ob der Junge wirklich tot war. Jurek antwortete.

Wenn Jurek von dem Prozess erzählte, dann spürte man immer, wie stolz er war, dass er all diese Fragen beantworten konnte. Dass sein Gedächtnis ihn im entscheidenden Moment nicht im Stich ließ, dass er sich an jedes Detail erinnerte, bis das Gericht keine Fragen mehr hatte und auch die Verteidiger nicht, die gemerkt hatten, dass sie Jurek nicht aus der Ruhe bringen konnten.

»Windeck wurde verurteilt zu lebenslänglich.« Mit diesem Satz beendete Jurek die Erzählung über den Prozess immer. Das war das gute Ende der schrecklichen Geschichte. Der Tod des kleinen Jungen war nicht völlig sinnlos, denn er sorgte dafür, dass ein Massenmörder hinter Gitter kam, der sonst nicht hätte verurteilt werden können. Und ich glaube, nur deshalb, wegen dieses Endes, war die Geschichte in Jureks Repertoire geblieben, denn sonst hat er doch eigentlich nur Geschichten erzählt, die einen Funken Hoffnung enthalten.

Trotzdem: Für mich hatte die Erzählung über den Prozess, die ich sehr oft gehört habe, immer etwas Beklemmendes, ganz einfach, weil sie erahnen ließ, dass hinter den Geschichten, die Jurek über Auschwitz normalerweise erzählte, eine noch viel grausamere Wahrheit verborgen war. Eine Wahrheit, die Jurek weitgehend verdrängt hatte – wahrscheinlich verdrängen musste, um überhaupt weiterleben zu können. Wie viele solche Morde wird Jurek wohl gesehen haben, wenn ihm ein so grausamer Mord an einem Kind nicht für alle Zeit im Gedächtnis blieb? Das heißt, eigentlich war ihm die Geschichte ja im Gedächtnis geblieben, aber eben irgendwo tief vergraben im Unterbewusstsein. Wie viele solcher Geschichten lauerten dort noch? Und kamen sie manchmal hervor? Im Schlaf zum Beispiel oder im Fieber? Oder auch einfach nur, wenn er eine schwere alte Porzellanschüssel sah?

Am Bahnhof von Wiesbaden nehme ich ein Taxi. Ich war noch nie in der Stadt und staune über all die schmucken Villen, die die Straßen säumen. Das Taxi hält vor einem klobigen braunen Bau aus den Achtzigerjahren. Zwischen den Villen ringsum sieht das hessische Hauptstaatsarchiv aus wie ein von Außerirdischen zurückgelassenes Ufo.

Der Mitarbeiter, der für die Auschwitzakten zuständig ist, kommt herunter, als ich mich an der Pforte melde. Wir hatten telefoniert. Er sieht genauso aus, wie man sich einen Archivar vorstellt: ein dünner Mann mit einer kleinen runden Brille, klugen Augen und einer leicht gebeugten Haltung. Ich fülle einige Formulare aus, und dann gibt er mir eine Nummer, die ich an einem Computer eingeben muss, damit mir die Akten des Auschwitzprozesses aus dem Lagerraum gebracht werden. »Sehen Sie, hier sind Sie auch nur eine Nummer, Frau Bader«, sagt er und lacht. Ich bin sicher, dass er diesen Witz schon sehr oft gemacht hat. »Viel Spaß«, sagt der Archivar dann noch und lässt mich allein im Lesesaal zurück.

Die Wände sind mit dunklem Holz getäfelt, die Fenster sind riesig, doch die Jalousien davor sind auch an einem so trüben Tag wie heute fast ganz heruntergelassen. Zu viel Tageslicht würde den Akten wohl schaden. Hinter einem Tresen sitzt ein alter Mann, der vor sich hindöst. In einer Ecke beugt sich ein anderer alter Mann über eine offenbar noch viel ältere Akte. Handschriftliches, wahrscheinlich aus dem 19. Jahrhundert. Sonst ist der Lesesaal leer.

Meine Akten werden auf einem großen Wagen gebracht. Ein ganzer Berg ist es. Schon ziemlich vergilbt und offenbar viele Male gelesen.

In der Akte steht, dass Windeck des Mordes in 110 Fällen angeklagt war – und das waren nur die Morde, auf die es irgendwelche konkreten Hinweise gab, irgendwelche Zeugen, die noch lebten und ausgesagt hatten. Für die meisten Morde in Auschwitz gab es keine Zeugen mehr.

»Öffentliche Sitzung des Schwurgerichts. Fortsetzung der Strafsache (53. Verhandlungstag) gegen Josef Windeck wegen Mordes. Der Protokollführer hat nicht gewechselt. Der Zeuge Hronowski wurde aufgerufen, und nachdem er erklärte, dass er der deutschen Sprache mächtig sei, gemäß §57 Strafprozessordnung belehrt. Die Dolmetscherin blieb jedoch anwesend.«

Mir fällt wieder ein, dass Jurek mir davon erzählt hat – wie er in Frankfurt vor Gericht zuallererst die Dolmetscherin wegschickte. Er hatte Angst, dass sie seine Aussage verfälschen, irgendetwas nicht exakt so übersetzen könnte, wie er es gemeint hatte. Typisch Jurek. Er sprach lieber selbst.

Der Wortlaut der Fragen, die Jurek gestellt wurden, wurde nicht in dem Protokoll vermerkt. Man kann sie nur aus Jureks Antworten rekonstruieren.

– …?

– Ja, ich erkenne Windeck wieder. An seiner Statur, seinen Augen. Er hat sehr geschlagen. Hat alles getan, um der SS zu stellen in Beweis, dass er sehr interessiert ist an seiner Arbeit als Kapo. Er schlug nicht mit Hand, sondern mit einem Stock.

– …?

– Schwer sagbar, wie der Stock aussah. Es waren verschiedene Stöcke. Man schlug uns damals mit allem: Ketten, Stöcke, Schaufeln. Auch mit Ziegelsteinen. Ich kann aber sagen, dass Windeck oft mit Stock gelaufen ist übers ganze Lager.

– …?

– Namen von Häftlingen, welche Windeck vermalträtiert hat, kann ich leider nicht mehr nennen. Windeck hat sehr viele geschlagen. Vor allem Schwache. Muselmänner, die schon am Verhungern waren und sich gar nicht wehren konnten.

– …?

– Nein, ich habe nicht gehört, dass Windeck von den Häftlingen gefrotzelt wurde. Oder irgendwie gehänselt. Vielleicht gab es andere Kapos, die ihn frotzelten. Die Häftlinge bestimmt nicht. Häftlinge haben keine Kapos gefrotzelt.

– …?

– Es gibt eine Szene, die ist ein Beispiel für Verhalten von Windeck. Er hat Häftlinge aus der Strafkompanie in zwei Reihen gestellt. Gegenüber. Kapos und SS-Leute haben dann die Leute geschlagen und gezwungen einen Ziegelstein zu nehmen und den Häftling gegenüber damit zu schlagen, und wenn nicht nach bisschen Zeit einer tot war, hat man beide tot gemacht. So war Prinzip von Auschwitz. Windeck hat sehr gut verstanden, dieses Prinzip.

– …?

– Nein, ich kann nicht erinnern, ob Windeck bei der Sache mit Steinen auch selbst einen Häftling totgeschlagen hat. Bestimmt.

Es gab sehr viele Tote. Mindestens Hälfte von Häftlingen. Es war Idee von Windeck.

– …?

– Ich habe gehört, dass es die Idee von Windeck war.

– …?

– Nein, ich weiß nicht mehr, von wem ich das gehört habe. Man hat so gesagt, im Lager.

– …?

– Ja, ich habe die Szene gesehen. Ich bin vorbeigegangen.

– …?

– Nein, ich bin nicht geblieben. Ich bin schnell weggegangen, weil ich doch gesehen habe, dass da totgeschlagen wird.

– …?

– Nein, ich habe nicht selbst überprüft, ob die Häftlinge wirklich tot waren.

Während man das Protokoll liest, spürt man, wie Jurek durch die Fragen in die Enge getrieben wird. Wie er immer unsicherer wird und seine Antworten immer kürzer.

Die Frage, ob Windeck gehänselt wurde von den Häftlingen, kommt mir komisch vor. Das klingt so nach Schulhof. X hat Y geschlagen, aber Y hat X vorher gehänselt. Deshalb muss man X irgendwie verstehen.

Eine Stunde lang, von 9.25 bis 10.30 Uhr, stand Jurek im Zeugenstand. So vermerkt es die Protokollführerin. Dann, von 10.30 bis 10.40 Uhr, ist eine Sitzungspause vermerkt. Die Pause, von der Jurek immer gesprochen hat. Es gab sie wirklich. Im Protokoll steht aber, dass diese Pause auf Verlangen des Angeklagten Windecks hin stattfand, also nicht auf Jureks Wunsch hin.

Es steht auch nichts darüber im Protokoll, dass Jurek das Gericht aufforderte, ihn »unter Schutz« zu nehmen. Vielleicht wurde so etwas nicht protokolliert, weil es mit der eigentlichen Beweisaufnahme nichts zu tun hatte. Vielleicht war es aber auch gar nicht so, wie Jurek es später erzählte. Wenn man die Akte liest, dann kann man sich vorstellen, dass Jurek zu diesem Zeitpunkt schon viel zu eingeschüchtert war, um eine Pause zu beantragen. Oder Schutz einzufordern. Oder sich irgendwie gegen diese Behandlung zu wehren, die ihm ungerecht erscheinen musste.

Dass während der Pause eine Veränderung in Jurek vorging, merkt man auch am Protokoll. Als der Prozess fortgesetzt wird, sind Jureks Antworten ausführlicher und präziser als vor der Pause. Er muss sich geordnet haben. Wieder gefangen. Jurek spricht darüber, wie Windeck die Schüssel auf den jüdischen Jungen geworfen hat, und er beantwortet Nachfragen:

- Es waren sehr schwere, saubere, weiße Schüsseln. Sie gehörten zur Ausrüstung von Block 27, wo ich Schreiber war. Sie wogen über 1 kg.
- ...?
- Ja, es gab auch Blechschüsseln. Die waren nicht so schwer. Die Ausstattung war nicht einheitlich. Aber in diesem Block gab es beides.
- ...?
- Den Fall mit der Schüssel habe ich deshalb so gut erinnert, weil es der erste solche Fall war. Die Schüssel wurde manchmal geschmissen, aber das war einziger Fall, wo ein Schädel zerbrach.
- ...?
- Was da spritzte, war nicht Blut. Es war Gehirn. Es war grau. Hell.

Und dann, auf der übernächsten Seite des Protokolls, sagt Jurek noch: »Die Kinder waren mehrere Tage im Block eingesperrt und konnten deshalb nicht ruhig sitzen. Es wurden mehrfach einige erschlagen, um für einige Stunden Ruhe herzustellen.«

Ich lege die Akte beiseite und bitte die Aufsicht, ein Auge darauf zu haben. Ich muss an die frische Luft.

Vor dem Ufo-Archiv gehe ich im Nieselregen auf und ab. Ich würde jetzt gerne einfach weggehen. Nicht zurück in dieses Archiv. Heimfahren. Ins Kino gehen. Schwimmen. Irgendetwas tun, was mir hilft, nicht mehr an die toten Kinder zu denken. »Es wurden mehrfach einige Kinder erschlagen, um für einige Stunden Ruhe herzustellen.«

Später hat Jurek das anders erzählt. Später hat er erzählt, dass er, solange er auf dem Kinderblock war, verhindern konnte, dass Kinder getötet werden. Nur den Tod dieses einen Jungen, über den er beim Prozess ausgesagt hat, habe er nicht verhindern können. Aber das war natürlich nicht so. Jurek konnte die Morde an den Kindern nicht verhindern. Es wurden mehrfach einige erschlagen. Der kleine Junge war einer von vielen. Leute wie Windeck spazierten auf den Block und erschlugen dort Kinder. Mehrfach.

Warum hat Jurek das, als ich ihn kennenlernte, nicht mehr so erzählt? Um die Geschichte für seine Zuhörer erträglicher zu machen? Um die Erinnerung selbst besser ertragen zu können? Ich muss das herausfinden. Ich muss herausfinden, wann, wie und warum Jurek seine Geschichten verändert hat – so lange, bis irgendwann nur noch dreißig Geschichten übrig waren, die alle irgendwie gut ausgingen. Ich sollte versuchen, alte Aufzeichnungen von Jureks Erzählungen zu finden.

Aber zuerst muss ich wieder zurück in dieses Archiv und das Urteil lesen. Jurek hat immer erzählt, dass Windeck vor allem dank seiner Aussage verurteilt werden konnte, aber ich habe recherchiert über den Auschwitzprozess und keinen Hinweis darauf gefunden, dass das wirklich so war.

Ich atme tief ein und gehe hinein.

»14. 6. 1968. Im Namen des Volkes: Der Angeklagte Josef Windeck wird unter Einstellung des Verfahrens in 105 Fällen und unter Freisprechung im Übrigen wegen Mordes in zwei Fällen und versuchten Mordes in 3 Fällen zu einer Gesamtstrafe von 15 Jahren Zuchthaus verurteilt.« Nur zwei der 110 Morde, auf die es deutliche Hinweise gab, konnten Windeck wirklich nachgewiesen werden.

Ich lese die Urteilsbegründung. Ich lese sie von vorne bis hinten, und ich lese sie dann noch einmal. Jureks Aussage über den kleinen Jungen und die Schüssel taucht darin überhaupt nicht auf. Nirgends. Nicht mit einem Wort. Die Morde, die als »wirklich nachgewiesen« galten, waren ganz andere Fälle. Nur an einer Stelle steht, dass die von einem Zeugen geschilderten Zustände im Lager bestätigt worden seien, durch glaubhafte Aussagen von einer ganzen Reihe von anderen Zeugen. Es folgt eine Liste von 22 Namen, und irgendwo steht auch Hronowski. Das war das Einzige an Jureks Aussage, was zur Verurteilung Windecks beitrug. Die Beweise für den Mord an dem kleinen Jungen waren dem Gericht nicht schwerwiegend genug.

Ich lese weiter in der Akte, weil ich herausfinden will, warum.

Das Gericht prüfte alle Aussagen penibel. Der Zeuge musste nicht nur gesehen haben, wie jemand erschlagen wird, er musste sich auch vergewissert haben, dass das Opfer anschließend wirklich tot war. Die Zeugen mussten auch ausschließen können, dass noch jemand anders hinzukam und bei der Tötung half. Die Aussagen von Zeugen, die vor Vollendung der Tat weggerannt waren, galten deshalb als unbrauchbar. Zeugen, die nicht wegrannten, wurden hingegen von den Rechtsanwälten gefragt, warum sie nicht weggerannt seien in einer so gefährlichen Situation und ob sie vielleicht gar zusammengearbeitet hätten mit den Kapos.

Zeugen, die wie Jurek in Polen in Organisationen ehemaliger Häftlinge organisiert waren, galten für das Gericht per se als wenig glaubwürdig. Über Erinnerungen zu reden, verfälsche diese, bestätigte ein psychologischer Gutachter dem Gericht. Auch Zeugen, die Hass auf die Deutschen in sich zu tragen schienen, galten als nicht glaubwürdig. Hass verfälscht Erinnerungen, auch das hatte ein Gutachter bestätigt.

Das ist natürlich alles richtig, bestimmt juristisch korrekt – aber eben auch unerträglich viel verlangt. Wie soll man nicht hassen? Wie soll man nie darüber sprechen, aber sich dann plötzlich vor Gericht an jedes Detail erinnern? Nach fast 25 Jahren? Wie soll das gehen?

Ich durchsuche die Akten nach Aussagen, die erklären, warum der von Jurek geschilderte Mord an dem kleinen Jungen nicht berücksichtigt wurde. Jurek hatte die Leiche doch selbst gesehen. Er war doch von Anfang bis Ende dabei gewesen. Er hatte doch gesehen, dass der Junge von Windeck allein, mit dieser Schüssel, ermordet wurde. Und wenn das Hirn aus dem Schädel spritzte, dann war der Junge doch mit Sicherheit tot.

Ich finde zwei Hinweise darauf, warum diese Aussage Jureks als nicht glaubwürdig genug eingestuft wurde: Zum einen gab Dr. Sauer, einer der Anwälte von Josef Windeck, zu Protokoll, dass er anzweifele, dass Jurek wirklich genug Deutsch könne, um sich unmissverständlich auszudrücken. Jurek habe wiederholt Wörter anders benutzt, als sie im Deutschen üblicherweise benutzt würden. Wie könne man da sicher sein, dass Jurek nicht auch unter für die Aussage zentralen Begriffen etwas anderes verstehe als üblich?

Außerdem fragte der Richter andere Zeugen nach der Existenz dieser Schüsseln, über die Jurek gesprochen hatte. Kein anderer ehemaliger Häftling konnte sich an solche Porzellanschüsseln erinnern, nur an viel leichtere Blechschüsseln. Offensichtlich beschloss das Gericht, dass es keine Beweise dafür gab, dass solche Schüsseln im KZ wirklich existiert hatten.

Im Zweifel immer für den Angeklagten. Nur so funktioniert ein Rechtsstaat. Ich weiß das. Es ist richtig so. Das bringe ich auch meinen Studenten im Grundkurs »Politische Systeme« bei. Wir reden dort darüber, was für eine großartige Erfindung so ein Rechtsstaat ist, weil er auch den Verdächtigten, ja, sogar den Schuldigen Schutz gewährt. Aber während ich die Akte lese, macht mich genau diese Tatsache wütend. Helfen, wenn es um ein Verbrechen wie Auschwitz geht, normale rechtsstaatliche Mittel überhaupt weiter? Aber was hätte denn sonst weitergeholfen? Schauprozesse? Rache? Selbstjustiz?

Wahrscheinlich waren diese Prozesse der einzig gangbare Weg. Das Gericht musste versuchen, ein oder zwei Morde wirklich zweifelsfrei nachzuweisen, damit das Urteil rechtskräftig werden konnte. Für Mord kann die Höchststrafe verhängt werden – egal ob es um tausend Morde geht, hundert oder nur um einen einzigen.

Es ist schwer zu erklären, warum es mich trotzdem so wütend macht, dass die Geschichte von dem kleinen ungarischen Jungen nicht in Windecks Urteil auftaucht. Ich will nicht, dass ausgerechnet dieser Tod ungesühnt bleibt.

Außerdem hätte ich es Jurek gegönnt, dass er wirklich der Held dieses Prozesses war. Ein Mensch, der in die Enge gedrängt wird und sich dann schließlich, durch seine enorme Willenskraft, doch noch zu helfen weiß. Das war es, wie Jurek sich selbst gerne gesehen hat. Das war es, was er über sich selbst erzählt hat. Aber es ist eben nicht die ganze Wahrheit. In den Akten ist Jurek nicht der Held dieses Prozesses, der den Grund für Windecks Verurteilung liefert.

Trotzdem hoffe ich, dass Jurek sie sich schließlich selbst geglaubt hat, die Geschichte über den Prozess, so wie er sie erzählt hat. Und ich hoffe, dass er eines nie erfahren hat: Josef Windeck, im Lager genannt Jupp, war nur ein Jahr lang im Gefängnis.

Am 14. 6. 1968 wurde er zu 15 Jahren Haft verurteilt. Aber im Juni 1969 ließ man ihn wieder frei. Es hieß, er sei sterbenskrank. Zu krank, um in Haft zu sein. Er starb im Juli 1977.

Was aus meinen Kindern geworden ist, weiß ich nicht. Eines Tages wurden wir alle verlegt. Die Kinder kamen von dort ins sogenannte Zigeunerlager, ich wurde zurück ins D-Lager geschickt. Manchmal standen sie noch am Zaun und riefen mich: »Papa Schreiber!« Sie waren hungrig und wollten, dass ich ihnen helfe. Ich konnte nicht. Als Auschwitz 1945 befreit wurde, sind auch paar Kinder befreit worden. Zwillinge. Als ich das später gehört habe, habe ich gleich gehofft, dass auch paar von meinen Kindern dabei waren. Aber ich weiß es nicht. Ich habe keines von den Kindern wiedergetroffen.

Ich schlafe sehr schlecht in dieser Nacht im Hotel in Wiesbaden, und ich bin sehr froh, als ich am nächsten Nachmittag heimkomme in meine Münchner Wohnung.

Endlich mal wieder ein Sonnentag. Eine fahle Wintersonne, aber Sonne. Ich stelle meinen Koffer mit den Kopien der Auschwitzakten ins Arbeitszimmer und setze mich in der WG-Küche aufs Fensterbrett. Ich trinke Milchkaffee, höre Musik und schaue auf die Straße hinunter. Eine ruhige Wohnstraße ist es. Ein alter Mann läuft mit seinem Rollator die Straße entlang. Ich sehe ihn manchmal. Er wohnt im Haus gegenüber. Zum ersten Mal frage ich mich, was er wohl im Krieg gemacht hat. Wo er war. Wie er dachte. Was er tat.

Ich denke auch noch einmal an Josef Windeck. Und während ich so auf dem Fensterbrett sitze und auf die Straße hinunterschaue, wünsche ich mir, dass Windeck wenigstens noch einmal von dem kleinen Jungen geträumt hat, den er mit der Schüssel erschlagen hat, und dass er schweißgebadet aufgewacht ist. Mehr Gerechtigkeit hat es wohl nicht gegeben.

6 Umweg zum Paradies

Das menschliche Gedächtnis ähnelt einem alten Schrank mit sehr vielen Geheimfächern. Oft glaubt man, zu einem Fach den Schlüssel verloren zu haben, und dann, plötzlich, an völlig unerwarteter Stelle, taucht der Schlüssel wieder auf, das Fach öffnet sich, und heraus purzeln längst verloren geglaubte Erinnerungen. Dieses Mal passiert es mitten in der Nacht. Ich wache auf, mit einem Namen im Kopf: Renate.

Auf den Bändern erwähnt Jurek sie nicht, aber sonst sprach er sehr oft von ihr. So liebevoll wie von kaum einem Menschen. »Diese junge Frau«, so nannte er sie dabei oft. »Diese junge Frau stammt aus einer alten Adelsfamilie«, sagte er einmal. Und auch: »Diese junge Frau hat sich, als ich krank war, auf den Weg gemacht und mich besucht.« Wie konnte ich sie nur vergessen! Dabei habe ich Renate vor vielen Jahren sogar schon einmal getroffen, wenn auch nur ganz kurz.

Sie hat mir in Jureks Auftrag ein Teeservice vorbeigebracht – es muss kurz vor meinem Abitur gewesen sein. Es ist handbemalt mit Wiesenblumen, jedes Tellerchen und jedes Tässchen mit einer anderen Blumensorte: Löwenzahn und Wiesensalbei, Sumpfdotterblumen und Hahnenfuß. Jurek erzählte mir, dass es aus den Bergen Südpolens stammt, die er so sehr liebte. Vielleicht ist dieses Teeservice das einzige »materielle Erbe« Jureks, das nicht dem Entrümpelungsdienst zum Opfer gefallen ist.

Mir fällt ein, dass er es damals zur Hälfte mir geschenkt hat und zur anderen Hälfte Renate. Ja, Renate, so hieß sie ganz bestimmt, und ich weiß auch noch, dass sie braune Augen hatte – keine Ahnung, warum mir ausgerechnet dieses Detail im Gedächtnis blieb. Sie war mit einem Italiener verheiratet. Sie und ihr Mann machten damals auf ihrer Reise nach Italien Rast im Haus meiner Eltern, um mir das Service zu bringen.

Ich durchsuche meine alten Adressbücher und stoße tatsächlich auf eine Renate Gobbato, wohnhaft in Wolfsburg. Das muss sie sein.

– Ja, ich erinnere mich. Ich habe auch Ihren Artikel in der *Süddeutschen* über Jurek gelesen. Ich habe ihn aufbewahrt. Ich habe alles aufbewahrt, was mit Jurek zu tun hat.
– Sie haben ihn gut gekannt?
– Er war einer der wichtigsten Menschen in meinem Leben.

Renate Gobbato sagt am Telefon, dass sie in Wolfsburg-Detmerode in der Burg wohne und ich jederzeit vorbeikommen könne – sie sei ja seit zwei Jahren in Rente. »Diese junge Frau« ist also um die 65 Jahre alt. In meiner Vorstellung war sie viel jünger. Wahrscheinlich deshalb, weil sie in Jureks Erzählungen immer ein junger Mensch war, der sich gerade in die Welt hinauswagt und der dabei unterstützt und ein bisschen beschützt werden muss.

Der Bus hält bei einer Plattenbausiedlung aus leicht ergrauten Siebzigerjahre-Bauten, die sich um einen kleinen Park gruppieren. Ich überprüfe auf meinem Notizblock noch einmal, ob das wirklich die richtige Haltestelle ist, denn eine Burg sehe ich weit und breit nicht. Aber die Adresse stimmt. Später erfahre ich, dass diese Arbeitersiedlung »Burg« heißt, weil es zwischen den Blocks einen grünen Innenhof gibt – wie in einer Burg eben.

Wenn Hitler Polen nicht angegriffen hätte, hätte Renate Gobbato ihr Leben wahrscheinlich in einer richtigen Burg verbracht, denn ihre Familie ist jahrhundertelang in Burgen, Rittersitzen und Landgütern in Pommern daheim gewesen. Noch als ihre Mutter mit Renate schwanger war, lebte die Familie in einem prächtigen Gutshaus namens Paraschin in Ostpommern, das seit Generationen in Familienbesitz war – mit großem Empfangsraum und reich geschmückter Rokokofassade. Heute liegt dieses Rittergut jenseits der polnisch-deutschen Grenze, und so wohnt Renate Gobbato, geborene von Tyszka, mit ihrem Mann in diesem Wolfsburger Wohnblock.

Zierlich ist sie, und die braunen Haare trägt sie ganz kurz. Als Renate die Tür öffnet, weiß ich sofort, warum es ihre Augen waren, die mir im Gedächtnis geblieben sind, und auch, warum sie in meinem Kopf und in Jureks Geschichten immerzu eine »junge Frau« war: Renates Augen sind wirklich braun – ein warmes, helles Braun. Und obwohl sie von einer Menge freundlicher Falten umrahmt sind, sind es die Augen einer jungen Frau – fast noch eines Mädchens: auf fast schutzlose Art offene Augen, aus denen nichts Abgeklärtes spricht, sondern Neugierde, zugleich ein bisschen Angst und auch etwas, das man vielleicht als Abenteuerlust deuten könnte.

– Schön, dass du da bist. Entschuldige, dass ich dich einfach duze, aber für mich kommst du irgendwie von Jurek. Darf ich?
– Gerne. Katarina.

Die Wohnung liegt im Erdgeschoss, und an das geräumige Wohnzimmer schließt sich eine Terrasse an und ein winziger Garten. Eine Menge Bücherregale stehen da und ein ziemlich elegantes grün-weiß gestreiftes Sofa, das eigentlich besser in eine großbürgerliche Altbauwohnung passen würde als in so einen Plattenbau. Auf dem Tischchen neben dem Sofa liegen italienische Motorsport-Magazine und ein paar Ausgaben der linksliberalen christlichen Zeitung *Publik-Forum*. Der Fußboden ist übersät mit Spielzeugautos, der große runde Esstisch in der Ecke des Raums ist für fünf Personen gedeckt. Sie haben mit dem Mittagessen auf mich gewartet. Mit am Tisch sitzt Renates Mann Armando, der Schwiegersohn, der auch Italiener ist, und die beiden Enkelsöhne. Die Tochter arbeitet tagsüber, und deshalb sind die Kinder nachmittags immer bei Oma und Opa.

Das Tischgespräch ist ein fröhliches italienisch-deutsches Sprachgemisch und das Essen sehr italienisch: drei verschiedene Vorspeisen, dann Pasta, Fleisch und zum Abschluss noch Obst, das in einer mit Wildblumen verzierten Schale liegt. Jureks Schale.

»Wir geben unser ganzes Geld für Essen aus«, sagt Armando. »Ich brauche kein Einfamilienhaus, aber ohne San-Daniele-Schinken wäre ich unglücklich.« Und dann erzählt er, wie sehr er das italienische Essen vermisst hat, als er 1963 nach Deutschland kam, um bei VW am Band zu arbeiten. Armando war ein Gastarbeiter der allerersten Stunde. Er ist damals schnell in die Gewerkschaft eingetreten und etwas später auch in die DKP. Ihm gefiel die Idee, dass man sich organisiert, um für die eigenen

Rechte zu streiten, sagt er. Schließlich sei er nach Wolfsburg gekommen, um der Armut und Engstirnigkeit seines Heimatdorfs zu entgehen.

Renate und Armando sind ein interessantes Paar. Kennengelernt haben sie sich in der »Arche«, einer linken Arbeitergemeinde, und es stellt sich heraus, dass das genau die Gemeinde ist, in der Rudolf Dohrmann damals, in den Sechzigerjahren, Pfarrer war. Am Anfang war es vor allem die politische Arbeit, die die junge Lehrerin und den Gastarbeiter verband. Heute sind sie im Alltag perfekt aufeinander eingespielt – Renate sieht Armando aus den Augenwinkeln an, dass er noch Salat möchte, und als ihr Wasserglas leer ist, bemerkt er es sofort und schenkt ihr nach, ohne dabei seine Erzählung zu unterbrechen.

Trotzdem sind die beiden in den 35 gemeinsamen Jahren verschieden geblieben – schon rein äußerlich.

Renate wirkt wie eine dieser engagierten Damen, die man in Kirchengemeinden und Eine-Welt-Läden trifft, die warme Rottöne tragen und alles gelesen haben, was Heinrich Böll und Günter Grass je geschrieben haben. Armando ist ziemlich kräftig gebaut, hat eine Glatze und einen gepflegten grauen Schnurrbart. Um den Hals trägt er eine Goldkette, und als er nach dem Essen aufbricht, um ein wenig spazieren zu gehen, setzt er einen dieser karierten Hüte aus festem Stoff auf, die heute in Szeneläden als »Hausmeister-Krause-Modell« an 16-jährige Discogänger verkauft werden.

Bevor Armando geht, macht er für Renate und mich Espresso. Der Schwiegersohn nimmt die Enkelkinder mit, und als Renate und ich dann auf dem Sofa sitzen, ist es plötzlich sehr still in der Wohnung. Durch das gekippte Fenster hört man Vögel, die Sonne dringt durch die Wolken und scheint zum Fenster herein. Obwohl man hinter dem kleinen Garten die Betonwand des nächsten Wohnblocks sieht, ist Renates Burg in diesem Moment ein durch und durch verwunschener Ort.

Wir beginnen zu reden und müssen weit zurückgehen. Denn um zu verstehen, warum Renate sagt, dass Jurek einer der wichtigsten Menschen in ihrem Leben war, muss man wissen, wie dieses Leben begonnen hat.

Renate wurde in einem Flüchtlingslager geboren, mitten hinein in eine untergehende Welt. Im Januar 1945 war das, und die Mutter hat später oft gesagt, dass Renate ihren vier älteren Geschwistern schon das Leben gerettet hat, bevor sie überhaupt geboren war. Wäre die Mutter nicht schwanger gewesen, hätte sie keine Treck-Erlaubnis bekommen, denn die Nazis wollten nicht, dass sich die deutsche Zivilbevölkerung aus den östlichen Gebieten zurückzieht. Die Menschen sollten bleiben, bis der »Endsieg« kommt, an den damals schon kaum jemand mehr glaubte.

Aber Renates Mutter wusste, dass sie mit ihren Kindern nicht auf dem Gut bleiben konnte. Für die Rote Armee wäre sie nicht nur eine adlige Grundbesitzerin gewesen, sondern auch noch Ehefrau eines Nationalsozialisten, der als Kreislandwirt im ehemaligen Polnischen Korridor an Vertreibungen von polnischen Bauern beteiligt gewesen war.

Renates Vater war gegen die Flucht. Er sprach von patriotischer Pflicht und sagte: »Zuerst kommt das Vaterland, dann kommen die Kinder.« Aber die Mutter befand, dass zuerst die Kinder kämen und dann das Vaterland, und tatsächlich wurde ihr genehmigt, nach Westen zu fahren, um ihr fünftes Kind irgendwo weiter weg von der Front zur Welt zu bringen.

Eigentlich wollten sie vom nahen Gdingen aus den Dampfer Wilhelm Gustloff nehmen, aber weil der Weg zur Küste mit dem dicken Bauch beschwerlich war, verpassten sie das Schiff. Es wurde bei dieser Fahrt von den Sowjets beschossen und versank mit 10 000 Flüchtlingen an Bord in der Ostsee. Nur 1200 wurden gerettet.

Renates Mutter nahm mit ihren Kindern die Pelikan, sie gelangten sicher nach Rostock und von dort aus weiter nach Bad Doberan. Dort kam im Februar 1945 Renate zur Welt. In ihrer Geburtsurkunde prangt noch ein Hakenkreuz-Stempel, aber drei Monate später war das »Tausendjährige Reich« vorbei. Renates Vater war in Kriegsgefangenschaft, der Großvater, der in Paraschin geblieben war, wurde von der Roten Armee verschleppt und dann am Straßenrand erschossen. Die Großmutter saß in einem Versteck, irgendwo in der Nähe von Paraschin. Renates Mutter ging mit den fünf Kindern allein in den Westen Deutschlands.

Über ein Jahr später gelang es, die Großmutter nachzuholen. Wäre die nicht gewesen, hätte Renate Jurek wahrscheinlich nie kennengelernt, denn die Großmutter hat Renate eine Geschichte vererbt – eigentlich waren es sogar sehr viele Geschichten. Sie erzählte sie vor allem am Abend, wenn die ganze Familie ihr Nachtlager in dem kleinen Zimmer der Flüchtlingsunterkunft aufgeschlagen hatte, in dem sie damals hausten. Wenn die Deckenlampe gelöscht war, die einzige Beleuchtung im Zimmer, dann kroch Renate oft zu ihrer Großmutter ins Bett, weil es da wärmer war und weil es dort diese leise erzählten Geschichten gab. Sie handelten alle von Paraschin, dem Rittergut, das die Großmutter von ihren Eltern geerbt hatte und das nun unerreichbar hinter der polnisch-deutschen Grenze lag.

Renate, die damals noch nicht einmal zur Schule ging, hielt »Paraschin« und »Paradies« für ein und dasselbe Wort – ein Wort, das ihre Familie eben ein bisschen anders aussprach als die anderen Erwachsenen. Das war ohnehin bei vielen Wörtern so, sie waren ja Flüchtlinge aus Pommern.

In Paraschin, erzählte die Großmutter, gab es ein großes Haus, ja, fast ein Schloss, in dem jeder ein Zimmer ganz für sich haben konnte. Und eine ganze Wiese voller Pferde gehörte ihnen dort. Renate liebte Pferde. Sie stellte sich vor, wie ihre Großmutter mit einem Sattel unter dem Arm auf die Koppel ging, sich auf ihr Lieblingspferd schwang und dann über Wiesen und durch Wälder galoppierte, die alle ihr gehörten.

Im Dunkel des engen Zimmers sah Renate auch die Sommerlinde und die Winterlinde, die nebeneinander vor dem Haus in Paraschin standen, die Wiese mit den gelben Sumpfdotterblumen, auf der Schwarzstörche herumstolzierten, und den Bach, in dem ab und an der Kopf eines Fischotters auftauchte. Renate hörte auch die Vögel, die in Paraschin viel lauter und vielstimmiger sangen als da, wo sie jetzt wohnten.

Renate hatte noch nie einen echten Schwarzstorch gesehen und auch keinen Fischotter, aber genau deshalb waren die Tiere, die in den Erzählungen der Großmutter auftauchten, wundervolle Fabelwesen für sie. Ihre vier älteren Geschwister interessierten sich nicht dafür. Nachts schliefen sie, und tags turnten sie lieber auf den Teppichstangen vor der Unterkunft herum. Nur Renate, die oft krank war und Geschichten liebte, verbrachte ihre frühe Kindheit mit der Großmutter im Paraschin ihrer Fantasie.

Die Mutter fasste mit ihren fünf Kindern nicht richtig Fuß. Sie war eine patente Frau, hatte eine gute Ausbildung, aber auf diese Art zu leben war sie nicht vorbereitet. Sie zogen sehr oft um. Wenn sie mal wieder neu und fremd in einem Ort waren und die Lehrerin in der neuen Schule sie fragte, woher sie denn stamme, sagte Renate »Paraschin«, obwohl sie diesen Ort noch nie betreten hatte. Die andern Kinder waren in Köln geboren, in Hannover oder vielleicht in Breslau. Direkt aus dem Paradies kam nur ihre Familie, und darauf war Renate so stolz, dass es ihr in solchen Momenten egal war, dass sie abgetragene Schuhe hatte und keine Spielsachen.

Bald nachdem der Vater aus der Kriegsgefangenschaft zurückgekommen war, trennten sich die Eltern. Renates Vater nahm die beiden ältesten Kinder mit nach Südafrika. Die Mutter wusste sich mit den drei Kleinen irgendwann nicht mehr alleine zu helfen. Die Großmutter war inzwischen zu alt, um die Enkel zu hüten. Wie sollte Renates Mutter den Lebensunterhalt sichern? Schließlich begann sie, ihre Kinder auf verschiedene Notunterkünfte zu verteilen. Renate brachte sie in einem Kinderheim unter.

Renate schlief dort in einem Schlafsaal mit über vierzig anderen Kindern. Hier konnte sie sich nicht mehr an der Großmutter und ihren Geschichten über Paraschin wärmen. Nicht einmal ihr Spielzeugpferd aus Pappmaschee, ihren einzigen persönlichen Besitz, durfte sie mit ins Bett nehmen. »In der ersten Nacht in diesem Bett im Kinderheim«, sagt Renate, »spürte ich eine so grenzenlose Verlassenheit, wie ich sie nie wieder erlebt habe und nie wieder erleben will.«

Später lebte Renate bei einer Pflegefamilie, die sie sehr herzlich aufnahm. Dann wieder bei der Mutter. Als sie schließlich Abitur machte und in Lüneburg zu studieren begann, war sie froh, endlich auf eigenen Beinen zu stehen.

Die Großmutter war da schon lange tot, doch die Geschichten von Paraschin lebten in Renate weiter, und sie träumte davon, einmal an diesen Ort zu fahren, der damals, Mitte der Sechzigerjahre, hinter dem fast völlig undurchdringlichen Eisernen Vorhang lag.

»Paraschin gehört zu meinen schönsten Kindheitserinnerungen«, sagt Renate heute, »und das, obwohl es keine echte, eigene

Erinnerung ist.« Die Großmutter habe ihr nur Schönes »von der Heimat« erzählt. All die schrecklichen Geschichten über die Erschießung ihres Großvaters und über die Zeit direkt nach dem Krieg, als die Großmutter in Verstecken lebte, hat Renate erst Jahrzehnte später erfahren – aus einem alten Tagebuch der Großmutter, das irgendwann auftauchte.

Renate sagt, sie habe keinen Hass auf die Polen geerbt – nur Sehnsucht nach diesem Land. Sie wollte alles über Polen wissen. Als Jugendliche war ihr liebstes Buch »Das Tempelchen« von Werner Bergengruen. Es handelt von einem heldenhaften jungen Polen, der sich im 19. Jahrhundert an einem Aufstand gegen die Russen beteiligt und dann von einer russischen Adelstochter im Gartenhaus versteckt und gesund gepflegt wird. Renate träumte davon, eines Tages einen Mann zu treffen, der so ritterlich, kühn und gütig war wie dieser Pole, und sie wollte auch gerne so selbstlos sein wie dieses russische Fräulein. Diese Geschichte hat sie nie losgelassen. Auch nicht, als sie schon Germanistik studierte und wusste, dass die Erzählung letztlich in die Kategorie »Kitsch« einzuordnen ist.

Irgendwann, im Herbst 1964 muss es gewesen sein, erfuhr Renate, dass es in Wolfsburg einen jungen Pfarrer namens Dohrmann gab, der eine Studienreise nach Polen plante. Sie wusste sofort, dass sie bei dieser Reise dabei sein musste. Wenn sie erst einmal in Polen war, dachte Renate sich, dann war der Weg ja nicht mehr weit bis Paraschin.

Die Studienreise war jene Polenfahrt im Sommer 1965, auf der sich auch Dohrmann und Jurek kennenlernten. Renate sagt, dass sie an der Grenze zwischen der DDR und Polen sehr lange warten mussten und dass sie an der Oder auf einer Wiese saß und am anderen Ufer Störche durch die Wiesen staksten. Weißstörche – keine Schwarzstörche, aber trotzdem habe sie das Gefühl gehabt heimzukommen. Endlich.

Renate erinnert sich auch, dass der polnische Reiseleiter ihnen auf der Brücke über die Oder entgegenkam und sie sehr herzlich begrüßte. Sie gingen zu Fuß über die Brücke, denn der Reisebus wurde noch von den Grenzbeamten durchsucht. Vom ersten Moment an sei Jurek ritterlich gewesen. So ritterlich wie der junge Pole aus dem »Tempelchen«. Wenn es darum ging, aus dem

Reisebus zu steigen, habe er den Damen die Hand gereicht. Er habe dafür gesorgt, dass alle genug zu essen bekamen, und er habe sich besorgt erkundigt, wenn einer aus der Gruppe blass aussah. Gestaunt habe sie damals über so viel Fürsorge, denn bald wussten alle in der Gruppe, was dieser kleingewachsene Mann mit der aufrechten Haltung während des Krieges durchgemacht hatte.

Ich erzähle Renate, dass Dohrmann erzählt hat, Jurek habe die Gruppe damals mit den Worten »Hallo, ihr Nazis« empfangen. Sie hält das für absolut ausgeschlossen und meint, das habe Dohrmann garantiert falsch in Erinnerung.

Wieder so eine Wodkageschichte. Eine Geschichte, von der es zwei Versionen gibt und von der man nie erfahren wird, welche Version »wahr« ist. Vielleicht hat Renate nicht gehört, was Dohrmann gehört hat. Vielleicht hat sie es vergessen. Vielleicht erinnert sich auch Dohrmann an etwas, was so niemals passiert ist oder zumindest nicht ihm selbst. Renate sagt, Jurek habe ihnen damals erzählt, dass er schon einmal mit einer Funktionärsgruppe aus der DDR zu tun gehabt habe und dass er diese als »nazihaft arrogant« empfunden habe.

Klar ist aber, dass Dohrmann eine andere Geschichte als Renate erzählen will, wenn er über diese erste Begegnung mit Jurek auf der Brücke spricht. Dohrmann erzählt eine politische Geschichte über Versöhnung. Wenn man von Versöhnung erzählen will, dann muss Feindschaft am Anfang stehen. Renate erzählt die Geschichte einer Heimkehr. Zu einer richtigen Heimkehr gehört ein herzliches Willkommen. Sie haben verschiedene Dinge gehört und gesehen und verschiedenen Dingen einen Platz in ihrer persönlichen Geschichtsschreibung eingeräumt.

Jurek habe ihnen sein Land voller Stolz gezeigt, sagt Renate – die schöne Markthalle in Krakau und das Weltklasse-Ballett in Warschau. Und manchmal, wenn sie vor einem besonders schönen Gebäude standen, habe er den Kopf geschüttelt und gesagt: »Dass Untermenschen so etwas zuwege bringen!« Und dann habe er gelächelt. Freundlich gelächelt und vielleicht auch etwas traurig.

Zu der Gruppe sagte Jurek damals, sie solle ihn »Herr Georg« nennen – sein eigentlicher Name sei zu fremd und außerdem schwer auszusprechen. Renate war damit nicht zufrieden. Sie fand heraus dass »Herr Georgs« richtiger Name Jerzy Hronowski war. Jerzy – das ist wirklich schwer auszusprechen, aber dann hörte sie, dass die anderen Polen ihren Reiseleiter Jurek nannten. Und so rief Renate, als die Gruppe durch die Warschauer Altstadt spazierte: »Herr Jurek!« Er drehte sich tatsächlich um.

Jurek ist die polnische Verkleinerungsform für Jerzy, und »Herr Jurek«, übersetzt »Herr Georgchen«, war der Name, mit dem sich Jurek später immer vorgestellt hat, wenn er mit deutschen Gruppen unterwegs war. Renate war die erste Deutsche, die ihn so nannte, und sie mochte ihn, diesen Jurek.

Irgendwann wurde Renate klar, dass sie während dieser Reise nicht nach Paraschin kommen würde – und das nicht nur, weil der Weg in den Norden Polens weit war und weil sie als Westausländerin nicht alleine durchs Land reisen konnte, sondern auch, weil sie das Gefühl hatte, dass die Bitte irgendwie unpassend wäre. Missverständlich. Sie sprachen während der Reise viel über den Krieg und über die Grenze zwischen Deutschland und Polen, die die Bundesrepublik damals noch nicht anerkannt hatte. Renate spürte, dass alles kompliziert war, und sie wollte es sich und der Gruppe mit der Frage nach Paraschin nicht noch komplizierter machen.

Sie besichtigten auch das Konzentrationslager Auschwitz, und Jurek erzählte. Er nannte die Zahl der Toten, beschrieb den Ablauf des Lagerlebens und der Selektionen, und alle hörten sehr genau zu, denn damals sprach man in Westdeutschland wenig über diese Dinge.

In Auschwitz gab es einen Moment, von dem Renate sagt, dass sie ihn nie vergessen wird. Sie sahen einen Film über das Konzentrationslager – Leichenberge und ausgemergelte Gestalten. Und Renate fragte sich, was jemand bei diesen Bildern empfindet, der es selbst erlebt hat. Und so schaute sie rüber zu Jurek.

Den Rest des Filmes habe sie nicht mehr gesehen, denn sie habe ihren Blick nicht mehr von Jurek losreißen können. Bis heute habe sie keine Worte gefunden, um Jureks Gesichtsausdruck in diesem Moment zu beschreiben – und das, obwohl sie sein Gesicht im Halbdunkel des Kinos noch immer vor Augen habe. Unbeobachtet habe sich Jurek in diesem Moment gefühlt, sagt

Renate, und er habe ganz anders geschaut als sonst. »Er starrte auf die Leinwand, aber ich bin sicher, er sah andere Bilder als die Bilder des Films. Er war in Erinnerungen gefangen, die ihn einsam machten, weil er sie nicht in Worte fassen konnte.«

Seit diesem Moment im Kino, sagt Renate, habe sie gewusst, dass Jurek ein wichtiger Mensch in ihrem Leben sein würde. Sie sagt, dass er außerhalb ihrer Familie vielleicht sogar der wichtigste war.

Renate suchte während der Reise Jureks Nähe, stellte ihm Fragen und erzählte – auch von der Großmutter, von Paraschin und nach einiger Zeit von ihrem Vater, der als Kreislandwirt unter anderem dafür zuständig war, Polen aus ihren Bauernhöfen zu vertreiben. Die Höfe wurden Deutschen zugeteilt.

Renate verstand auf dieser Reise, dass die Vertreibungen, die ihr Vater mit durchgeführt hatte, und die Geschichte von Jureks Verhaftung zusammengehörten, dass beides auf den Beschluss Hitlers zurückzuführen war, Platz für sein »Volk ohne Raum« zu schaffen. Deshalb hatten die Nazis den Polen ihre Höfe genommen und auch die Menschen eingesperrt, die Widerstand gegen diesen Raub hätten organisieren können: Offiziere, Gewerkschaftsführer, Priester und eben auch Pfadfinderführer wie Jerzy Hronowski.

»Das sind doch zwei Kapitel desselben Buches«, sagt Renate, und dass sie dieses Buch tatsächlich immer schreiben wollte. »Umweg über Auschwitz« hätte sie es genannt. »Ich wollte, dass es ein Buch gibt, in dem es um den Heimatverlust meiner Großmutter geht – und um Jureks Einsamkeit. Ein Buch über beide. Aber es wäre doch ein Buch aus nichts als Traurigkeit gewesen«, sagt Renate.

Und dann sagt sie: »Das Schicksal hat gewollt, dass ich diesen Umweg mache. Mein Lebensweg konnte nur über Auschwitz zurück nach Paraschin führen. Ohne den Umweg wäre ich nicht angekommen. Ich war als Deutsche verpflichtet, ihn zu gehen. Wir hatten ja noch Schuld. Wenn auch nur geerbte Schuld.«

Renate unterbricht ihre Erzählung plötzlich. Ein bisschen verlegen wirkt sie, und auch ich bin es. Sie nimmt die leere Kaffeetasse, stellt sie dann wieder zurück, greift schließlich zu einem Blatt Papier, das auf einem Bücherstapel liegt, und sagt nach einer kleinen Pause: »Ich habe mich vorbereitet auf unser Gespräch.« Dabei lächelt sie schüchtern. Ich weiß nicht, warum wir beide plötzlich so verlegen sind. Vielleicht wegen des Pathos, das in Renates letzten beiden Sätzen lag. Ich kann nicht gut mit solch einer politisch aufgeladenen Interpretation des eigenen Lebens umgehen, aber zugleich bin ich auch berührt von Renates Geschichte, denn alles, was sie sagt, wirkt tief empfunden.

Auf dem Blatt steht ein Satz, den Renate für mich ganz ausformuliert hat: »Auf der Suche nach den Spuren meiner Familie entdeckte ich die Tragödie eines ganzen Volkes. 1939 waren die Polen das einsamste Volk der Welt. Verlassen von den Menschen und von Gott.« Und etwas weiter unten heißt es: »Ich wusste, was Einsamkeit ist.«

Ich schaue Renate an. Ich sehe, dass ihr Tränen in die Augen steigen, und ich verstehe, dass es einfach nicht ging ohne Pathos damals, bei diesen allerersten direkten Begegnungen nach dem Krieg, Begegnungen, die beide Völker 15 Jahre lang aufgeschoben hatten und zu denen nun nur ein paar mutige – und ja, vielleicht auch pathetisch gestimmte – junge Leute bereit waren.

Ich bin ihnen plötzlich dankbar für ihr Pathos. Ohne Pathos wären sie doch daheim geblieben, und dann hätte Jurek nie begonnen, über Auschwitz zu erzählen. Dann wäre er noch einsamer geblieben, mit seiner Erinnerung.

Man hat überhaupt nicht viel gedacht im Lager, meistens nur an nächstes Stück Brot, das man irgendwie schnappen kann, und solche Sachen, aber manchmal habe ich doch gedacht, richtig gedacht, und dann habe ich gedacht, wie ist das möglich. Wie ist solcher Albtraum möglich, mitten in Europa von 20. Jahrhundert. Und solche Frage habe ich bis heute. Es ist nämlich nicht so, dass ganze Welt überhaupt nichts gewusst hat von riesiger Vernichtungsmaschine Auschwitz. Polnische Untergrundbewegung hat alle Informationen gehabt und diese Informationen geleitet bis London.

Britische Regierung hat zum Beispiel gewusst, dass in Polen gleich nach der Besetzung erbaut wurden solche Lager zum Zweck von Liquidation von polnischer Intelligenz und Jugend. Aber sie haben nichts getan – überhaupt gar nicht geholfen den Polen, die eigentlich Verbündete waren. Sie haben nicht eingegriffen. Überhaupt nicht. Sie kriegten dann

auch die Information, dass Auschwitz ausgebaut wird als Hauptvernichtungsstelle für Juden aus ganz Europa. Und dass es Großaktionen geben soll, gegen ganze Nationen, mehrere Nationen: Auf erster Stelle von Vernichtungsliste standen Juden, auf zweiter Zigeuner, dann Polen, dann Ukrainer. So waren die Pläne der Nazis, und das war eigentlich kein Geheimnis.
Engländer und Amerikaner hatten Informationen. Gute Informationen aus Auschwitz, weil es gab kleine Gruppe von polnischem Untergrund im Lager. Ich war auch in dieser Gruppe. Nicht wichtiger Mann, nur kleiner Mann, der Schmiere stand, wenn stattfanden die Versammlungen. Und diese Gruppe vom Untergrund hat mit hohem Risiko und Opfer auch von Menschenleben gearbeitet, damit hinausgeschmuggelt werden können Informationen über den Bau von Gaskammern und von Verbrennungsöfen und von überhaupt ganzer große Maschine. Und es wurde sogar rausgeschmuggelt ein Augenzeuge, der kam bis London und hat da geschildert, was passiert im Auschwitz. Das habe ich erst nach dem Krieg erfahren. Die Leute in England und Amerika haben aber unseren Leuten überhaupt nicht geglaubt. Niemand von englischem Militär, Spionage und auch Regierung konnte glauben, dass so etwas könnte wirklich passieren. Sie dachten, das sind nur Geschichten, mit denen besiegte Polen Aufmerksamkeit anziehen wollen, dabei waren alles sachliche Meldungen, welche absolut der Wahrheit entsprochen haben und sich in allen Fällen bestätigt haben nach dem Krieg.
Man hätte mit paar Bomben aus Flugzeugen stören können ganze Todesmaschinerie und retten hunderttausende Leben. Aber so was hat überhaupt niemand gemacht von Alliierten. Man hat uns sterben lassen.

Ich glaube, dass für Jurek seine Einsamkeit im KZ, das Verlassensein von seiner Familie, die im Ausland war, verknüpft war mit einer anderen Verlassenheit, mit dem Gefühl, dass sein Land, die ganze polnische Nation, von der Welt alleine gelassen wurde.

»Ich wusste, was Einsamkeit ist«, hat Renate geschrieben, und wahrscheinlich meint sie damit die Einsamkeit im Kinderheim, von der sie mir erzählt hat. Ich sehe Renate an. Die Tränen rollen über ihr Gesicht. Ich krame in meiner Handtasche nach Taschentüchern und lege sie auf den Tisch. Renate nimmt sich eines davon. Wir schweigen beide.

Jureks Einsamkeit und Renates Einsamkeit sind in vielerlei Hinsicht nicht vergleichbar, aber sie waren letztlich Folge desselben Krieges. Vielleicht verband die beiden, als sie sich näher kennenlernten, genau das: die Erfahrung der Einsamkeit.

»Ich habe fast keine Erinnerungen an meinen Vater«, sagt Renate dann plötzlich. »Ich weiß noch, dass er mir auf die Finger geschlagen hat, wenn ich an ihnen gelutscht habe, und dass er mir einmal ›Schneewittchen‹ vorgelesen hat. Aber sonst weiß ich alles nur aus Erzählungen.« Renate sagt, sie wisse zum Beispiel nicht genau, was ihr Vater im Dritten Reich getan habe. Sie könne nur ihrer Mutter glauben, die meinte, er sei zwar ein Nazi gewesen, aber doch immer sehr menschlich.

Man spürt, dass Renate dieses Nichtwissen quält: »Jurek hat einmal zu mir gesagt, dass mein Vater nicht zu den Schlimmen gehört haben kann bei diesen Vertreibungen. Jurek hat gesagt, dass die polnischen Partisanen sehr stark waren in diesem Gebiet und dass mein Vater bestimmt von Partisanen ermordet worden wäre, wenn er besonders grausam vorgegangen wäre.«

Es ist ein merkwürdiger Trost, der aus diesem Satz spricht. Ein typischer Jurek-Trost. Und dieser Jurek-Trost, den Renate seit vierzig Jahren im Herzen bewahrt, zeigt mir, dass er Renate auf eine fürsorgliche Art geliebt haben muss. Jurek hat sich eigentlich sein Leben lang dafür eingesetzt, dass die Deutschen die Kriegsverbrechen, die sie in Polen begangen haben, nicht mehr beschönigen: die Vertreibungen, die Morde, die Verhaftungen, die Zerstörungen – er bestand darauf, dass an alles erinnert wird. Aber in dem Moment, als Renate von ihrem fremden Vater sprach und wahrscheinlich dabei genauso weinte wie jetzt, in diesem Moment wollte Jurek wohl nur noch, dass diese junge Frau sich weniger quälte – mit all diesen ererbten Schuldgefühlen und dieser Traurigkeit.

Ich glaube, deshalb hat Jurek Renate versichert, dass ihr Vater bestimmt kein schlimmer Mensch war. Deshalb tat er so, als hätte die polnische Untergrundbewegung jeden wirklich bösen Nazi jederzeit umbringen können. Dabei gibt es doch tausende von Gegenbeispielen.

Renate ist im folgenden Sommer wieder nach Polen gefahren, und bei dieser zweiten Fahrt war der Wunsch nach einem Wiedersehen mit Jurek mindestens ebenso wichtig wie Paraschin. Aber bei dieser Reise hat sie es dann wirklich nach Paraschin geschafft. Jurek hat sie von Danzig aus dorthin fahren lassen – obwohl ihm das eigentlich streng verboten war. Er hätte seinen Job als Reiseleiter verlieren können, denn er sollte sie doch beaufsichtigen, diese Westler. Aber Renate sagt, dass Jurek viel weniger Angst um seinen Job hatte als um sie.

Ein junger Schauspieler aus Danzig hatte sich bereit erklärt, sie nach Paraschin zu begleiten. Jurek habe diesen jungen Mann genauestens unter die Lupe genommen, sagt Renate. Was er denn beruflich mache, wo er politisch stehe, ob er vielleicht zu viel Alkohol trinke? Jurek stellte all die Fragen, mit denen Väter versuchen, Gefahren von ihren halbwüchsigen Töchtern abzuwenden.

Aber wie ein guter Vater wusste Jurek auch, dass er sie eben doch gehen lassen musste. Er konnte sie ja nicht selbst begleiten. Er musste bei der Gruppe bleiben. Renate sagt, sie habe es richtig genossen, als Jurek all diese Fragen über den Schauspieler stellte. Sie habe ja keinen Vater gehabt, der so auf sie aufpasste. Und wunderbar habe sie auch gefunden, dass Jurek ihr Bedürfnis, nach Paraschin zu fahren, sofort verstand: »Jurek wusste, warum ich dieses Haus unbedingt sehen musste, und er wusste auch, dass das nichts mit revisionistischer Politik zu tun hatte.«

Paraschin. Der Wald und die Wiesen waren dort so wunderbar, wie die Großmutter erzählt hatte, und auch die beiden großen Linden waren noch da. Aber das Herrenhaus selbst war zerfallen, die Fenster zugemauert. Nur ein Landarbeiter wohnte in einem Seitenflügel der Ruine. Er bat Renate herein, aber sie wollte nicht ins Innere. Sie wusste, wenn sie die verfallenen Zimmer nur einmal betreten würde, dann würde sie nie wieder durch die prachtvollen Räume ihres Fantasie-Paraschins gehen können.

Von da an fuhr Renate fast jeden Sommer nach Polen. 1968 verbrachte sie die Semesterferien in Auschwitz. Zusammen mit Jurek betreute sie dort die allerersten westdeutschen Gruppen, die Aktion Sühnezeichen Friedensdienste dorthin schickte. Sie gruben das Krematorium aus. In den Arbeitspausen lasen sie abwechselnd Primo Levis Bericht »Ist das ein Mensch?« über das Lager vor, und Jurek begann, von seinen Erfahrungen zu erzählen.

Ich hatte mehrere Geschwüre unter den Armen – ganz voll Eiter – und ich wusste, diese Geschwüre können gefährlich werden, und deshalb habe ich organisiert einen Arzt, eigentlich Zahnarzt, welcher operiert hat diese Geschwüre für mich. Dieser jüdische Zahnarzt hat die Operation gut durchgeführt, aber ganz ohne Betäubung. Die Geschwüre wurden liquidiert mit einer großen Pinzette. Er hat da eine Öffnung gemacht – große Öffnung, damit der Eiter ablaufen kann. Und diese Operation hat mich gekostet, dass ich ohnmächtig wurde auf dem Weg zu meinem Block. Und als ich dann wieder zu mir kam, in dieser kühlen Nacht, bin ich irgendwie stolpernd zu der Stelle, wo ich einen Platz auf einer Buchse hatte, und habe ich mich hingelegt und habe ich zum ersten Mal in meinem Leben einen totalen Zusammenbruch erlebt, psychisch.
Ich habe überlegt, ob ich auf den elektrischen Zaun gehe – das war sehr populäre Art, sich umzubringen im Lager. Ich hatte schlimme Schmerzen, war davor schon ganz schwach in dieser Phase, in welcher ich gearbeitet habe sehr schwer auf einer Baustelle.
Ich wusste in dieser Nacht: Am nächsten Tag muss ich aufstehen und wieder schwer arbeiten, und ich werde immerzu geschlagen werden, weil ich mit solchen Wunden das Tempo gar nicht machen kann, und wenn ich gehe auf den Krankbau, bin ich Kandidat für die Herzspritze, sofort.
Dann habe ich nicht mehr damit gerechnet, dass ich genügend kräftig bin, so allein. Darüber habe ich gedacht. So schlimm war es nicht, das hat sich herausgestellt, aber ich fühlte mich ganz nah dem Ende.
Und da ist eine unwahrscheinliche Sache passiert: Nämlich aus einem von den Brettern, von welchen gebaut wurden diese Buchsen, sprang auf einmal ein Stück Holz, so ein rundes Stück Ast, mit großem Knall und hat mich auf der Nase getroffen. Das ist einfach passiert, weil das Holz gearbeitet hat, und da war eine solche Spannung auf dem Holz. Aber das hat sehr wehgetan, das Holzstück auf die Nase zu kriegen, und ich wusste nicht gleich, woher es geschossen kam, und kriegte irgendwelche Wut auf einmal, obwohl ich sehr schwach war und mir alles wehgetan hat. Aber solche Wut war sehr gutes Gefühl. Wer wütend ist aus Schmerz, der will gar nicht tot sein, habe ich mir gesagt.

Und ich habe sofort gesucht dieses Holz, welches ich als Zeichen von Wechsel von meinem Schicksal verstanden habe. Ich habe es gehalten in der Hand gegen Schmerz ganze Nacht, und später habe ich gebohrt ein kleines Loch durch das Holz, ein Stück Faden organisiert und es von da an getragen als Talisman um den Hals. Denn tatsächlich bekam ich am nächsten Tag eine neue Arbeit. Arbeit als Schreiber war das. Viel einfachere Arbeit. Ich konnte also wieder gesund werden.

Wenn eine Sühnezeichen-Gruppe abfuhr, kam am nächsten Tag schon eine neue, und Jurek bestand darauf, jede der Gruppen persönlich an der Grenze willkommen zu heißen. Renate begleitete ihn. Sie sagt, dass diese Fahrten in Jureks altem Mercedes durch das sommerliche Polen zu den schönsten Erinnerungen ihres Lebens gehören. Wie sie da nebeneinandersaßen und sprachen und schwiegen. Wie Jurek ihr Geschichten erzählte und Ratschläge gab. Wie er Witze riss und sie auf den Arm nahm, wenn sie naive Fragen stellte, aber dabei nie spöttisch war, sondern nur ausgelassen fröhlich.

Und wenn sie dann Rast machten, ging Jurek los, um »was zu fressen« zu besorgen, wie er sagte. Jurek konnte in jedem noch so kleinen Dorf die größten Köstlichkeiten organisieren: eingelegte Heringe, Gurkensalat mit frischem Dill, Tomaten, geräucherten Aal oder auch Walderdbeeren mit frisch geschöpftem Rahm. Für das Picknick suchten sie dann einen schönen Platz, meistens irgendwo an einem Fluss oder See, und dann fuhren sie weiter, stundenlang mit ganz heruntergekurbelten Fenstern durch den polnischen Sommer, nur um die deutschen Gruppen an der Grenze zu begrüßen und vielleicht auch ein bisschen, weil Jurek »lebensgern den Wagen über Land steuerte«, wie er es ausdrückte.

Im Frühjahr 1968 hat Jurek in Frankfurt ausgesagt und sich dabei ungerecht behandelt gefühlt, aber im Juli desselben Jahres war er mit Renate unterwegs im polnischen Sommer.

Jurek war damals Mitte vierzig und Renate Anfang zwanzig. Eine Freundschaft zwischen zwei sehr verschiedenen Menschen, die aber für beide unersetzlich war.

In Jureks Gegenwart habe sie sich immer sehr geborgen gefühlt, sagt Renate. Und erzählt dann gleich noch eine Geschichte aus ihrem gemeinsamen Sühnezeichen-Sommer: Die Gruppe arbeitete am Krematorium. Um die Mittagszeit fuhren Jurek und Renate los, um aus der nahen Unterkunft das Essen zu holen. Sie fuhren in Jureks Wagen, und die Straße führte vorbei an einer Kaserne, die einst der SS gehört hatte, in der aber nun polnische Truppen untergebracht waren.

1968 war auch in Polen eine unruhige Zeit: Im Frühjahr hatte es in mehreren polnischen Städten Studentenunruhen gegeben, die die kommunistische Führung blutig niedergeschlagen hatte. Einige der Studentenführer standen nun vor Gericht, und deshalb fürchtete die Regierung weitere Proteste. Zugleich wurden damals, Anfang August 1968, in Polen, genau wie in anderen Ostblockstaaten auch, Truppen zusammengezogen. Es waren jene Truppen, die Ende August den Prager Frühling niederschlagen würden. Aber davon wussten Jurek und Renate natürlich noch nichts.

Als sie an der Unterkunft ankamen, bemerkten sie, dass sie den Schlüssel beim Krematorium vergessen hatten. Sie fuhren zurück zum Lager, dann wieder zur Unterkunft, und als sie dann, zum dritten Mal in einer halben Stunde, an der Kaserne vorbeikamen, sprang plötzlich ein Soldat mit angelegtem Maschinengewehr vor ihnen auf die Straße und brüllte etwas auf Polnisch. Renate sagt, sie haben noch nie zuvor in ihrem Leben einen solchen Schreck gekriegt.

– Was hat Jurek gemacht?
– Jurek hat angehalten, ist ganz ruhig aus dem Wagen gestiegen, auf den Mann mit dem Maschinengewehr zugegangen und hat diesen Soldaten, der mit dem geladenen Gewehr direkt vor ihm stand, ausgeschimpft, und zwar so, wie man einen unartigen Schulbuben schimpft.
– Und wie hat der Soldat reagiert?
– Er hat sofort klein beigegeben. Das Gewehr runtergenommen. Rumgestammelt. Ich glaube, er hat sich schließlich sogar entschuldigt.
– Weißt du, was Jurek zu ihm gesagt hat?
– Ich habe es nicht verstanden, es war ja Polnisch. Aber ich glaube, er hat ihm gesagt, dass er sich aufführe wie ein Wilder, wie ein SS-Mann. Man dürfe einer Dame nicht einen solchen

Schreck einjagen. Er solle sich zivilisiert benehmen. Irgendwie so etwas. Jurek hatte überhaupt keine Angst vor diesem Gewehr.

Renate sagt, es sei ihr damals so vorgekommen, als habe sich Jurek instinktiv zwischen sie und den Gewehrlauf gestellt. »Das klingt jetzt sicher übertrieben dramatisch, aber die Lage war damals sehr angespannt. Das hat man gespürt«, sagt Renate. »Und dann Jureks Mercedes, ein westliches Auto, das vor der Kaserne mehrmals auf und ab fuhr, das muss den Soldaten nervös gemacht haben.«

Ich muss wieder an Renates Geschichte über den polnischen Ritter denken – die Geschichte vom Tempelchen. Offenbar hat sie in Jurek wirklich so einen Ritter gefunden. Verliebt hat sie sich dann in einen anderen Mann.

Es klopft an die Terrassentür. Es ist Armando, und ich muss lachen darüber, wie perfekt er den Moment abgepasst hat, denn Renate ist mit ihrer Erzählung soeben im Jahr 1969 angelangt. Also genau an dem Punkt, an dem Armando in ihr Leben trat. Vielleicht spürt Armando ja nicht nur ohne hinzusehen, wann das Wasserglas seiner Frau leer ist, sondern hat auch im Gefühl, wie lange sie für ihre Lebensgeschichte braucht, bis er seinen Auftritt hat.

Renate macht Armando die Tür auf, und er sieht sofort, dass sie vor nicht allzu langer Zeit geweint hat. Er nimmt sie in den Arm, setzt sich neben sie auf das elegante grün-weiße Sofa und beginnt Anekdoten über Jurek zu erzählen, den Renate ihm bald nach ihrer Heirat vorgestellt hat.

Es geht nun um einen ganz anderen Jurek. »Hausgestapo« habe Jurek die Ehefrauen immer genannt, sagt Armando und lacht. »Hausgestapo – das war wirklich ziemlich hart.« Und von Autos habe dieser Jurek viel Ahnung gehabt. Einmal habe er, Armando, auch einen Gebrauchtwagen für Jurek durch die DDR an die deutsch-polnische Grenze geschmuggelt, so einen Kastenwagen, den Jurek zum Wohnmobil ausbauen wollte. Jurek kannte da alle Tricks.

Armando sagt all das anerkennend. Ihm gefiel es in Polen, einem Land, das er erst durch Renate kennenlernte. Er fand, die Polen seien den Italienern viel ähnlicher als die Deutschen. Aber als Renate und Armando dann kleine Kinder hatten, sind sie für längere Zeit nicht mehr in den Ostblock gereist, und auch der Kontakt zu Jurek lockerte sich. Erst Anfang der Neunzigerjahre fuhren die beiden mit ihren halbwüchsigen Töchtern noch einmal nach Polen, auch nach Paraschin. Armando hat diese Reise allerdings nicht in besonders guter Erinnerung: »Die Mädels haben sich hinter ihren Zottelhaaren versteckt und um Kurt Cobain getrauert, Renate hat geheult und um Paraschin und ihre Jugend getrauert, und ich war der Fahrer eines absoluten Irrenhauses auf Rädern«, erzählt er mit theatralischen Gesten. Renate muss lachen.

Die Gobbatos haben mich eingeladen, in ihrem Gästezimmer zu übernachten. Als ich am nächsten Morgen ins Wohnzimmer komme, ist Armando schon losgefahren, um die Enkelkinder in die Schule zu bringen. Renate sitzt auf dem Sofa. Sie liest Zeitung und sieht müde aus. Schlecht geschlafen habe sie. Es gebe noch etwas, was sie mir doch sagen müsse.

– Ich hab Jurek im Stich gelassen.
– Inwiefern?
– Ich war nicht genug für ihn da. Nach der Heirat habe ich kaum mehr Zeit gehabt, wegen der beiden Kinder, der Schule, und außerdem waren da ja auch noch italienische Schwiegereltern, die besucht werden wollten. Jurek war manchmal richtig eifersüchtig auf meine Familie.
– Aber ihr habt doch immerhin Kontakt gehalten über all die Jahre.
– Ja, aber es war nicht mehr dasselbe. Diese ganz offenen Gespräche, die wir anfangs hatten, für die war später einfach kaum Zeit mehr. Ich wusste, wie einsam er ist, aber ich hab ihn auch alleine gelassen. Trotzdem.

Ich kenne das Gefühl, das Renate beschreibt. Ich hatte auch oft das Gefühl, dass ich Jurek nicht genug Aufmerksamkeit geben konnte, nicht genug Zeit. Dass ich ihn öfter besuchen müsste, ihn häufiger anrufen. Aber ich dachte immer, dass dieses Gefühl damit zusammenhing, dass Jurek, als ich ihn kennenlernte, wirklich einsam war, dass seine Frau schon tot war und der Sohn so weit weg. In der Zeit, über die Renate nun spricht, hatte Jurek aber doch eigentlich eine Familie. Er hatte eine Frau, und sein

Sohn war auch noch in Warschau. Warum war er trotzdem so allein?

– Renate, was weißt du über Jureks Verhältnis zu Krystyna, seiner Frau?
– Es war irgendwie wortlos. Distanziert auf eine Art. Sie sind immer zusammengeblieben, aber ich hatte nie das Gefühl, dass sie einander wirklich nahestehen.
– Weißt du, warum das so war?
– Ich habe das nie verstanden. Ich habe es immer eher auf Krystyna geschoben. Jurek hat mal behauptet, dass sie ihn nur geheiratet habe, weil sie dachte, dass er als ehemaliger Auschwitzhäftling Karriere machen kann, und dass sie ihm ein Leben lang böse gewesen sei, weil dieser Plan nicht aufging. Ich weiß nicht, ob das stimmt. Er war nicht sehr liebevoll mit ihr, aber er blieb doch immer bei ihr.
– Und Tomek?
– Über Tomek hat Jurek wenig gesprochen. Ich hab ihn mal gesehen, da war er noch ein halbes Kind, und dann schien er plötzlich aus Jureks Leben verschwunden zu sein.

Warum war Jureks Verhältnis zu seiner eigenen Familie so schlecht? Warum ging es bei den Hronowskis zu Hause nach allem, was ich weiß, so wenig herzlich zu, obwohl Jurek sich doch ganz offenbar nach Nähe sehnte und auch Wärme geben konnte? Renate hat er viel Wärme gegeben und mir auch. Aber eben offenbar nur Menschen, die schon allein räumlich weit weg von ihm waren und die deshalb im Alltag nie genug für ihn da sein konnten.

Mir fällt eine Szene ein, die sich vielleicht drei Jahre vor Jureks Tod ereignet hat. Ich machte damals ein Auslandssemester an der Warschauer Uni. Es war ein grauer Tag im Januar, auf den Straßen lag Schnee, der von einer rußigen Schicht überzogen war. Ich ging auf ein Stündchen bei Jurek vorbei, zwischen zwei Vorlesungen. Wir waren beide nicht besonders guter Laune.

Jurek schimpfte an diesem Tag mal wieder auf Tomek und auch auf Krystyna. Die beiden hätten sich immer gegen ihn verschworen. Krystyna habe Tomek stets als Waffe gegen ihn benutzt. Und Tomek enthalte ihm nun die Enkelkinder vor, nur um ihn zu quälen.

Weil ich ohnehin schon genervt war an diesem Tag und mir Jureks selbstgerechte Haltung auf die Nerven ging, sagte ich, dass doch nicht immer nur die anderen schuld gewesen sein könnten. Dass er vielleicht doch auch manchmal selbst schuld gewesen sei, an dem einen oder dem anderen Streit.

Ich rechnete damit, dass Jurek abwehren würde, dass er mir erklären würde, dass ich keine Ahnung habe, von seiner Familie, davon, wie bösartig Krystyna und Tomek sein konnten. Aber Jurek sagte gar nichts. Er schwieg. Er starrte aus dem Fenster.

Ich versuchte ihn aufzuheitern. Ich erzählte von anderen Dingen, aber Jurek blieb einsilbig, und irgendwann, als ich eigentlich schon wieder losmusste, da sagte er plötzlich: »Ich konnte doch gar nicht mehr lieben.«

Ich sehe ihn noch in seinem Sessel sitzen. Er schaute mich nicht an, als er das sagte. Er hatte den Kopf zum Fenster gedreht und schaute auf den kahlen Baum, der seine Äste in den fahlen Himmel reckte. »Nach allem, was ich gesehen hatte, konnte ich nicht mehr lieben«, sagte er. »Ich hätte nie eine Familie haben dürfen.« Und ich weiß noch, dass ich mich sehr hilflos fühlte, als ich an diesem Tag Jureks Wohnung verließ. Ich wollte diesen Satz nicht stehen lassen, aber ich wusste nicht, wie ich etwas dagegensetzen konnte.

»In den letzten Jahren hatte ich viel zu selten die Kraft, ihn anzurufen«, sagt Renate. Feigheit vor dem Freund sei das gewesen. »Dabei dauert so ein Anruf doch nur zehn Minuten!« Aber am Telefon habe sie eben immer gespürt, dass Jurek eigentlich mehr brauchte als diesen Anruf, dass er jemanden brauchte, der sagt: »Ich steige jetzt in ein Flugzeug und komme dich besuchen.« Und die wenigen Male, die sie ihn besuchte, habe sie gespürt, dass Jurek eigentlich auch mehr brauchte als jemanden, der für drei Tage nach Warschau kam. Dass er jemanden brauchte, der bei ihm blieb. Natürlich sei Jurek klar gewesen, dass sie dieser jemand nicht sein konnte. Er habe so etwas ja nie gefordert. Er habe ihr auch keine Vorwürfe gemacht, dazu sei er viel zu ritterlich gewesen. Aber sie habe seine Sehnsucht gespürt und seine Einsamkeit, und beides habe sie hilflos gemacht, und deshalb habe sie sich immer seltener gemeldet.

2001 haben Jurek und Renate einander zum letzten Mal gesehen. Fünf Jahre vor Jureks Tod. Renate hatte vergeblich versucht, ihn anzurufen, machte sich Sorgen und fand über die Jugendbegegnungsstätte Auschwitz schließlich heraus, dass Jurek im Krankenhaus war. Er hatte sich bei einem Spaziergang in seinem eigenen Stadtviertel verirrt und dann eine Angstattacke bekommen. Passanten hatten den Krankenwagen gerufen, und Jurek war in eine psychiatrische Klinik eingeliefert worden. Renate flog damals sofort nach Warschau. Es war schlimm für sie, Jurek so verwirrt und blass zu sehen. Vier Tage lang saß sie täglich mehrere Stunden an seinem Krankenbett. Sie sprachen von früher. Von der Sühnezeichen-Zeit, die sie gemeinsam erlebt hatten. Jurek ging es bald wieder besser. Renate konnte jedoch nicht lange bleiben, und als sie wieder heimflog, war ihr schlechtes Gewissen eher größer geworden. Weil sie ihn alleine ließ. Obwohl sie doch wusste, was Einsamkeit ist.

An Weihnachten 2005, einige Monate vor seinem Tod, hat Renate Jurek noch ein Päckchen geschickt, mit einem Pullover drin. Das war der letzte Kontakt. Renate sagt, sie habe dabei auch gewusst, dass ein Pullover letztlich nicht das war, was Jurek brauchte.

– Renate, vielleicht konnte ihm gar niemand geben, was er wirklich gebraucht hätte.
– Meinst du? Vielleicht.
– Ich hatte auch immer das Gefühl, dass ich ihm zu wenig gebe.
– Siehst du, Kati, Jurek hat uns das gleiche Teeservice vererbt und das gleiche schlechte Gewissen.

7 Das Schweigen

Während ich durch Deutschland fahre und Jureks frühere Freunde besuche, spüre ich in den Wohnungen, in die ich komme, eine merkwürdige Vertrautheit. Das geht mir bei Dohrmann so, bei Renate, aber auch in vielen anderen Wohnungen, in denen ich Geschichten über Jurek höre. Irgendetwas erinnert mich an meine Kindheit.

Vielleicht hat es mit den Bücherrücken zu tun, die in den Regalen zu sehen sind: Günter Grass steht da, Jurek Becker und Bücher von Psychoanalytikern wie Freud und Jung. Wahrscheinlich hat die Vertrautheit auch mit den Plakaten und Programmen alternativer Kulturvereine zu tun, die in diesen Wohnungen neben der Toilette oder im Flur hängen. Bestimmt auch mit den vollgestopften Zeitungskörben, in denen die *taz*, die *Frankfurter Rundschau* oder die *Süddeutsche Zeitung* liegt – niemals aber die *FAZ*.

Und dann ist da noch die Taube – die weiße Friedenstaube auf blauem Grund, das Symbol der Friedensbewegung in den Achtzigerjahren. Ich hatte als Kind ein Kopftuch mit diesem Motiv, das von irgendeiner Friedensdemo stammte und das ich bei Radtouren und Bergwanderungen gerne anzog, weil irgendein Erwachsener mal gesagt hat, dass das Blau gut zu meinen Augen passe. Lange hatte ich diese Taube nicht mehr gesehen, aber auf Renates Schreibtisch habe ich sie auf einem Button in einer Krimskrams-Schale zwischen Büroklammern und Radiergummi entdeckt und auch bei Dohrmanns bin ich ihr begegnet: Sie schaute von einer Broschüre herunter, die ganz außen und weit oben in einem Bücherregal stand.

Jurek, der in vielerlei Hinsicht ein Konservativer war, sich patriotisch gab und eine Schwäche für Militärisches hatte, hatte immerzu mit linksliberalen Westdeutschen zu tun. Woran lag das?

Waren damals nur diese Menschen wirklich offen für einen wie Jurek?

Denn noch etwas haben Jureks alte Freunde außer den Büchern, den Zeitungskörben und den Friedenstauben gemeinsam: Sie erzählen ihr politisches Leben alle vom selben Ausgangspunkt aus. Sie fangen mit dem Nationalsozialismus an. Das ist bei Rudolf Dohrmann so, der auf der Napola war, aber auch bei der 14 Jahre jüngeren Renate, die erst in den letzten Kriegstagen geboren wurde, und bei vielen anderen, mit denen ich nur am Telefon gesprochen habe.

Wenn man Jureks alte Freunde fragt, warum sie sich politisch engagieren, warum sie in der Friedensbewegung waren, warum sie sich für Polen interessieren oder auch, warum Jurek ein so wichtiger Mensch für sie war, dann erzählen alle über die NS-Zeit und über die Rolle der eigenen Familie während dieser Zeit. Auch diese »Wehret-den-Anfängen«- und »Damit-so-etwas-nicht-wieder-passiert«-Sätze sind mir schon lange vertraut.

Irgendwann wird mir klar, dass ich für dieses Buch dringend noch einen Freund von Jurek interviewen muss.

Mein Vater holt mich vom Bahnhof ab, er steht am Ende des Bahnsteigs. Er sieht mich nicht gleich, vielleicht braucht er mal wieder eine neue Brille, vielleicht ist er in Gedanken. Er trägt Jeans, eine rote Outdoor-Jacke, und die paar Haare, die rund um seine Glatze noch wachsen, sind wie immer ein bisschen strubbelig. Alles wie immer. Aber trotzdem fallen mir, als ich ihn da auf dem Bahnsteig zwischen all den Fremden stehen sehe, ohne dass er mich sieht, Dinge auf, die mir nicht aufgefallen sind, als ich ihn zuletzt gesehen habe, vor zwei Wochen auf einem Familienfest, wo er für alle Eisbecher machte und meinen kleinen Neffen durch die Luft schlenkerte. Ich merke plötzlich, dass er alt wird.

Die Haare auf seinem Kopf sind viel grauer als noch vor ein, zwei Jahren, und seine Schultern hängen ein bisschen – die Papa-Schultern, die mir als Kind immer so breit und kräftig vorkamen und auf denen man prima reiten konnte. Anfang sechzig ist mein Vater jetzt. Er sieht nicht älter aus, als er ist, aber auch nicht jünger.

Er bemerkt mich, lächelt, kommt mir entgegen, umarmt mich, klopft mir dabei fest auf die Schulter und nimmt mir im Schwung derselben Bewegung den Koffer aus der Hand. »So, so, jetzt bisch also da, Rinale«, sagt er. Er lächelt sein warmes, freundliches, aber auch etwas ironisches Papa-Lächeln, und der andere Blick auf ihn, der Außenblick, ist sofort wieder verschwunden.

Damals, vor zehn Jahren, hat er mich auch vom Bahnhof abgeholt. Ich kam von dem Workshop in der Jugendbegegnungsstätte Auschwitz zurück und erzählte meinem Vater gleich im Auto auf der kurzen Fahrt nach Hause von Jurek.

- Jetzt, Rinale, wie geht's? Wie war's?
- Interessant war's. Anstrengend. Hab wenig geschlafen. Aber ich hab jemanden kennengelernt, Papa, den müsstest du dringend auch mal kennenlernen.
- Einen jungen Mann? Seit wann führst du mir die denn sofort vor?
- Nee, Papsi, einen alten Mann. Einen richtig alten Mann. Einen, der im KZ war. Wir hatten so ein Zeitzeugengespräch mit ihm, und dann haben ein paar andere und ich noch fast die ganze Nacht weiter mit ihm geredet. Interessanter Mensch und wirklich offen. Er hat mich sogar eingeladen zu sich nach Warschau! Einfach so. Er hat gesagt, er hilft mir, Polnisch zu lernen, und ich glaube, er meint das ernst. Wirklich ein besonderer Mensch. Du würdest ihn mögen.
- Meinst du?
- Ja, und ihr würdet einander halbtot diskutieren. Er kennt sich mit Geschichte richtig gut aus. Ich glaube, er hat noch mehr Bücher über Hitler gelesen als du.

Es war leicht, meinen Vater und auch meine Mutter davon zu überzeugen, Jurek einzuladen. Das Haus meiner Eltern war immer ein Haus, in dem viele Besucher ein- und ausgingen, aber es ist nicht leicht zu erklären, warum ich unbedingt wollte, dass Jurek und mein Vater einander treffen. Ich weiß, es klingt merkwürdig, aber ich war seit dem ersten Gespräch, das ich mit Jurek hatte, überzeugt, dass mein Vater und er einander etwas geben könnten, was sie beide brauchten, ja, irgendwie suchten.

Mein Vater war immerzu in lokalgeschichtliche Projekte involviert, die sich mit der NS-Zeit beschäftigten. Er nahm mit seinen

Schülern an Geschichtswettbewerben teil und forschte in seiner Freizeit über die Zwangsarbeiter in den Fabriken und auf den Bauernhöfen unserer Gegend.

Er hatte bei dieser Arbeit viel mit alten Menschen zu tun, vor allem eigentlich mit alten Männern. Es gab davon zwei Sorten: Die einen kamen, setzten sich zusammen mit meinem Vater ins Wohnzimmer auf das braune Sofa und erzählten ihm stundenlang aus ihrem Leben, während sein Band lief, weinten dabei manchmal, blieben sehr lange und riefen danach noch oft an, »weil ihnen noch etwas Wichtiges eingefallen war«.

Wenn mein Vater so ein Gespräch geführt hatte, war er anschließend immer ganz begeistert. Er erzählte dann voller Hochachtung von Herrn X, der ein strammer Jungnazi gewesen sei, aber heute all das sehr kritisch reflektiert habe, auch seine eigene Rolle, oder von Herrn Y, der als Kind die Erschießung eines Zwangsarbeiters gesehen hatte, was er nicht vergessen könne.

Die andere Sorte von alten Männern meldete sich nur telefonisch, meistens wenn mein Vater in der Lokalzeitung oder einer Publikation des Stadtarchivs mal wieder etwas veröffentlicht hatte. Oft brüllten sie am Telefon so laut, dass man es aus dem Hörer heraus im ganzen Zimmer hören konnte. Was meinem Vater denn einfalle! Er stochere in alten Geschichten herum, die ihn gar nichts angingen! Er solle sich um seinen eigenen Kram scheren! Das sei doch alles so gar nicht wahr! Er könne all das doch gar nicht beurteilen! Einer dieser Anrufer brüllte sogar, dass man so ein linkes, lügnerisches Pack wie meinen Vater vergasen solle.

Solange die Anrufer nicht direkt unverschämt wurden, war mein Vater aber auch bei dieser Art von Telefonat sehr offen. So die wütenden Anrufer dazu bereit waren, ließ er sich auch mit ihnen auf ausführliche Debatten ein. Er las ihnen alte Zeitungsausschnitte vor, die er im Archiv gefunden hatte, konfrontierte sie ruhig und sachlich mit Aussagen anderer und wirkte bei alledem wie jemand, der voll und ganz in seinem Element ist. Jede Art von Auseinandersetzung über dieses Thema schien meinem Vater recht zu sein. »Lieber ein ordentlicher Streit als diese ewige Schweigerei«, sagte er manchmal.

Er hatte bei dieser Arbeit jedoch immer nur mit deutschen

Zeitzeugen zu tun. Mehrmals hatte er erwogen, in die Ukraine zu fahren, um die andere Seite, die ehemaligen Zwangsarbeiter, zu hören. Aber er hat diesen Plan nie in die Tat umgesetzt.

Ich wusste also, dass ich mit Jurek einen wichtigen Gesprächspartner für meinen Vater einlade – einen von der anderen Seite, jemanden, der von den Nazis zur Sklavenarbeit gezwungen worden war und der offen und reflektiert über diese Erfahrung sprechen konnte.

Außerdem dachte ich, dass Jurek in meinem Vater einen viel qualifizierteren Zuhörer finden würde als in mir selbst. Ich spürte, dass Jurek solche Zuhörer brauchte – ja, suchte. Sonst hätte er nicht diese ganze Nacht in der Jugendbegegnungsstätte mit uns dagesessen. Sonst hätte er mich nicht sofort eingeladen. Sonst hätte er nicht ohne eine Sekunde zu zögern die Einladung ins Haus meiner Eltern angenommen. Wahrscheinlich hatte ich schon damals eine Ahnung von Jureks Einsamkeit.

Heute schweigen mein Vater und ich auf der kurzen Strecke vom Bahnhof zu unserem Haus. Wir hängen beide unseren Gedanken nach.

Als wir zu Hause ankommen, hat meine Mutter den Abendessenstisch schon gedeckt. Frische Brezeln, eingelegte Oliven vom Griechen auf dem Wochenmarkt, Gurke aus dem Garten. Die Abendsonne scheint zum Fenster herein, meine Großmutter, die Mutter meiner Mutter, die Jurek »verehrte Frau Oma« taufte, sitzt mit am Tisch, und auch mein älterer Bruder Micha ist heute nach der Arbeit vorbeigekommen. Es ist fast wie früher, als wir meistens zu siebt hier saßen: vier Kinder, zwei Eltern, eine Großmutter. Wie immer wird so viel und so laut geredet, dass irgendwann das Hörgerät meiner Oma zu piepsen anfängt, weil es sich überfordert fühlt.

Wir sprechen vor allem darüber, wie das damals war, als Jurek uns besucht hat. Es wissen ja alle, warum ich heute hier bin.

»Er nahm an absolut allem Anteil«, sagt mein Vater.

»Nach zwei Tagen war es ein bisschen so, als sei er schon immer da gewesen«, sagt mein Bruder Micha.

»Ich mochte ihn, aber er hatte schon auch etwas Vereinnahmendes«, sagt meine Mutter.

»Wie gepflegt er immer war«, sagt meine Großmutter, »wenn

er morgens zu mir zum Frühstück kam, war er immer perfekt frisiert und brachte eine Wolke Rasierwasserduft mit. Wobei, da war auch noch dieser andere Geruch. Nicht unangenehm, aber etwas ungewöhnlich.«

»Das war das Teershampoo, das er benutzt hat«, sage ich, »nachdem er im KZ gewesen war, wollte er nie wieder eine Glatze haben.«

Mein Vater erzählt, dass Jurek ihm, wegen seines damals schon spärlichen Haarwuchses, eine Flasche dieses Shampoos geschenkt hat. »Du hättest viel früher damit anfangen sollen, Walter«, erklärte Jurek ihm streng, »schon verlorene Haare kannst du nämlich überhaupt nicht wiederkriegen, mit keinem Shampoo.«

Mein Vater hat das Teershampoo kein einziges Mal benutzt. Meine Mutter sagt, sie habe die unangebrochene Flasche vor nicht allzu langer Zeit beim Ausmisten weggeworfen. Mein Vater fand es nie schlimm, eine Glatze zu bekommen, er war ja auch als junger Mann nicht kahl gewesen, im Gegenteil. Auf einigen Bildern aus seiner Studentenzeit hat mein Vater ziemlich lange Haare.

Den ganzen Abend lang erzählen wir uns solche Geschichten. Jurek hat insgesamt nur vier Wochen in dem Haus meiner Eltern verbracht, aber er hat erstaunlich viele Anekdoten und Geschichten hinterlassen: Meinen jüngeren Bruder, einen damals 16-jährigen Schlacks, taufte Jurek »Spargel«. »Groß, dünn und das Beste ist der Kopf«, sagte er und etablierte in unserer Familie einen neuen Spitznamen. Mein älterer Bruder Micha, der damals in Stuttgart Maschinenbau studierte, erinnert sich, wie Jurek ihm damals, vor zehn Jahren, am Abend vor einer wichtigen Thermodynamik-Prüfung eine seiner Geschichten erzählte.

In Zeit, in welcher ich gearbeitet habe als Heizer in der Blockführerstube, habe ich oft gefunden altes, trockenes Brot, welches rausgeschmissen von der SS und welches großer Schatz war, für jeden Häftling. Weil ich nicht ganzes Brot allein essen konnte, habe ich es geschmuggelt ins Lager für Kollegen.

Es war Winter, und ich hatte ergattert für unter der Häftlingshose eine lange Unterhose, welche ich an den Beinen unten fest zugebunden habe

und dann da reingefüllt ganze Brotstücke, die somit fixiert waren auf Höhe von Unterbein, also von Waden. Solcher Schmuggel war natürlich verboten. Das war schwerer Diebstahl von wertvollen Abfälle von SS, welcher sofort bestraft wurde mit harten Schlägen, manchmal mit Tod.
Wenn abends alle Außenkommandos ins Lager marschierten, mussten wir Heizer warten vor der Blockführerstube. Wir gingen immer als Letzte ins Lager. Fritzsch, welcher war Lagerführer und ein Mann mit grausamem Ruf, stand beim Einmarsch von Kolonnen immer neben Tor und hat gezeigt mit Zeigefinger auf einen Häftling, welcher dann von den Blockführern aus der Kolonne gezogen wurde und gefilzt, auf irgendwelche unerlaubten Gegenstände. Über Fritzsch wurde gesagt, dass er riecht schon kleinste Nervosität von Häftlingen, sofort.
An solchem Abend merkte ich, wie Fritzsch die ganze Zeit zu uns Heizer schaute, während wir vor der Blockführerstube warteten, bis wir einmarschieren können. Ich begann zu schwitzen, weil ich spürte, dass er uns filzen würde. In ganzem Leben hatte ich noch keine solche Nervosität, die ich aber nicht zeigen durfte, denn sonst wäre ich ganz verloren. Ich versuchte mit Vorwand noch mal zurück in die Blockführerstube zu kommen, um das Brot wieder loszuwerden, aber es ging nicht. Es kam der Befehl für unseren Abmarsch, und wir gingen durch das Tor. Sofort winkte Fritzsch mich zu sich. Nur mich, die beiden anderen Heizer durften weitergehen! Höchstpersönlich hat er mich durchsucht, von oben nach unten, ganze Nähte vom Häftlingsanzuges abtastete und auch meine Mütze. Er tastete auch meine Beine ab, von oben nach unten. Ich starb fast vor Angst, aber versuchte nicht zu verkrampfen ganzen Körper, damit Fritzsch nicht spürt, wie groß ist meine Angst, also irgendwie zu beherrschen meine Muskeln. Er tastete schon am Knie. Aber dann plötzlich ging er wieder hoch und sagte: »Hau ab!«
Ich glaube, er hat das so gemacht, weil er sich nicht hinknien oder hinhocken wollte vor Häftlingen. Ich lief davon und war heilfroh, dass er mich nicht erwischt hatte. Als ich fast in der Reihe vom Block stand, welches mein Block war, habe ich plötzlich gespürt, dass die Schnur unten an einem Bein von Unterhose aufgeht und das Brot rausrutscht. Ich blitzschnellen Hechtsprung auf den Boden gemacht, Brot gekrallt und bin zwischen meine Kollegen gesprungen, wo ich ganz schnell weitergegeben habe das Brot, weil sofort stand ein Blockführer vor mir. »Was war denn das da?«, hat er gefragt, und ich habe behauptet, meine

Mütze sei runtergefallen. Der SS-Mann schaute kurz und ging wieder weg. Ich war gerettet.

– Warum hat Jurek dir diese Geschichte gerade vor der Prüfung erzählt?
– Ich glaube, ganz einfach deshalb, weil ich damals beim Abendessen so nervös war, da fiel ihm eine Situation ein, in der er selbst nervös gewesen war.
– Komischer Vergleich.
– Ja, aber ich habe noch oft an diese Geschichte gedacht. Sie fällt mir immer wieder ein, wenn ich aufgeregt bin, wegen einer wichtigen Präsentation in der Arbeit oder so was. Ich sehe dann Jurek vor mir, wie er dasteht mit dem Brot in der langen Unterhose und vor ihm dieser Fritzsch, der gerade seine Beine runtertastet.
– Und dann?
– Dann kommt mir alles viel harmloser vor.

Am nächsten Morgen merke ich, dass ich nervös bin. Ich habe überprüft, ob das Aufnahmegerät funktioniert, und eine Liste mit Fragen vorbereitet. Mit all diesen Interview-Utensilien sitze ich in einem ruhigen Zimmer im Haus meiner Eltern. Ich warte auf meinen Vater. Er hat gesagt, dass er noch kurz ein paar Sachen zusammensucht, die ich vielleicht brauchen kann. Den ganzen Tag hat er sich Zeit genommen für unser Gespräch.

Durchs Fenster sieht man auf eine frisch gemähte Wiese, auf der alte, knorrige Obstbäume stehen. Vom Haus meiner Eltern hat man einen Blick auf die sanften, runden Hügel der Schwäbischen Alb, deren runde Umrisse mich immer an schlafende Elefantenkinder erinnern.

Mein Vater hat sofort eingewilligt, als ich ihn vor einigen Wochen gefragt habe, ob ich auch ihn interviewen darf, über seine Beziehung zu Jurek, aber auch über seine eigene Geschichte, unsere Familiengeschichte.

Ich war es, die dieses Gespräch dann vor sich hergeschoben hat. Ich habe zuerst andere Dinge recherchiert, fremde Geschichten aufgeschrieben und dabei immer wieder überlegt, ob ich die Geschichte meines Vaters überhaupt auf die gleiche Art und Weise aufschreiben kann wie die von Renate oder Rudolf

Dohrmann. Je näher man einem Menschen ist, desto schwieriger wird es, eine schlüssige Geschichte zu formen. Aus der Nähe betrachtet bleiben Widersprüche, Nahtstellen und Ritzen sichtbar. Man spürt, wie unvollständig, ja, falsch die Geschichte, die man da aufschreibt, doch eigentlich ist, ja, immer bleibt, egal wie viel Mühe man sich dabei gibt.

Mein Vater kommt herein. Er setzt sich in einen Sessel direkt neben dem Fenster. Er hat ein paar Bücher dabei, die er neben sich auf den Fußboden legt.

– Papi, ich hab mir überlegt, dass wir jetzt einfach bei null anfangen. Dass du mir auch die Geschichten noch mal erzählst, die ich eigentlich schon kenne, und dass ich versuche so zu fragen, als wüsste ich nichts, als sei ich eine Fremde. Einfach damit daraus eine zusammenhängende Geschichte werden kann.
– Einverstanden.
– Wenn ich dich bitte, die Vorgeschichte deiner Freundschaft zu Jurek zu erzählen, wo würdest du anfangen?
– Wahrscheinlich mit dem Tapeziertisch.

Und dann beginnt mein Vater von seiner Kindheit zu erzählen, einer Kindheit auf einem Bauernhof bei Schwäbisch Gmünd, dreißig Kilometer von dem Ort entfernt, wo meine Eltern nun wohnen.

Meine Großeltern hatten damals einen großen und florierenden Bauernhof, was vor allem in der frühen Kindheit meines Vaters, der 1947 geboren ist, viel wert war, denn die Versorgungslage war schlecht, und es zählte noch etwas, Bauer zu sein. Mein Großvater war ab 1952 CDU-Mitglied, jahrzehntelang Kreisrat, bald auch Vorsitzender des Kreisbauernverbands, Aufsichtsrat der örtlichen Kreissparkasse und schließlich Aufsichtsrat der Südmilch-AG. Auf den ersten Blick scheint es so, als sei die Familie meines Vaters gut angekommen in der jungen Bundesrepublik.

Aber es gab Spuren. Die erste Spur entdeckte mein Vater, als er zehn Jahre alt war. Damals wurde das Wohnhaus renoviert. Ein Handwerker war da, der eine damals topmoderne gemusterte Tapete an die Wände des alten Bauernhauses kleben sollte.

Das Zimmer war leer geräumt, der Fußboden mit Zeitungen ausgelegt, und in der Mitte des Raums stand ein großer Tisch, auf dem die Tapeten mit Kleister bestrichen wurden, bevor mein Großvater und der Handwerker sie zusammen an die Wände klebten. Mein Vater stand am Fenster, und irgendwie vergaßen die Erwachsenen, dass er überhaupt da war. Sie gerieten in ein »Erwachsene-unter-sich«-Gespräch, kamen ins Politisieren.

»Eigentlich«, hörte mein Vater seinen Vater sagen, »eigentlich hat der Hitler doch alles richtig gemacht, bis er die Sowjetunion angegriffen hat. Das hätte er nicht mehr machen sollen, das war ein zu großer Fisch. Aber bis dahin war doch alles gut und richtig.« Der Handwerker stimmte zu. Sie sprachen noch eine Weile über den gelungenen Polenfeldzug, den genialen Überraschungsangriff auf Frankreich und das Scheitern bei Stalingrad. Mein Vater blieb wie gebannt am Fenster stehen.

– Was glaubst du, Papa, warum hat sich dieses Gespräch so in dein Gedächtnis gebrannt?
– Weil mir daran zwei Dinge auffielen, und zwar zum ersten Mal: Zum einen habe ich gespürt, dass hier Sachen gesagt wurden, in so einem vertraulichen Ton, die man öffentlich so nicht hätte sagen können. Meine Eltern haben den Namen »Hitler« eigentlich überhaupt nie laut ausgesprochen. Höchstens mal leise. Das ganze Thema war tabu. Das Gespräch mitzuhören war wie ein Blick in ein verbotenes Zimmer.
– Und was war das Zweite, was dir auffiel?
– Mir kam zum ersten Mal etwas, was mein Vater sagte, unlogisch vor. Ich wusste noch überhaupt nichts über den Krieg und hatte noch keinen Geschichtsunterricht gehabt, aber trotzdem habe ich gedacht, dass es nicht logisch ist, dass der Krieg erst gut und richtig war und dann plötzlich schlecht. Das war das erste Mosaikstück.
– Wieso Mosaikstück?
– Ich glaube, ich habe von da an gesammelt. Hinweise darauf, was damals war, in dieser Zeit, bevor ich geboren wurde, über die man nicht sprach. Und ich habe versucht, mir daraus ein Bild zusammenzusetzen.

Der zweite Mosaikstein hatte mit diesen merkwürdigen Kürzeln zu tun. Manchmal kam Besuch – lauter Frauen im Alter der Mutter meines Vaters oder auch ein paar Jahre jünger. Die Frauen saßen dann stundenlang da, plauderten, und ständig schwirrten diese Kürzel durchs Zimmer: »Als ich noch ganz neu beim RAD war …« – »Die ist doch dann blitzschnell zur KÄ befordert worden …« – »Wir haben da die besten AMs hingeschickt, die wir hatten, und die haben den ganzen Rübenacker in zwei Stunden leer geräumt.«

Mein Vater sagt, er habe seine Mutter selten so ausgelassen und fröhlich erlebt wie in solchen Runden.

Irgendwann fragte er nach, und die Frauen erklärten ihm, dass seine Mutter beim RAD, beim Reichsarbeitsdienst also, Lagerleiterin gewesen war, wo sie für bis zu hundertfünfzig AMs, also Arbeitsmaiden, zuständig war, die sie dort mithilfe der KÄs, der Kameradschaftsältesten, anleitete. Die Frauen erzählten ihm, was für eine großartige Lagerleiterin die Mutter gewesen sei: sehr fair, immer mit vollem Überblick und herzensgut. Meine Oma fragte, ob noch jemand ein Stück Kuchen wolle.

Die Frauen erklärten meinem Vater, dass der Reichsarbeitsdienst eine soziale Organisation gewesen sei, die arbeitslose junge Frauen von der Straße holte, ihnen eine Perspektive eröffnete, sie dafür schulte, auf Bauernhöfen zu helfen. Die hätten damals besonders viel zu tun gehabt, weil viele Männer doch im Krieg waren. Beim RAD, erklärten sie meinem Vater, wurde hart gearbeitet, aber es gab auch wunderschöne Liederabende, Theateraufführungen und Lagerfeuer. »Aber unpolitisch«, sagte eine der Frauen, »dass heute behauptet wird, das sei politisch gewesen, ist doch gelogen.« Die Mutter schickte meinen Vater los, noch eine Schale Sahne aus dem Kühlschrank zu holen.

Aber mein Vater entdeckte das Kürzel »RAD« in einem Geschichtsbuch wieder. Dort stand, dass der Reichsarbeitsdienst integraler Bestandteil des nationalsozialistischen Erziehungs- und Wirtschaftssystems gewesen sei. Ein zunächst nur für junge Männer, ab Kriegsbeginn aber auch für alle deutschen Mädchen verpflichtender Dienst, dessen Ziel es war, die »Heimatfront« zu stärken und die Jugend ideologisch zu schulen. Die Mutter meines Vaters war kein einfaches Mitglied, sondern eine Führerin.

Anders als viele andere Nachkriegskinder hatte mein Vater einen Geschichtslehrer, der oft über die NS-Zeit sprach. Eines Tages auch darüber, dass Juden mit Gas getötet worden waren. Männer, Frauen, Kinder. Einfach alle. Mein Vater sagt, er habe erst in der Schule gelernt, dass das Wort »Jude« eine Religionszugehörigkeit bezeichnet und dass »die Juden« vor dem Krieg eine große Gruppe in Deutschland gewesen waren. Er hatte das Wort Jude bisher nur aus ganz anderen Kontexten gekannt. »Sei kein Jud«, sagte sein Vater, wenn er sich weigerte, seiner jüngeren Schwester von seiner mühsam aufgesparten Schokolade abzugeben, weil das verwöhnte kleine Biest seinen Anteil mal wieder sofort ganz in den Mund gesteckt hatte.

»Ich hab Unkraut gejätet bis zur Vergasung«, sagte die Tante meines Vaters. Das waren alltägliche Begriffe, die auch mein Vater benutzte, ohne sie ganz zu verstehen. Plötzlich kamen sie ihm komisch vor.

Als er an jenem Tag, an dem der Lehrer über die Judenvernichtung gesprochen hatte, heimkam, fragte die Mutter wie so oft, was er denn heute in der Schule gelernt habe. Er fragte zurück, wie das denn mit den Juden gewesen sei, damals im »Dritten Reich«. Die Mutter sagte, das wisse sie nicht, es habe gar keine Juden gegeben, hier in der Gegend. Nur sonst wo, in Städten vielleicht. Und er solle jetzt bitte seinen Vater zum Essen holen.

»Das war wahrscheinlich das ausführlichste Gespräch, das wir über dieses Thema je hatten«, sagt mein Vater.

Einige Zeit später, mein Vater war ungefähr 16, fand er auf dem Speicher des alten Bauernhauses ein blau gebundenes, ziemlich abgegriffenes Buch. Er hat es jetzt dabei, nimmt es von dem Bücherstapel, der auf dem Fußboden neben seinem Sessel liegt, und hebt es hoch, fast wie ein Staatsanwalt vor Gericht ein Beweismittel präsentiert. Auf den Einband ist ein goldenes Hakenkreuz geprägt.

- Was ist das?
- Die »Mein Kampf«-Ausgabe deiner Großmutter. Alles hat sie gewusst. Alles. Hier steht alles drin über die Juden und so.
- Vielleicht hat sie es nie gelesen. Jeder hatte dieses Buch.
- Deine Großmutter hat es gelesen. Wahrscheinlich auch daraus vorgelesen, beim Morgenappell im Lager des RAD. Sie hat damit gearbeitet.

Mein Vater steht aus dem Sessel auf und bringt mir das Buch. Er setzt sich nicht zu mir an den Tisch, sondern bleibt hinter mir stehen und schlägt die erste Seite auf. Das ist seine Lehrerhaltung, denke ich. In zierlichen Sütterlin-Buchstaben steht auf der ersten Seite »Martha Roth, Birkenfeld«. Der Mädchenname und der Heimatort meiner Oma. Auf die gegenüberliegende Seite hat sie mit Bleistift in dichter Reihe Seitenzahlen notiert. Auf den ersten Blick sehen die Zahlen aus wie die Lied- und Versnummern im Gesangbuch.

Mein Vater blättert weiter, kreuz und quer durch das Buch, und zeigt mir Stellen, die mit Bleistift markiert sind, unterstrichen, mit kleinen Ausrufezeichen versehen. Alles Lehrerhafte ist wieder aus seiner Haltung gewichen. Er wirkt aufgeregt, und ich stelle mir vor, wie er damals, mit 16, auf dem Speicher zum ersten Mal durch dieses verbotene Buch blätterte und die Markierungen seiner Mutter fand. »Hör dir das an«, sagt er, und dann beginnt er, eine der markierten Stellen vorzulesen:

»Auch von der frechsten Lüge wird immer noch etwas übrig und hängen bleiben – eine Tatsache, die alle großen Lügenkünstler und Lügenvereine dieser Welt nur zu genau kennen und deshalb auch niederträchtig zur Anwendung bringen. Die besten Kenner dieser Wahrheit über die Möglichkeiten der Anwendung von Unwahrheit und Verleumdung waren zu allen Zeiten die Juden. Ist doch ihr ganzes Dasein schon auf einer einzigen großen Lüge aufgebaut, nämlich der, dass es sich bei ihnen um eine Religionsgenossenschaft handelt, während es sich um eine Rasse – und zwar was für eine – dreht.«

»Sie hat dieses ganze Hitlerzeugs gelesen«, sagt mein Vater, »aber die Sache mit den Juden konnte sie natürlich nicht ahnen. Es gab ja keine Juden, wo sie war.« Die Stimme meines Vaters klingt plötzlich sarkastisch. Das habe ich nur ganz selten gehört. Mein Vater kann ernsthaft und engagiert über Dinge reden, vor allem wenn es um Politik geht. Bei privaten Angelegenheiten ist er oft ironisch, reißt gerne Witze, macht sich über sich selbst und auch über andere lustig. Aber seine Ironie ist eigentlich immer sanft und liebevoll. Der Sarkasmus in seiner Stimme klingt fremd und bitter.

Mein Vater erzählt, er sei damals direkt zu seiner Mutter gegangen, und die habe zugegeben, dass das Buch ihr gehöre, aber sonst habe sie wieder nichts gesagt.

Von da an hat mein Vater alles versucht, um seine Mutter zum

Reden zu bringen. Seit er 16 war, hat er ihr zu fast jedem Geburtstag ein Buch geschenkt. Immer zum selben Thema, angefangen mit »Das Tagebuch der Anne Frank«, später etwa »Die Unfähigkeit zu trauern« von den Mitscherlichs. Haufenweise Bücher über die Nazizeit – zu Weihnachten oft auch noch mal eins. Er schenkte ihr die Bücher nicht, um sie zu quälen, sondern weil er dachte, er könne sie damit zum Reden bringen, zum Nachdenken, dazu, mit der eigenen Vergangenheit ins Reine zu kommen. Er liebte seine Mutter ja und glaubte immer weiter daran, dass sie in der Lage war, sich kritisch mit dem eigenen Leben auseinanderzusetzen.

Meine Großmutter väterlicherseits starb, als ich 21 war. Ich half damals, die Wohnung auszuräumen, und stieß dort auf diese fantastisch sortierte Antifa-Bibliothek. Mein Vater schlug vor, dass ich die Bücher mit in mein Münchner Studentenzimmer nehmen solle. Es seien lauter hochinteressante Sachen, und er habe all diese Bücher selbst ja auch. Ich weigerte mich. Ich wollte nicht so viel Hitler in meinem Schlafzimmer haben. Die Bücher wurden dann einer karitativen Einrichtung gespendet, die »Liebesgaben« heißt.

– Hat Oma die Bücher, die du ihr geschenkt hast, eigentlich gelesen?
– Ja, alle. Du kanntest sie doch. Sie hat alles gelesen, was man ihr zu lesen gab.
– Und hat sie mit dir darüber gesprochen?
– Nein, nie.
– Sie hat gar nichts gesagt?
– Doch. Sie hat gesagt: »Interessant.« Oder: »Das war auch ein schweres Leben.« Aber sie hat sich geweigert, den Bogen zu spannen. Von diesen Büchern zu ihrem Leben.
– Warum?
– Ich glaube, sie hatte Angst, dass ich ihr etwas kaputt mache.
– Ihre Erinnerungen?
– Ja. Ihre schönste Zeit. Die Zeit, in der sie sich am meisten verwirklichen konnte. Sie dachte, dass ich gnadenlos sein würde, dass ich mit ihr streiten würde. Du weißt doch, wie konfliktscheu Oma war. Vielleicht wäre ich auch wirklich gnadenlos gewesen, am Anfang, als junger Mann, als Student. Aber spä-

ter habe ich das doch verstanden. Später hatte ich doch so viel gelesen, mit all diesen Zeitzeugen geredet. Später hatte ich doch längst kapiert, wie es zu so etwas kommt.

– Wozu?

– Dazu, dass man ein Mitläufer wird.

Meine Mutter kommt ins Zimmer. Sie sagt, aber da sei jemand am Telefon, der dringend etwas wissen müsse, wegen der Grünen-Fraktionssitzung im Kreistag. Ob wir eine kurze Pause machen könnten. Mein Vater geht aus dem Zimmer. Ich schalte das Aufnahmegerät aus, setze mich aufs Fensterbrett und schaue auf die Wiese hinunter. Es ist schon fast Mittag. Die Wiese liegt in der prallen Sonne. Heuduft steigt von dem trocknenden Gras auf. Ich denke an meine Bauernhof-Oma, die Mutter meines Vaters.

Sie stand mir nie so nahe wie meine andere Großmutter, die ja auch bei uns im Haus wohnt. Aber ich mochte sie sehr. Als ich ein Kind war, haben wir die Bauernhof-Oma ungefähr einmal im Monat am Sonntag besucht. Mein Vater hat immer extra spät angerufen, um uns anzukündigen, damit sie sich nicht so viel Arbeit machte mit dem Kuchenbacken. Er rief an und sagte: »Wir sind in einer Stunde da.«

Wenn wir eintrafen, standen trotzdem drei verschiedene Kuchen auf dem fertig gedeckten Kaffeetisch. Meist ein noch dampfender Rührkuchen, ein Apfelkuchen, den sie auf Vorrat im Tiefkühlschrank gehabt hatte, und eine Sahne-Mocca-Rolle, die sie aus einem ebenfalls tiefgekühlten Biskuit in Windeseile gezaubert hatte. »Ich kenne doch meinen Sohn«, sagte sie dann, »wie kannst du nur glauben, dass ich darauf nicht vorbereitet bin.«

Das Verhältnis zwischen meinem Vater und seiner Mutter habe ich als gut empfunden. Meine Oma war stolz darauf, dass mein Vater studiert hatte und doch so ein lebenspraktischer Mensch geblieben war, dass er sein Haus selbst umgebaut hatte, dass er im Herbst immer hervorragenden Apfelsaft einkochte und uns Kindern beibrachte, wie man die verschiedenen Bäume voneinander unterscheidet. Ich weiß auch, dass mein Vater seine Mutter sehr geliebt hat. Aber trotzdem war das Verhältnis zwischen den beiden nicht immer völlig entspannt. Da war irgendetwas. Irgendeine unerfüllte Erwartung, die im Raum stehen blieb. Aber viele Gedanken habe ich mir darüber nie gemacht.

Ich habe meine Oma als extrem gutmütigen Menschen erlebt. Kein einziges Mal habe ich mitbekommen, dass sie mit jemandem stritt. Nie habe ich gehört, dass sie über jemanden schlecht sprach. Als Teenager konnte ich ihr keine größere Freude machen, als mit einer ganzen Meute von Halbstarken nach einem Ausflug zum Baggersee spontan bei ihr einzufallen und ihr den Kühlschrank und die Tiefkühltruhe leer zu essen. Sie kochte, buk, spülte und stellte mir und meinen Freunden interessierte Fragen. Was das anbelangt, war sie ganz ähnlich wie Jurek, aber sie war, anders als Jurek, absolut nicht diskussionsfreudig.

Ich hätte meine Oma nicht als konfliktscheu bezeichnet. Ich hatte eine friedliebende Oma. Das war schön. Mein Vater hatte eine konfliktscheue Mutter. Das war manchmal unerträglich. Der Unterschied entsteht nur durch die Perspektive, durch den Grad der Nähe.

Mein Vater ist noch immer nicht zurück. Wenn er Politik macht, dann kann das dauern. Das weiß ich. Mein Vater ist der politischste Mensch, den ich kenne, aber er wird es nie zu einem hohen politischen Amt bringen. Dazu ist er zu kantig, zu undiplomatisch, zu grundsätzlich. Es geht ihm auch nicht um irgendwelche Ämter. Es geht ihm immerzu um seine Grundsätze. Bei jedem Detail. Deshalb sind politische Diskussionen mit meinem Vater immer sehr lange Diskussionen.

Die Gegend, in der ich aufgewachsen bin, ist tiefschwarz und konservativ. Mein Vater ist im Landkreis bekannt wie ein bunter Hund, und zwar wie ein Hund, der mitunter sehr laut gebellt hat in den letzten Jahrzehnten. Als Jugendliche hat mir das manchmal Probleme bereitet, denn es gab Leute, bei denen ich Vorbehalte spürte, sobald ich meinen Nachnamen sagte. Andere klopften mir aber auch anerkennend auf die Schulter und sagten, ich sei eine »echte Bader«, wenn ich mich, z. B. in der Schule, gegen irgendeine kleine Ungerechtigkeit auflehnte. Ich mochte das nicht besonders. Ich wollte ich sein, nicht immer »eine Bader«.

Am allerwenigsten mochte ich es, wenn mich Lehrer oder auch

Eltern von Klassenkameraden fragten, was mein Vater denn da wieder für linksradikale Leserbriefe geschrieben habe. Ich hasste das. Aber ich gab nie zu, dass ich es hasste, sondern verstrickte mich sofort in Diskussionen, stellte mich auf die Seite meines Vaters, nahm ihn in Schutz und verteidigte seinen Standpunkt, sogar wenn ich gar nicht genau wusste, worum es überhaupt ging.

Ich versuchte Leuten, die mir gegenüber nur ein bisschen sticheln und letztlich gar nichts verstehen wollten, ganz ernsthaft zu erklären, warum mein Vater so denkt, wie er denkt. Dass er doch an sich ein super Typ ist, dass er es gut meint, für eine edle Sache kämpft.

Es war schrecklich für mich zu spüren, dass es da Menschen gibt, die in meinem sanften, gutherzigen, selbstironischen Papa nichts als einen moralinsauren, besserwisserischen Alt-68er sahen. Und ich gab ihm die Schuld daran. Zumindest eine Mitschuld. Denn seine Leserbriefe waren zwar durchdacht und pointiert, aber sie waren eben nicht im Geringsten sanft oder selbstironisch.

Jedes Mal wenn ich irgendwo seinetwegen angegriffen worden war, motzte ich anschließend zu Hause meinen Vater an: »Du musst deine Meinung anders formulieren!« – »Alles, was du schreibst, klingt oberlehrerhaft!« – »So kannst du doch niemanden überzeugen!« – »Du bist doch selbst schuld, dass dir niemand zuhört.« Ich muss dabei selbst sehr altklug geklungen haben.

Aber mein Vater ließ sich solche Dinge von mir widerspruchslos an den Kopf werfen. Ich glaube, er war sogar ein klein bisschen stolz, wenn ich ihn so beschimpfte, denn er hatte sich vorgenommen, seine Kinder zu kritischen Menschen zu erziehen. Wenn ich ihn anblaffte, bestätigte das sein Erziehungskonzept, was mich wiederum zur Weißglut brachte, denn ich wollte doch mit ihm streiten und ihn nicht bestätigen.

Wenn ich genug getobt hatte, erklärte er mir ganz ruhig, dass er sich nun mal dafür entschieden habe, nicht taktisch zu sein, wenn es um die Wahrheit geht. »Wenn ich eindeutige Hinweise habe, dass ein angeblich besonders ehrenwerter Bürger unseres Dorfs ein brutaler Nazi war, dann muss ich das genau so schreiben«, sagte er. Jedem stehe ja dann frei, dagegenzuhalten und andere Aspekte in die Diskussion einzubringen. »Die Wahrheit ergibt sich nicht aus Taktik, sondern aus Rede und Gegenrede«, erläuterte mir mein Vater, legte dabei die Stirn in tiefe Falten und hatte schon wieder diesen Lehrerton, der mich rasend machte. Er sagte: »Das muss der betreffende Herr aushalten. Das muss ich aushalten. Das musst du aushalten.«

Es waren komplizierte Streitereien. Durch Radikalität konnte ich mich nie von meinem Vater abgrenzen. Aber aus Protest in die Junge Union eingetreten bin ich auch nicht. Ich hätte ihn damit wahrscheinlich auch gar nicht ärgern können. Dazu war er zu tolerant. Er hätte es womöglich noch gut gefunden, dass ich eigene Wege gehe. Abgesehen davon fand ich aber auch die Jungs bei den Jusos und der Naturschutzjugend viel interessanter, und die wiederum fanden meinen Vater interessant. Ich weiß noch, wie stolz ich war, als der wunderschöne Daniel aus der Naturschutzjugend einmal sagte: »Dein Vater ist endlich mal einer von der alten Generation, der seine Ideale nicht verraten hat.« Ich verriet Daniel dann natürlich nicht, dass ich meinen Vater gelegentlich geradezu drängte, seine Ideale doch bitte wenigstens ab und zu ein bisschen zu verraten.

Auf dem Fensterbrett wird es unbequem und zudem zu heiß, weil die Sonne nun nicht nur auf die Heuwiese scheint, sondern auch auf meinen Kopf. Ich setze mich in den Sessel, in dem mein Vater gesessen hat, und greife zu dem zweiten Buch, das er mitgebracht hat. Es ist ein Fotoalbum. Jugendbilder meiner Bauernhof-Oma. Darauf Mädchen, die alle die gleichen langen Röcke und Schürzen tragen. Liederabende. Sportfeste. Und dann entdecke ich Bilder, die ich schon kenne, dabei habe ich dieses Album noch nie in Händen gehabt: Junge Leute stehen mit halb erhobener rechter Hand in einem Stadion aus großen, quadratischen Steinquadern, und auf einem Bild sieht man irgendwo weit hinten, zwischen lauter Schultern und halb erhobenen Armen hindurch ein Gesicht, das ich kenne, das fast jeder Mensch auf dieser Welt erkennt: dunkle Haare, Seitenscheitel und dieser kleine, dunkle Bart.

Meine Oma hat Adolf Hitler auf dem Nürnberger Reichsparteitag fotografiert, durch die Menschenmenge hindurch, so wie ich fünfzig Jahre später Jon Bon Jovi auf einem Konzert fotografiert habe – genauso verwackelt, genauso fern und wahrscheinlich ganz genauso begeistert.

Mein Vater kommt wieder ins Zimmer und sieht mich mit dem Fotoalbum dasitzen.

– Das war auch noch so ein Mosaikstein. Diese Bilder aus Nürnberg.
– Das kann ich mir denken.
– Mich hat das alles schockiert.
– Glaubst du, dass Oma an irgendwelchen Verbrechen beteiligt war?
– Nein. Sie saß in diesem Jungmädel-Lager, las »Mein Kampf«, half den Bauern, flirtete mit meinem Vater, fuhr mal zum Reichsparteitag. Das war alles.
– Und Opa?
– Der war ja nicht mal im Krieg. Er war unabkömmlich gestellt als Hoferbe eines großen Reichserbhofs, der seit Jahrhunderten in reinrassig arischem Besitz war. Der Nährstand war kriegswichtig. Er hat sicher auch nie jemanden erschossen. Beide waren nie zur falschen Zeit am falschen Ort.
– Und trotzdem nimmst du ihnen das so übel?
– Sie waren superstramme Nazis. Alle beide. Auch ohne persönliche Schuld. Das ganze System hat nur wegen Leuten wie ihnen funktioniert. Und da war ja auch noch dieser Plan mit der Ukraine.

Auch das ist so ein Mosaikstein. Etwas, was mein Vater nicht von seinen Eltern selbst erfahren hat, sondern von meiner Großtante, die einmal eher beiläufig erwähnte, dass mein Opa den elterlichen Hof eigentlich gar nicht übernehmen wollte. Er plante mit seiner Braut, meiner Oma, nach dem Endsieg in den Osten zu gehen, um dort, in den neu eroberten Lebensräumen, auf den Schwarzerdeböden der Ukraine einen eigenen Hof aufzubauen.

Es war ein Mosaikstein, der perfekt zu allem passte, was mein Vater da schon wusste.

Mein Vater hat sich die Lebensgeschichte seiner Eltern nach und nach zusammengesetzt: Sie beginnt im Ersten Weltkrieg, in dem der Vater meiner Großmutter fiel, noch bevor sie überhaupt geboren wurde. Sie handelt davon, dass meine Urgroßmutter, nun Witwe und mittellos, ihre Kinder nach streng pietistischen Grundsätzen aufzog und meine Oma, die eine sehr gute Schülerin war, schon mit 15 aus der Schule nahm, weil sie zum Lebensunterhalt der Familie beitragen sollte.

Meine Oma machte eine Lehre in einem Büro, bei der sie sich schrecklich langweilte. Dann, Mitte der Dreißigerjahre, als sie knapp zwanzig war, trat meine Oma in den Reichsarbeitsdienst ein. Damals war dieser Dienst noch völlig freiwillig. Wahrscheinlich hat sie es getan, um dem langweiligen Bürojob und dem pietistischen Elternhaus zu entkommen. Wahrscheinlich aber auch, weil ihr diese neue Bewegung verheißungsvoll erschien. Dort schienen alle gleich zu sein. Die soziale Herkunft war nicht entscheidend, das Geld auch nicht. Allein die Überzeugung zählte. Die »Mein Kampf«-Ausgabe meiner Oma stammt von 1934. Sie hat sich das Buch offenbar schon früh besorgt.

Vor allem zu zwei Themen hat sie darin Stellen markiert. Zum einen sind es Passagen, in denen Hitler über Religion spricht, und zwar nicht rundum ablehnend, sondern auf eine Art und Weise, die den Nationalsozialismus als logische Fortführung, ja, Vollendung des Christentums präsentiert. Mit einer dicken Linie hat sie beispielsweise folgende Stelle markiert: »Menschliche Kultur und Zivilisation sind auf diesem Erdball unzertrennlich gebunden an das Vorhandensein des Ariers. (…) Wer die Hand an das höchste Ebenbild des Herrn zu legen wagt, frevelt am gütigen Schöpfer dieses Wunders und hilft mit an der Vertreibung aus dem Paradies.« Sie suchte nach Stellen, die Brücken schlugen zwischen dem religiösen Umfeld, aus dem sie kam, und dem nationalsozialistischen, das sie faszinierte.

Das zweite Thema, das meiner Oma ganz offenbar wichtig war, war das Thema der »Volksgemeinschaft«. Viele Stellen, an denen Hitler darüber schreibt, dass Klassen und Religionsgrenzen innerhalb des deutschen Volkes überwunden werden müssen, hat sie dick unterstrichen. Ein fettes Ausrufezeichen finde ich neben folgendem Satz: »Es wird die Aufgabe eines völkischen Staates sein, in seinem Unterrichtswesen dafür Sorge zu tragen, dass eine dauernde Erneuerung der bestehenden geistigen Schichten durch frische Blutzufuhr von unten stattfindet. Der Staat hat die

Verpflichtung, mit äußerster Sorgfalt und Genauigkeit aus der Gesamtzahl der Volksgenossen das von Natur aus ersichtlich befähigte Menschenmaterial herauszusieben und im Dienst der Allgemeinheit zu verwenden.«

Im Aussiebeprozess der Nationalsozialisten wurde meine Oma für besonders brauchbares Menschenmaterial befunden: Dank ihres Fleißes, ihres organisatorischen Geschicks und ihrer Lernwilligkeit wurde sie im RAD schnell Kameradschaftsälteste und dann, 1937, Lagerleiterin. Acht Jahre lang machte sie diesen Job sehr erfolgreich, und bald wurde sie von den Bauernsöhnen des Bezirks, in dem sich ihr Lager befand, heftig umworben. »Um gute Arbeitsmaiden zugeteilt zu bekommen, musste man eben mit der Lagerleiterin poussieren«, soll mein Opa manchmal gesagt haben.

Er poussierte besonders erfolgreich. Aber seine Familie, vor allem seine Mutter, unterstützte sein Werben ganz und gar nicht. Die Familie meines Opas war eine alteingesessene, streng katholische Bauernfamilie. Meine Oma war Protestantin, stammte aus der Stadt und zu allem Überfluss war sie auch noch arm. In eine Ehe würde sie nichts einbringen als ihre Arbeitskraft.

Die beiden noch unverheirateten Schwestern meines Opas besaßen hingegen riesige Schränke voller Aussteuer: bestickte Handtücher, Leintücher, Geschirr, ja, sogar Silberbesteck und eine nagelneue Nähmaschine.

Es gibt eine Geschichte aus der Frühzeit der Bekanntschaft zwischen meinem Opa und meiner Oma, die ich schon oft gehört habe und die nun auch mein Vater wieder erzählt: Meine Urgroßmutter fand im Nachttisch ihres Sohnes, der damals immerhin schon Anfang dreißig war, Liebesbriefe. Sie las die Briefe von vorne bis hinten und stürmte dann zu ihrem Sohn, der gerade im Stall war. Sie knallte die Briefe auf den Boden des Kuhstalls, direkt neben die Güllerinne, und rief: »Des hört mir aber sofort auf!«

Es ist denkbar, dass diese Szene meinen Opa nur darin bestärkte, meine Oma zu heiraten. »Dein Opa war ein Dickschädel«, sagte mein Vater. Ich kann das nicht beurteilen. Ich habe meinen Großvater nicht kennengelernt.

Vermutlich aber haben meine Großeltern in dieser Zeit den

Plan entwickelt, in den Osten zu gehen und dort neu anzufangen. Mit einem eigenen Hof, ohne religiöse Schranken und Klassenschranken, nur der »germanischen Volksgemeinschaft« verpflichtet.

Es kam anders. Meine Großeltern haben das verheißungsvolle Land im Osten nie zu Gesicht bekommen. Im April 1945, als die Amerikaner anrückten, wurde das Lager des RAD, das meine Oma leitete, einfach aufgelöst. Zehn Jahre war sie beim RAD gewesen. Von einem Tag auf den anderen war sie ohne Arbeit, ohne Lebensaufgabe und ohne Zuhause. Sie war fast dreißig und besaß nichts außer einem Koffer voller Kleider und einer Kiste voller Bücher. Aber mein Opa zog die Sache durch. Aus Liebe und vielleicht auch aus Protest gegen meine Urgroßmutter. Im Juni 1945 heirateten die beiden. Meine Oma trug ein weißes Kleid, das sie sich aus der Seide eines ausgedienten Luftwaffen-Fallschirms genäht hatte.

Mein Vater erinnert sich, dass meine Oma, als er ein kleiner Junge war, sehr viel las. »Das war ihre kleine Flucht«, sagt er. Tagsüber arbeitete sie hart, machte den Haushalt, half auf dem Hof und kümmerte sich um die drei Kinder, so pflichtbewusst, dass sogar die Schwiegermutter nie einen Grund für Beschwerden hatte, aber abends, wenn alle müde ins Bett gegangen waren, kochte sie sich oft noch einen starken Kaffee, setzte sich in ihren Sessel im Wohnzimmer, legte die Beine auf einen Schemel, schaltete die kleine Stehlampe an und las. Manchmal wachte mein Vater mitten in der Nacht auf und fand seine Mutter immer noch lesend in diesem Sessel – so vertieft, dass sie ihn gar nicht gleich bemerkte, wenn er ins Zimmer kam.

»Ich habe selten einen so wissbegierigen Menschen erlebt wie meine Mutter«, sagt mein Vater, und in seiner Stimme liegt eine Mischung aus Stolz und Traurigkeit. »Und ich glaube«, fügt er hinzu, »dass es genau diese eigentlich positive Eigenschaft war, diese Neugierde, diese Lust, was von der Welt zu sehen, die für sie den Nationalsozialismus so anziehend gemacht hat.«

Wenn Hitler seinen Krieg gewonnen hätte, wären meine Großeltern bestimmt gen Osten gezogen. Der Hof dort wäre ein Hof gewesen, der polnischen oder ukrainischen Bauern weggenommen worden wäre. Und die Bauern, die zuvor auf diesem Hof gewohnt hatten, wären vielleicht im KZ gelandet, genau wie Jurek. Vielleicht wären sie auch erschossen worden, vielleicht als Zwangsarbeiter verschleppt. Das ist mir klar – und meinem Vater natürlich erst recht.

»Deine Großeltern haben selbst niemanden ins KZ gesteckt und niemanden erschossen«, sagt er. »Aber Menschen wie Jurek wurden ins KZ gesteckt, um Platz für Leute wie meine Eltern zu schaffen. Der ganze brutale Vernichtungskrieg im Osten wurde letztlich für solche Leute und wegen solcher Pläne geführt. Das konnten meine Eltern durchaus wissen. Zumindest meine Mutter hat Hitlers Schinken ja gelesen. Da stand doch alles drin. Sie war doch nicht dumm. Sie musste doch wissen, dass dort im Osten, auf diesen fruchtbaren Schwarzerdeböden, auch Menschen leben.« Mein Vater hat die Stirn in tiefe Falten gelegt und die Augen ganz weit geöffnet. Das macht er immer, wenn er etwas Kompliziertes erklärt, etwas zu Ende denkt.

Er ist ein verdammter Zuendedenker, schießt es mir durch den Kopf. Jemand, der sich niemals zugesteht, einen Gedankengang halb fertig stehen zu lassen, auch wenn er merkt, dass am Ende des Gedankens etwas Schmerzhaftes steht.

– Findest du, dass deine Eltern sich schuldig gemacht haben?
– Letztlich ja. Aber eben ohne es zu begreifen. Sie sind, ohne es ganz zu durchschauen, Teil eines verbrecherischen Regimes geworden. Sie wussten nichts, weil sie nichts wissen wollten. Und genau das ist das Schreckliche an ihrer Geschichte. Genau das hat mir schon als Jugendlichem Angst gemacht.
– Warum Angst?
– Dass man arglos Teil von etwas werden kann, was grundfalsch ist. Ich habe mir geschworen, dass mir das niemals passiert.

Mein Vater hat diesen Beschluss früh gefasst. In der zehnten Klasse sah er in der Schule einen Film, der denselben Titel trug wie das Buch, das er auf dem Speicher gefunden hatte – »Mein Kampf«, eine von Erwin Leiser 1959 zusammengestellte Dokumentation über den Nationalsozialismus: Aufnahmen von Hitlers Reden vor jubelnden Deutschen. Fahnenmeere. Marschierende Soldaten. Panzer. Brennende Dörfer. Menschen mit erhobenen Händen. Abgemagerte Häftlinge. Gaskammern. Leichenberge. Und am Ende des Films ein Appell, der sich meinem Vater ins

Gedächtnis eingegraben hat: »Es darf nicht wieder geschehen. Nie wieder.«

Mein Vater sagt, er sei in dieser Phase ein Einzelgänger gewesen. Er habe auch in der Schule keine Freunde gehabt, mit denen er über solche Themen sprechen konnte. Und so fasste er auch seinen Beschluss allein: Er beschloss, niemals bei etwas mitzumachen, dessen Konsequenzen er nicht überblicken kann, sich in kein System einzufügen, das verbrecherisch sein könnte. Ein System von Befehl und Gehorsam erschien ihm deshalb als zu gefährlich. Er beschloss, den Wehrdienst zu verweigern.

Mein Vater hätte sich damals noch nicht als Linker bezeichnet und auch nicht als Pazifist. Er wusste noch nicht einmal wirklich, was unter diesen Schlagworten zu verstehen ist. Er dachte sich ganz einfach: »Wenn ich nie für irgendeine Sache schieße, dann kann ich auch nicht für die Falschen oder auf die Falschen schießen.«

Doch in dem schwäbischen Landkreis, in dem mein Großvater zu den Lokalhonoratioren gehörte, galten Mitte der Sechzigerjahre Kriegsdienstverweigerer noch als Vaterlandsverräter. Mein Großvater tobte, als mein Vater ihm seinen Beschluss mitteilte. »Argumente, warum die Bundeswehr nötig ist, hatte er keine«, sagt mein Papa, »sein einziges Argument war, dass man so etwas nicht tut.« Mein Vater blieb stur. Mein Großvater blieb es auch. Mein Vater sagte zu ihm: »Du hast doch keine Ahnung, du warst ja selbst nicht im Krieg«, und wahrscheinlich hat er damit einen wunden Punkt getroffen.

Schließlich griff mein Opa zum äußersten Mittel. Es war beim Abendessen. Mein Vater verkündete, dass er den soeben eingegangenen Musterungsbescheid mit einer Verweigerung beantworten werde. Mein Opa tobte nicht mehr, sondern sagte nur einen einzigen Satz: »Wenn du das tust, dann brauchst du nie mehr heimzukommen, denn du wirst in meinem Haus nicht mehr willkommen sein.« Dann schob er seinen Teller zurück und ging aus dem Zimmer.

Mein Vater sah seine Mutter an. Meine Oma schwieg. Sie wischte Krümel von der Wachstischdecke, stand dann auf, nahm den Brotkorb und ging damit in die Küche. Als sie mit dem vollen Brotkorb wiederkam, sah mein Vater, dass sie geweint hatte.

Mein Vater ist dann doch zur Bundeswehr gegangen – aus Angst, seine Familie zu verlieren, und aus Angst, seine Mutter zu verletzen, die er schließlich sehr liebte. Aber er hat diese Entscheidung sehr bereut. Er hatte das Gefühl, sich selbst zu verlieren – sich selbst zu verraten. Er meldete sich zu den Sanitätern, um allen Waffen möglichst fern zu sein. Aber er begriff, dass das nichts änderte. Sollte es zum Krieg mit der Sowjetunion kommen, würde er genauso Teil der Kriegsmaschinerie sein wie die mit Waffen in der Hand. Ein kleines Rädchen irgendwo im Getriebe, das sich treu und brav dreht. Genau wie seine Mutter.

Er fuhr an den Wochenenden heim, weil er es in der Kaserne nicht aushielt. Zu Hause verschanzte er sich aber hinter Büchern, machte weite Wanderungen, ganz allein. Er sprach wenig mit seinen Eltern.

Seiner Mutter schenkte er in diesem Jahr zu Weihnachten ein Büchlein mit selbst geschriebenen Gedichten. Es geht in diesen Gedichten um den Krieg, um das Leid, darum, dass man die Welt besser, gerechter und friedlicher machen müsste. Es sind traurige Gedichte.

»Letztlich schlimmer enttäuscht als von meinem Vater war ich von meiner Mutter«, sagt mein Papa heute. »Sie hätte mich verstehen müssen, und ich glaube, dass sie mich eigentlich genau verstanden hat. Sie hat irgendwo tief drin alles verstanden. Aber sie hat geschwiegen. Hat sich nicht eingemischt, wie immer, wenn ein Thema irgendwie mit Politik zu tun hatte. Sie wollte sich nicht noch mal die Finger verbrennen.«

Im Wintersemester 1967/68 begann mein Vater in Tübingen zu studieren, und plötzlich war er nicht mehr allein, sondern inmitten von jungen Menschen, die ganz ähnliche Erfahrungen gemacht hatten. Er schloss sich einem marxistischen Lesezirkel an, beteiligte sich an Unistreiks und an spontanen Demonstrationen gegen den Vietnamkrieg. Es war die Zeit, in der er die Haare lang trug und mit einem Kommilitonen in den Semesterferien in einem alten VW Käfer mehr als 10 000 Kilometer durch die Sowjetunion fuhr, um ein echtes sozialistisches Land kennenzulernen.

Er begann, Russisch zu lernen. Alles, was hinter dem Eisernen Vorhang war, interessierte ihn brennend. Nachträglich verweigerte er auch den Kriegsdienst, um ganz sicher sein zu können, dass er im Kriegsfall nicht eingezogen würde. Es gab eine mündliche Verhandlung. Der Richter stellte ihm Fragen:

– Stellen Sie sich vor, der Russe überrennt Westdeutschland und dringt brutal in den Hof Ihrer Eltern ein, fällt über Ihre Mutter her, und Sie haben zufällig das Jagdgewehr Ihres Vaters zur Hand. Was würden Sie da tun?
– Ich würde mit den Russen reden.
– Wie bitte schön wollen Sie mit den Russen reden?
– Na, auf Russisch. Ich lerne gerade Russisch.

Damit war die Verhandlung beendet. Mein Vater war als Kriegsdienstverweigerer anerkannt. Interessanterweise tobte mein Großvater nun aber nicht mehr. Auch nicht, als mein Vater begann, in der nächsten Kleinstadt einen Beratungsdienst für junge Männer zu organisieren, die ebenfalls den Kriegsdienst verweigern wollten. Er hängte Anti-Kriegsdienst-Plakate auf, auf denen er den Hof seiner Eltern als Kontaktadresse angab – eine Adresse, die jeder in CDU-Kreisen kannte. Aber mein Großvater ließ sich nicht mehr aus der Reserve locken. Wahrscheinlich war ihm inzwischen klar, dass sein Sohn nicht mehr nachgeben würde, und er wollte ihn ja nicht wirklich verlieren, seinen Jungen. Mein Vater ärgerte sich, dass er nicht viel früher hart geblieben war. »Ich lernte, dass Feigheit aus Rücksicht sich nicht lohnt«, sagt mein Vater.

Dann schweigen wir einen Moment. Wir sind beide erschöpft vom vielen Reden. Ich schaue zum Fenster hinüber. Die Sonne ist gewandert, und auf einem Teil der Heuwiese liegt nun der Schatten unseres Hauses. Es muss schon Nachmittag sein. Ich spüre plötzlich, dass ich Hunger habe. Seit mindestens sechs Stunden reden wir, mein Vater und ich, fast ohne Pause, aber wir haben noch kein Wort über Jurek geredet. Nur über meine Großeltern, unsere Familie und das »Dritte Reich«.

– Papi, ich glaube, wir sind ganz schön vom Thema abgekommen.
– Mag sein.
– Ich finde es interessant, dass die Leute deiner Generation immer mit mindestens siebzig Jahren Familiengeschichte anfangen, wenn ich sie nach ihrer Freundschaft zu Jurek frage.
– Wo würdest du denn anfangen, wenn man dich nach deiner Freundschaft zu Jurek fragen würde?

– In der Jugendbegegnungsstätte. In dem Moment, in dem wir uns kennengelernt haben.
– Einverstanden. Dann sprechen wir jetzt darüber, wie ich damals Jurek kennengelernt habe.
– Lass uns erst mal eine Pause machen. Ich hab Hunger.

Wir gehen zusammen in die Küche, um uns etwas zum Abendessen zu machen. Eine Gesprächspause entsteht deshalb aber nicht. Mein Vater braucht eigentlich keine Pausen, wenn er sich gerade warmgeredet hat, wenn er in ein Thema vertieft ist. Da ist er wie Jurek. Ich hole schließlich sogar mein Tonbandgerät in die Küche, damit mir nichts von dem entgeht, was mein Vater über Jurek erzählt.

Während ich Tomaten schneide, fällt uns wieder ein, dass wir damals, als Jurek uns zum allerersten Mal besuchte, auch zusammen das Essen vorbereitet haben, bevor ich dann zum Bahnhof fuhr, um Jurek abzuholen. Es war ein Freitagabend. Eigentlich war ich an diesem Abend zur Geburtstagsfeier eines Mädchens aus meiner Klasse eingeladen, aber ich hatte abgesagt. »Ich bekomme Besuch von einem Freund aus Polen«, hatte ich erklärt. »Bring deinen Polen doch mit«, hatte die Freundin geantwortet, und ich hatte ihr erklärt, dass das nicht gehe, denn der Besuch sei fast achtzig.

Mein Vater und Jurek – das war tatsächlich Freundschaft auf den ersten Blick. Wir aßen alle zusammen zu Abend, Jurek lobte die geräucherte Forelle und stellte jedem am Tisch ein paar höfliche Fragen. Aber schon an diesem ersten Abend entwickelte sich das Tischgespräch schnell zu einem Zwiegespräch zwischen meinem Vater und Jurek. Ein Zwiegespräch, das bis tief in die Nacht hinein andauerte.

Normalerweise geht mein Vater immer um Punkt 22 Uhr ins Bett. Er tut das, weil er, seit er Herzprobleme hat, immer um halb sechs aufsteht, tibetische Mönchsgymnastik macht, eiskalt duscht und schließlich frisch zubereitetes Müsli isst, um dann, um halb acht, ausgeschlafen und gut vorbereitet vor seine Schüler zu treten.

Wenn Jurek bei uns zu Besuch war, redeten er und mein Vater meist die halbe Nacht hindurch. Jurek erzählte von seiner Zeit in Auschwitz, und sie diskutierten über Geschichte. Ich konnte bei diesen Debatten in der Regel nicht mithalten. Jureks Geschichten aus Auschwitz interessierten mich, aber ich konnte den Eifer nicht teilen, mit dem mein Vater und Jurek sämtliche geschichtswissenschaftlichen und publizistischen Schulddebatten der letzten sechzig Jahre durcharbeiteten – natürlich jeweils aus deutscher, polnischer und manchmal auch noch aus russischer Sicht, denn mein Vater hat ja auch noch dieses Russland-Faible, was für Jurek, einen polnischen Patrioten mit leicht antirussischer Grundhaltung, natürlich viel Diskussionsstoff barg.

Es gab eine Menge Punkte, an denen Jurek und mein Vater nicht einer Meinung waren. Jurek befand, dass die bundesdeutsche Friedensbewegung in den Achtzigerjahren die blanke Naivität gewesen sei. »Natürlich wären die Sowjets irgendwann bei euch einmarschiert, wenn euch die amerikanischen Atomwaffen nicht beschützt hätten«, sagte er. Er als Pole wisse doch, wie gefährlich das Leben sei, wenn man kein Abschreckungspotenzial habe. Mein Vater hielt dagegen, wie gefährlich genau dieses Abschreckungspotenzial für uns alle gewesen sei.

Mir schwirrte von solchen Diskussionen nach einer Stunde der Kopf, und ich wusste nicht mehr, was oder wem ich glauben sollte. Mein Vater und Jurek genossen die Kontroversen jedoch ganz offensichtlich. Es schien mir, dass sie sich geradezu in ein Verhältnis gegenseitiger Achtung und Anerkennung hineinstritten.

Ich fühlte mich bei diesen Gesprächen überflüssig und ging vor meinem Vater ins Bett. Das war nicht mehr vorgekommen, seit ich zwölf war. Mein Vater ging, solange Jurek da war, Morgen für Morgen nach nur ein paar Stunden Schlaf, ohne Gymnastik und Müsli zur Schule.

An den Tagen, an denen Jurek nicht mit in die Schule ging, um mit Klassen zu sprechen, stand er trotzdem früh auf und frühstückte dann den ganzen Vormittag über mit meiner Großmutter mütterlicherseits, die er gleich am ersten Tag »verehrte Frau Oma« taufte.

Beim Mittagessen fragte Jurek dann meine Geschwister und mich, wie es in der Schule war, fragte uns, was wir später machen wollten, und erzählte lustige Geschichten von seinen Türkeireisen. Am Nachmittag gab es Kaffee, oft war irgendwelcher Besuch da, und Jurek unterhielt sich mit all diesen Besuchern.

Eigentlich saß Jurek, solange er im Haus meiner Eltern wohnte, fast ununterbrochen mit irgendjemandem an dem großen achteckigen Esstisch im Wohnzimmer, auf dem meist noch das Geschirr von der letzten Mahlzeit stand, und führte intensive Gespräche.

Smalltalk mit Jurek war undenkbar. In jedem Gespräch musste es wirklich um etwas gehen, immerzu musste man zum Kern der Dinge vorstoßen. Egal ob es um Geschichte ging oder um irgendwelche kleinen Schulprobleme. Ihn dazuhaben war toll – aber auch anstrengend. Deshalb war ich froh, dass Jurek schnell nicht mehr »mein Besuch«, sondern »unser aller Besuch« war. Aber wenn er meinem Vater auf die Schulter klopfte und sagte: »Du bist ein besonders feiner Mensch«, dann war ich auch ein bisschen eifersüchtig.

– Papi, weißt du noch, was dich damals an Jurek am meisten fasziniert hat?
– Dass man mit ihm so offen reden konnte. Über wirklich alles. Er hat nie gemauert und kontroverse Themen eher gesucht als gemieden. Er ging immer ganz offen und direkt auf Menschen zu. Auch auf Leute seiner Generation. Deshalb habe ich ja auch gehofft, dass er meine Mutter vielleicht aus der Reserve locken könnte.
– Du dachtest, Jurek könne vielleicht bewirken, was 150 Bücher über die Nazis nicht geschafft hatten?
– Wie meinst du das?
– Na, Oma zum Erzählen zu bringen.
– Ja, irgendwie habe ich das gehofft.

Ich kann mich noch gut an den Besuch erinnern, den ich mit Jurek und meinem Vater bei meiner Bauernhof-Oma machte. Wie immer kündigte mein Vater den Besuch kurzfristig an. Er sagte, er wolle mit einem neuen Freund der Familie vorbeikommen, einem Auschwitzüberlebenden aus Polen.

Als wir eineinhalb Stunden später die gute Stube meiner Oma betraten, standen dort wie üblich eine Mocca-Creme-Rolle, ein Apfelkuchen und ein noch dampfender Rührkuchen auf dem gedeckten Tisch. Meine Oma begrüßte Jurek so herzlich, wie sie alle Gäste begrüßte. Als Jurek ihr aber zu Begrüßung die Hand küsste, war ihr das offensichtlich unangenehm.

»In Polen begrüßt man Damen so«, erklärte Jurek, der spürte, dass er sie verlegen gemacht hatte.

»Aber ich bin doch keine Dame«, sagte sie, »ich bin doch nur eine alte Oma.«

Wir begannen, Kuchen zu essen. Jurek nahm sich Rührkuchen. Warmer Rührkuchen mit Sahne sei doch noch immer das Beste, sagte er genießerisch. Meine Oma drängte ihn, auch ein Stück von der Mocca-Creme-Rolle zu nehmen, das sei ihre Spezialität. Jurek lobte auch die Mocca-Creme-Rolle. Die Stimmung wurde gelöster. Jurek erzählte von verschiedenen Kuchen-Spezialitäten in Polen, meine Oma gab sich interessiert.

Nur mein Vater wirkte irgendwie angespannt. Ich wusste, dass er gern gehabt hätte, dass Jurek meiner Oma von Auschwitz erzählte. Ich merkte, dass er sogar mehrmals versuchte, das Gespräch auf dieses Thema zu lenken. Aber Jurek ignorierte das. Er sprach weiter über Apfel-, Mohn- und Quarkkuchen aller Art.

Ob er den Stall sehen dürfe, fragte Jurek nach dem Essen, und so machten wir einen Rundgang über den Hof, den mein Onkel, der ältere Bruder meines Vaters, bewirtschaftet. Jurek interessierte sich für die Technik der Melkmaschine. Er sei ja eigentlich Städter, sagte er, aber er habe auch mal in der Landwirtschaft gearbeitet. In einem Stall. Genauer gesagt, in einem Kälberstall.

»Mochten Sie die Arbeit?«, fragte meine Oma.

»Ich mochte die Arbeit sehr. Sie hat mir das Leben gerettet. Sonst wäre ich krepiert«, sagte Jurek, und ich hatte das Gefühl, dass meine Oma ein wenig zusammenzuckte.

»Haben Sie auch Kälber?«, fragte Jurek, sobald ihm klar war, dass meine Oma auf die letzte Bemerkung nicht weiter eingehen würde.

Ich sah meinen Vater an. Er hatte die Stirn in ganz tiefe Falten gelegt und wirkte gequält. Wie jemand, der etwas Wichtiges sagen will, aber dann eben doch nichts sagt.

Wir gingen in den Teil des Stalls, in dem jeweils fünf Kälber in einer großen Box gehalten wurden. Jurek streichelte eines der Kälber. Ein schwarz-weiß geflecktes – ganz jung noch und etwas wacklig auf den staksigen Beinen. Das Kalb begann ihm die Hand abzuschlecken und schnappte auch nach der Manschette seines Hemds. Jurek krempelte die Ärmel auf. Für einen ganz kurzen Moment starrte meine Großmutter auf Jureks Nummer, die sichtbar wurde, aber dann begann sie zu erklären, wie alt welches der Kälber war.

»Werden sie gleich nach der Geburt von der Mutter getrennt?«, fragte Jurek interessiert.

»Nicht sofort, aber bald«, erklärte meine Oma.

Jurek sah meine Großmutter nicht an, tätschelte weiter die Schnauze des Kälbchens und begann zu erzählen.

Ab Frühjahr 1941 arbeitete ich im Kälberstall vom Auschwitz. Die Landwirtschaft war ganz große Leidenschaft vom Lagerkommandanten Höß. Er hatte große Liebe für Rinder- und Pferdezucht vor allem.

Ich war schon fast ganzes Jahr im Auschwitz und durch schwere Krankheit und ständiges Hungern sehr dünn. Als ich im Stall begann zu arbeiten, wog ich nur noch 27 Kilo und sah aus wie lebendes Skelett. Wir waren dort acht Leute für etwa zweihundert Kälber und hatten ganzen Haufen Arbeit. Wir mussten misten, Milch schleppen, Kälber füttern und sie mit Bürste und Striegel glänzend machen. Aber ganze Arbeit haben wir fair geteilt, es war eine Arbeit unter dem Dach, und wir arbeiteten gut zusammen – es war also sehr gutes Kommando. Unsere Kälber sahen immer aus, als wären sie gerade frisch vorbereitet auf eine Landwirtschaftsausstellung.

Der Kapo in diesem Kommando hieß Alfred Guck. Angenehmer Mensch. Hat uns nie geschlagen. Er war der einzige wirkliche Fachmann, weil wir anderen waren alle gar nicht vom Dorf. Ich habe mich schnell eingearbeitet und wurde von allen akzeptiert.

Zusammen mit anderen habe ich auch entwickelt eine Methode, wie wir Milch klauen konnten, ohne dass die SS-Wachen etwas sahen. Es gab für die Fütterung der Kälber ganz genauen Plan, den der Lagerkommandant Höß, soviel ich weiß, extra so entwickelt hat: Sofort nach Geburt wurden die Kälber der Mutter weggenommen und in ersten drei Tage gefüttert mit blutiger Milch. Später bekamen sie die Vollmilch und dann nach und nach nur die verdünnte Milch.

Bei der Verteilung der Milch kamen wir mit den Eimern an die Boxen, und weil sie das Geschepper von Eimern hörten, kamen die Kälber gleich gelaufen. Um zu überwachen, dass wir den Kälbern keine Milch klauten, stand im Stall während ganzer Fütterung immer ein SS-Mann an bestimmter Stelle, am Ende der Mittelgänge zwischen den

Boxen. Mir fiel auf, dass man uns von diesem Punkt aus zwar beim Füttern am Boxenrand gut sieht, aber überhaupt nicht in die Boxen schauen kann, wo die Kälber sind, weil die Absperrgitter nämlich versetzt hingemacht waren und sehr guten Blickschutz bildeten. Ich wollte also unbedingt eine Möglichkeit finden, um in die Boxen zu dürfen während der Fütterung. Der beste Weg schien, die Kälber von dem Verhalten zu entwöhnen, dass sie immer ganz von allein an den Rand von Boxen kommen. Also beschloss ich mit Kollegen, jedem Kalb unauffällig ein bisschen gegen die Schnauze zu treten, wenn es an den Boxenrand gekommen ist.

Die Kälber haben sich das schnell gemerkt, und es dauerte gar nicht lang, und jedes Mal, wenn wir mit Eimern angescheppert kamen, liefen die Kälber mit erhobenem Schwanz in der Box herum und wollten nicht mehr trinken. Den SS-Männern gefiel das gar nicht. Jetzt bekamen wir endlich ersehnten Befehl, die Kälber in den Boxen zu füttern, also dort, wo sie uns gar nicht gut sehen konnten.

Wir stiegen also in die Boxen, hielten das Kalb fest und steckten seinen Kopf in den Eimer. Vorher jedoch steckten wir aber eigene Köpfe hinein und tranken so viel Milch, wie wir wollten. Es war perfekte Methode. Man musste nur sehr aufpassen, dass man danach keinen Bart von der Milch um den Mund hatte. Nach drei Monaten im Kälberstall hatte ich vierzig Kilo zugenommen und wog wieder 67, was fast normales Gewicht ist für einen Mann von meiner Größe. Natürlich wunderten sich die SS-Leute, dass es uns so gut ging. Sie versuchten alles, um uns zu erwischen, wie wir den Kälbern klauen ihre Milch. Wir aber stritten immer alles ab und lobten sehr das Essen im KZ.

Als Jurek aufgehört hatte zu erzählen, war es still im Stall, bis man das Platschen eines Kuhfladens hörte. Mein Vater hüstelte. Er sah seine Mutter an. Niemand sagte etwas. Jurek tätschelte etwas mechanisch die Kälberschnauze.

»Wollt ihr denn noch hier zu Abend essen?«, fragte meine Großmutter in die Stille hinein. »Ich hab von dem guten Bauernbrot da.«

Es gab Holzofenbrot, Käse, Wurst, Essiggurken aus dem Glas, Bier und frische Kuhmilch. Meine Oma packte ein riesiges Paket mit Kuchen für die Daheimgebliebenen ein. Jurek ließ es sich nicht nehmen, meiner Großmutter zum Abschied wieder die

Hand zu küssen. Als wir wieder im Auto waren, begann er meinem Vater Fragen zu stellen.

– Wo war deine Mutter während Krieg?
– Sie war im Reichsarbeitsdienst. Sie hat auf Bauernhöfen geholfen und dann ein Lager geleitet. Ich meine ein Lager des RAD natürlich. Da waren lauter junge Frauen. Deutsche. Erst Freiwillige, später war es dann Pflicht.
– Hat sie an die Hitlersache geglaubt?
– Ja. Das hat sie. Hätte ich dir das vorher sagen müssen?
– Nein, nicht von Nötigkeit. Solche Sachen kann ich spüren. Wie denkt sie heute?
– Das weiß ich nicht. Sie spricht nie über diese Zeit.
– Das hättest du mir sagen müssen – ich meine, dass sie gar nicht spricht.
– Warum?
– Weil man nicht aufdrängen kann solches Gespräch an Leute, die überhaupt nicht bereit sind.
– Was kann ich denn tun, damit sie endlich bereit ist?
– Nichts. Warten. Erinnern ist ganz mühsames Geschäft.

Dann begannen die beiden ein Gespräch über Verdrängung in der bundesdeutschen Nachkriegsgesellschaft. Ich saß mit dem riesigen Kuchenpaket auf dem Schoß hinten im Auto und hörte nur halb zu. Die Straße von meiner Bauernhof-Oma zu uns nach Hause ist sehr kurvig, und mein Vater fuhr schnell. Als wir zu Hause ankamen, war mir schlecht, und ich hatte einen Mocca-Creme-Fleck auf der Hose. Ich hatte keine Lust mehr auf Auschwitzgespräche und Schulddebatten. Der merkwürdige Nachmittag bei meiner Großmutter war mir nahegegangen – vor allem dieser gequälte Blick meines Vaters und seine hilflosen Versuche, Jurek und meine Oma zu einem gemeinsamen Gespräch über Auschwitz zu bewegen.

Jurek tat mir leid, weil er immerzu als Köder für solche Gespräche herhalten musste. Ich verstand nicht, wie er das aushielt, ja, warum er nicht einmal etwas dagegen hatte. Mein Vater tat mir auch leid – weil er seiner schweigenden Mutter gegenüber so hilflos war. Und meine Bauernhof-Oma tat mir leid – weil sie einen Sohn hatte, der von ihr erwartete, dass sie die Lagerfeuerromantik ihrer Jugend mit Auschwitz in Verbindung brachte.

Zwei Tage später fragte Jurek meinen Vater und mich, ob wir ihm nicht helfen könnten, seine Lebenserinnerungen auf Band aufzunehmen. Aus den Erinnerungen solle dann ein Buch werden. Mein Vater war richtig begeistert von dieser Idee. Seine Mutter hatte ihm ihre Geschichte immer verweigert, aber Jurek würde ihm seine Geschichte von vorne bis hinten erzählen.

Ein paar Monate später kam Jurek wieder zu Besuch, um mit der Arbeit zu beginnen. Jureks Augen waren inzwischen aber schlechter geworden, sodass er nicht mehr alleine reisen konnte. Mein Vater fuhr mit dem Auto nach Warschau, um ihn abzuholen. 1200 Kilometer hin und dann wieder 1200 Kilometer zurück.

Bei diesem zweiten Besuch arbeitete eigentlich nur mein Vater mit Jurek zusammen. Anfangs war ich bei den Sitzungen im Wohnzimmer noch dabei, aber bald ließ ich die beiden Herren allein. Sie nahmen alle Auschwitzgeschichten, die Jurek sonst den deutschen Schülern erzählte, auf Band auf.

Meine Gruppe, also kleine Gemeinschaft von den Häftlingen, hatte acht Leute. Die Leute waren nicht von meinem Block, sondern von mehreren Blöcke, aber das waren alles Leute von meinem zweiten Transport nach Auschwitz, und beisammen haben diese Leute sich unterstützt. Wenn jemand was organisieren konnte, dann hat er das nicht alleine gefressen, sondern brachte auf den Tisch für alle.
Wenn ein Block als Strafe kein Essen bekommen hat, da brauchte derjenige nicht gleich zu sterben, weil er unser Essen bekommen hat. Das hat sich sehr gut bestätigt, dass wenn gut geführt wird so eine Gruppe, dann schaffen sie großen Unterschied – seelische und physische – und macht viel größer die Wahrscheinlichkeit von Überleben. Wenn man überleben wollte, konnte man nicht solidarisch sein mit allen, aber man musste sich doch suchen eine solche Gruppe mit guten Verhältnissen zueinander.

Jurek und ich sprachen schließlich kaum noch miteinander über die Vergangenheit, sondern über ganz andere Themen. Vor allem über meine Zukunftsplanung. Ich hatte damals gerade mein Abitur hinter mich gebracht und mich für diesen einjährigen Sprachkurs in Krakau angemeldet, aber ich war mir nicht sicher, ob ich wirklich so ganz allein hinaus in die Welt wollte. Jurek beruhigte mich und erklärte mir, wie ähnlich sich die deutsche und die polnische Kultur letztlich doch seien und was für eine bezaubernde Stadt Krakau sei.

Zu allem Überfluss hatte ich auch noch Liebeskummer. Auch über solche Dinge konnte man mit Jurek sprechen – das heißt, eigentlich war es sogar unmöglich, mit Jurek nicht darüber zu sprechen, denn er spürte ohnehin immer, was in mir vorging.

– Er war sowieso nichts für dich, Kati. Viel zu schwache Person.
– Woher weißt du das? Du hast ihn nur einmal gesehen.
– Ich sehe das. Habe ich im Auschwitz gelernt. Man musste dort wissen, wer stark ist und wer schwach. Blitzschnelle Einschätzung von Menschen war zentral für Überleben. Du bist stark. Dieser Junge ist schwach.
– Und wenn schon. Wer sagt denn, dass ein Junge immer stärker sein muss als seine Freundin?
– Du hörst mir nicht richtig zu. Das sage ich überhaupt nicht. Ich sage nur, dass du sehr starker Mensch bist und ihn immer rumbestimmt hättest – ganzes Leben lang. Aber du bist auch ein gutmütiger Mensch und wärst nicht glücklich geworden mit solcher Position. Ihr hättet einander perfekt unglücklich gemacht. Du musst einen suchen, mit dem du auf gleicher Höhe kämpfen kannst.
– Ich will gar nicht immer kämpfen.
– Früher oder später tut ihr es aber doch. Kannst du mir glauben. Ich spreche mit ganzer Erfahrung von 45 Jahren Ehe, in welcher wir uns echte Hölle erarbeitet haben mit solchen Effekten.

Ich mochte diese kleinen Beratungsgespräche mit Jurek. Ich war froh, dass mein Vater den Auschwitzpart komplett übernommen hatte. Mir war klar, dass es wichtig war, dass Jureks Geschichten festgehalten wurden. Aber ich hätte diese Arbeit damals nicht selbst machen wollen.

Bei diesem zweiten Besuch blieb Jurek gut drei Wochen – mehr als doppelt so lang wie beim ersten Mal. Nach wie vor mochten ihn alle und nach wie vor bewunderten ihn alle, aber bei diesem zweiten Besuch wurde allen auch klar, wie anstrengend es war, mit Jurek zusammenzuleben. Jurek brauchte sehr wenig Schlaf und sehr viel Aufmerksamkeit. So viel Aufmerksamkeit, wie ihm meine ganze Großfamilie kaum geben konnte.

Ich merkte damals, dass es mir leichter fiel, mich dem gelegentlich zu entziehen, als meinem Vater oder auch Jureks »verehrter Frau Oma«. Die beklagte sich bei mir zum Beispiel einmal darüber, dass sie, als sie wegen eines einklemmten Nervs auf dem Weg zum Arzt war, zufällig Jurek im Treppenhaus traf, und der ihr dann zu erzählen begann – eine halbe Stunde lang, eine Geschichte darüber, wie er in Auschwitz für einen medizinischen Versuch missbraucht worden war.

Wir mussten vor unserem Block antreten. Ein SS-Mann befragte uns nach allen möglichen ansteckenden Krankheiten. Ich meldete mich als völlig gesund, aber wurde trotzdem ausgewählt, zusammen mit zwei weiteren Häftlingen, welche sich auch als gesund gemeldet hatten.
Wir wurden in den Häftlingskrankenbau im Stammlager verlegt. Ein SS-Arzt untersuchte mich und gab mir dann Spritze ins Bein. Paar Stunden später schon bekam ich hohes Fieber, und ein Pfleger, auch ein Häftling, erzählt mir, dass der SS-Mann mich mit Fleckfieber infiziert hatte. Bald wurde ich ohnmächtig.
Tadeusz Kłodziński arbeitete damals auch als Pfleger im Häftlingskrankenbau. Er gehörte zu einer Gruppe von Häftlingen, die durch umliegende Dörfer mit Medikamenten versorgt wurden, welche hergeschmuggelt waren vom Untergrund aus Krakau. Er kam zu meinem Bett und sagte mir ins Ohr, dass ich die Medikamente, welche ich bekomme von dem SS-Arzt, überhaupt nicht einnehmen solle. Stattdessen gab er mir etwas anderes und sagte, ich müsste so schnell wie möglich aus dem Häftlingskrankenbau raus. Ich weiß nicht, was er mir da gegeben hat, aber wahrscheinlich hat es mir das Leben gerettet.
Ich wurde ziemlich schnell wieder so gesund, dass ich zurück nach Birkenau verlegt werden konnte. Ich hatte viel Glück, dass sie mich verlegt haben. Viele Häftlinge, welche die Versuchen überlebt haben, bekamen trotzdem die Todesspritze, weil die SS überhaupt keine Zeugen behalten wollte für solche Experimente.

Meine Großmutter kam viel zu spät zu ihrem Arzttermin. »Warum hast du ihm nicht einfach gesagt, dass du gehen musst?«, fragte ich sie, als sie mir von der Szene erzählte.

»Das kann ich als Deutsche einem Mann, der so was erlebt hat, doch nicht sagen«, sagte meine Oma, »er würde sich doch nur denken, was ist schon ein eingeklemmter Nerv.« Solche Erlebnisse hatten schließlich zur Folge, dass sie Jurek immer häufiger aus dem Weg ging. Mit ihm erst gar nicht ins Gespräch zu geraten, schien ihr leichter, als so ein Gespräch dann schnell wieder zu beenden.

Mein Vater hingegen entzog sich Jurek eigentlich nie. Er stand ihm als Gesprächspartner fast rund um die Uhr zur Verfügung. Er schlief viel zu wenig und sah schon nach zwei der drei Wochen blass aus. Meine Mutter begann, sich Sorgen um ihn zu machen. Vielleicht konnte ich mich leichter losmachen als die Älteren, weil ich mit Jurek andere Themen hatte, weil ich in ihm weniger den »Auschwitzüberlebenden« sah und weil ich auch nicht das Gefühl hatte, etwas wiedergutmachen zu müssen. Dafür war ja mein Vater zuständig.

Inzwischen ist das Abendessen längst fertig, aber mein Vater und ich sind immer noch in der Küche und reden über Jurek. Mein Vater rührt dabei an einer Salatsoße herum, die inzwischen aus mindestens zehn verschiedenen Komponenten besteht, träufelt immer wieder etwas Balsamico-Essig hinein, etwas Honig, noch etwas Senf. Ich sitze auf der Arbeitsplatte und schaue ihm zu.

– Ich hab mich damals manchmal gewundert, Papa, wie du das schaffst: die ganze Zeit die Auseinandersetzung mit diesem Thema, Jureks traurige Geschichten.
– Ich fand, dass ich ihm das schuldig bin. Und es hat mich natürlich auch sehr interessiert. Das ist schließlich ein Lebensthema von mir.
– Hattest du das Gefühl, dass du da eine Schuld deiner Eltern abarbeitest?
– Ich weiß nicht, ob man das so sagen kann. Vielleicht. Ich glaube eigentlich nicht, dass man Schuld erben kann, aber die Verpflichtung …
– … dafür zu sorgen, dass so etwas nie wieder passiert. Ich weiß. Aber weißt du, Papa, seit ich so herumreise und Jureks alte Freunde besuche, die eigentlich alle 68er sind oder noch ein bisschen älter, seither habe ich das Gefühl, dass ihr in Jurek

vielleicht zu sehr ein Symbol gesehen habt und viel zu wenig einen Menschen. Und dass ihr genau deshalb nicht auch mal Nein sagen konntet, sondern euch völlig verausgabt habt, versucht habt, alles für ihn zu tun. Und das hatte dann zur Folge, dass ihr es nicht durchhalten konntet, euch zurückgezogen habt, weil ihr eben doch immer das Gefühl hattet, zu wenig für ihn zu tun. Nicht ausgleichen zu können, was ihm angetan wurde. Weil Jurek euch Schuldgefühle gemacht hat. Und deshalb stand am Ende kein einziger Deutscher deiner Generation an Jureks Grab, obwohl Jurek das ganze Leben mit solchen Leuten verbracht hat. Obwohl er euch die Geschichten geliefert hat, die ihr gebraucht habt, für eure persönliche Seelenhygiene.

Mein Vater hat aufgehört, in der Salatsoße herumzurühren. Er lehnt sich jetzt an die Spüle und schaut mich an. Er hat die Stirn in Falten gelegt. Sein Zuendedenker-Blick. Er sieht müde aus. Mein Vater verträgt Kritik gut. Er ist nicht leicht zu verletzen, aber jetzt habe ich ihn getroffen. Das spüre ich plötzlich, und sofort tut es mir leid. Was habe ich für ein Recht, ihn zu kritisieren? Er hat das Schweigen in seiner Familie gebrochen. In meiner Familie. Er hat sich mit der Geschichte seiner Eltern auseinandergesetzt und mir alles erzählt – ganz offen und ungeschützt. Er hat Jurek aus Warschau abgeholt, ihm wochenlang zugehört. Er hat die Bänder aufgenommen, mit denen ich jetzt arbeite. Verdammt, wie kann ich ihn dafür verurteilen, dass er dabei nicht mit allem fertig geworden ist? Und warum halte ich einen Konflikt mit meinem Vater nie länger als fünf Minuten durch?

– Tut mir leid, Papa.
– »Seelenhygiene« ist das falsche Wort. Es ging mir darum, von Jurek zu lernen. Von seiner Lebenserfahrung zu profitieren. Das ist doch etwas ganz Elementares im menschlichen Miteinander. Ohne das geht es doch nicht. Und ich hab Jurek gemocht. Als Mensch. Nicht nur als Geschichtenlieferant.
– Ich weiß.
– Ich wäre auch gern mit dir nach Warschau zu Jureks Beerdigung geflogen, aber ich konnte nicht freikriegen. Und das Buch hätte ich auch gerne mit Jurek fertig gemacht. Aber das war einfach nicht zu schaffen. Ich hätte dafür meinen Beruf

aufgeben müssen. Oder das ganze politische Engagement. Ich hätte mich nur noch um das Buch kümmern können.

Nachdem Jurek wieder heim nach Warschau gereist war, hatte mein Vater über 24 Stunden Jurek auf Band. Geplant war, dass er die Bänder nach und nach abtippt und dann im Sommer darauf mit Jurek alles noch einmal überarbeitet. Aber dazu kam es nie.

Das Jahr, in dem mein Vater die Bänder abtippte, war das Jahr, das ich in Krakau verbrachte. Wenn ich von dort aus Jurek in Warschau besuchte, fragte er mich immer nach dem Befinden jedes einzelnen Mitglieds meiner Familie, er fragte nach meiner Mutter, der »verehrten Frau Oma«, nach meinen Brüdern, »dem Spargel und dem Jungingenieur«, ja, sogar nach meiner älteren Schwester, die er nur zweimal gesehen hatte, weil sie schon lange nicht mehr im Haus meiner Eltern wohnte.

Wenn er sich erkundigte, »was mein Vater so macht«, dann war mir das immer ein bisschen unangenehm. Ich wusste, dass die Tipparbeit nicht voranging. Jurek sprach es nie aus, aber ich spürte, dass er zunehmend ungeduldig wurde. Er war ja schon fast achtzig. Er wollte, dass es mit seinem Buch, dem Buch über sein Leben, endlich voranging. Er wusste, dass er nicht mehr viel Zeit hatte, aber er wusste auch, dass er es nicht alleine schreiben konnte. Er war ja fast blind.

Oft rief ich meinen Vater an, wenn ich aus Warschau dann wieder zurück in Krakau war, und fragte ihn nach der Arbeit an Jureks Buch. Was er sagte, klang immer weniger ermutigend: »Das Tippen mit diesen ganzen polnischen Ortsnamen ist mühsam. Ich muss ständig Dinge nachschlagen«, sagte er im November. »Es war jetzt so viel mit der Bürgerinitative gegen das Müllheizkraftwerk zu tun – ich bin wirklich nicht dazu gekommen«, sagte er im Januar. »Es ist zwar jetzt fast alles getippt, aber die Geschichten sind längst nicht so geordnet und schlüssig, wie man beim ersten Zuhören denkt. Das ist chronologisch alles ziemlich durcheinander. Man müsste es sortieren«, sagte er im März. »Es tut mir leid, aber ich schaff das einfach beim besten Willen nicht. Es ist viel zu viel Arbeit«, sagte er im Juni.

Die Bänder waren abgetippt, aber geordnet und überarbeitet war nichts. Ich sagte zu meinem Vater, er müsse Jurek selbst anrufen und ihm das sagen. Ich wollte nicht die Überbringerin dieser schlechten Nachricht sein.

– Wie hat Jurek damals, als du abgesagt hast, am Telefon eigentlich reagiert?
– Enttäuscht natürlich. Aber auch verständnisvoll. Erstaunlich verständnisvoll. Er hat mir überhaupt keine Vorwürfe gemacht. Er hat gesagt, dass ich sowieso zu viel arbeite und dass das nicht gut sei für mein Herz. Ich sei ja auch nicht mehr der Jüngste. Es war komisch. Ich meine, wenn ein Achtzigjähriger zu einem Fünfzigjährigen sagt, dass er nicht mehr der Jüngste ist.

Mein Vater hat Jurek danach noch dreimal in Warschau besucht. Zweimal mit Schülern, im Rahmen einer Studienfahrt durch Polen. Mehrere Schüler sagten meinem Vater anschließend, das Treffen mit Jurek sei der beste Programmpunkt gewesen. Ein Schüler meinte sogar, er habe bei dem Treffen mit Jurek mehr gelernt als zuvor in einem ganzen Jahr Geschichtsleistungskurs. Mein Vater war durch diesen Kommentar nicht im Geringsten verletzt. Im Gegenteil. Er war stolz darauf, dass er seinen Schülern eine solche Begegnung ermöglichen konnte.

Zuletzt besuchte er Jurek mit einem Freund im Frühsommer 2004.

Trotzdem lockerte sich die Verbindung zwischen Jurek und meinem Vater nach der Absage in Sachen Buchprojekt. Sie waren zwar noch in Kontakt, aber das Zwiegespräch, das sie damals in unserem Wohnzimmer begonnen hatten, führten sie nicht mehr fort, und im Haus meiner Eltern, in dem er sich so wohlgefühlt hatte, war Jurek nicht noch einmal.

Mein Vater und ich sprachen mehrmals darüber, dass man ihn eigentlich mal wieder einladen müsste, aber eine solche Einladung wäre eine extrem aufwendige Sache gewesen. Jurek war inzwischen so blind und krank, dass er unmöglich hätte allein reisen können. Man hätte ihn wieder mit dem Auto in Warschau abholen müssen und anschließend wieder dorthin zurückbringen.

Jurek bat nie darum, aber ich wusste, dass er eigentlich sehr gerne noch einmal einen solchen Besuch gemacht hätte. Vielleicht wäre er sogar am liebsten geblieben. Manchmal hatte ich zumindest das Gefühl – weil er immerzu von der herrlichen Landschaft bei uns zu Hause schwärmte, weil er immer wieder fragte, was meine Eltern denn jetzt mit dem großen leeren Haus machten, wo wir Kinder doch alle ausgezogen waren, und weil er sich bis zum Schluss so sehr für meine ganze Familie interessierte.

Er freute sich sehr, als ich ihm erzählte, dass mein älterer Bruder eine gute Stelle bei Daimler in der Forschungsabteilung bekommen hatte. »Die machen die besten Motoren auf ganzer Welt«, sagte er, und es klang, als sei er stolz auf meinen Bruder. Jurek war auch absolut begeistert, als ich ihm bei meinem allerletzten Besuch in Warschau erzählte, dass meine ältere Schwester ihr erstes Kind erwartete. »Dann wird die verehrte Frau Oma ja eine verehrte Frau Uroma!«, sagte er und strahlte so, als sei er es, der einen Urenkel bekommt.

Vor allem fragte Jurek aber immerzu nach meinem Vater. »Ganz feiner Mensch, dein Papa«, sagte er jedes Mal, wenn ich ihm erzählt hatte, was Papa so machte. Es klang dabei aber etwas Trauriges mit. Ich glaube, weil Jurek eine Zeit lang geglaubt hatte, in meinem Vater ein Gegenüber gefunden zu haben, mit dem man »auf gleicher Höhe kämpfen kann«. Und dann war seinem Sparringspartner eben doch die Luft ausgegangen, wie eigentlich allen seinen Sparringspartnern.

Nach der Bauernhof-Oma hat Jurek mich nicht mehr gefragt.

8 Unvollendete Bücher, leere Sockel

Mein Vater war nicht der Einzige, der versucht hat, ein Buch über Jureks Leben zu schreiben, und daran gescheitert ist. Telefonate und Gespräche mit Jureks alten und ehemaligen Freunden enden oft mit der Ankündigung: »Vielleicht schicke ich Ihnen dann noch was.« Dabei klingt an, dass dieses »was« etwas ist, von dem sich mein Gesprächspartner nur ungern trennt, das aber von enormem Wert für mich wäre.

Ein paar Tage später kommt mit der Post dann meist ein großer, dicker Umschlag. Und weil sich diese Geschichte des Öfteren wiederholt, sehe ich den Umschlägen bald schon von außen an, was sie enthalten: ungeschriebene Bücher.

Wenn ich sie dann aufmache, fällt meist zuerst ein Begleitschreiben heraus: »Liebe Katarina Bader«, steht da, »es hat mich gefreut zu hören, dass Sie über Jurek schreiben. Er hat das verdient.« Und dann folgt meist eine Begründung, warum es wichtig ist, über Jurek zu schreiben. »Jurek ist eine bedeutende Gestalt seiner Zeit«, schreibt ein Pfarrer, »die Nazis haben sein Leben nahezu zerstört, er aber hat seinen Lebenswillen niemals verloren.« Eine Lehrerin meint: »Unter furchtbaren Umständen hat Jurek sich stets den Glauben an die Menschen bewahrt.« Ein Journalist stellt fest: »Jurek ging es um die wahrhaftige Verständigung zwischen Menschen und Völkern.«

Am Ende der Briefe steht dann sinngemäß immer: »Vielleicht können Sie Beiliegendes ja gebrauchen. Ich habe es aufbewahrt, weil ich dachte, dass ich selbst einmal ein Buch über Jurek schreiben werde.« »Beiliegendes« sind alte Briefe, Tonbänder, gelegentlich eine Diskette mit ganzen Textpassagen oder sogar ein fertiges Vorwort für ein Buch, das dann gar nicht geschrieben wurde.

Unfertige Bücher vermacht zu bekommen, das fühlt sich an,

als ob man ein halb gebautes Haus erbe – einen Rohbau, der noch kein Dach hat, für den es nur unvollständige Pläne gibt und der außerdem an einem Ort steht, an dem man niemals wohnen mag. Wenn ich einen solchen Umschlag öffne, den Rohbau besichtige, merke ich meist bald, dass ich dieses Haus weder fertig bauen kann noch will. Das Einzige, was ich tun kann, ist, die Steine, Rohre und Zementsäcke mitzunehmen, die ich für meine eigene Baustelle brauchen kann. Ich bin dankbar für das Baumaterial, das mir da geschenkt wird, aber ich komme mir vor wie eine Diebin.

Ich bin sicher, dass die Absender der dicken Umschläge insgeheim hoffen, dass ich das Buch schreiben werde, das sie einmal schreiben wollten, und vielleicht werden sie am Ende finden, dass ich in meinem Buch völlig falsche Prioritäten setze.

Unter den Absendern sind Menschen wie Renate, die mit Jurek nie darüber gesprochen hat, dass sie ein Buch schreiben will, deren Buch immer nur ein Traum war, ein »Irgendwann«. Es gibt aber auch Menschen, die Jurek darum bat, ihm bei »seinem Buch« zu helfen. Die meisten dieser Menschen bat er ein paar Monate später darum, sich zum Teufel zu scheren. Die Geschichte von Jureks Buch ist auch eine Geschichte von zerbrochenen Freundschaften. Aber der Reihe nach.

Die Geschichte von Jureks ungeschriebener Biografie beginnt wahrscheinlich mit einer Szene, die Renate mir geschildert hat. Im Oktober 1986 besuchte Renate Jurek, der ein Jahr zuvor aufgehört hatte, als Reiseleiter zu arbeiten. Als ehrenamtlicher Zeitzeuge in der Jugendbegegnungsstätte Auschwitz arbeitete er damals noch nicht. Renate fand ihn sehr verändert vor. Innerhalb eines Jahres war Jurek grau geworden und müde. Früher hatte er Besucher von früh bis spät durch Museen gejagt, hatte Picknicke auf dem Land organisiert und tagelang in Schlangen gestanden, um Opernkarten zu organisieren.

Nun saß Jurek in seinem Sessel an seinem runden Tisch. Er hatte sich eine Wolldecke über die Beine gelegt und wollte nicht spazieren gehen, obwohl der Oktober mild war und er Spaziergänge liebte. Er sagte, seine Beine seien kalt und die Finger spüre er kaum noch. Jurek war allein. Seine Frau Krystyna war für drei Monate zu Tomek in die USA gefahren, wo gerade das erste

Enkelkind zur Welt gekommen war, Merek. Jurek hatte nicht mitgewollt. Er sagte, Tomek wolle Krystyna sowieso lieber ganz für sich haben. Tomek hatte nicht widersprochen.

Renate kam Jureks Wohnung düsterer vor als sonst. Mitten auf dem runden Tisch stand eine große schwarze Schreibmaschine, die ihr zuvor nie aufgefallen war. »Sie wollen, dass ich es aufschreibe«, sagte Jurek, »aber ich kann nicht.« Er klang resigniert, und Renate erfuhr, dass eine Gruppe evangelischer Pfarrer aus Deutschland Jurek gebeten hatte, einige seiner Erlebnisse aus der Zeit im KZ niederzuschreiben. Der Text sollte gedruckt werden, im Begleitbuch zum Kirchentag. Tausende Male hatte Jurek schon über die Zeit im KZ erzählt, aber aufschreiben konnte er seine Geschichten nicht. »Ich brauche einen Menschen, jemanden, der die Ohren aufsperrt. Das weiße Papier macht mich stumm«, klagte er. Und er bat Renate, für ihn bei diesem Pfarrer anzurufen und ihm die Lage zu schildern.

Renate merkte, dass seine Unfähigkeit, die Geschichten aufzuschreiben, Jurek quälte. Der Mann, der sich nicht vor Maschinengewehrläufen fürchtete, hatte Angst vor dem weißen Papier. Aber Renate verstand Jurek auch. Sie hatte ja auch immer schreiben wollen, über Jureks Leben und auch über die Geschichte ihrer Familie, und es doch nicht getan.

Renate hat mir die Nummer des Pastors gegeben, den sie damals in Jureks Auftrag anrief. Ein vergilbter Zettel, auf dem steht »Karl-Friedrich Barth, Pfarrer, Dichter, Bekannter von Jurek« und darunter eine Telefonnummer.

»Sie haben großes Glück«, sagt Barth am Telefon, »in drei Tagen hätten Sie mich hier nicht mehr erreicht. Ich organisiere gerade meinen Umzug. Meinen definitiv letzten Umzug. Ich werfe alles weg.« Die Stimme am anderen Ende der Leitung klingt vergnügt.

Barth kann sich noch sehr gut erinnern an diesen Anruf aus Warschau im Herbst 1986. Er habe ihn sehr gemocht, diesen Jurek, sagt er, und er sei auch beeindruckt gewesen von seiner Art zu erzählen. Aber das war nicht der einzige Grund, weshalb er ihn bat, seine Geschichte aufzuschreiben. »Wissen Sie, ich hatte das Gefühl, dass ihm die Pensionierung nicht bekommt«, erklärt Barth. »Als Jurek keine Gruppen mehr betreute, da fehlte ihm etwas. Und ich dachte, dass Schreiben ihm helfen könnte. Mir hat Schreiben immer geholfen.« Sein Leben lang habe er Gedichte geschrieben und auch Texte für Kirchenlieder.

Als dann aber der Anruf von Renate kam, da habe er verstanden, so Barth, dass seine Idee nach hinten losgegangen war. Sofort besorgte er sich ein Flugticket nach Warschau. Jurek erzählte dann drei Tage lang seine Geschichten auf Barths Tonband. »Mit jeder Stunde, die Jurek erzählte, wirkte er weniger müde«, sagt Barth, »es war, als ob ein Gift, das ihm schwer zu schaffen machte, mit den Worten aus ihm herausgespült würde.«

Am Ende, als Barth ziemlich erschöpft heimflog, da fragte Jurek ihn, ob er nicht vielleicht ein Buch schreiben wolle, gemeinsam mit ihm – denn so ein kleiner Artikel sei doch unvollständig und damit eigentlich sogar falsch, denn ein Leser könne ja, anders als ein Zuhörer, keine Nachfragen stellen. »Friedrich, lass uns meine Kiste nehmen«, sagte Jurek und meinte damit den Kleinlaster, den er eigenhändig in eine Art Wohnmobil umgebaut hatte. »Wir packen da ordentlich was zu fressen ein, und dann fahren wir nach Masuren oder besser noch in die Türkei. Da sitzen wir am Wasser, und ich erzähle dir mein Leben. Mein ganzes Leben. Und du machst dann ein Buch.«

Barth sagt, er habe lange nachgedacht über Jureks Vorschlag und den Anruf aufgeschoben, in dem er Jurek auf seine Frage antworten wollte. »Ich kann es nicht«, habe er dann am Telefon gesagt. »Jurek, du hast deine Geschichte schon oft erzählt. Wahrscheinlich einige hundert Mal, und weißt du, Geschichten sind wie Steine, die immer glatter werden, wenn Wasser drüberfließt. Deine Geschichten sind sehr rund. Und ich glaube, sie sind glatt geschliffen vom vielen Erzählen. Das ist ganz normal. Jeder Mensch tut das. Aber wenn wir das jetzt so aufschreiben, dann müsste ich doch alles überprüfen. Ich müsste in Archive gehen. Ich müsste stapelweise Bücher lesen. Ich müsste alle Fakten checken. Und dazu habe ich nicht genug Zeit. Ich habe einen Beruf. Und wenn wir die Geschichten einfach so veröffentlichen, dann stellen wir dich doch ins Fenster. Schutzlos. Dann kommen irgendwelche Historiker und sagen, das seien Legenden. Aber für dich ist es doch dein Leben, deine Erinnerung. Nein, Jurek, ich kann das nicht tun.«

Ich höre, wie Karl-Friedrich Barth am anderen Ende der Leitung tief Luft holt. Die ganze lange Erklärung, die er Jurek damals gegeben hat, hat er ohne Pause heruntererzählt, so eindringlich, als ob er nicht mit mir spreche, sondern noch einmal mit Jurek. »Ich glaube, er hat mir meine Absage nicht verübelt, weil sie ehrlich war und direkt«, sagt Barth schließlich. »Man konnte hart sein mit ihm, aber man musste immer direkt sein. Wir haben uns dann trotzdem irgendwann aus den Augen verloren. Ich mochte ihn sehr.« Und dann schweigt Barth erst mal, und auch ich weiß nicht, was noch zu sagen ist.

»Aber wo Sie nun über Jurek schreiben«, setzt er schließlich wieder neu an, »geben Sie mir doch mal Ihre Adresse. Vielleicht habe ich da noch einiges für Sie.«

Als Jurek in Rente ging und nicht mehr als Reiseleiter arbeitete, muss ihm schmerzlich bewusst geworden sein, dass er nicht immer da sein würde, um zu erzählen, dass seine Geschichte mit ihm sterben würde, wenn er sie nicht aufschrieb, und dass damit auch all die Menschen endgültig sterben würden, die er bisher durch seine Geschichten am Leben gehalten hatte.

Jurek ließ die Idee nicht mehr los. Er suchte regelrecht nach einem Menschen, der das Buch mit ihm schreiben würde. Allein schreiben konnte er es nicht – er wollte es mit einem anderen zusammen schreiben, und zwar mit einem Deutschen und auf Deutsch. Je mehr ich erfahre über Jureks Suche nach einem Koautor, desto weniger glaube ich, dass es ein Zufall war, dass er mit mir Freundschaft schloss auf diesem Seminar für junge Schülerzeitungsschreiber. Dass er mich ermutigte, Polnisch zu lernen, und dass er mir nach und nach die Materialien zuschob, die gebraucht wurden für dieses Buch, zum Beispiel die Bänder, die er der Shoah-Foundation abgeschwatzt hatte und die er mir anvertraute, obwohl ich Polnisch damals noch gar nicht verstand. Aber ich habe Nein gesagt.

Es war im Juni 2000, zu Ende meiner Zeit in Krakau. Mein Vater hatte Jurek in Sachen Buch soeben abgesagt, und ich hatte einen der begehrten Ausbildungsplätze an der Münchner Journalistenschule bekommen, weshalb ich stolz war, aber auch traurig. Ich ahnte, dass ich dieses anregende Vor-sich-hin-Lernen, das ich in meinem Krakauer Jahr so genossen hatte, gegen ein straffes Ausbildungsprogramm eintauschen würde.

»Man kann Journalismus nicht nur in der Schule lernen«, sagte Jurek zu mir. »Wenig von dem, was man in Schulen lernt, ist brauchbar. Schreiben kannst du nur beim Schreiben lernen.« Ich wusste, dass er von seinem Buch sprach. Dass er damit sagen wollte: »Nimm dir ein halbes Jahr Zeit. Und wir machen das Buch. Dabei lernst du auch eine Menge, bestimmt.« Aber er sagte es nicht, er deutete es nur an, was sonst gar nicht seine Art war.

Ich begann wirres Zeug zu reden. Darüber, dass ich diesen Ausbildungsplatz unmöglich nicht antreten könne, weil ich es sonst immer bereuen würde. Darüber, dass ich noch fast gar nichts könne, fast nichts wisse, noch alles lernen müsse. Darüber, wie zeitintensiv es sei, zu studieren und zugleich diese praktische Ausbildung zu machen, und dass leider gar keine Zeit bleiben würde für alles, was mir sonst noch wichtig sei. Mit jedem Satz, den ich sagte, wurde Jureks Blick kritischer. Ja, böser. Ich hörte auf zu labern. Wir schwiegen. Sein Schweigen war grimmig. Meines überfordert.

»Ich kann das Buch nicht mit dir schreiben, Jurek«, sagte ich schließlich, »mein Leben ist noch klein. Es muss wachsen. Dein Leben ist ein großes Leben. Es würde meines verschlucken. Wie ein großer Fisch einen kleinen.« Jureks Miene hellte sich auf, und schließlich lächelte er sogar. Ich glaube, weil meine Formulierung ihn amüsierte, und wahrscheinlich auch, weil wir endlich wieder offen miteinander sprachen – ohne Andeutungen, ohne Ausreden.

Jetzt, wo Jurek tot ist, schreibe ich nun doch ein Buch über ihn. Ich will gerne glauben, dass ich es schreibe, weil ich dieser Aufgabe nun, anders als vor zehn Jahren, gewachsen bin. Aber vielleicht schreibe ich es auch erst jetzt, weil man sich mit einem Toten nicht überwerfen kann. Und es ist gut möglich, dass Jurek sich mit mir überworfen hätte, so wie er sich mit den beiden jungen Männern überworfen hat, die ich jetzt besuchen will – den einen im hintersten Winkel Baden-Württembergs, den anderen dann in Berlin.

Am ersten Schneetag des Winters mache ich mich auf den Weg. Es ist Sonntag. Ich steige mehrmals um, an immer kleineren

Bahnhöfen in immer langsamere Züge und schließlich in einen Linienbus, der mich tief ins Hohenloher Land bringt. Die Straße ist einspurig. Rechts und links stehen kahle, dunkle Birnbäume, und auf den Feldern dahinter leuchtet der Winterweizen grün unter der dünnen Schneeschicht. Auf einem bewaldeten Hügel in der Ferne erkennt man eine Burg, und das Dorf, durch das wir fahren, besteht fast nur aus Fachwerkhäusern mit steilen, roten Ziegeldächern. Der Name des jungen Mannes, den ich hier besuche, passt in dieses Märchenland: Moritz Freiherr Truchseß heißt er. Jurek nannte ihn einfach »den Grünschnabel«, und anfangs klang das liebevoll.

»Ich habe so einen Grünschnabel kennengelernt, der mir bei meinem Buch helfen will«, sagte Jurek am Telefon, als ich ihn zum ersten Mal von München aus anrief. Ich hatte mich lange nicht gemeldet, denn das Studium, das ich gerade begonnen hatte, nahm mich in Anspruch, und außerdem plagte mich noch immer ein schlechtes Gewissen, weil ich Jurek im Stich gelassen hatte mit seinem halb fertigen Buch. Aber Jurek war allerbester Laune. »Dieser Grünschnabel studiert Geschichte und ist von einer sehr alten Familie. Seine Freundin Elisabeth spricht Polnisch. Auch von alter Familie. Von Eichborn, aus Breslau. Ein feines Mädchen. Sehr kultiviert. Sie und der Grünschnabel werden jetzt mit mir arbeiten, an meinem Buch. Sie haben erkannt, dass ihnen das große Vorteile bringen wird in weiterem Leben.« Ich empfand den letzten Satz als einen kleinen Seitenhieb auf mich, aber ich steckte das gut weg, denn mein schlechtes Gewissen war beruhigt.

Jurek stellte mir noch ein paar Fragen über München und darüber, wie es meiner Familie gehe. Aber es war ein vergleichsweise kurzes Telefonat. Ich spürte, dass Jurek sehr beschäftigt war, mit anderen Dingen.

Zwei Jahre später hat Jurek sich mit Moritz Truchseß überworfen, und zwar so sehr, dass auch mein Vater in den Konflikt hineingeriet. Mein Vater schrieb damals an Moritz, den er nie getroffen hatte, in Jureks Auftrag einen bitterbösen Brief. Auch deshalb ist es nun merkwürdig für mich, zu Moritz zu fahren, aber er hat am Telefon gesagt, ich solle ruhig kommen. Er spräche gerne mit mir über Jurek.

Das Haus steht am Ortsrand, mit einem herrlichen Blick über ein Tal. Es ist keine Burg, sondern ein normales, eher kleines Häuschen, das wahrscheinlich in den Fünfzigerjahren gebaut wurde. Als die Tür aufgeht, stehen zwei blonde Kleinkinder in Strumpfhosen vor mir, ein drittes Kind, das noch nicht laufen kann, kommt um die Ecke gerobbt. »Wer bisch denn du?«, fragt das etwa dreijährige Mädchen neugierig. Der Junge, ungefähr vier Jahre alt, zieht wie zur Bekräftigung den Rotz in seiner Nase hoch. Dann schiebt sich ein junger Mann in den Türrahmen, wahrscheinlich nur ein bisschen älter als ich. Das muss Moritz sein. Er hat ein freundliches Bubengesicht, das sogar jetzt, im November, mit Sommersprossen übersät ist. Er würde jünger wirken als Anfang dreißig, wenn er nicht eine Brille mit dünnem Goldrand trüge und unter dem Feinstrickpullover ein weißes Hemd und eine rot-gold getupfte Krawatte – nicht unbedingt der Look, in dem die meisten Menschen meiner Generation am Sonntag zu Hause rumgammeln.

Moritz sagt, sie seien gerade erst aus der Kirche heimgekommen. Er und seine Frau singen dort im Chor. »Ein Heidenspaß, sag ich dir, mit drei Kleinkindern, die ständig dazwischenkreischen.« Moritz' Art zu reden ist viel lockerer als sein Look. Er strahlt etwas Zupackendes und Fröhliches aus, das ich sofort mag. Ich spüre keine Vorbehalte bei ihm – dabei weiß Moritz ja, wer ich bin und wer mein Vater ist.

Moritz führt mich in die Küche, wo er mir seine Frau Elisabeth vorstellt, die gerade dabei ist, für uns alle zu kochen. Eine hübsche junge Frau mit einem blonden Pferdeschwanz – und in Jeans und T-Shirt viel legerer gekleidet als ihr Mann. Wahrscheinlich hat sie sich nach der Kirche umgezogen.

Nach dem Essen machen die Kinder einen Mittagsschlaf. Ich gehe mit Moritz und Elisabeth ins Wohnzimmer. An den Wänden hängen alte, sehr abgewetzte, aber doch auf den ersten Blick als wertvoll identifizierbare Wandteppiche. Der Sessel und das Sofa sehen ebenfalls wie Erbstücke aus: geschwungene Biedermeiermöbel, denen man jedoch ansieht, dass sie öfters mal als Trampoline genutzt werden. Unter einem schlichten Couchtisch, der wahrscheinlich von Ikea stammt, liegt das Fell eines Wildschweins und darauf knallbuntes Kinderspielzeug. Eine gemütliche, lebendige Wohnung – die irgendwie extravagant ist in ihrer Mischung.

Moritz und Elisabeth beginnen zu erzählen. Die beiden lernten Jurek im September 2000 kennen, also ein paar Monate, nachdem mein Vater und dann auch ich Jurek in Sachen Buch abgesagt hatten. Sie machten damals Urlaub in Polen, unter anderem weil Elisabeth ihre Polnischkenntnisse überprüfen wollte. Sie hatte gerade begonnen, Slawistik zu studieren. Jureks Adresse hatten sie von Renate, die mit Moritz um einige Ecken verwandt ist. »Besucht den mal, wenn ihr in Warschau seid«, hatte Renate zu Moritz gesagt, »er ist ein interessanter Mensch, und leider ist er inzwischen sehr einsam.«

»Eigentlich ein reiner Höflichkeitsbesuch«, sagt Moritz, »aber nach zehn Minuten waren wir in ein interessantes Gespräch verwickelt, das mit Smalltalk so gar nichts zu tun hatte, und nach vier Stunden saßen wir immer noch an Jureks rundem Tisch, tranken Tee und redeten. Es fühlte sich an, als ob wir uns seit Jahren kennen würden.« Jurek fragte die beiden über ihr Studium aus, über ihre Ziele und Pläne, und dann begann er ihnen von seinem Leben zu erzählen. Und schließlich fragte er Elisabeth, ob sie ihm nicht helfen wolle, ein Buch über sein Leben zu schreiben.

»Er hat mich gefragt, weil ich Polnisch spreche«, wirft Elisabeth ein, die bisher kaum etwas gesagt hat, »aber ich habe gesagt, dass ich das nicht kann, weil mir diese Geschichten zu nahegehen. Weil ich an so etwas Traurigem überhaupt nicht sachlich und ruhig arbeiten kann.«

Moritz sagt, er sei da ein ganz anderer Typ, und so sei es gekommen, dass er schließlich mit Jurek vereinbart habe, ihm bei seinem Buch zu helfen. Gleich in den nächsten Semesterferien wollten sie beginnen, und Elisabeth würde sie unterstützen, wann immer Polnischkenntnisse vonnöten sein würden.

Gemeinsam fuhren Moritz und Elisabeth in den nächsten Semesterferien wieder zu Jurek. Mein Vater, der genau wie ich sehr erleichtert war, hatte Moritz die Abschriften der Tonbänder geschickt, die er zwei Jahre zuvor mit Jurek aufgenommen hatte. Also auch damals schon ein dicker Umschlag mit einem ungeschriebenen Buch, denke ich.

Jurek, Moritz und Elisabeth begannen, das Material zu sortieren, die Geschichten chronologisch anzuordnen und die Texte sprachlich zu glätten. Jurek achtete dabei sehr darauf, dass Elisabeth immer spazieren ging, wenn eine besonders traurige oder grausame Geschichte auf dem Plan stand. »Er war da sehr fürsorglich«, sagt Elisabeth.

»Das war wie ein Puzzle«, sagt Moritz, »die Geschichten waren total durcheinander.«

Die beiden sitzen dicht nebeneinander auf dem schmalen, eleganten Sofa. Moritz hat seinen Arm um Elisabeth gelegt. Sie wirken völlig harmonisch. Aber wenn sie erzählen, dann scheint es, als ob sie über komplett unterschiedliche Dinge redeten, die auf den ersten Blick nichts miteinander zu tun haben und sich auf den zweiten Blick perfekt ergänzen.

»Wir haben für Jurek immer Prababcia-Schinken kaufen müssen«, sagt Elisabeth, »bei einem ganz besonderen Stand auf dem Markt, weil Jurek fand, dass es dort den besten Schinken gebe.«

Und Moritz erzählt daraufhin, als ob zwischen den beiden Tatsachen ein direkter, ja, womöglich kausaler Zusammenhang bestehe, dass sie bei der Bearbeitung der ganzen Vorgeschichte, also des Teils der Biografie, bis Jurek ins KZ kam, gut und schnell vorankamen. »Als wir dann über das KZ schrieben, da wurde Jurek wahnsinnig penibel«, sagt Moritz, »ob irgendjemand mal ein Stück Brot geklaut hat oder nicht – das hat er dann plötzlich ganz wichtig genommen, und er wollte mich ständig in irgendwelche Archive schicken und Dinge überprüfen lassen. Aber ich sagte: Jurek, das machen wir dann zum Schluss.«

»Er hatte damals gerade eine ganz neue Haushaltshilfe, Fräulein Beata«, sagt Elisabeth. »Drei Tage lang wurde sie hoch gelobt, aber dann sagte Jurek, dass sie alles durcheinanderbringe, und schließlich behauptete er, dass sie klaue, und warf sie raus. Ich habe oft daran gedacht, als Moritz und Jurek dann zu streiten begannen. Jurek hasste es, von jemandem abhängig zu sein.«

»Jurek war ein Egozentriker«, sagt Moritz, »je länger ich mit ihm gearbeitet habe, umso klarer wurde das.«

Dreimal waren Elisabeth und Moritz gemeinsam in Warschau. Immer in den Semesterferien, jedes Mal für gut eine Woche. Dann, beim vierten Mal, fuhr Moritz allein, weil Elisabeth andere Pläne hatte. Anders als sonst übernachtete Moritz bei seinem dritten Arbeitsbesuch in Jureks Wohnung. Jurek hatte sich das so gewünscht: Dann könne man die Abendstunden auch noch nutzen und vielleicht endlich fertig werden.

Einmal versuchte Moritz an einem solchen Abend mit Jurek über Widerstandsbewegungen im »Dritten Reich« zu sprechen. »Ganz einfach, weil ich abends mal über was anderes reden wollte«, sagt Moritz, »um gedanklich aus dem ganzen Sumpf wieder rauszukommen. Und natürlich auch, weil das Thema für mich, den Enkel eines Widerstandskämpfers, persönlich wichtig ist.«

Zuerst sei Jurek interessiert gewesen, erzählt Moritz. Aber als Moritz dann ausführlicher davon berichtete, wie damals, nach dem 20. Juli, Stauffenberg und über zweihundert andere Offiziere und Mitverschwörer umgebracht wurden, da habe das Jurek nicht sehr beeindruckt. »Auch die Geschichte meines Großvaters, der nach dem 20. Juli fast ein Jahr lang im Gefängnis saß, ließ Jurek kalt«, sagt Moritz. Plötzlich merke ich, dass Moritz' Stimme bebt. Man spürt, dass es ihn noch heute aufwühlt, wenn er an diese Szene denkt.

»War das mit dem Widerstand ein großes Thema in eurer Familie?«, frage ich.

»Natürlich«, sagt Moritz, »in unserer Familie ist man stolz darauf, dass man gegen Hitler war. Und man weiß, wer dabei war und wer nicht, das geht so weit, dass man eine lange Zeit nicht mit bestimmten Leuten verkehrte, weil diese Nazis waren und man selbst im Widerstand.«

Als ich nachfrage, beginnt Moritz von seiner Familie zu erzählen, die seit neunhundert Jahren in Unterfranken ansässig ist. Moritz' Großvater, Dietz Freiherr Truchseß, diente gemeinsam mit Claus Schenk Graf von Stauffenberg beim Bamberger Reiterregiment, war mit ihm und seiner Frau Nina befreundet und geriet über diese persönliche Beziehung in den Dunstkreis des Widerstandes. »Als die Sache dann schiefging, haben die Nazis bei den Verschwörern in einer Notiz den Namen meines Großvaters gefunden«, erzählt er, »aber dieser war mit einem Fragezeichen versehen. Seine Rolle war nicht eindeutig zu klären, er wurde zwar verhaftet und in Berlin ins Gefängnis gesteckt, aber eben nicht wie so viele andere sofort umgebracht. Dafür reichten die Beweise nicht. Mit viel Glück hat er den Krieg überlebt.«

– Und wie hat Jurek reagiert auf diese Geschichte?
– Er hat gesagt, dass damals in Warschau manchmal an einem einzigen Tag dreihundert Leute auf der Straße aufgehängt wurden. Passanten. Die gar nichts getan hatten. Und dass das den ganzen Krieg hindurch so gegangen ist. Die ganze Besatzungszeit. Auf mich wirkte das so, als wolle er sagen, egal ob das mit den Offizieren stattgefunden hat oder nicht, das war doch unbedeutend, das spielte doch keine Rolle. Und das sehe ich dann doch ein bisschen anders.

Moritz lacht. Es ist ein spöttisches Lachen. Als wolle er mit diesem Lachen demonstrieren, wie absurd und egozentrisch Jureks Sicht der Dinge doch war. Ich habe das Gefühl, dass ich dagegen eigentlich etwas sagen müsste. Dass ich sagen müsste, dass aus polnischer Sicht, aus Jureks Sicht, Stauffenberg und seine Mitverschwörer wirklich keine Helden sind. Stauffenberg war mit von der Partie, als die Wehrmacht Polen überfiel. Er hat bei der Wehrmacht Karriere gemacht, als Jurek schon im KZ gequält wurde und auf den Straßen Warschaus Menschen erhängt wurden.

Aber ich zögere, Einspruch zu erheben. Ich weiß genau: Wenn ich jetzt auch noch mit den Toten auf Warschaus Straßen anfange, dann versteht Moritz das als typische Besserwisserei eines Kindes linker Lehrereltern, und dann gibt es hier Fronten. Fronten, deren Verlauf ich aus Dutzenden von Feuilletondebatten kenne: Auf der einen Seite würde Moritz stehen, der zu Recht stolz ist auf seinen Großvater. Auf der anderen Seite würden diejenigen stehen, die – ebenfalls völlig zu Recht – anzweifeln, dass die Verschwörer um Stauffenberg aus heutiger Sicht wirklich als Helden und Vorbilder taugen. Ich bin aber nicht hier, um alte Fronten wiederaufleben zu lassen und tausend Mal geführte Debatten zu führen. Ich bin hier, um Moritz' Version der Geschichte zu hören.

Ich lenke das Gespräch also zurück auf Jureks Buch. Moritz erzählt, dass die Zusammenarbeit zwischen Jurek und ihm nach diesem Gespräch über den 20. Juli immer schwieriger wurde, auch weil er, Moritz, allmählich eine größere Distanz zu Jureks Geschichten entwickelte. »Er hat da Geschichten erzählt, von Selektionen, und ich dachte: Warum erzählt er das so emotionslos?

Er sagte nie, wie er sich dabei gefühlt hat. Er erzählte alles immer aus der Perspektive eines Kameramanns. Eines Beobachters. Als ob er selbst auf sein Handeln gar keinen Einfluss hätte nehmen können. Ich meine, das konnte er größtenteils wahrscheinlich auch nicht, aber auf der anderen Seite hat er doch auch mehr Freiheiten als andere gehabt im KZ. Ich meine, er hatte ja eine Funktion.« Ich weiß sofort, von welcher Geschichte Moritz spricht.

Vorne in der Baracke, in der ich Schreiber war, gab es einen Vorraum. In diesem Vorraum fanden Selektionen statt, von Juden. Es waren Menschen, welche nach ihrer Ankunft in Birkenau noch befunden worden waren als arbeitsfähig, und die nun, nachdem sie sich halb tot gearbeitet hatten, doch geschickt werden sollten ins Gas. Anders als bei den Selektionen auf der Rampe wussten die Menschen genau, worum es sich hier handelt, nämlich um Leben oder Tod. Sie mussten sich im Inneren der Baracke nackt ausziehen und dann, jeder einzeln, in diesen Vorraum kommen. Dort saß eine Kommission von SS-Männern. Schon auf dem Weg wurde eingeschätzt, wie der Häftling sich bewegt. Vor der Kommission musste er eine Pirouette machen und sich beugen nach rechts und nach links. Ich saß auf der anderen Seite des Vorraums an einem Tisch. Einer aus der Kommission gab mir ein Zeichen, ob ich den Häftling in die linke oder in die rechte Liste schreiben sollte. Der Häftling kam dann zu mir, und ich schrieb die Nummer von seinem Arm ab.

Wenn die Selektion beendet war, wurden die Nummern der Häftlinge verlesen, welche eigentlich dann schon nicht mehr lebten, auf dem Papier, denn sie wurden dann sofort eingetragen, in das Totenbuch, obligatorisch mit Todesursachen wie Lungenentzündung, Herzschwäche oder solche Dingen, was mit der Realität gar nichts zu tun hatte.

Dann wurden sie, immer noch nackt, auf einen Lkw geprügelt, der bereits wartete vor der Baracke. Die Häftlinge, die oben waren, zogen die Schwächeren rauf, und die SS-Männer schlugen die ganze Zeit. Alle wussten genau, wohin es geht, und sie hatten sich schon abgefunden. In nur hundert Meter Entfernung sahen sie meterhoch die Flammen aus dem Schornstein des Krematoriums. Die anderen Häftlinge durften sich anziehen und wurden wieder auf die Blöcke verteilt.

Ich konnte mich nicht drücken vor dieser Arbeit, aber ich habe die Nummern von solchen, die bestimmt waren für das Gas, immer wieder unbemerkt auf die andere Liste geschrieben. Ich getraute mir das natürlich nur, wenn der Häftling noch einigermaßen gesund aussah und kein SS-Mann aufpasste. Ganz kranke Männer auf die andere Seite zu schreiben, war zu riskant. Je mehr Unruhe war in dem Block, desto mehr konnte ich Leute so schreiben, wie ich als richtig gedacht habe.

»Ich habe mich gewundert, dass Jurek nicht über die eigene latente Mitschuld nachgedacht hat«, sagt Moritz, »dass er nicht gegrübelt hat, ob er nicht mehr hätte tun können.« Nun beginne ich mich richtig über Moritz zu ärgern. Es kommt mir so vor, als ob Moritz Jureks Geschichte anzweifelt, um sich geradezu dafür zu rächen, dass Jurek die Geschichten über seinen Großvater und Stauffenberg nicht hören wollte, und ich habe plötzlich keine Lust mehr, einfach nur zuzuhören.

– Die Geschichte über die Selektion kenne ich, aber wo bitte siehst du denn da die Schuld?
– Wenn du doch eine Nummer weglassen kannst, dann kannst du letztlich entscheiden, ob einer vergast wird oder nicht! Und dass Jurek seine Rolle da gar nicht hinterfragt hat! Ich meine, dass er da letztlich doch mit denen »lieber Gott« gespielt hat. Dass er das so nüchtern erzählen konnte. Das müsste ihn doch nachts verfolgen!
– Wenn man vier Jahre im KZ war, dann hat man doch tausende solcher Situationen erlebt! Situationen, in denen man nicht klarkommen kann mit normalen moralischen Maßstäben. Jurek hat doch irgendwie weiterleben müssen …

Bisher war die Gesprächsatmosphäre freundlich und entspannt, aber plötzlich liegt Aggression in der Luft. Ich habe das Gefühl, Jurek verteidigen zu müssen, und ich merke, wie ich beim Verteidigen in den Ton falle, den ich meinem Vater als »oberlehrerhaft« vorhalten würde. Moritz hört mir mit genervtem Blick zu, und ich sehe sie schon entstehen, die Fronten.

Elisabeth, die schon ziemlich lange nichts mehr gesagt, sondern einfach nur schweigend zugehört hat, rettet nun plötzlich die Situation. »Ich kann mir vorstellen«, sagt sie, »dass Jureks Art zu erzählen, diese distanzierte Sicht auf das eigene Erleben, nicht erst hinterher entstanden ist, sondern vielleicht sogar schon im KZ, während er all das erlebt hat. Dass man in so einer Situation versucht ist, aus seiner eigenen Person ein bisschen herauszutreten, um stark zu bleiben. Wahrscheinlich muss man das sogar, um zu überleben. Aber natürlich ist das für uns, die so etwas nie erlebt haben, nur schwer nachvollziehbar und natürlich klingt es für uns grausam, wenn jemand so gelassen über so schreckliche Dinge erzählt.«

Ich bin tief beeindruckt von Elisabeths diplomatischem Geschick. Mit wenigen Sätzen hat sie Verständnis für alle Beteiligten signalisiert – für Jurek, für Moritz, für mich. Ich verstehe, warum das Autorenteam damals nicht mehr funktionierte, als Elisabeth nicht mehr dabei war.

Die Stimmung zwischen Moritz und mir entspannt sich wieder, obwohl er nun darüber spricht, wie der Streit zwischen Jurek und ihm schließlich eskalierte. »Anfangs hat Jurek mir immer versprochen, dass ich zumindest als Koautor auf dem Cover des Buches stehen werde«, sagt Moritz, »aber dann wollte er plötzlich nicht mehr Wort halten.«

Jurek habe plötzlich ganz allein auf den Buchumschlag gewollt. Ein großes Foto von ihm sollte darauf sein. Kein KZ-Bild, sondern ein Bild, das ihn als schönen jungen Mann zeigt, Jahre nach der Befreiung. Und Jureks Name sollte gleich zweimal auf dem Cover stehen. An der Stelle, an der normalerweise der Titel steht, sollte »Jerzy Baran« stehen – Jureks ursprünglicher Name, der Name, mit dem er im KZ war. Und dort, wo normalerweise der Autor steht, sollte dann »Jurek Hronowski« stehen – also der Nachname, den Jurek Anfang der Fünfzigerjahre angenommen hat, und der Kosename, mit dem er sich bei den deutschen Gruppen vorstellte, nachdem er das unpersönlichere »Herr Georg« abgelegt hatte. Beide Namen in ganz großen Lettern. Kein Titel, sondern nur die beiden Namen.

»Typisch. Immer nur er, er, er«, sagt Moritz, »und ich habe gesagt, wenn ich schon die ganze Arbeit mache, zu dir komme und alles selbst bezahle, dann will ich zumindest Koautor sein. Dann muss ich meine Arbeit für das Buch doch zumindest als Aushängeschild benutzen können.« Jurek behauptete nun plötzlich, Moritz wolle ihn hintergehen, er wolle ihm seine Geschichte stehlen. Moritz packte daraufhin seine Sachen und fuhr einfach ab.

Die beiden haben nie wieder miteinander gesprochen, aber nun kam mein Vater ins Spiel, denn Jurek rief meinen Vater, mit dem er seit Monaten keinen Kontakt mehr gehabt hatte, sofort an, nachdem Moritz weg war.

Jurek war völlig aufgelöst. »Einfach klauen wollte dieser Grünschnabel mein Buch!«, sagte er. »Und alles hat er mitgenommen! Ganze Dokumente, auch alte Fotos und Manuskript von meinem Buch. Nur weil ich fast blind bin, denkt er, er könne mich ausnehmen, wie man nimmt aus ein Huhn, welches frisch geschlachtet ist.« Jurek bat meinen Vater, Moritz einen Brief zu schreiben, in dem er die Herausgabe der Unterlagen forderte und ihm klarmachte, dass die Rechte für das Buch allein bei ihm, Jurek, lägen. Mit dem Rechtsanwalt solle mein Vater diesem Grünschnabel drohen oder am besten gleich mit dem Europäischen Gerichtshof für Menschenrechte.

Ich habe den Brief, den mein Vater nach diesem Telefonat verfasst hat, nie gelesen und kann ihn auch nicht mehr lesen, denn mein Vater hat keine Kopie aufbewahrt und Moritz hat ihn zerknüllt und in den Mülleimer geworfen. Aber ich bin sicher, dass mein Vater diesen Brief ähnlich kämpferisch und pointiert formuliert hat wie seine Leserbriefe – weil er Jurek helfen wollte, weil er da eine große Ungerechtigkeit witterte und vielleicht auch ein bisschen, weil er ein schlechtes Gewissen hatte wegen seines eigenen Rückziehers in Sachen Buch.

Moritz hat auf den Brief meines Vaters jedenfalls nicht reagiert. Jurek behauptete daraufhin, Moritz wolle sich ins Ausland absetzen mit seinem Manuskript und es dann unter eigenem Namen veröffentlichen. Mein Vater hielt diese Angst zwar nun wirklich für übertrieben, aber trotzdem schickte er den bösen Brief auch noch an die Adresse von Moritz' Vater. »Sicher ist sicher«, dachte er sich.

»Ich war sehr wütend, als ich aus Warschau heimfuhr«, sagt Moritz heute. Er habe sich ausgenützt gefühlt von Jurek. Noch wütender wurde er, als er den Brief meines Vaters bekam. »Und als dein Vater den Brief auch an meinen Vater geschickt hat, oberlehrerhaft, so à la ›Ihr Sohn war ungezogen‹, das hat mir wahnsinnig gestunken«, sagt Moritz.

Ich verstehe Moritz und spüre doch den alten Impuls, meinen Vater zu verteidigen, genau wie früher, wenn ich in der Schule auf seine Leserbriefe angesprochen wurde. »Mein Vater war von

Jurek einfach nicht richtig informiert worden«, sage ich. »Er hat nicht gewusst, ja, gar nicht wissen können, dass Jurek damals schon von diesen Ängsten besessen war, die völlig irrational waren.«

Ich habe das mit den Ängsten damals schließlich bemerkt. Ein paar Wochen nach Jureks wütendem Anruf besuchte ich ihn in Warschau. Er bestand darauf, mich vom Flughafen abzuholen. Er stand in der frisch renovierten Flughafenhalle und erkannte mich nicht – auch nicht, als ich schon fast direkt vor ihm stand. Seine Augen waren sehr schlecht geworden.

»Hallo, Jurek«, rief ich. Er umarmte mich und raunte mir dabei ins Ohr, ich solle leiser reden und seinen Namen nicht in der Öffentlichkeit sagen. Er werde verfolgt.

– Aber wer verfolgt dich denn?
– Ganze Bande vom Geheimdienst. Sie sind überall. Und wenn ich wohin komme, geht immer dieses Piepsen los. Das ist Signal, dass ich da bin, und alle Agenten sollen lenken ganze Aufmerksamkeit auf mich. Hörst du? Das ist es!
– Jurek, das ist eine Autoalarmanlage. Das hat nichts mit dir zu tun. Die hört man jetzt überall.
– Bitte, Kati, red nicht so laut. Sie zeichnen doch alles auf.

Wir fuhren in seine Wohnung. Dort fand ich das angeblich gestohlene Manuskript auf dem Telefontischchen liegend. Aber Jurek war trotz dieses Fundes noch immer außer sich. »Der Grünschnabel wollte alles reißen ganz zu sich und an sich. Aber das ist meine Geschichte. Mein Leben«, sagte er immer wieder, und es waren Tränen in seinen Augen.

Dann musste ich mit ihm seine Unterlagen durchgehen. Seine Fotos. Seine Briefe. Dokumente über seine Zeit in Auschwitz. Jurek sagte immer: »Ist zur Stelle das Dokument, welches bezeichnet, dass ich …«, und ich sagte: »Ja.« »Ist zur Stelle das Foto, welches zeigt …« Er klang dabei wie ein Offizier, der die Reihen seiner Soldaten abschreitet. Wir spielten dieses Spiel mehrere Stunden lang. Alle Fotos und alle Dokumente, nach denen er fragte, waren »zur Stelle«. Aber Jurek blieb davon überzeugt, dass etwas fehlte. »Alles hat er mitgenommen«, murmelte er immer wieder, und ich konnte ihn kaum beruhigen, obwohl ich sofort sah, dass Moritz überhaupt nichts mitgenommen hatte.

– Weißt du, Moritz, in den letzten Jahren hatte Jurek einfach auch eine Art Verfolgungswahn. Das hat sich noch zugespitzt, nachdem ihr keinen Kontakt mehr hattet.
– Ja. Elisabeth hat das auch immer gesagt.

Mein Abschied von Moritz und Elisabeth ist freundlich. Moritz betont noch einmal, dass er wirklich gar nicht mehr wütend sei – weder auf Jurek noch auf meinen Vater. »Heute sehe ich all das entspannt«, sagt er. »Heute kann ich denken, dass meine Arbeit an Jureks Buch eben mein persönlicher Beitrag war zur Aufarbeitung der deutsch-polnischen Beziehungen.« Und dann gibt mir Moritz noch einen dicken Umschlag mit Material, das er damals gesammelt hat, als er an Jureks Buch gearbeitet hat. »Alles Kopien, keine Originale«, betont er, »die Originale sind bei Jurek.«

»Nein, die Originale sind auf der Mülldeponie«, sage ich und bedanke mich.

Als ich wieder im Zug nach München sitze, mit einem weiteren halb geschriebenen Buch in der Tasche, bin ich sehr erschöpft, und plötzlich habe ich das dringende Bedürfnis, all diese Umschläge mit halb geschriebenen Büchern, all das Material, das ich über Jurek gesammelt habe, all die Tonbänder mit den Interviews, die ich schon gemacht habe, in einen riesigen Umschlag zu stopfen und sie irgendjemand anderem zu schicken. Soll doch jemand anderes versuchen, aus all diesen Bauteilen, die nicht zusammenpassen, ein Haus zu bauen, aus all den Widersprüchen ein schlüssiges Portrait zu formen.

Jurek war unglaublich stark und unendlich verwundbar. Der offenste Mensch, den ich kannte, und zugleich der misstrauischste. Ein Streithammel, der für Versöhnung kämpfte. Stark bis zum Ende, aber doch schwach, krank und alt. Aber zu sagen, dass Jurek zutiefst widersprüchlich war, wäre auch nur halb wahr, denn zugleich war Jurek ein Mensch, der sich eisern und keinesfalls erfolglos darum bemühte, konsequent zu sein. Über einen solchen Menschen ein Buch zu schreiben, erscheint mir plötzlich genauso unmöglich, wie mit ihm eines zu schreiben.

Ich denke über das Cover nach, das Jurek für sein Buch haben wollte. Das Cover mit den zwei Namen. »Jerzy Baran« war sein Name im KZ. »Jurek Hronowski« war der Name, den er nach dem Krieg angenommen hat. Jerzy Baran – zu Deutsch »Georg

Schafsbock« – war im KZ gequält worden. Er war ein Opfer. Jurek Hronowski war ein Erzähler. Einer, der sachlich darüber sprechen konnte, was Jerzy Baran damals widerfahren war.

Wenn Moritz als Autor auf dem Buchtitel gestanden hätte, dann wäre Jurek in seinem Buch doch wieder nur »Jerzy Baran« gewesen. Der Gegenstand, das Objekt des Buches, aber kein Subjekt. Aber warum Jurek sich nicht einmal auf den Vorschlag der Koautorenschaft einlassen konnte, bleibt trotzdem unverständlich. Wie so vieles.

Noch vom Zug aus rufe ich einen Freund an und frage ihn, ob er am nächsten Tag mit mir auf einen Berg steigt. »Ich muss dringend mal raus«, erkläre ich, und seinen Einwand, dass in den Alpen schon Schnee liege, lasse ich nicht gelten. Mit geliehenen Schneeschuhen auf dem Rücken stapfen wir am nächsten Morgen bis zur Schneegrenze und dann noch ein ganzes Stück weiter, obwohl keine gute Aussicht zu erwarten ist an diesem ruhigen, diesigen Tag Anfang November. An windgeschützten Stellen hängen hier und da noch ein paar rote Beeren und ein paar bunte Blätter. Alles wirkt wie in Watte gepackt. Wir sprechen ganz wenig. Gehen einfach nur, immer weiter, steil bergauf und ziemlich schnell, und ich genieße es, nichts als den eigenen Atem zu hören.

Als wir in der Dämmerung wieder ins Tal kommen, weiß ich, dass ich weitermachen werde. Und sei es auch nur, weil ich nicht weiß, an wen ich meinen riesigen Umschlag voll ungeordneter Widersprüche und unaufgearbeiteter Konflikte schicken könnte.

Anfang Dezember mache ich einen Besuch bei Moritz' Nachfolger in Sachen Buchprojekt. Ben Schaffer heißt er, und dieses Mal reise ich nicht in den hintersten Winkel der Republik, sondern mitten in ihr Herz. In Berlin sind Unter den Linden an diesem Dezembervormittag nur ein paar Touristen unterwegs, und weil der Nebel so dicht hängt, müssen sie sehr nah herangehen ans Brandenburger Tor, um es überhaupt fotografieren zu können. Trotzdem sind die Leuchtstoffröhren, die als Weihnachtsschmuck auf die Bäume montiert sind, ausgeschaltet um diese Uhrzeit – auf den ersten Blick sehen sie aus wie eine dicke Eisschicht, die sich auf die Äste gelegt hat.

Ich bin mit Ben Schaffer am »Denkmal für die ermordeten Juden Europas« verabredet, und zwar nicht, weil Ben einen Hang zu symbolischen Orten hat, sondern ganz einfach, weil er dort arbeitet, im unterirdischen »Ort der Information«. Ich habe noch etwas Zeit und treibe mich am Stelenfeld herum. Die dunkelgrauen Quader sehen unheimlich aus bei diesem Nebel.

Eine Gruppe von ungefähr zehnjährigen Schülern zieht vorbei in Richtung Potsdamer Platz. Sie halten blaue Bundestagsplastiktüten in den Händen und sprechen Polnisch. Eine Grundschulklassenfahrt ins Ausland, nicht schlecht, denke ich, als gerade ein Mädchen der Nachzüglergruppe ihre Lehrerin fragt, was denn das für Dinger seien, und auf die Stelen zeigt. Möglichst unauffällig schließe ich mich der Gruppe an. Ich will dieses Gespräch zu Ende hören.

»Ein Denkmal. Für Leute, die während des Zweiten Weltkriegs gestorben sind«, sagt die Lehrerin, »für Juden und so. Die Deutschen haben das vor Kurzem erst gebaut.«

Das Mädchen betrachtet im Weitergehen die Klötze, die kahl und dunkelgrau in den hellgrauen Himmel ragen. Und dann fragt sie: »Wann kommen da die Pferde und die Leute drauf?«

»Da kommen keine Leute drauf«, sagt die Lehrerin. »Das ist ein Denkmal für Opfer. Und jetzt lauft ein bisschen schneller, da vorn ist Grün.« Die Gruppe setzt sich in Trab.

Ich habe das Gefühl, dass das kleine Mädchen mir gerade, ohne es zu wissen, ein Bild geschenkt hat, das man sich besser nicht hätte ausdenken können. Ich stelle mir vor, dass jede der Stelen ein Denkmalsockel ist, der in Kürze mit einem Reiterstandbild versehen wird. Einem Helden zu Pferde, der den Weg in die Zukunft weist, während sein Pferd sich dynamisch aufbäumt. Ein Wald von Helden wäre das.

Warum sehnen wir uns so sehr nach auf den Sockel gestellten Menschen? Warum kann man keine Opfer auf einen Sockel stellen? »Da kommen keine Leute drauf. Das ist ein Denkmal für Opfer«, hat die Lehrerin gesagt. Und ich muss noch einmal an Jureks Streit mit Moritz über den deutschen Widerstand denken. Letztlich ist es doch ungerecht, denke ich mir, dass Jurek niemals eine Chance hatte, auf einen Sockel zu kommen. Zumal er als polnischer Offizierssohn doch auch aufgewachsen ist in einer Welt der Heldendenkmäler.

Ben Schaffer lacht, als ich ihm die Geschichte von dem kleinen Mädchen erzähle. Das Zitat gebe einen besseren Überblick über die Denkmaldebatte als fünf Aktenordner vollgestopft mit Feuilletonartikeln, behauptet er.

Obwohl Bens Büro ein riesiges Fenster hat, sieht man hier nichts von dem Nebel und von Berlin. Wir sind unter der Erde, und das große Spiegelglasfenster mit den halb heruntergelassenen Jalousien trennt Bens Büro von der kleinen Gedenkstätte, in der Fotos von deportierten Juden an den Wänden hängen und die Geschichten einzelner Menschen erzählt werden. »Die Leute«, die das kleine Mädchen oben auf den Stelen vermisst hat, sind also hier unten, unter den Stelen.

Auch Ben gehört, genau wie Moritz, zu den wenigen Dreißigjährigen, die sich von ihrem Kleidungsstil her schon dazu durchringen konnten, erwachsen zu werden: Er trägt ein ordentliches weißes Hemd, eine schwarze Stoffhose mit Bundfalten und eine Brille mit dünnem Silberrand. Seine braunen Haare sind kurz geschnitten, und irgendwie sehen die beiden sich sogar ähnlich, zumindest sind sie äußerlich derselbe Typ.

Auf einem Plastikschild, das an Bens Hemd festgeklammert ist, steht »Koordinator«. Er schreibt die Dienstpläne der Helfer, die am Mahnmal Führungen anbieten, er koordiniert das Reinigungspersonal und die Sicherheitskräfte. Und immer wieder erklärt Ben den Programmmanagern ausländischer Staatsgäste, dass eine Kranzniederlegung am »Mahnmal der ermordeten Juden Europas« gar nicht so leicht zu organisieren ist, weil es bei diesem Denkmal nun mal keine zentrale Kranzniederlegungsstelle gebe. »Mein Job ist viel mehr organisatorisch als inhaltlich«, sagt Ben, »aber natürlich darf man so ein Denkmal auch nicht genauso managen wie ein Bürogebäude.«

Ben und seine Kollegen müssen entscheiden, wie viel »Auf-den-Stelen-Herumtollen« man zulässt, und auch, wie man mit der Roma-Mutter umgeht, die mit einem durchgefrorenen Säugling auf dem Arm die wartenden Besucher anbettelt und das Geld wahrscheinlich ja doch nicht behalten darf. Das sind komplizierte Fragen, weil sie an diesem Ort sofort moralisch und symbolisch aufgeladen sind. Wenn heute ein Wachmann am Holocaust-Mahnmal falsch umgeht mit einer Roma-Mutter, dann kann das morgen in der *New York Times* stehen als eine Geschichte aus jenem Deutschland, das sich eben doch nicht verändert habe.

Ben sagt, dass er noch oft an Jurek denkt. Gerade bei der Arbeit hier. An Jureks Art, mit der Geschichte zu leben, und auch an seine Art, mit Menschen umzugehen. »Er hatte eine extrem feine Nase für die Gruppendynamik. Von ihm habe ich mehr gelernt als aus all diesen Büchern«, sagt er und zeigt auf ein Buch mit dem Titel »Teambildung«, das auf seinem Schreibtisch liegt. Bei Gesprächen mit Schülern habe Jurek zum Beispiel immer gleich gewusst, wer in der Gruppe welche Funktion hat. »Er hat dann mit einem lässigen Spruch den Gruppenkasper auf seine Seite gezogen – und schon lief es.« Jurek habe Menschen gewinnen können, sie motivieren, ihnen das Gefühl geben, dass man ihre Vorschläge ernst nimmt, ohne dabei die Führung an andere abzugeben.

Ich bin erleichtert, dass Ben auch so gute Erinnerungen an Jurek hat. Ich hatte schon so viele Gespräche, in denen ich Jurek verteidigen musste. Und ich hatte fest damit gerechnet, hier wieder so eines führen zu müssen, denn ich kenne die Geschichte von Jureks Zusammenarbeit mit Ben nur vom Ende her.

Ben beginnt nun, sie von Anfang an zu erzählen.

Er lernte Jurek in der Jugendbegegnungsstätte in Auschwitz kennen. 18 Monate lang machte Ben dort als Zwanzigjähriger Freiwilligendienst, betreute Schülergruppen und führte dabei auch viele Gespräche mit Zeitzeugen. Ihm fiel schnell auf, dass dieser Jurek Hronowski eine ganz eigene Art hatte zu erzählen. »Jurek hat sehr dialogisch erzählt«, sagt Ben, »er hat die Schüler erst mal gefragt, was sie überhaupt wissen wollen, und er hat sie dann immerzu aus ihrer passiven Haltung herausgelockt.« Irgendwann merkte Ben zwar, dass auch Jurek, genau wie alle anderen Zeitzeugen, einen bestimmten Schatz an Geschichten hatte, die er immer und immer wieder erzählte, aber trotzdem sei jede Begegnung ein bisschen anders gewesen, sagt Ben. »Jurek strahlte aus, dass er die Arbeit mit den Gruppen jedes Mal spannend fand, und das war auch so – weil er sich ganz einfach für die Menschen interessierte, die da saßen, für die Reaktionen, für das, was in der Gruppe ablief. Auch noch beim tausendsten Mal.«

Ben organisierte im Anschluss an seinen Freiwilligendienst für Aktion Sühnezeichen einen Workshop im ehemaligen Vernichtungslager Treblinka, in dem es um den Alltag im KZ ging und zu dem er auch Jurek einlud. Dort lernten sie einander besser kennen.

Es war Sommer, und als die Gruppensitzung vorbei war, saßen sie zusammen bis tief in die Nacht im Garten des alten Schulgebäudes, in dem der Workshop stattfand. Es war eine warme Nacht, und sie saßen da, aßen und redeten darüber, wie man mit so einer Gruppe am besten umgeht. »Willst du lernen?«, hatte Jurek Ben gefragt, und als der entschieden bejahte, begann Jurek Bens Arbeit als Gruppenleiter, die er den Tag über offenbar genau beobachtet hatte, zu analysieren. »Auf harte, aber auch sehr gute Art«, sagt Ben, »fast eine Supervision war das. Er hat mich total umgehauen mit seiner Fähigkeit, Situationen zu erfassen. Und ich glaube, er mochte es, dass ich das, was er sagte, annahm, dass ich zuhörte, nachfragte, lernwillig war und nicht beleidigt.«

Sie blieben in Kontakt, und Ben war begeistert, als Leszek Szuster, der Direktor der Jugendbegegnungsstätte, ihn schließlich anrief und fragte, ob er bereit sei, Jurek beim Fertigschreiben seines Buches zu unterstützen, denn mit dem bisherigen Helfer habe Jurek sich überworfen. Szuster sagte, das sei eine sehr wichtige Arbeit, aber auch eine komplizierte – anstrengend und vielleicht auch menschlich nicht ganz einfach.

»Am Anfang wunderte mich das«, sagt Ben, »einfach, weil ich Jurek als prima Typen erlebt hatte. Offen, zugänglich und zugleich mit hohen moralischen Prinzipien. Ein großartiger Erzähler. Eine starke Persönlichkeit. Ich freute mich sehr darauf, so viel Zeit mit ihm zu verbringen.«

Ben und Jurek wurden also in der Jugendbegegnungsstätte einquartiert. Szuster wusste, dass das Buch Jurek auf der Seele lag, und er wusste, dass nicht mehr viel Zeit bleib, um das Projekt abzuschließen. Damals starben in jedem Jahr mehrere der Zeitzeugen, mit denen die Begegnungsstätte bisher gearbeitet hatte. Es ging auch darum, ihre Geschichten zu sichern. Geschichten, die schon bald niemand mehr erzählen konnte.

Jurek und Ben trafen sich immer schon am frühen Morgen. Sie frühstückten gemeinsam, Schinkenbrote und Schwarztee, und dann begann die Arbeit. Ben las Jurek die Version vor, die er mit Moritz erarbeitet hatte, aber fast alles wollte Jurek noch einmal neu schreiben. »Der Grünschnabel hat meine Geschichte völlig verdreht«, sagte Jurek, »wir müssen das zurückdrehen, damit es nicht wird wie ein Buch gemacht mit Sandkastenformen, sondern mein Buch.«

Am liebsten wäre es Jurek gewesen, wenn das ganze Buch in »Lagerdeutsch« geschrieben worden wäre, seinem Deutsch, dem Deutsch, das er in Auschwitz gelernt hatte. Jurek fand das am ehrlichsten. Aber Leszek Szuster redete ihm das aus: »Leute, die das dann in fünfzig Jahren lesen, werden das gar nicht richtig verstehen – sie werden denken, dass das einfach schlechtes Deutsch ist.«

»Szuster war einer der ganz wenigen Menschen, die Jurek überhaupt von irgendetwas überzeugen konnten«, sagt Ben.

Jurek erzählte Ben seine Geschichten noch einmal von vorn, und das fast fertige Manuskript, das Jurek mit Moritz erarbeitet hatte, diente dabei eigentlich nur noch als inhaltlicher Leitfaden. Ben versuchte die Geschichten in ordentlichem Deutsch aufzuschreiben, und Jurek ließ Ben dann wieder vorlesen, was er geschrieben hatte. Oft war er unzufrieden. »Das ist falsch«, sagte er, »das ist nicht wahr. Du hast falsch geschrieben. Du hast das Wichtigste vergessen. Du hast nicht richtig verstanden.« Und er ließ Ben wieder streichen, was er zuvor selbst diktiert hatte.

Obwohl Jurek sein Buch nicht alleine schreiben konnte, fiel es ihm schwer, seine Geschichten einem anderen zur Umformulierung zu überlassen. Vielleicht hatte er Angst, dass sie an Glaubwürdigkeit verlieren, wenn sie nicht mehr vom Klang seiner Stimme geprägt sind und von seiner Art, die Worte zu setzen. Vielleicht befürchtete er, dass sein Zeugnis ohne den Zeugen nichts mehr wert ist.

Und wahrscheinlich war es für Jurek auch nicht leicht, etwas festzuschreiben und es dann stehen zu lassen: eine Version, die doch immer nur eine von vielen möglichen Versionen war. Nur ein Teil der Wahrheit und nur eines von vielen ungeschriebenen Büchern, die Jurek hätte schreiben können. Eine Version, die aber dadurch, dass sie dann schwarz auf weiß auf Papier stand, für Außenstehende überprüfbar wurde. Angreifbar. Auch für Leute, die ihn, Jurek, gar nicht kannten, die ihn nie erlebt hatten und auch nie erleben würden. Für Menschen, deren Reaktionen er nicht kontrollieren konnte, anders als bei den Gruppen. Er würde diesen Menschen gegenüber nichts mehr ergänzen können und auch nichts richtigstellen, und deshalb wollte er alle Missverständnisse schon im Vorhinein ausschließen. Er wollte, dass in diesem Buch alles richtig war.

Pausen brauchte Jurek kaum. Höchstens zum Essen. Sie arbeiteten zwölf Stunden am Tag und sieben Tage die Woche in einem Büro im Untergeschoss, das ihnen in der Jugendbegegnungsstätte zur Verfügung gestellt worden war. Ben sagt, er habe den Eindruck gehabt, dass Jurek dabei immer tiefer in der Vergangenheit versank. »Ich habe noch das Bild vor Augen, wie wir an dem Bericht über die Zeit im Pawiak arbeiteten«, erzählt er. Der Pawiak war das Gefängnis in Warschau, in dem Jurek eingesperrt gewesen war, nachdem er zum zweiten Mal verhaftet worden war, und dieses Gefängnis war so schrecklich, dass Jurek den zweiten Transport nach Auschwitz fast wie eine Rettung empfand, denn die Regeln des Lagers kannte er schon und die des Gefängnisses waren für ihn unberechenbar. Jurek lief beim Erzählen hin und her, als sei er in einen Käfig gesperrt.

Das Essen war sehr knapp, und die Zelle ist viel zu klein gewesen für dreißig Mann. Keine Gegenstände, auf welche man sich zum Beispiel hinsetzen könnte, nur der Fußboden, auf welchem wir auch geschlafen haben. Es gab überhaupt keine sanitären Einrichtungen darin, und wir durften nur einmal am Tage, frühmorgens, austreten auf der Toilette, im Laufschritt. Ansonsten stand da nur ein sehr kleiner Topf, so klein, dass man schon am Morgen nicht mehr Pipi machen konnte. Für einen Tropfen auf dem Fußboden kriegten wir Strafübungen, die sehr lange dauerten und so hart waren, dass viele Leute dabei krepierten. Mögliche Todesstrafe für die ganze Zelle, dafür, dass einer muss zu dringend auf die Toilette! Verhöre waren verbunden mit Schlägen. Grausamen Schlägen. Es war eine unwahrscheinliche Hitze in der Zelle. Die Fenster guckten auf Süden, und die Sonne hat die Zelle erhitzt. Aus dem Fenster zu schauen war verboten. Aber wenn man an der Wand gegenüber vom Fenster bei einem anderen Häftling auf den Schultern stand, dann konnte man doch sehen, ohne gesehen zu werden.

Vis-à-vis befand sich ein Haus, an dem alles, was aus Holz war, schon verbrannt war, und nur das Skelett von Mauern stand noch. Dort haben täglich stattgefunden die Exekutionen. Ziemlich früh haben sie die Leute dort hingebracht. Hände gebunden mit Stacheldraht und mit irgendetwas im Mund, damit sie nicht rufen konnten patriotische Losungen, weil das wurde sehr oft gemacht, im Moment der Erschießung. Und dann haben wir Schüsse gehört. Es sind dort manchmal Gruppen um hundert Leute umgebracht worden. Auch Leute von unserer Zelle, die als eine Strafe erschossen wurden für irgendwelche Aktion, die der polnische Untergrund durchgeführt hat in Warschau oder einer anderen Stadt. Irgendwelche Leute, die man einfach genommen hat aus irgendeiner Zelle.
Oft wurden Leute erschossen, bei denen man bei der Untersuchung nichts gefunden hat, die vollkommen unschuldig waren. Anstatt sie zu entlassen, hat man sie erschossen, einfach im Rahmen der Aktionen zur Vernichtung der polnischen Nation. Und dann am Morgen haben sie geholt auch meinen Kollege, von Zelle.

»Jurek, du machst mich verrückt mit deinem Hin- und Hergelaufe«, sagte Ben, der am Computer saß und mitschrieb.

Jurek blieb stehen, schwieg und sagte dann mit einem merkwürdigen Ton in der Stimme: »Das haben wir im Pawiak gemacht. Immer so, im Kreis, rechts, links, rechts, links, Gleichschritt, hintereinander, ganz dicht, weil es doch so eng war. Manchmal den ganzen Tag. Wir wollten Bewegung haben, damit wir nicht schwach wurden. Bei Erschießungen ist schwach sein nicht schlimm, aber wenn du ins KZ kommst, dann dürfen deine Muskeln nicht müde sein.«

Ben meint, Jurek habe ihn nicht angesehen, als er das sagte. Er habe durch ihn hindurchgeschaut, und Ben glaubt, dass Jurek in die Gefängniszelle starrte, die er vor seinem inneren Auge sah. Auf den Topf, den kahlen Boden und das Fenster und vielleicht auch auf den Kollegen, den sie geholt haben. Jurek war, anders als sonst, wenn er erzählte, nicht bei seinem Zuhörer, sondern im Pawiak. Und Ben dachte: Wie hole ich ihn da bloß wieder raus?

Er selbst hielt es immer weniger aus mit Jurek in diesem Büro, das durch Jureks Erzählen immer mehr zum Gefängnis wurde. »Ich muss an die frische Luft«, sagte er dann zu Jurek. »Ich brauche eine Pause, wenigstens eine kleine.« Aber Jurek ging dann meistens nicht mit nach draußen. Er wartete mit wachsender Ungeduld in dem Zimmer, bis Ben wiederkam. Er wartete nun auch schon, wenn Ben morgens zum Frühstück kam, und dann erzählte er, er habe geträumt in der Nacht von Häftlingen, von Freunden, die gestorben waren und die nun sagten, es sei Zeit für ihn auch zu kommen.

»Ich hatte schreckliche Angst, dass ich ihn irgendwann tot finde«, sagt Ben. »Jurek alterte stark und doch drängte er immerzu, noch schneller und noch mehr zu arbeiten.«

Ben rief abends, wenn Jurek ihn endlich entließ, seine Freundin in Berlin an, telefonierte stundenlang mit ihr, weinte am Telefon. Er war voll widersprüchlicher Gefühle, denn er wollte endlich fertig werden mit dieser Arbeit, die ihn quälte, aber er fürchtete sich auch vor dem Ende, denn er glaubte, dass Jurek dann einfach sterben würde. »Dieses Buch«, sagt Ben, »war das Letzte, was Jurek sich vorgenommen hatte.«

In dieser Phase wurde Jurek immer unzufriedener mit Bens Arbeit. Er fand, dass Ben zu viel veränderte an seinem Text. Dass er Dinge schönte. Dass das, was Ben da schrieb, nicht mehr sein Text war. Und er begann, sich bei Leszek Szuster darüber zu beschweren, dass Ben faul sei und immer nur Pausen machen wolle. »Er hat das Interesse an meinem Buch völlig verloren«, behauptete er.

»Apropos Pause – wollen wir eigentlich mal Mittagessen gehen?«, fragt Ben mich plötzlich, mitten in seine Erzählung hinein, und lächelt.

Wir entscheiden uns für ein kleines indisches Restaurant in der Nähe: Plastikpalmwedel an den Wänden, Zimmerspringbrunnen in jeder Ecke und indische Göttinnen aus billigem Metall als Speisekarten-Beschwerer. Nach der symbolträchtigen Schlichtheit des Mahnmals tut dieser sinnlose Kitsch irgendwie gut.

Ben, der am Vormittag das Gespräch ganz von sich aus und sehr zielstrebig auf Jurek gelenkt hat, erzählt nun mehr von sich selbst. Darüber, dass er bald Vater wird und dass er oft darüber nachdenkt, was das bedeutet. Dass er sich unbändig freut auf seine kleine Tochter, dass er aber auch weiß, dass damit die Zeit für extreme Aktionen vorbei ist. »Mir geht's da nicht um Partys«, sagt Ben, »aber wenn man ein Kind hat und sich um dieses Kind wirklich kümmert, dann kann man sich doch innerlich nicht mehr wochenlang in Aufgaben reinsteigern, wie ich mich damals mit Jurek in dieses Buch reingesteigert habe. Und ich frage mich manchmal, ob ich das oft genug gemacht habe. Ich meine, ob ich genug für Dinge gekämpft habe, die mir wichtig sind.«

Während wir Reis mit Ingwer-Hühnchen essen, diskutieren wir, wie viel Idealismus und wie viel Scheuklappen-Denken man braucht, um etwas Großes zu erreichen, und woran es liegen könnte, dass idealistischer Einsatz für eine große Sache selten ist bei Leuten in unserem Alter. Als der Cappuccino kommt, einigen wir uns gerade darauf, dass das Lamento über die unengagierte Jugend von heute trotzdem nicht fair ist, weil es ja auch Vorteile hat, dass heute nicht alle immerzu so sehr für etwas brennen, dass sie alles andere als Nebensächlichkeit zur Seite schieben.

»Da ist das Mahnmal vielleicht ein ganz gutes Beispiel«, sagt Ben, »um seinen Bau durchzusetzen, brauchte man Leute, die laut sind und ziemlich absolut. Aber im Alltagsbetrieb braucht man davon viel weniger.«

Ben erzählt, dass am Mahnmal anfangs auch in der Verwaltung nur Leute gearbeitet haben, die sich absolut mit der Sache identifiziert haben. Sogar diejenigen, die die Garderobe im unterirdischen Museum machten, quollen fast über vor Idealismus und wollten viel lieber diskutieren als Mäntel aufhängen »Das war für den Betrieb des Denkmals nicht gut«, sagt Ben. »Jetzt haben wir Studenten, die sehen das auch einfach als Job. Sie finden das Thema zwar wichtig, halten es aber nicht für ihre persönliche Mission. Die hängen die Mäntel ordentlich auf, sind freundlich und gehen dann heim. Und das ist gut für das Denkmal und somit auch für die große Sache, um die es ja durchaus geht.«

– Weißt du, Ben, seit ich so auf Jureks Spuren herumreise, bin ich sehr vielen Menschen begegnet, die für Sachen richtig brennen. Vor allem vielen Alt-68ern. Und viele davon wollten ein Buch über Jurek schreiben. Immer mit einer ziemlich pathetischen These im Mittelpunkt. Aber alle sind daran gescheitert. Geschrieben haben dann nur Moritz, du und ich. Also viel jüngere Leute.

- Du meinst, dass die Leute ihre pathetischen Thesen und das Schwierige, was Jurek im alltäglichen Umgang ja definitiv hatte, nicht zusammengekriegt haben und daran gescheitert sind?
- Ich weiß nicht, ob das so ist. Aber es kommt mir so vor. Ich denke darüber nach, ob wir, weil wir einen größeren Abstand haben zur NS-Zeit, sachlicher mit alledem umgehen können. Unpathetischer. Dass wir besser aushalten, dass Jurek nicht einfach ein Held war.
- Kann schon sein. Andererseits: Ich habe die Arbeit mit Jurek letztlich auch nicht gut vertragen.

Als wir wieder in Bens Büro sind, muss der erst mal ein paar aktuelle Probleme lösen. Der taiwanesische Kulturminister muss seiner Position entsprechend begrüßt werden, und ein Student, der eine Rentnergruppe führen sollte, hat kurzfristig abgesagt. Als der Stress sich gelegt hat, beginnt Ben wieder über Jurek zu sprechen. »Richtig los ging der Streit, als wir zu der Stelle mit der Bombardierung kamen«, sagt er und hat mir sogar einen Ausdruck der Textstelle mitgebracht, um die es dabei ging. Jurek diktierte damals:

Ich arbeitete im Sommer 1944 auf dem Außenkommando für die Firma Lenz, ganz in Nähe von Gleisen zwischen dem Güterbahnhof und Birkenau. Wir huben Gräben aus für die Fundamente von neuem Lebensmittellager. Auf einmal kamen mehrere Flugzeuge geflogen, so tief über das Lager, dass wir sehen konnten, wie die Besatzung im Cockpit stand und rausschaute auf uns. Leider haben sie aber keine Bomben auf die Krematorien geworfen, dafür aber auf unser Kommando. Wir sprangen schnell in Gräben, um uns zu schützen vor den Splittern. Als wir wieder aus den Gräben kamen, sah ich, dass die Gleise so verbogen worden waren, dass sie jetzt gen Himmel zeigten.

Was Jurek da erzählte, wunderte Ben, denn dass Auschwitz nicht bombardiert worden war, war schließlich allgemein bekannt, und Ben hatte doch selbst mit Jurek früher schon einmal über die Frage diskutiert, warum die Alliierten keine Bombe auf die Gaskammern, Krematorien und Schienen geworfen hatten, um die Massentötungen der Juden zu stoppen. Nur die Industrieanlagen ringsum waren bombardiert worden. Und nun sprach Jurek plötzlich von verbogenen Gleisen? Ben holte das »Kalendarium« hervor – ein tausend Seiten dickes Buch, in dem die Historikerin Danuta Czech die Ereignisse im KZ Auschwitz Tag für Tag dokumentiert hat. Wann Transporte kamen, wann massenhafte Hinrichtungen stattfanden und natürlich auch, wann alliierte Bomben auf die Industrieanlagen rund um das Lager fielen. Dort stand zwar einiges über diesen Luftangriff im August, aber nichts von einer Bombe, die die Bahngleise traf.

»Jurek, davon steht nichts im Kalendarium«, sagte Ben, »und es ist auch schwer vorstellbar, dass die Flieger wirklich so tief flogen. Das behaupten die Leute, die die Bombardierung Dresdens erlebt haben, auch immer, aber ich habe gelesen, dass das gar nicht geht. Dass man so tief gar nicht fliegen kann und gleichzeitig noch Bomben werfen.« Jurek aber beharrte auf seiner Version.

»Wenn wir das so schreiben«, sagte Ben schließlich, »dann muss dir klar sein, dass dich das angreifbar macht. Uns beide angreifbar macht. Dass dadurch unser Buch angreifbar wird.«

Plötzlich begann Jurek zu brüllen: »Was für ein Quatsch! Du hast doch gar keine Ahnung, kannst nichts einschätzen. Ich war im Auschwitz. Ich hab es gesehen. Die Bomber flogen tief, und danach standen die Gleise in den Himmel. Die Nazis haben das repariert, aber für mehrere Stunden war es so, dass die Gleise in den Himmel standen.«

Ben glaubt, dass genau in diesem Moment das Vertrauen zerbrach zwischen Jurek und ihm. Dabei ging es doch letztlich nur um ein Detail. Zuvor hatte es viele Punkte gegeben, an denen Jurek selbst darauf bestanden hatte, dass man seine eigene Erinnerung noch einmal überprüfte – mithilfe des Kalendariums oder eines anderen Berichts über Auschwitz. Aber nun, als es um die Bombe ging und um das Gleis, das in den Himmel stand, da war Jurek eisern, und Ben blieb auch stur.

»Ich glaube, heute würde ich das lockerer sehen«, sagt Ben, »aber damals war ich auf der Suche nach der absoluten Wahrheit. Mit Anfang zwanzig glaubt man doch noch viel eher, dass es zumindest bei solchen Fakten eine Wahrheit geben muss – und ich wollte nicht, dass in diesem Buch etwas steht, was ganz offensichtlich unwahr ist. Schon weil ich Jurek schützen wollte vor Kritik.«

Von da an war die Zusammenarbeit zwischen Ben und Jurek eine Qual. Jurek begann Ben anzuschreien. Immer häufiger. Immer sinnloser. Schließlich behauptete er sogar, dass Ben sein Projekt ganz gezielt sabotiere, verhindern wolle, dass das Buch erscheint. Und als Leszek Szuster ihm entgegnete, das sei doch Wahnsinn, da erzählte Jurek wirres Zeug über die Stasi, mit der Ben, der aus Ostdeutschland stammt, bestimmt Kontakte habe durch seine Familie. Dass es die Stasi offiziell nicht mehr gebe, ändere daran gar nichts.

Manchmal flüchtete sich Ben in die Wäscherei der Jugendbegegnungsstätte, zu den Waschfrauen, die er noch aus der Zeit seines Freiwilligendiensts kannte, die ihm damals selbst gebackene Leckereien zugesteckt hatten und mit denen er freitags nach Dienstschluss manchmal ein Gläschen Wodka getrunken hatte. »Ich hab mich einfach so schrecklich danach gesehnt, ein bisschen normale menschliche Wärme zu spüren«, sagt Ben.

Jurek kam ihm nach und holte ihn zurück – herrisch, energisch. »Die Wäscherinnen haben mich dann irgendwann gefragt, warum ich mir diese Arbeit mit diesem verrückten Opa überhaupt antue«, sagt Ben.

Irgendwann in dieser Zeit sprach Ben mit Leszek Szuster, und der vertraute ihm an, dass Jurek wirklich psychische Probleme habe und auch schon einmal in einer Klinik gewesen sei wegen schizophrener Schübe. Als Ben Szusters Büro nach diesem Gespräch verließ, war er erleichtert, weil er glaubte, nun alles besser zu verstehen. »Aber letztlich gab das unserer Beziehung den Rest«, sagt Ben. »Jurek merkte, dass ich mich nun manchmal absichtlich zurücknahm, wenn wir stritten, dass ich letztlich dachte: Du armer alter Mann, kein Wunder, dass du ein bisschen irre bist, nach allem, was du durchgemacht hast. Er hatte ein extrem feines Gespür. Er hasste Mitleid, und ich glaube, am Ende hasste er auch mich.«

Als Ben abfuhr, hatten sie das ganze Buch einmal durchgearbeitet, aber so richtig fertig war es noch immer nicht. Von Jurek hat Ben nie wieder gehört. »Ein paar Mal dachte ich, ich sollte ihn anrufen«, sagt er, aber er habe sich eben immer gefragt: Wie fange ich das Gespräch an? Will er mich überhaupt sprechen? Was ist, wenn er mir noch böse ist? Ben rief Jurek nicht an. Und irgendwann erfuhr er, dass Jurek gestorben war.

Als Ben mich wieder nach draußen begleitet, ist es schon dunkel über der Erde. »Es wird furchtbar früh dunkel im Dezember in Berlin«, sagt Ben, und dann schweigt er für einen Moment, ohne Anstalten zu machen, sich von mir zu verabschieden. »Ich bewundere ihn trotzdem noch«, sagt er dann, »weil er so aufrecht durchs Leben ging. So kompromisslos.«

Noch am selben Abend nehme ich den Nachtzug nach Polen. Die nächste Station meiner Reise ist Auschwitz. Ich bin alleine im Abteil, liege wach und denke nach über Jureks Kampf um sein Buch.

Der Schritt von der Erzählung zum Buch ist der Schritt, bei dem der Erzählende sich abschafft. Er macht seine Geschichte unsterblich und zugleich sich selbst überflüssig.

Für Jurek war es schwer, diesen Schritt zu gehen, und doch war er fast besessen von dem Wunsch, dieses Buch zu schreiben und seine Geschichten zu hinterlassen. Nur alleine gehen konnte Jurek den Schritt von der Erzählung zum Buch nicht. Er brauchte einen Helfer, ein Gegenüber – auch damals schon, als seine Augen noch gut waren. Wozu? Weil er sonst zu einsam war mit den Erinnerungen und Gedanken, die ihn quälten? Weil Zuhörer ihn zwangen, bei strukturierten Geschichten zu bleiben und nicht in Erinnerungen zu versinken? Jurek hat sich sein Leben lang mit Auschwitz beschäftigt, aber er konnte doch nicht allein sein mit dieser Vergangenheit.

Ich muss daran denken, wie glücklich Jurek war, als er mir zum ersten Mal von »dem Grünschnabel« erzählte. Und wie aufgelöst, nachdem er Moritz aus der Wohnung geworfen hatte. Wie er wieder und wieder behauptete, Moritz habe seine Geschichte stehlen wollen, mit allem, was dazugehört. Und wie begeistert er dann war von diesem Ben, der so klug war und auch »mit Menschenverstand«, wie er in den ersten Wochen verkündete. Und wie entsetzt er wenig später über denselben Ben war, von dem er glaubte, dass er sein Buch sabotieren wolle – im Auftrag von dunklen Mächten.

Wie kam Jurek nur auf diese absurde Idee? Warum begann Jurek die Menschen, die mit ihm an dem Buch arbeiteten, früher oder später immer zu beschimpfen? Hätte er mich auch beschimpft, wenn wir richtig daran gearbeitet hätten? Und würde er mich beschimpfen, wenn er wüsste, dass ich nun über ihn schreibe und über seinen Kampf?

Ich habe Jurek das Manuskript auch noch einmal vorgelesen. Während meines Auslandsemesters in Warschau war das – kurz nachdem Ben aus dem Projekt ausgestiegen war. Ich besuchte Jurek damals jeden Samstag, um zu arbeiten – das hatten wir so vereinbart. Jurek war unzufrieden mit fast allem, was ich ihm vorlas. »Der Junge hat das Buch ganz anders gemacht. Er hat alles falsch verstanden, er hat herausgenommen alles Leben und wollte nur Dinge darin haben, die schon in anderen Büchern stehen«, sagte er.

Es gab Tage, an denen war kein Vorwärtskommen. An denen ließ er mich ändern, streichen, ergänzen, wieder vorlesen, wieder ändern, und wenn ich dann am Abend meinen Laptop zuklappte, dann war ich froh, den Tag überstanden zu haben. Nicht nur, weil die Arbeit anstrengend war, sondern auch, weil ich mich beim Ringen um die Worte fürchtete, dass wir in einen ernsthaften Streit geraten könnten und dass es mir am Ende gehen könnte wie »dem Grünschnabel« oder »diesem Jungen«. Jurek hingegen fiel es schwer, die Arbeit am Samstagabend für eine ganze Woche zu unterbrechen. Einmal fragte er, ob wir nicht auch noch sonntags arbeiten könnten. Ich sagte: »Nein, das schaffe ich nicht«, kam mir aber dabei grausam und zugleich schwächlich vor.

Als ich Jurek seine Geschichten vorlas, fiel mir zum ersten Mal auf, dass es darin kaum Schilderungen von Emotionen gibt. Das war mir, wenn Jurek erzählt hatte, nie aufgefallen.

Ich ging davon aus, dass Jurek das meinte, wenn er sagte, dass Ben alles Leben herausgenommen habe aus seinem Buch. Ich wusste nicht, ob es wirklich Bens Schuld war, aber ich fand, dass das Buch viel steifer wirkte als Jureks Erzählungen. Um mehr Leben in den Text zu bringen, begann ich schließlich, Jurek Fragen zu stellen. Typische Reporterfragen. Fragen nach Emotionen und Details, die einen Text farbiger und lebendiger machen: »In welchen Situationen hattest du am meisten Angst?« – »Welche Farbe hatte der Qualm, der aus dem Krematorium kam?« – »Hast du in deiner Baracke diesen Qualm riechen können?«

Jurek schwieg lange auf diese Fragen hin. Und schließlich sah ich, dass seine Augen sich mit Tränen füllten. Ich ging in die Küche, um Tee zu kochen. Ich schämte mich. Ich wusste, dazu hatte ich kein Recht. Niemand hatte dazu ein Recht.

Von diesem Tag an habe ich anders gearbeitet an Jureks Buch. Es ging mir nicht mehr darum, dass die Schilderungen besonders farbig und lebendig werden, und auch nicht darum, dass wir fertig würden. Ich beschloss, Jurek die Samstage einfach zu schenken, egal wie sinnvoll wir sie nutzten. Von da an konnte ich Jureks Launen beim Schreiben entspannter ertragen.

Manchmal kam mir die Arbeit an dem Buch nun vor wie eine völlig skurrile Tätigkeit, die trotzdem wichtig ist. Diktieren, Schreiben, Vorlesen, Löschen, Diktieren, Schreiben, Vorlesen, Löschen. Immer und immer wieder.

Am letzten Samstag, bevor ich wieder nach Deutschland fuhr, arbeiteten wir den ganzen Tag lang an einer Passage, in der es um die Zeit nach dem Krieg ging, um Jureks Mitarbeit beim Aufbau von Aktion Sühnezeichen und um den Streit mit Dohrmann, der diese Mitarbeit beendete. Es war eine sehr schwierige Passage. Jurek drehte jedes Wort dreimal um. Er begann eine Diskussion mit mir darüber, ob ich seinen Satz »Ich wurde abgedrängt von der Arbeit für Sühnezeichen« inhaltlich verfälsche, wenn ich schreibe »ich wurde hinausgedrängt aus dieser Arbeit«. Schließlich, es war draußen schon dunkel, schienen wir fertig zu sein. Jurek ließ sich die Passage noch einmal ganz vorlesen, änderte hier und da noch ein Wort, war aber offenbar alles in allem endlich zufrieden. Als ich fertig gelesen hatte, fragte ich: »Gut?«

– Ja, sogar sehr gut, Kati. Und jetzt streich es.
– Was soll ich streichen?
– Die ganze Passage über den Streit. Schreib stattdessen nur: Ich bin glücklich, dass ich einen großen Teil meines Lebens der deutsch-polnischen Aussöhnung gewidmet habe, und als Ergebnis dieser Erfahrung schreibe ich mit achtzig Jahren dieses Buch. Schluss.

9 Die Hilflosigkeit

Ein lautes Klopfen weckt mich, und ich weiß nicht sofort, wo ich bin. »Będziemy we Krakowie za pół godziny!« – »In einer halben Stunde sind wir in Krakau!«, ruft der Schlafwagenfahrer durch die Tür. Ich schäle mich aus dem Laken, klettere von meiner Liege herunter und fummle ziemlich lange an der Kette herum, mit der die Abteiltür abgeschlossen ist, bis ich sie endlich aufbekomme und von dem schon ungeduldigen Schaffner meine Fahrkarte und meinen Pass entgegennehme.

Es ist schon fast neun. Ich habe beschlossen, von Berlin über Krakau nach Auschwitz zu fahren. Das ist zwar ein Umweg, aber ich war schon seit fast vier Jahren nicht mehr in Krakau, und außerdem brauche ich eine Pause.

Als wir in den Bahnhof einfahren, fühle ich eine nervöse Vorfreude – so ähnlich fühlt es sich wahrscheinlich an, wenn man seine erste große Liebe nach Jahren wiedertrifft und gespannt ist, ob sich der andere verändert hat oder nicht. Krakau war meine erste Stadt nach 19 Jahren Jugend auf dem Land, und deshalb wird Krakau für mich immer eine ganz besondere Stadt bleiben.

Sie hat sich sehr verändert. Das sehe ich sofort, als ich aus dem neobarocken gelb-weißen Bahnhofsgebäude heraustrete: Dort, wo vor ein paar Jahren noch ein Busbahnhof war mit unebenem Pflaster und allerlei handgezimmerten Buden, an denen man »Hotdogi« und »Sandwiczy« kaufen konnte, steht heute eine riesige gläserne Shopping-Mall: Saturn, Deichmann, Douglas, Zara ... wohlbekannt aus München und auch aus Warschau, aber vor ein paar Jahren noch unauffindbar in Krakau, dieser altmodischen, königlichen Stadt.

Der Platz vor dem Bahnhof ist größtenteils neu gepflastert mit großen, sterilen Betonplatten statt der buckligen Pflastersteine. Aber in einer Ecke des Bahnhofsvorplatzes, direkt neben der

Mall, entdecke ich ein vertrautes Gesicht: Hinter einem Wägelchen mit Krakauer Hefekringeln steht eine alte Frau mit leicht rosarot getöntem weißen Haar. Als ich damals in Krakau studierte, habe ich ihr immer eine ganze Tüte voll abgekauft, wenn ich zu Jurek nach Warschau fuhr, denn Jurek kannte diese Kringel aus seiner Kindheit und mochte sie sehr. Ich würde die alte Dame zur Begrüßung am liebsten umarmen, aber ich kaufe ihr nur einen Kringel ab. Außen knusprig, innen weich – schmeckt genau, wie er schmecken soll.

Ich schlendere zum Marktplatz. Viele Häuser sind frisch renoviert, die kleinen Lebensmittelläden sind fast alle aus der Innenstadt verschwunden, und teure Boutiquen sind stattdessen eingezogen.

Über dem Rynek, dem Marktplatz, scheint die Wintermorgensonne und beleuchtet das Renaissancegebäude, das in seiner Mitte steht – die Tuchhalle. »Das ist schönstes Gebäude überhaupt«, hat Jurek über die Tuchhalle immer gesagt, und er hat mir einen Trick gezeigt, den er als Schuljunge selbst erfunden hat: Wenn man sich morgens an einen bestimmten Punkt am unteren Ende des Marktplatzes stellt, auf die Tuchhalle schaut und die Augen zusammenkneift, dann wirkt es so, als ob das Gebäude über das Pflaster des Marktplatzes schwebe. Der Trick funktioniert noch. Wie gut, dass ich am Morgen da bin.

Ich frühstücke in einem kleinen Hinterhofcafé nahe beim Rynek und mache mir eine Liste der Dinge, die ich in Auschwitz recherchieren will. Ganz oben auf der Liste steht: »Mit Leszek Szuster sprechen.« Soweit ich weiß, war der Direktor der Jugendbegegnungsstätte Auschwitz der einzige polnische Freund, den Jurek in den letzten Jahren noch hatte.

Das Gebäude der Begegnungsstätte ist noch genau so, wie ich es in Erinnerung hatte: hell, aber gleichzeitig verwinkelt und gemütlich, mit frei liegenden Holzbalken und großen Fenstern. In der Eingangshalle schleicht eine Katze herum. Sie ist eine wichtige Mitarbeiterin dieser Institution. »Fast in jeder Gruppe gibt es ein Mädchen oder einen Jungen, dem die Besichtigung von Lager besonders tief geht. Das sieht man«, hat Jurek mir einmal erklärt. »Und später sitzt solches Mädchen oder solcher Junge dann erst mal in der Begegnungsstätte mit der Katze, streichelt sie und wird davon wieder ganz ruhig.« Im Moment streichelt niemand die Katze. Aus dem Speisesaal hört man Tellergeklapper und Stimmen. Es ist schon fast sieben Uhr abends.

Leszek Szuster kommt mir entgegen: ein groß gewachsener Mann Mitte fünfzig mit völlig ergrautem, aber noch sehr vollem Haar. Ob er sich wohl Jureks Teershampoo-Empfehlung mehr zu Herzen genommen hat als mein Vater? Szuster begrüßt mich mit einem sehr kräftigen Händedruck »Gut, dass Sie da sind, denn ich habe gleich einen kleinen Überfall vor auf Sie«, sagt er, und dann erklärt er mir, dass heute Abend, ja, eigentlich schon in einer Viertelstunde, ein Treffen des örtlichen Rotary-Clubs stattfinde und er mich dort gerne ein paar Leuten vorstellen wolle.

Wir fahren vorbei an alten Plattenbauten und neuen Supermärkten und halten, mitten in einem Gewerbegebiet, vor einem großen Restaurant, das wahrscheinlich erst in den letzten Jahren erbaut wurde – im englischen Landhausstil. In einem Saal warten ungefähr zwanzig Leute auf uns: Damen im Business-Kostüm, Herren in gut sitzenden Anzügen. Herr Szuster stellt mich einem nach dem anderen vor: Geschäftsführer und Inhaber lokaler Unternehmen, die Leitungsriege des Staatlichen Museums Auschwitz, der Chefredakteur der Lokalzeitung, der Rektor der örtlichen Fachhochschule …

Ich fühle mich ein bisschen unwohl in Jeans und Pulli und will mich gern irgendwo in die zweite Reihe setzen, aber Herr Szuster erklärt mir, dass ganz vorne, auf einer Art Podium, mein Platz sei. Und dann beginnt er mich auf Polnisch als Referentin des heutigen Abends vorzustellen: Ich sei die Verkörperung des Prinzips der Jugendbegegnungsstätte. Eine Vertreterin einer jungen Generation von Deutschen, für die Vergangenheitsbewältigung ein zentrales Anliegen sei. Vor gut zehn Jahren sei ich hier als Teenagerin bei einem Workshop gewesen und dabei einem alten Herrn begegnet – Jerzy Hronowski, für ein paar der Herrschaften im Saal sei der Name sicherlich ein Begriff, ein Überlebender des Konzentrationslagers Auschwitz, der sich sehr um die deutsch-polnische Verständigung verdient gemacht habe. Aus meiner Begegnung mit Herrn Hronowski sei dann eine Freundschaft geworden, durch die mir, damals noch einer deutschen Gymnasiastin, nicht nur das Thema Auschwitz nahegebracht worden sei, sondern auch Polen als Land. Er erzählt, dass ich gerade ein Buch über Jurek schreibe und dieses Projekt nun hier vorstellen werde. Praktischerweise sei dafür keine Übersetzung vonnöten – dank Jerzy Hronowski seien meine Polnischkenntnisse ganz hervorragend. Dann erteilt er mir das Wort.

Ich beginne zu schwitzen, was nicht nur an meinem für diesen Raum viel zu warmen Wollpulli liegt. Ich komme mir plötzlich wie eine Betrügerin vor. Dabei ist das, was Herr Szuster gesagt hat, vielleicht zwar geschönt, verkürzt und übertrieben, aber an sich nicht unwahr. Die eigene Geschichte von einem Fremden erzählt zu bekommen, lässt sie plötzlich ganz falsch klingen. Es ist nicht schön, plötzlich ein Beispiel für etwas zu sein, ja, ein Beweis. So muss das Jurek oft gegangen sein, schießt es mir durch den Kopf, auf seinen Reisen durch Deutschland.

Ich stehe den Abend mit einer Mischung aus Lächeln und Stottern durch und bin sehr froh, als ich mit Leszek Szuster wieder im Auto sitze.

- Dass Sie mich hier als Referentin angekündigt haben, hätten Sie mir schon vorher sagen können.
- Wollte ich eigentlich – aber ich habe Sie in München nicht mehr erreicht, Sie waren schon unterwegs. Außerdem wusste ich, dass Sie das auch spontan schaffen. Sie sind schließlich eine Freundin von Jurek.
- Glauben Sie, Freunde von Jurek sind es gewohnt, überfallen zu werden?
- Sagen wir, sie sind es gewohnt, ins kalte Wasser geschubst zu werden und dann schwimmen zu müssen.

Am nächsten Morgen treffe ich Leszek Szuster in seinem Büro, einem bescheiden eingerichteten Zimmerchen im Erdgeschoss der Jugendbegegnungsstätte.

Szuster stammt aus Oświęcim, der Kleinstadt nahe dem ehemaligen Konzentrationslager. Er ist in den Fünfzigerjahren geboren und hat zunächst Bauingenieur gelernt, dann Pädagogik studiert und schließlich, Mitte der Neunzigerjahre, angefangen, für die Jugendbegegnungsstätte zu arbeiten.

Jurek begegnete er kurze Zeit später zum ersten Mal im Hotel Glob – einem trostlosen Bau aus kommunistischer Zeit, direkt am Bahnhof von Oświęcim. Jurek war mal wieder mit einer deutschen Jugendgruppe unterwegs, der er Polen zeigte, obwohl er doch eigentlich längst in Rente war. Der deutsche Leiter dieser Jugendgruppe, ein Pfarrer, hatte Szuster, den er von einem früheren Besuch in Auschwitz kannte, dazugebeten.

»In der völlig verqualmten und heruntergekommenen Hotelhalle saßen ungefähr dreißig Jugendliche auf Plastikstühlen um diesen alten Mann herum, der gerade erzählte«, erinnert sich Szuster. »Mir fiel gleich im ersten Moment auf, dass die Jugendlichen an Jureks Lippen hingen. Alle sahen nur ihn an, folgten jeder seiner Gesten. Keiner schien auch nur für einen kurzen Moment an etwas anderes zu denken. Ich hatte schon viele Zeitzeugengespräche miterlebt. Aber das war ein besonderer Moment.«

Ganz selten gab es Momente im Lager, in welchen man hochschaute, für kurzen Moment, und plötzlich sah etwas Schönes. An solchen Moment, welcher sich zugetragen hat im Winter 1940, kann ich besonders gut erinnern. Es gab Neuschnee, welcher bedeckte ganzen Dreck und umwandelte ganze Umgebung vom Lager in eine Geschichte aus Märchenbuch, weil alle Bäume, es waren fast nur Birken, bedeckt waren bis zum kleinsten Ast mit solchem Schnee. Ich war eigentlich geschickt mit irgendeiner Nachricht von einem Kommando zu anderem, aber ich blieb stehen für kurzen Moment an der Lagerstraße und schaute auf solches Bild, welches mich für kurzen Moment vergessen ließ ganze gestreifte Anzüge.

Aber dann hörte ich wieder Geschrei von zwei SS-Männern. Sie bewachten zwei Häftlinge, welche den provisorischen Schlitten gezogen haben, auf dem zwei Holzfässer standen, und waren so auf dem Weg vom Kasino der SS zum Schweinestall. In diesen Fässern waren die Abfälle vom Essen der SS. Vor allem Krautsuppe war enthalten. Die Abfälle wurden zu den Schweinen gebracht als Futter. Ganze kleine Eskorte war umgeben von den ausgehungerten Häftlingen, die schon alles getan hätten für was zu essen. So war das jeden Tag. Ich habe solche Szene schon gekannt, und es ist den Häftlingen nie gelungen, Krautsuppe aus den Fässern zu stehlen, denn es gab ja die Aufpasser, die bewaffnet waren mit Gewehren, um zu verteidigen das Mittagessen von Schweinen.

Aber an diesem Tag haben die hungrigen Menschen, welche schon

waren wie wilde Tiere, einen Plan entwickelt, der gelingen sollte: Sie sprachen unter sich, und dann, auf einmal, stürzte eine Gruppe von der rechten Seite auf die Fässer los, die natürlich von der SS verteidigt wurden. Somit war die linke Seite frei und einer kam von dort, stopfte sich den Mund voll und lief davon. Aber er wurde danach von der SS erwischt.
Sie haben ihn nicht gleich erschlagen, sondern auch unter sich geredet. Dann haben sie ihn an der Hose und am Rücken geschnappt und ihn kopfüber bis zum Bauch in das Fass von der Suppe gesteckt. Der Häftling hat noch seine Beine bewegt und so gezeigt, dass er noch nicht ertrunken war, aber nach einiger Zeit hatten sich seine Beine schon beruhigt. Er sollte also tot sein. Die SS-Leute haben ihn dann herausgezogen und auf den Boden in den Schnee gelegt. Sie selbst gingen weiter, aber der »Tote« ist mit dem Kraut in Händen und Mund weggelaufen.

Leszek Szuster war von dem Moment an sicher, dass er Jurek auch als Zeitzeugen für die Jugendbegegnungsstätte gewinnen wollte. Er schlug ihm sofort vor, ihm noch an diesem Abend die Räumlichkeiten der Begegnungsstätte zu zeigen, und im Auto erläuterte er ihm die Idee der Institution: Die deutsche Organisation Aktion Sühnezeichen Friedensdienste, die seit den Sechzigerjahren in Polen tätig sei, habe den Bau dieses Hauses in den Achtzigerjahren angeregt. Man wolle, dass dort junge Menschen, vor allem aus Polen, Deutschland und Israel, miteinander, aber eben auch mit KZ-Überlebenden in Kontakt kommen. Das Haus solle ein Ort sein, an dem sich die Jugendlichen geborgen fühlen, nachdem sie das KZ besichtigt haben. Dort könne man in Ruhe über alles sprechen, aber auch einfach zusammen Tischtennis spielen, ein Grillfest im Garten veranstalten und so weiter.

Jurek sagte während dieser Erklärung kein Wort. Er schien tief in Gedanken. Sie kamen zur Begegnungsstätte. Es war schon spät am Abend, sie gingen in die Eingangshalle, die dunkel und menschenleer war. Leszek Szuster machte Licht. Jurek stand regungslos da, und Szuster sah, dass ihm Tränen in den Augen stiegen. »Von so einem Ort habe ich damals geträumt«, sagte Jurek schließlich.

»Ich wusste damals nicht, wie eng Jurek mit den Anfängen

von Sühnezeichen in Polen verbunden war«, sagt Szuster. Er sollte es aber bald erfahren, denn als Jurek die Büste des deutschen Dichters Volker von Törne entdeckte, die in der Lobby der Jugendbegegnungsstätte steht, verschwand alle Rührung aus seiner Stimme. »Aber was macht der denn hier?«, fragte er, und in seiner Stimme war Wut – ja, vielleicht auch Neid.

Mit der Büste hatte sich Jurek auch Jahre später noch nicht angefreundet. Als ich ihn im Herbst 1998 in der Jugendbegegnungsstätte kennenlernte, erklärte er mir, dass er diesen komischen Dichter als Mensch kenne, nicht nur als Büste: Volker von Törne sei bei Aktion Sühnezeichen unter anderem für Polen zuständig gewesen, schon ganz zu Anfang, in den Sechzigerjahren, als er, Jurek, sich noch um alles gekümmert habe und man noch in einer alten SS-Kaserne übernachtet habe, nicht in so einem schönen Haus. Von Törne sei damals vielleicht zweimal im Jahr vorbeigekommen und mit betroffener Miene alleine über das Gelände des Konzentrationslagers geschritten, um sich anschließend in seinem Zimmer einzuschließen, drei Tage lang Wodka zu saufen und dabei vielleicht ein Gedicht zu verfassen. Währenddessen habe er, Jurek, mit den Jugendlichen am Krematorium gearbeitet, mit ihnen im Archiv des Museums Auschwitz recherchiert und zugleich alle organisatorischen Probleme gelöst: Er habe Visa organisiert, für ordentliche Verpflegung gesorgt, mit den Behörden verhandelt. Volker von Törne hingegen sei, wenn sein Gedicht fertig war, einfach wieder abgefahren und habe ihn, Jurek, mit allen Problemen alleine gelassen. »Und der kriegt ein Denkmal und ich nicht«, tobte Jurek.

Ich habe nie ganz verstanden, warum Jurek eine so große Abneigung gegen diesen Volker von Törne hatte, der in der offiziellen Geschichtsschreibung von Aktion Sühnezeichen durch und durch positiv dargestellt wird: Der Sohn eines SS-Offiziers, der sich ganz entschieden von dieser Herkunft abgrenzte, der eine Vorreiterrolle in Sachen »Versöhnung mit Polen« spielte, der Ideengeber für den Bau der Jugendbegegnungsstätte war und Autor einer ganzen Reihe von Gedichten, die sich mit Krieg und Vergangenheitsbewältigung befassen. Vielleicht war es ganz einfach ein Konkurrenzverhältnis, weil von Törne sich aufgrund seiner Biografie genau wie Jurek hervorragend als Symbolfigur der Versöhnung eignete? Vielleicht mochte Jurek auch den gewollt proletarischen Ton nicht, der aus vielen von Volker von Törnes Gedichten spricht?

Doch allem Abscheu der Büste gegenüber zum Trotz begann Jurek als Zeitzeuge für die Jugendbegegnungsstätte zu arbeiten. Die meisten der alten »Sühnezeichler«, mit denen sich Jurek in den Siebzigerjahren überworfen hatte, waren nicht mehr dabei. Sie waren entweder wie Volker von Törne schon tot, oder sie kümmerten sich wie Rudolf Dohrmann inzwischen um ganz andere Projekte. Jurek aber kam bald regelmäßig in die Begegnungsstätte. Manchmal blieb er eine ganze Woche und machte gleich mehrere Zeitzeugengespräche an einem Tag.

Abends kam er dann oft noch in Leszek Szusters Büro, und die beiden unterhielten sich stundenlang über Politik, über Geschichte und über die Arbeit mit den Gruppen. Szuster sagt, er habe diesen Jurek von Anfang an sehr gemocht. Seine aufrechte Art, seinen wachen Geist, seinen Humor. Und das Anliegen der Jugendbegegnungsstätte sei zu hundert Prozent Jureks persönliches Anliegen gewesen. Seine Mission.

Außerdem habe es da einen merkwürdigen Effekt gegeben, sagt Leszek Szuster: »Vor allem in den letzten Jahren, als Jurek sehr krank war, da kam er hier an als ein alter Mann, der wacklig auf den Beinen war und fast nichts mehr sah. Aber sobald er ein, zwei Tage hier war, war es, als ob jemand die Batterie ausgetauscht hätte.« Jurek habe plötzlich wieder vor Energie gesprüht, sei schnell und sicher durch die Räume gegangen, habe in ein paar Fällen sogar Gruppen auf dem Lagergelände begleitet und sei bei alledem überhaupt nie müde geworden. »Es gibt so einen Satz, dass die Jugendbegegnungsstätte ein heilsames Haus ist«, sagt Leszek Szuster. »In Jureks Fall ist das ganz und gar wörtlich zu verstehen. Hier zu sein und mit Jugendgruppen zu arbeiten, schien medizinisch heilsam für ihn zu sein.«

Bei den Jugendlichen kam Jurek hervorragend an. Die Zeitzeugengespräche mit ihm dauerten meistens länger als geplant. In jeder Gruppe hatte er regelrechte Fans. »Ich glaube, das lag vor allem daran, dass Jurek etwas konnte, was nur ganz wenige Persönlichkeiten seines Kalibers können«, sagt Szuster, »er konnte zuhören.« Jurek sei ein dominanter Mensch gewesen, aber zugleich einer, der sich tief in andere hineindenken konnte. Ein Meister im Knüpfen von Freundschaften.

– So habe ich ihn auch erlebt, aber trotzdem war er so einsam.
– Weil Jurek eben auch ein Meister im Zerschlagen von Freundschaften war. Bei ihm war da alles so extrem. Ich kenne keinen einzigen Menschen, der Jurek gegenüber gleichgültig war, nur Menschen, die ihn sehr mochten, und solche, die ihn sehr hassten.
– Was glauben Sie, weshalb wurde Jurek so gehasst?
– Ich glaube, weil er immer auf seiner Sicht der Welt beharrte. Er lebte ganz streng nach seinen Werten und schloss nie einen Kompromiss. Mit niemandem.

Leszek Szuster erzählt, dass er bei Jurek regelrechte »Zyklen der Freundschaft« miterlebt habe, die immer damit begannen, dass Jurek jemanden kennenlernte, beispielsweise einen neuen Freiwilligen in der Jugendbegegnungsstätte, und erst einmal vollkommen begeistert war. »Was für ein kluger junger Mann«, sagte er zu Szuster und lud seine neue Bekanntschaft bald zu sich nach Warschau ein. Über einige Monate hinweg, manchmal auch ein Jahre lang, existierte eine Freundschaft, aber dann, plötzlich, brach Jurek einen Streit vom Zaun. »Jureks Vorwürfe«, sagt Leszek Szuster, »waren dabei eigentlich immer dieselben: ›Dieser Junge achtet mich nicht, er hat mich hintergangen, er wollte mich eigentlich nur ausnützen.‹«

Konkreter Anlass war meist eine Kleinigkeit. Eine liegen gelassene Bananenschale in Jureks Wohnzimmer. Ein versprochener Anruf, der zu spät kam. Eine klitzekleine Ausrede oder Unehrlichkeit, bei der Jurek seine Freunde ertappte. Irgendeine Geste, aus der Jurek mangelnde Wertschätzung für seine Person herauslas.

Wenn es wieder einmal so weit war, dann waren Vermittlungsversuche von Szusters Seite völlig zwecklos. Jurek war unversöhnlich. »Das war nicht nur im Fall von Ben Schaffer so«, sagt Szuster. »In den letzten Jahren wurden die Zyklen von Jureks Freundschaften immer kürzer, und Jurek wurde immer einsamer.«

Eine Freundschaft, die sich in dieser Zeit jedoch kontinuierlich vertiefte, war die zwischen Jurek und Leszek Szuster selbst.

Vielleicht weil Szuster ein sehr höflicher Mensch ist, der nie eine Bananenschale in einem fremden Wohnzimmer liegen lassen würde. Vielleicht aber auch, weil schon dadurch eine gewisse Distanz gewahrt wurde, dass Szuster als Leiter der Jugendbegegnungsstätte sehr beschäftigt ist – mit einer Arbeit, die Jurek als wichtig anerkannte.

Jedes Mal, wenn Szuster in Warschau zu tun hatte, ging er auf eine Tasse Tee bei Jurek vorbei, und wenn Jurek in der Jugendbegegnungsstätte war, lud Szuster Jurek zu sich nach Hause zum Abendessen ein, und schließlich fragte er Jurek auch, ob er die Weihnachtsfeiertage nicht bei seiner Familie verbringen wolle.

Jurek freute sich sehr. Ich kann mich noch daran erinnern – ich kannte Jurek damals auch schon seit einigen Jahren. Normalerweise rief ich Jurek immer an Heiligabend am späten Nachmittag vom Haus meiner Eltern aus an. Mitten aus dem Vorbereitungstrubel heraus wünschte ich ihm ein frohes Fest. Meistens sprach auch noch mein Vater mit ihm und manchmal auch irgendein anderes Familienmitglied, das gerade zufällig in der Nähe war. Es war ein Anruf, der mich jedes Jahr Überwindung kostete, weil er mir ein schlechtes Gewissen machte. Es kam mir fast sarkastisch vor, Weihnachtsgrüße aus einem fröhlichen, vollen Haus in Jureks leere Warschauer Wohnung zu schicken.

In dem Jahr, in dem Jurek zum ersten Mal bei den Szusters eingeladen war, warnte Jurek mich schon im November vor. »Mach dir keine Sorgen, wenn du mich an Heiligabend in diesem Jahr in Warschau nicht erreichst. Leszek Szuster, der Direktor der Begegnungsstätte, hat mich eingeladen«, sagte er und klang dabei sehr fröhlich, ja, auch ein bisschen stolz. »Ich werde Weihnachten also in Auschwitz feiern, nun schon zum vierten Mal. Aber in diesem Jahr wird es ganz sicher schöner werden als bei den drei Malen zuvor.«

Ja, er habe sehr schöne Weihnachten gehabt, sagte Jurek, als ich ihn im Januar wieder anrief. Szusters Frau sei eine tolle Köchin, und auch die Kinder seien alle sehr nett.

Nun erzählt mir auch Leszek Szuster von dem Weihnachten, damals mit Jurek. Und er erzählt eine ganz andere Geschichte: Am Morgen des 24. Dezember habe Jurek über Schmerzen in der Herzgegend geklagt, und schließlich seien sie mit ihm ins städtische Krankenhaus von Oświęcim gefahren. Dort sei er untersucht worden, der Arzt habe nichts Organisches gefunden, aber doch geraten, den alten Herrn, der offensichtlich unter starken Schmerzen litt und ja schon zwei Hirnschläge hinter sich hatte, zunächst zur Beobachtung dazulassen.

Die Szusters gingen in den Weihnachtsgottesdienst und anschließend zu Jurek ins Krankhaus. Dort verbrachten sie einen Großteil des Abends, bis Jurek sie energisch heimschickte.

Weihnachten 1940 gab es einen Appell, der nur Funktion hatte, uns Häftlinge zu quälen. Es war an Heiligabend. Alle Häftlinge trugen bei diesem Appell nur Sommerkleider und überhaupt nichts, um Reste von Wärme irgendwie zu retten, weil die SS vorher Socken und Unterwäsche eingezogen hatte, um sie zu waschen, und alle standen da, vier Stunden in Schnee gemischt mit Regen, in einer Temperatur von ungefähr null Grad, und wir sollten bewundern den Weihnachtsbaum, welchen die SS extra aufgestellt hat und geschmückt mit Glühbirnen, damit wir uns erinnern, wie Weihnachten daheim bei unseren Familien war. Häftlinge, welche die Strapazen nicht aushielten und deshalb einfach umgefallen sind, ohnmächtig meistens, wurden ans Ende der angetretenen Häftlingsreihe ihres Blockes geschleift und mit Eiswasser begossen, sodass sie erfroren. Das war die Strafe, denn sie hatten gestört die Ordnung des Appells und die andächtige Stimmung. Viele haben diesen Appell nicht überlebt, und viele wurden hinterher schwer krank oder starben an entzündeter Lunge und schlimmem Husten.

Als Leszek Szuster ihn am nächsten Tag besuchen wollte, war Jurek verlegt worden – in die psychiatrische Abteilung. Er hatte am frühen Morgen die Krankenschwestern und den diensthabenden Arzt wüst beschimpft. Sogar handgreiflich war er geworden. »Erstaunlich, was so ein alter Mann für eine Kraft hat«, sagte der Arzt.

Als Szuster zu Jurek ins Zimmer kam, lag er blass und matt im Bett. Er winkte Szuster nah heran, bevor er mit leiser, aufgeregter Stimme zu erzählen begann: Ein deutsches U-Boot sei in dieser Nacht gelandet, sagte Jurek, unten am Ufer des Flüsschens Sola. Die Krankenschwester sei eine deutsche Spionin, und der Arzt stecke mit ihr unter einer Decke. Sie seien beauftragt, ihn, Jurek zu eliminieren, weil er doch von dem U-Boot wisse, als Einziger.

»Ich hatte Jurek immer als durch und durch rationalen Menschen erlebt«, erzählt Szuster. »Es war schrecklich, ihn so wirr zu sehen.«

Aber der Zustand dauerte nicht lange an. Drei Tage später, als er Jurek aus dem Krankenhaus abholte, war dieser wieder völlig normal und wollte nur möglichst schnell wieder heim nach Warschau. Nach dem U-Boot hat Szuster Jurek nicht mehr gefragt. Er dachte, dass Jurek sich nachträglich dafür schämen würde.

»Das war der einzige Versuch, mit Jurek Weihnachten zu feiern«, sagt er. Ich horche auf. Jurek hat mir von diesem Jahr an nämlich in jedem Jahr erklärt, dass ich ihn an Heiligabend nicht anrufen solle. Er sei sowieso nicht daheim. Er fahre wieder zu Leszek.

– Jurek hat mir gesagt, dass er jedes Jahr an Weihnachten bei Ihnen sei.
– Nein, das war leider nicht so. Wir hatten das Gefühl, dass es vielleicht nicht gut für ihn ist, an Weihnachten so nah beim Lager zu sein.
– Merkwürdig, dass mich Jurek da angelogen hat.
– Wahrscheinlich wollte er Ihr Mitleid nicht.

Szuster sagt, dass er nun leider noch ein paar wichtige Termine habe, aber am Abend gerne noch einmal mit mir sprechen wolle. Ich gehe allein zum Mittagessen in den Speisesaal und setze mich an den Tisch nahe bei der Theke, an dem ich mit Jurek das erste Gespräch geführt habe, wo er mir geraten hat, Polnisch zu lernen, um reich und berühmt zu werden.

Ich denke darüber nach, wie Jurek hier, in diesem Haus, in den letzten Jahren immer wieder Freundschaften geschlossen hat, um sie dann wieder zu zerbrechen. Warum hatte er sich immerzu mit Menschen angefreundet, die für ihn irgendwie mit Auschwitz zu tun hatten, sei es dadurch, dass sie hier arbeiten, oder einfach dadurch, dass sie Deutsche sind? Und warum hat er die Nähe dieser Menschen dann doch nicht ertragen können und sich immer mit allen zerstritten? Jurek wirkte so stark, so klug, so reflektiert, und doch hatte er Wunden, die man auf den ersten Blick nicht sehen konnte. Vielleicht hat er deshalb immer alle verjagt? Weil er die

Menschen nicht mehr ertragen hat, sobald sie seine Wunden, seine Schwäche, seine Ängste kannten? Und warum hat er mich nicht weggeschickt? Bin ich einfach nur aus Zufall übrig geblieben?

Ich bleibe nicht lange allein mit meinen Gedanken. Eine Gruppe deutscher Jugendlicher kommt herein. Zwischen 15 und 18 Jahre alt wahrscheinlich. Gegelte Haare die Jungs, Glitzerlidschatten die Mädels. Die Leiterin der Gruppe, eine ungefähr fünfzigjährige Frau in Jeans und Schlabberpulli, setzt sich mit ein paar der Jugendlichen an meinen Tisch. Sie reden über das Zeitzeugengespräch, das sie am Vormittag hatten.

»Der Typ hat kaum von sich selbst erzählt«, sagt ein vielleicht 17-jähriger Junge, »eigentlich hat er nur über andere gesprochen.«

Das könne am Thema liegen, meint die Gruppenleiterin. Das Thema ihres Workshops sei schließlich Widerstand, und sie hätten ihrem Zeitzeugen fast nur Fragen über den Widerstand im KZ gestellt. »Und es kann ja nicht jeder unter so schwierigen Bedingungen im Widerstand gewesen sein«, sagt sie.

Ein Mädchen befindet, dass der Zeitzeuge, der immerhin Schreiber gewesen sei, doch zumindest mal ein paar Papiere hätte verstecken können, um irgendetwas zu sabotieren oder um Beweise sicherzustellen für die Zeit nach dem Krieg. »In diesem Film haben die das doch auch gemacht«, sagt das Mädchen. Niemand widerspricht ihr.

»Der letztes Jahr, der so richtig geheult hat, hat mir besser gefallen«, sagt ein anderes Mädchen, das dasselbe Seminar offensichtlich schon einmal besucht hat, »da hab ich so richtig Gänsehaut gekriegt.«

Authentische Geschichten werden von Zeitzeugen erwartet, professionell vorgetragen, aber bitte schön mit viel echter Emotion und möglichst noch mit einem Schuss Heldenmut. Alles soll wie im Film sein, denn das Auschwitz aus Filmen scheint uns viel realer als alles, was ein Zeitzeuge erzählen kann.

Jurek konnte erzählen wie im Film. Deshalb war er ein Star unter den Zeitzeugen. Eine Rolle, die er genossen hat, die er gebraucht hat, und die doch seine Einsamkeit nie beenden konnte.

Nach dem Mittagessen gehe ich zu Fuß von der Jugendbegegnungsstätte zum Stammlager Auschwitz. Ein Weg quer durch eine Plattenbausiedlung: graue, vierstöckige Häuser, dazwischen kleine Grünflächen mit Teppichstangen. Schließlich passiere ich ein paar Fastfoodstände, einen großen Busparkplatz, auf dem jetzt, im Dezember, nur ein einziger Reisebus steht. Dann gehe ich durch das Tor mit der Inschrift »Arbeit macht frei« und bin im Stammlager. Hier war Jurek von Sommer 1940 bis Dezember 1941 inhaftiert, später bei seiner zweiten Gefangenschaft im KZ war er dann in Birkenau.

Ziegelsteinbaracken umgeben von einer doppelten Reihe hoher Stacheldrahtzäune. Die staubige Lagerstraße. Überall Schilder, auf denen »Stop« steht und »Halt, Todeszone«. Ob wohl welche dabei sind, die Jurek geschrieben hat, damals, als er für die Schilder zuständig war?

Ich gehe in einige der Baracken hinein. Die kahlen Pritschen, auf denen die Häftlinge geschlafen haben. In einer Glasvitrine werden die winzigen Essensportionen gezeigt, die den Gefangenen pro Tag zustanden, an einer Wand Fotos kahl geschorener, ausgehungerter Häftlinge.

Der Raum mit den Schuhen ist besonders schwer erträglich für mich. Auch jetzt, beim dritten Mal noch. Zehntausende von Schuhen lagern dort, die einmal Menschen gehört haben, die in Auschwitz vergast worden sind. Extravagante rote Damenschuhe – grobe, ausgelatschte Schnürstiefel – faustgroße Kinderschühchen. Ich stelle mir die Menschen vor, denen die Schuhe gehört haben. Stelle mir vor, wie sie die Schuhe einst im Laden anprobierten, sich entschieden, sie zu kaufen. Sie heimtrugen. Mit ihnen durch die Straßen von Berlin, Warschau oder Budapest gingen. Sie mit Schuhcreme eincremten. Ich überlege mir auch, warum sie sich jeweils gerade für dieses Paar Schuhe entschieden haben, als der Deportationsbefehl kam. Wut steigt in mir hoch. Hilflose Wut. Ich verlasse die Baracke.

Nahe beim Eingangstor des Lagers setze ich mich auf eine Stufe. Es sind heute nur wenige Touristen da. Ein paar junge Italiener fotografieren einander vor der »Arbeit-macht-frei«-Inschrift. Einen nach dem anderen. Die Mienen, die sie dabei aufsetzen, sind interessant. Wie schaut man am besten auf einem Erinnerungsfoto aus Auschwitz? Ein vielleicht zwanzigjähriges Mädchen mit einer großen, an diesem trüben Dezembertag völlig sinnlosen Sonnenbrille im Haar knipst ein routiniertes Fotolächeln an. Der junge Mann in engen Röhrenjeans, der nach ihr an der Reihe ist, setzt einen betont betroffenen Blick auf.

Neben mir steht ein deutsches Ehepaar um die fünfzig. »Ekelhaft, wie die sich hier aufführen«, sagt die Frau mit Blick auf die eigentlich friedlichen und nicht einmal besonders lauten Italiener.

»Ja, pietätlos«, sagt der Mann.

Mir fällt ein Gespräch ein, das ich mit Jurek vor vielleicht sechs Jahren hatte, als ich mit ihm über das Gelände des KZ Auschwitz-Birkenau ging. Wir waren gerade bei den Krematorien gewesen und dort, wo einmal die Gaskammern gestanden hatten. Ich ärgerte mich über zwei junge Deutsche, die vor einer Baracke neben uns stehen geblieben waren und ziemlich laut dumme, wenn auch harmlose Witze machten.

Ich weiß nicht mehr, was sie sagten, ich weiß nur noch, dass sie mich störten und ich sie schließlich anherrschte, sie sollten doch bitte leiser sein, ihr dummes Gekicher sei hier fehl am Platz.

Jurek legte mir damals die Hand auf die Schulter und sagte in ziemlich strengem Ton, ich solle mich nicht so aufführen. Dann lächelte er die beiden Jungs versöhnlich an. »Wir haben sehr oft Witze gerissen im Auschwitz«, sagte er, »Quatsch gemacht auch. Wir waren ja lauter junge Kerls. Gleiches Alter wie ihr eigentlich.« Und dann begann Jurek zu erzählen.

In der Zeit, als ich Blockschreiber war, in Block 27, gleich dahinten, kam einmal ein Häftling mit solcher Nachricht, dass ich an den Zaun zur Rampe kommen soll. Als ich hinkam, sah ich, auf anderer Seite von Rampe, im Frauenlager, Edek Galinski am Zaun.

Edek Galinski war ein guter Freund von mir, auch aus erstem Transport, wie ich. Er arbeitete im Auschwitz als Installateur und hatte Zutritt deshalb auch zum Frauenlager. Edek sagte mir, ich soll mal zwei Stubendienste holen von meinem Block und dann hier auf ihn warten. Ich machte das so, und bald brachte Edek ein großes, schweres Paket. Zwei Häftlinge, welche Edek bestochen hatte, schleppten es über die Rampe und gaben es uns durch den Zaun. Wir gingen damit zu unserem Block. Dort haben wir das Paket dann aufgemacht und gefunden den toten Körper von einer kräftigen jungen Dogge.

Edek hat uns dann abends erklärt die ganze Geschichte: Die Dogge war nämlich der Liebling von einer SS-Frau, welche als Aufseherin tätig war im Frauenlager. An diesem Tag wurde der Lagerzaun repariert, und die Dogge pinkelte genau in dem Moment an den Draht, in welchem wieder eingeschaltet wurde der Strom. Das war ganz starker Strom. Die Dogge fiel natürlich sofort um und war tot. Als die Aufseherin das sah, fing sie so stark an zu weinen, dass sie geschüttelte Krämpfe bekam. Edek sah das, ging zu der Aufseherin und sagte, dass das wirklich ein fabelhafter Hund war, intelligenter Hund auch, dass er verdient eine anständige Beerdigung, und dass er das für sie erledigen kann.
Sie war einverstanden, und Edek hat gegraben ein Loch, das er ganz ausgelegt hat mit Tannenzweigen, welche er organisiert hat über seine Kontakte aus erstem Transport aus dem Wald bei Krematorium V, ganz am anderen Ende vom Lager. Dann hat er gezeigt dieses sehr schöne Grab der Aufseherin mit der Frage, ob es so in Ordnung ist. Sie war ganz befriedigt und sagte Edek, er soll die Dogge darin begraben. Edek brachte den Einfall vor, dass sie doch besser überhaupt nicht zuschauen soll, um schwere Trauer über den Verlust vom Hund nicht noch schlimmer zu machen. Sie war auch damit einverstanden und ging weg. Für seine Arbeit gab sie Edek einen Würfel von der Margarine und zwei Brote.
Die tote Dogge kam aber nicht in das Grab, sondern landete auf unserem Block. Wir haben sie heimlich gebraten und Freunde eingeladen zum Essen. Das Fleisch war wirklich hervorragend. Ganz zart. War ja noch ein richtig junges Tier. Als wir fast fertig waren mit ganzem Schmaus, fingen Edek und ich an zu bellen, bis wir uns vor Lachen überhaupt nicht mehr halten konnten und gerollt sind über Boden vom Block mit lauter Lachen. Die anderen kapierten sofort, was los war, und einigen von ihnen wurde so schlecht, dass sie rausgelaufen sind und sich übergeben mussten.

Die beiden Jungs hörten gebannt zu und erkundigten sich anschließend, wie lange Jurek denn im KZ gewesen sei, und ob es schwer für ihn sei, wieder herzukommen und so weiter. Sie waren jetzt sehr nett und höflich. Als Jurek sich verabschiedete, bedankten sie sich überschwänglich für das Gespräch. Ich bin sicher, dass sie daheim allen möglichen Leuten von dieser Begegnung erzählt haben, und ich bin sicher, dass Jurek sich dessen bewusst war und dass er sich darüber freute. Ich war nach dem Gespräch aber ein wenig verwirrt.

– Ich dachte, es stört dich, Jurek, wenn man hier Witze reißt.
– Kati, ich glaube, dass du dich so ärgerst über diese Kollegen, hat einen anderen Grund. Es ist nicht, weil es mich stört.
– Sondern weshalb?
– Ich war schon mit sehr vielen im KZ Auschwitz. Meiste sind betroffen und unsicher und wissen überhaupt nicht, was man machen kann an so einem Ort. Was soll man überhaupt sagen? Wie soll man schauen? Worüber darf man überhaupt reden? Die Mehrheit von Menschen wählt dann eine von zwei Möglichkeiten: Erste ist Witze machen wie diese Kollegen. Zweite ist zu schimpfen über alle, die Witze machen. Aber beides ist nur Ablenkung. Nur Ventil sozusagen, weil man eigentliche Gefühle überhaupt nicht aushält.
– Du meinst die Trauer?
– Ich meine die Hilflosigkeit.

Ich staunte damals darüber, wie tief sich Jurek in andere hineindachte. Wie viel Verständnis er hatte für alle möglichen Reaktionen. Wie geduldig er mit Menschen war, denen nicht mehr zugemutet wurde als eine vielleicht zweistündige Besichtigung des Todeslagers, in dem er selbst vier Jahre seines Lebens verbringen musste.

Aber ich weiß auch, dass Jurek nicht immer so verständnisvoll gewesen war, wenn es darum ging, wie man sich auf dem Gelände des ehemaligen Konzentrationslagers zu verhalten hat und wie nicht. Er selbst hat mir oft eine Geschichte erzählt, die sich Anfang der Sechzigerjahre zugetragen hat, hier, auf dem Gelände des Stammlagers Auschwitz. Jurek arbeitete damals als Skilehrer und Reiseleiter. Er hatte Rudolf Dohrmann noch nicht kennengelernt. Mit Deutschen wollte er in dieser Zeit nichts zu tun haben. Einmal aber wurde ihm trotzdem eine Gruppe von Touristen aus der DDR zugeteilt. Eine sehr bedeutende Gruppe sei das, sagte sein Chef im Reisebüro. Er brauche deshalb jemanden, der gut Deutsch spreche und gut Ski fahre, und deshalb müsse Jurek ran – ob er wolle oder nicht. Das seien »Stasi-Leute«, raunten die Kollegen hinter vorgehaltener Hand.

Jurek gefiel die Arbeit mit dieser Gruppe nicht. Ihn störte, dass niemand offen zu reden schien, fast egal über welches Thema. »Das war solche Tatsache, wegen der ich den Kommunismus überhaupt nicht mochte«, erzählte Jurek mir, »ganze diese Bespitzelung und Angst, welche aus dieser resultierte. Das war sehr ungesundes System, auch in Polen, aber in der DDR war ganzes dieses System noch viel perfekter, ganz gezielt, und nun hatte ich zu tun mit den Architekten von solchem System der Einschüchterung.« Mit dem Leiter der Gruppe verstand Jurek sich ganz besonders schlecht. »Der wollte überhaupt nicht akzeptieren, dass jemand anderes als er Regeln für solche Reise macht«, erzählte Jurek. »Wenn ich zum Beispiel gesagt habe, es ist wichtig, dass alle sind am Bus morgens pünktlich um acht, weil wir haben einen weiten Weg, dann kam nur einer um halb neun – nämlich der Leiter von der ganzen Gruppe.«

Jurek fuhr mit den DDRlern zum Skifahren nach Zakopane und zeigte ihnen Krakau. Dann stand Auschwitz auf dem Programm. Jurek war das wichtig. Er fand, dass diese Deutschen nicht nur zum Skifahren nach Polen kommen konnten. Er führte die Touristen selbst durch das Lager. Alle in der Gruppe wussten, dass Jurek hier einmal Häftling gewesen war. Er hatte ihnen die Nummern auf seinem Arm gezeigt.

Sie gingen zu Block 11, dem sogenannten Strafblock. Im Keller dieses Blocks befinden sich Zellen, in denen die SS Häftlinge zu Tode hungern ließ. Wenn einem Häftling die Flucht gelang, dann sperrte die SS als Rache dafür zehn andere, beliebig ausgewählte Häftlinge in eine solche Zelle ohne Wasser und Essen, bis alle tot waren. Die ersten Tötungen mit Gas wurden ebenfalls in diesem Keller vorgenommen.

Ich stehe von meiner Treppenstufe beim Eingangstor des Lagers auf und gehe in Block 11, hinunter in den Keller. Der Flur zwischen den Zellen ist schmal, dunkel und feucht. Die schweren Metalltüren der Zellen stehen offen. An den Wänden im Inneren kann man kleine Zeichnungen und Namen entdecken, die Häftlinge vor ihrem Tod dort eingeritzt haben. All das muss vor gut vierzig Jahren, als Jurek mit der DDR-Gruppe hierherkam, ganz genauso ausgesehen haben.

Als er mit der Gruppe an dieser Stelle angelangt war, bat Jurek die Herren, die Mützen abzunehmen – aus Respekt für die Opfer. Alle nahmen die Mützen ab, nur der Leiter der Gruppe tat, als habe er nichts gehört. Jurek erzählte, er habe den Mann scharf angesehen und wiederholt: »Ich bitte alle Herren darum, die Mütze abzunehmen.« Der Leiter murmelte irgendetwas von wegen, er sei erkältet und brauche die Kopfbedeckung deshalb. Jurek ging auf ihn zu und schlug ihm mit der flachen Hand die Mütze vom Kopf. Der Leiter erschrak und stieß Jurek von sich. Jurek schlug ihm daraufhin mit der Faust ins Gesicht, sodass der andere gegen eine Zellentür torkelte. Die schwere Metalltür stieß mit lautem Knall gegen die Wand. Zwei Museumsangestellte kamen angerannt und trennten die Streitenden.

Die ganze Gruppe war starr vor Schock. Ein Pole verprügelte ausgerechnet an diesem symbolträchtigen Ort einen Vertreter des sozialistischen Bruderstaates DDR. Einen Stasi-Funktionär auch noch. Allen war klar, dass der Vorfall gemeldet werden würde und auch, dass er nicht ohne Konsequenzen bleiben würde, und wahrscheinlich würden das Konsequenzen für Jurek sein.

Sie fuhren zurück nach Krakau, es war sehr still im Bus. Jurek ging in sein Hotelzimmer, aber er konnte nicht schlafen. Er bereute nicht, was er getan hatte, aber er hatte Angst, seine Arbeit, die Arbeit in den Bergen, die er so liebte, zu verlieren und das auch noch wegen eines Deutschen.

Spät am Abend klopfte es an Jureks Tür. Er öffnete. Vor der Tür standen zwei Mitglieder der Reisegruppe, ziemlich junge Kerls. In der Hand hatten sie ein Papier. In diesem Papier schilderten sie die Vorfälle in Block 11. Sie schrieben, dass sie hiermit bestätigten, dass es nicht Jurek gewesen sei, der sich falsch verhalten habe, sondern dass ihr Gruppenleiter, ihr eigener Vorgesetzter, sich provozierend und nicht im Sinne der Völkerfreundschaft benommen habe. Fünf Teilnehmer der Gruppe hatten dieses Papier unterschrieben.

»Wir hoffen, dass Sie keinen ernsthaften Ärger bekommen«, sagte einer der beiden Jungs, »aber wenn Sie wirklich Ärger bekommen sollten, dann können Sie dieses Papier einsetzen, um Ihre Position zu verteidigen. Wenn Sie das Papier aber nicht dringend brauchen, dann vernichten Sie es bitte – es könnte uns

Probleme machen.« Jurek bedankte sich sehr herzlich bei den jungen Männern für ihren Mut und versprach, das Papier nur im äußersten Notfall einzusetzen.

Als Jurek vier Tage später heim nach Warschau kam, fand er dort schon das Kündigungsschreiben seines Reisebüros vor. Sein direkter Chef sagte, dass es ihm leidtue, da sei aber nichts zu machen. Die Weisung komme von ganz oben. Jurek beschloss, trotzdem zu kämpfen. Er beschloss, mit »ganz oben« zu sprechen.

Der Zuständige war der stellvertretende Innenminister. Jurek wusste, dass er eigentlich keine Chance hatte, zu ihm vorzudringen. Aber er dachte sich einen Trick aus: Er meldete an der Pforte des Ministeriums, dass er in die Bibliothek des Ministeriums wolle, aber er schlich sich über die Flure bis zum Vorzimmer des Vizeministers. Dort ging er einfach rein und sagte der Sekretärin, dass er nun sofort den Herrn Minister sprechen müsse. Die rief natürlich nicht den Vizeminister, sondern Sicherheitsleute, die ins Zimmer kamen und Jurek sofort auf den Boden warfen. Jurek wehrte sich und machte ein ziemliches Geschrei, und genau in diesem Moment kam der stellvertretende Minister ins Zimmer und fragte, was hier los sei.

Jurek sagte, noch auf dem Boden liegend, er sei ein ehemaliger Häftling von Auschwitz. Er zeigte auch seine Nummer. Er bat darum, eine Minute lang mit dem Herrn Minister sprechen zu dürfen. Obwohl er auf dem Boden lag und auf ihm ein Sicherheitsmann saß, drückte er sich dabei so gewählt und höflich aus wie irgend möglich.

Der Vizeminister holte ihn in sein Zimmer, und Jurek sah, dass er einen Orden trug, den man nur auf dem Schlachtfeld erhalten kann. Er musste also aufseiten der Roten Armee gegen die Nazis gekämpft haben. »Herr Minister«, sagte Jurek, »ich sehe, dass Sie diesen Orden tragen, und das zeigt, dass Sie kein Verwaltungsgeneral sind, sondern tatsächlich ein Mann, der gekämpft hat für die Freiheit Polens. Sie werden mich also verstehen. Ich habe vier Jahre Auschwitz überlebt und jetzt habe ich meine Arbeit verloren, weil ich einen DDRler ins Gesicht geschlagen habe, der nicht bereit war, die Mütze abzunehmen im Auschwitz, obwohl ich ihn darum gebeten habe, zweimal und sehr höflich.« Der Vizeminister fragte, wie er ihm denn glauben könne, und Jurek zog den Brief der Teilnehmer aus der Tasche, der alles bezeugte. Der Vizeminister las den Brief ganz genau, ließ Jurek dann in seinem Dienstwagen heimfahren, und am nächsten Tag erhielt Jurek die Nachricht, dass er wieder arbeiten dürfe.

Ich habe diese Geschichte immer für etwas sehr fantastisch gehalten. Jureks Trick, um ins Ministerium zu gelangen, und die Heimfahrt im Dienstwagen – das alles klingt nach Filmszene. Vielleicht hat Jurek die Geschichte ein bisschen ausgeschmückt, um sie spannender zu machen. Vielleicht hat sie sich aber auch genau so zugetragen. Jurek hat viele Dinge erlebt, die unglaublich klingen.

Aber wenn die Geschichte sich wirklich genau so abgespielt hat, warum hat ihn sein Reisebüro kurz darauf für die Betreuung von Dohrmanns Gruppe eingeteilt, wo doch klar war, dass dieser Mann mit Deutschen nicht kann und nicht will? Und warum hat er sich Dohrmanns Gruppe gegenüber dann so anders verhalten, so offen und freundschaftlich?

Die Antwort auf diese Fragen werde ich aber natürlich nicht hier finden können, im Keller von Block 11. Hier sehe ich nur die Eisentüren und die Treppe und eine Menge Touristen, von denen sehr viele Mützen auf dem Kopf tragen, während sie in die Todeszellen spähen.

Ich mache mich auf den Rückweg in die Jugendbegegnungsstätte, um pünktlich zum zweiten Teil des Gesprächs mit Leszek Szuster zu kommen. Szuster hat mir an der Pforte die Nachricht hinterlassen, dass er mich gerne zu sich nach Hause zum Abendessen einladen wolle. Der Fahrer der Jugendbegegnungsstätte bringt mich dorthin.

Die Szusters wohnen in einem kleinen, ziemlich bescheidenen Reihenhaus am Ortsrand von Oświęcim. Es ist warm und gemütlich im Wohnzimmer und duftet ganz wunderbar nach Essen. Die Tatsache, dass Frau Szuster eine hervorragende Köchin ist, hat Jurek offenbar, anders als die gemeinsamen Weihnachtsfeste, nicht frei erfunden. Es gibt Pirogi, typisch polnische Teigtaschen, allerdings mit einer auf italienische Art abgewandelten Füllung aus getrockneten Tomaten und Rucola.

Nach dem Essen hole ich wieder mein Diktiergerät hervor.

Frau Szuster bringt uns noch Tee und zieht sich dann zurück. Ich habe noch eine ganze Menge Fragen, über die ich mit Leszek Szuster sprechen will.

– Hat Jurek Ihnen die Geschichte über den Stasi-Offizier, den er in Block 11 verprügelt hat, eigentlich auch erzählt?
– Ja, das war eine seiner Lieblingsgeschichten. Eine ganz typische Jurek-Geschichte, finde ich.
– Warum typisch?
– Sie müssen bedenken, Polen war damals ein kommunistisches Land, und sich da so zu verhalten – so selbstbewusst und furchtlos auf sein Recht zu pochen –, das ist schon erstaunlich. Jurek hat mal zu mir gesagt, dass er vor nichts mehr Angst hatte, nachdem er Auschwitz überlebt hat.
– Aber in den letzten Jahren hatte er doch schreckliche Angst, manchmal, wenn diese Schübe kamen.

Ja, sagt Leszek Szuster, an diese Schübe von Angst, ja, eigentlich sogar von Verfolgungswahn, könne er sich natürlich auch noch erinnern, und zwar nicht nur in Zusammenhang mit dem misslungenen Weihnachtsfest. Auch in Warschau sei Jurek in den letzten fünf Jahren seines Lebens zweimal wegen akuter Angstzustände in Klinken eingeliefert worden. Ich bitte Herrn Szuster, mir mehr darüber zu erzählen. Ich habe das damals nur aus der Ferne mitbekommen.

Das erste Mal überfiel Jurek die Angst, als er gerade seinen Spaziergang machte. Jurek ging täglich spazieren, immer dieselbe Strecke, entlang der Allee und dann über den Park Pole Mokotowskie nahe der Wohnung, in der er seit fünfzig Jahren lebte. An diesem Tag packte ihn plötzlich die Angst. Er fühlte sich verfolgt, von Männern des Geheimdienstes, die er plötzlich hinter jedem Baum zu erkennen glaubte. Er versuchte die Männer abzuhängen, schlug deshalb Wege ein, die er nie gegangen war, gelangte in ein Neubaugebiet, das er überhaupt nicht kannte, fand sich dort mit seinen schwachen Augen nicht zurecht, irrte herum und wurde dabei immer erschöpfter und verzweifelter, bis ihn schließlich Passanten ansprachen. Er sagte zu den Passanten, dass sie ihn endlich in Ruhe lassen sollten. Dass der ganze verdammte Geheimdienst ihn endlich in Ruhe lassen solle. Sie ließen Jurek in eine Klinik bringen.

Szuster besuchte Jurek dort ein paar Tage später. »Als ich ihn nun schon zum zweiten Mal so verwirrt im Krankenhaus sah«, sagt er, »hatte ich überhaupt gar keine Hoffnung mehr, dass er wieder gesund wird, dass er wieder alleine leben können wird. Aber Jurek hat sich wieder wie ein Phönix aus der Asche seiner Krankheit erhoben.«

Zwei Monate später, als Szuster erneut nach Warschau kam, war Jurek wieder zu Hause. Er war klug, spritzig und humorvoll wie immer. Er sprach nicht mehr von Agenten. Er ging wieder spazieren und machte Pläne für seinen nächsten Besuch in der Jugendbegegnungsstätte. Ein ähnliches Szenario wiederholte sich zwei Jahre später noch einmal.

- Diese Schübe von Schizophrenie, diese Angstzustände waren also immer irgendwie mit Spionen verbunden, mit der Angst vor dem Geheimdienst, oder?
- Ja, das kann man so sagen.
- Wissen Sie, warum?
- Nein, letztlich nicht. Vermuten kann man allerdings, dass Jurek in der kommunistischen Zeit vom Geheimdienst abgehört und beobachtet wurde. Er hatte ja immer mit Ausländern zu tun. Westausländern auch noch. Und er war unbequem. Kein Kommunist. Ein kritischer Geist. Vielleicht ist davon eine Angst geblieben.

Ich erzähle Herrn Szuster, dass ich mir das auch schon überlegt habe und dass ich deshalb Akteneinsicht beantragt habe beim Institut für Nationales Gedenken in Warschau, dem polnischen Pendant zur Birthler-Behörde. Es gebe dort offensichtlich eine Geheimdienstakte zu Jurek. Die Einsichtnahme sei mir auch schon genehmigt worden. »Das wird die nächste Station meiner Reise sein«, sage ich, »in zwei Tagen habe ich dort einen Termin.«

Szuster meint, dies sei eine gute Idee, da werde vielleicht einiges klarer über Jureks furchtbare Ängste in den letzten Jahren. »Er hat ja sogar geglaubt, dass der polnische Geheimdienst und die Stasi sein Buch sabotieren wollten«, sagt Szuster, »dass es deshalb nicht erscheine, dass es deshalb kein Verlag haben wolle.«

Damit sind wir dann schon ganz von alleine bei einem Thema angelangt, das ebenfalls noch auf meiner Liste »Fragen an Leszek Szuster« steht: die Frage, wie es mit Jureks Buch weiterging, nachdem ich es ihm in Warschau noch einmal vorgelesen und Jurek es für fertig erklärt hatte.

»Das war eine traurige Geschichte«, sagt Szuster und beginnt zu erzählen. Jurek sei fest davon ausgegangen, dass das Buch ein Bestseller werden würde, dass er für den Text lukrative Angebote von gleich mehreren Verlagen erhalten würde. Über kurz oder lang rechnete er auch mit Filmangeboten. Einer Anfrage aus Hollywood am besten.

Aber das Manuskript kam immer wieder zurück, meist mit einem freundlichen Brief: Die Geschichte sei an sich ja interessant, aber es seien schon so viele Erinnerungen an Auschwitz auf dem Markt. Man könne nicht davon ausgehen, dass sich noch so ein Buch verkaufe. Manchmal klang zwischen den Zeilen auch an, dass Jureks Text zu wenig emotional und zu distanziert geschrieben sei, dass es glatt geschmirgelt sei und etwas Authentisches, Persönliches fehle.

Wenn die Absagen kamen, schimpfte Jurek abwechselnd auf Moritz, auf Ben und auf die Stasi. Manchmal behauptete er auch, dass womöglich beide seiner Koautoren heimlich Stasi-Agenten seien, die sein Buch mit Absicht verschlechtert hätten. Zu akzeptieren, dass einfach niemand sein Buch drucken wollte, war ihm ganz offensichtlich unmöglich. Er schaltete auch meinen Vater und mich in die Verlagssuche ein, aber am intensivsten suchte Leszek Szuster, und das mehrere Jahre lang. »Ich wusste, dass das Buch das war, was Jurek auf dieser Erde unbedingt hinterlassen wollte«, sagt Szuster, »dass er nicht in Frieden sterben konnte, bis alles damit erledigt war.«

Als sich kein kommerzieller Interessent fand, organisierte Szuster schließlich einen Druckkostenzuschuss und sorgte dafür, dass Jureks Buch in das Programm des Verlags des Museums Auschwitz aufgenommen wurde. Ein paar hundert Exemplare nur, aber immerhin eine gedruckte Version von Jureks Leben. Geld würde er dafür aber kaum bekommen.

Szuster sagt, dass es ihm nicht leichtfiel, Jurek anzurufen und ihm die Nachricht zu überbringen. Zum einen natürlich eine gute Nachricht, weil das Buch doch gedruckt werden würde, zum anderen aber auch eine schlechte, weil wohl kein Bestseller daraus werden würde. Jurek nahm es ziemlich ruhig auf. Er bat Szuster, ihm die Druckfahne noch einmal zu schicken, für eine letzte Durchsicht. »Aber du siehst doch fast nichts mehr«, sagte Szuster. Jurek bestand trotzdem darauf.

Die letzten redaktionellen Arbeiten an Jureks Buch zogen sich nach diesem Telefonat noch drei Wochen lang hin. Als die Druckfahne fertig war, ließ Szuster sie in einen Umschlag stecken und zu Jurek nach Warschau schicken. Vier Tage später saß er dann in einer wichtigen Sitzung. Es ging um das Budget der Begegnungsstätte, um Spendengelder, um die Finanzierung der Arbeit in den nächsten Jahren, aber plötzlich, mitten in der Sitzung, kam Szusters Sekretärin herein, mit Tränen in den Augen und einem dicken Umschlag in der Hand. In dem Umschlag war die Druckfahne, und außen auf dem Umschlag stand Jureks Adresse, die von einem Postbeamten durchgestrichen und mit dem Hinweis versehen worden war: »Zurück an Absender. Empfänger der Nachricht verstorben«.

»Wir waren wie vom Donner gerührt«, sagt Szuster, »wir versuchten natürlich sofort in Warschau anzurufen, Jureks Leitung war aber abgestellt, und schließlich machte ich die Nummer eines Neffen von Jurek ausfindig, von dem ich wusste, dass er auch in Warschau lebt und dass er manchmal Kontakt mit ihm hatte.« Der Neffe bestätigte Szuster, dass Jurek tot in seiner Wohnung gefunden worden sei. Vor drei Wochen schon, also wahrscheinlich kurz nach seinem letzten Telefonat mit Szuster. Er erklärte, dass die Staatsanwaltschaft ermittle, Jureks Leiche gerade noch obduziert werde und Jureks Sohn Tomek aus den USA anreisen werde. »In drei Tagen ist dann aber die Beerdigung«, sagte der Neffe.

Szuster ließ mich anrufen. Er wusste von unserer Freundschaft und auch von der Freundschaft zwischen meinem Vater und Jurek. Dann stellte er seinen ganzen Zeitplan für die nächsten Tage um und fuhr direkt von einer Konferenz in Berlin aus nach Warschau zu Jureks Beerdigung, wo ich ihm dann zum ersten Mal begegnet bin.

»Es erschien mir so absurd, aber zugleich auch irgendwie passend, dass Jurek uns die Nachricht von seinem Tod gewissermaßen selbst überbracht hat«, sagt Szuster, »dass er uns einen Brief geschickt hat, mit der Botschaft: Ich bin jetzt tot, kümmert ihr euch mal um mein Buch.«

Szuster hat sein Bestes getan, um sich um Jureks Buch zu kümmern. Aber es stellte sich heraus, dass das weiterhin gar keine leichte Aufgabe war, und das, obwohl Jureks Buch ja eigentlich schon komplett druckfertig war. Aber die Zuständigen im Verlag des Museums meinten, dass man für den Druck eine Einwilligung der Erben – also von Jureks einzigem Sohn Tomek – brauche. Szuster war froh, dass er sich auf Jureks Beerdigung von Tomek seine Telefonnummer und seine Adresse hatte geben lassen. Nun rief er Tomek an und bat ihn um die entsprechende Unterschrift. »Kein Problem«, sagte Tomek, »schicken Sie mir das Formular doch einfach.« Szuster schickte die Unterlagen in die USA, wartete einige Wochen, aber nichts kam zurück.

Er rief Tomek an. Der sagte, er habe die Unterlagen nicht erhalten. Szuster schickte die Unterlagen erneut, dieses Mal per Einschreiben. Wieder kam nichts zurück, wieder fragte Szuster nach. Tomek sagte nun, er habe die Unterlagen zwar erhalten, aber er sei in der Zwischenzeit umgezogen, und die Unterlagen seien bei diesem Umzug verloren gegangen. Szuster solle sie doch noch mal schicken. So ging das über Wochen und Monate.

Insgesamt schickte Szuster die dringend benötigten Formulare zehnmal an Tomek. Tomek sagte mal, es sei nichts angekommen, mal, dass er die Unterlagen doch schon längst zurückgeschickt habe. Alles lag immerzu an der Post.

Schließlich, als sich die Sache schon fast ein Jahr lang hingezogen hatte und Szuster Tomek mal wieder anrief und sich nach den Formularen erkundigte, da verkündigte Tomek plötzlich aus heiterem Himmel, er wolle das Buch wahrscheinlich nun doch nicht in Zusammenarbeit mit dem Museum Auschwitz machen. Er wolle sich einen anderen Verlag suchen. Einen, der Honorare zahlt.

Als Szuster ihm zu erklären versuchte, wie schwer, ja, letztlich aussichtslos eine solche Suche sei und dass sehr viele deutschsprachige Verlage das Buch bereits abgelehnt hätten, da wurde Tomek aggressiv. Das Buch sei die Geschichte seines Vaters. Nicht die Geschichte von Szusters Vater. Es sei unverschämt genug, dass Szuster seinen Vater offenbar überredet habe, seine Geschichte auf Deutsch zu schreiben, und nicht auf Polnisch, sodass nun er, Tomek, das Buch seines Vaters nicht einmal lesen könne. Nun könne man ihm, Tomek, nicht auch noch vorschreiben, wo, wann und ob das Buch zu erscheinen habe. Jureks Buch sei nun sein Buch. Er sei Jureks Sohn. Sein einziger Erbe.

»Ich wusste, dass Jurek und Tomek ein schwieriges Verhältnis hatten«, sagt Szuster, »aber das war wirklich eine sehr unangenehme Situation. Der Druckkostenzuschuss drohte zu verfallen. Jureks Buch lag da, und ich befürchtete, dass es niemals gedruckt werden könnte. Dabei wusste ich doch, dass das Buch das ist, was Jurek der Welt hinterlassen will, dass es das Letzte war, was er im Leben erledigen musste.« Szuster sagt, dass ihm Jureks Tod von diesem Moment an noch viel grausamer und endgültiger erschien als zuvor.

– Ich will Tomek auch noch sprechen. Ich plane zu ihm in die USA zu fahren. Aber ich weiß nicht, ob das funktioniert. Ob Tomek sich darauf einlässt. Das Verhältnis war so kompliziert.
– Ja, ich wüsste gerne, was zwischen den beiden vorgefallen ist. Genauer gesagt, was aus Tomeks Sicht vorgefallen ist. Jurek hat immer sehr geschimpft auf seinen Sohn.
– Hat Jurek Ihnen die Geschichte über die Beerdigung seiner Frau auch erzählt?
– Ja, ich glaube, das war ein ganz großer Streit, vielleicht sogar der finale Bruch zwischen den beiden.

Krystyna Hronowska starb zwei Jahre, bevor ich Jurek traf, und auch Herr Szuster hat sie nicht mehr kennengelernt. Jurek hat aber immer wieder von Krystynas Beerdigung erzählt. Sie war an Krebs gestorben. Jahrelang war sie schwer krank gewesen, aber trotzdem hatte sie noch wenige Monate vor ihrem Tod Tomek in den Vereinigten Staaten besucht und ihn über einen Monat lang auf seiner Fahrt mit dem Truck durch die Staaten begleitet.

»Sie hätte diese Reise überhaupt nicht machen sollen, weil das war Gift für ihre Gesundheit, aber aus lauter Affenliebe für ihren Sohn ist sie doch gefahren und hat sich mit ihm etwas ausgedacht, um mich noch einmal zu quälen«, behauptete Jurek.

Nachdem Krystyna von der Reise zurückkam, verschlechterte sich ihr Zustand rapide. Als sie dann gestorben war, begann Jurek ihre Beerdigung vorzubereiten – eine Beerdigung in dem Familiengrab, das er auf dem evangelisch-augsburgischen Friedhof von Warschau gekauft hatte. Mitten in diesen Vorbereitungen, erzählte Jurek, habe plötzlich Tomek aus den Staaten angerufen und ihn angebrüllt: »Du machst alles falsch. Mutter wird nicht beerdigt, sie wird verbrannt!« Tomek habe am Telefon gesagt, dass Krystyna ihm auf der Fahrt durch die Staaten Weisung gegeben habe, dass sie eingeäschert werden wolle. Ihre Asche solle ausgestreut werden, in den Bergen bei Zakopane.

– Verbrannt! Kati, du musst dir das vorstellen. Tomek und Krystyna haben so entschieden, hinter meinem Rücken, nur um mich zu quälen.
– Jurek, es kann doch jeder selbst entscheiden, wie er beerdigt werden will.
– Aber sie hat davon mir gesagt überhaupt kein Wort. Bis zu ihrem Tod! Ich war ihr Mann und habe schon vorbereitet wie ein Trottel die ganze Beerdigung. Und dann ruft mich Tomek an. Das kann ich nicht verzeihen. Beiden nicht.

»Genau verstanden habe ich nie, warum das für Jurek so eine Katastrophe war«, sagt Leszek Szuster. »Aber auf jeden Fall hatten Tomek und Jurek nach Krystynas Tod jahrelang keinen Kontakt mehr, und richtig ausgesöhnt haben sie sich nie.«

Trotz alledem habe Tomek das Formular, das für Jureks Buch nötig war, schließlich doch unterschrieben. Vor nicht allzu langer Zeit, fast zwei Jahre nach Jureks Tod, habe es plötzlich in der Post gelegen. »Wir hatten zu diesem Zeitpunkt schon gar nicht mehr damit gerechnet«, sagt Szuster. »Kurze Zeit später wäre der Druckkostenzuschuss endgültig verfallen.«

Bald werde Jureks Buch im Laden des Museums Auschwitz und auch in der Jugendbegegnungsstätte zu kaufen sein, sagt Szuster und wirkt dabei sehr zufrieden.

Es entsteht eine kleine Gesprächspause, und ich nutze diese Pause, um auf die Uhr zu sehen. Es ist zwei Uhr morgens, und ich sitze immer noch am Esstisch der Szusters, auf dem der kalt gewordene Tee steht. »Ein Gespräch über Jurek ist ähnlich intensiv und endlos wie ein Gespräch mit Jurek«, sage ich mit Blick auf die Uhr.

Leszek Szuster fragt mich zum Abschied noch, ob er mir denn noch helfen könne, mit irgendwelchen Kontakten.

Ja, ich sei noch auf der Suche nach anderen KZ-Überlebenden, die Jurek kannten, vielleicht sogar schon aus der Zeit im Lager, sage ich. Außerdem wolle ich noch im Archiv des Museums recherchieren, ob es dort vielleicht einen alten Bericht Jureks über seine Zeit im Lager gibt. »Ich versuche herauszufinden, wie sich Jureks Erzählung im Lauf der Jahre verändert hat«, erkläre ich.

Ich übernachte wieder in der Jugendbegegnungsstätte. Ich träume wirr. Von Block 11 und Jureks Schlägerei dort, von Jurek, der durch die Straßen von Warschau irrt, und von Tomek, Jureks Sohn.

Erst gegen Morgen wird mein Schlaf ruhiger. Ich schlafe sehr lange. Als ich in den Speisesaal komme, ist das Frühstück eigentlich schon vorbei, ich bekomme aber trotzdem noch eine Tasse Kaffee, einen Korb mit Brot und einen Teller mit Schinken serviert. Der Kaffee tut gut. Mein Kopf fühlt sich müde an. Ich sehne mich nach einem warmen, ruhigen, sonnigen Ort, und zum ersten Mal in meinem Leben habe ich das Bedürfnis, einen Pauschalurlaub zu buchen, am besten irgendwo auf einer Südseeinsel.

Während ich noch so dasitze und aus dem Fenster des Speisesaals auf die kahlen Bäume starre, kommt plötzlich Leszek Szusters Sekretärin herein. Sie sagt, der Herr Direktor erwarte mich in seinem Büro. Er habe da noch etwas für mich.

Leszek Szuster ist, anders als ich, längst putzmunter. Zuerst überreicht er mir einen dicken Stapel Papier: Kopien von einem Bericht über Auschwitz, den Jurek in den Sechzigerjahren für die Gedenkstätte Auschwitz aufgezeichnet hat. »War kein Problem, das rasch zu organisieren. Wegen solcher Dinge habe ich Sie ja mit zu den Rotariern geschleppt. Jetzt kennen alle Sie und Ihr Projekt und unterstützen Sie gern«, sagt Herr Szuster und lacht fröhlich. Außerdem hat er noch zwei Telefonnummern für mich: Nummern von alten Herren, die in Warschau wohnen, ebenfalls Auschwitzüberlebende sind und von denen Szuster weiß, dass sie Jurek kannten.

Szuster wählt die erste Nummer, grüßt freundlich, erkundigt sich nach dem Befinden, trägt mein Anliegen vor und gibt mir dann den Hörer weiter. Ein Herr namens August Kowalczyk ist am Apparat.

– Sie haben Jurek gekannt?
– Allerdings. Ich hatte aber seit vielen Jahren keinen Kontakt mehr zu ihm. Er war kein einfacher Mensch.
– Ich weiß. Aber würden Sie mit mir über ihn reden?
– Ja, wenn Sie dafür nach Warschau kommen …
– Ich bin die nächsten Tage ohnehin dort. Ich will auch im Institut für Nationales Gedenken recherchieren, die Geheimdienstakten aus kommunistischer Zeit einsehen.
– Sie werden dort sicher eine Menge von Jurek finden.
– Von Jurek? Ich dachte über Jurek.
– Über bestimmt auch. Aber vor allem von. Ich bin sicher, dass er für den Geheimdienst gearbeitet hat. Jahrzehntelang. Wir alle sind da sicher. Deshalb wollte aus der Gruppe der ehemaligen Auschwitzler ja auch niemand mehr etwas mit ihm zu tun haben.

Ich vereinbare einen Termin mit Herrn Kowalczyk, und dann rufen wir noch den zweiten Herrn an, einen Herrn Albin, der genau wie Jurek im ersten Transport nach Auschwitz war. Kazimierz Albin erzählt mir dieselbe Geschichte wie Herr Kowalczyk: dass Jurek für den kommunistischen Geheimdienst gearbeitet habe und deshalb im Kreis der ehemaligen Auschwitzhäftlinge nicht sonderlich beliebt gewesen sei.

Mir fällt es schwer, das zu glauben. Jurek hat doch immer geschimpft, auf die Kommunisten und auf den Geheimdienst. Er hat sich doch gefürchtet, ganz schrecklich gefürchtet vor diesem Geheimdienst, auch noch Jahre nach dem Ende des Kommunismus. Aber vielleicht ist genau das ja auch ein Hinweis darauf, dass die beiden alten Herren recht haben? Vielleicht hatte Jurek wirklich mit dem Geheimdienst zu tun und war deshalb von dieser Angst besessen? Herausfinden kann ich das aber nur in Warschau, im Archiv.

10 Der Geheimdienst und die alten Herren

Der Lesesaal befindet sich in einem Seitenflügel des Warschauer Justizpalasts. Kleine Tischchen mit Leselampen, auf manchen steht auch noch ein Gerät, mit dem man Mikrofilme lesen kann. Vielleicht 25 Menschen hätten hier Platz, aber heute sind nur zwei Plätze besetzt. An einem lümmelt eine junge Frau, ungefähr in meinem Alter. Sie hat einen Schuh ausgezogen und sitzt mit untergeschlagenem Bein da. Auf dem Tischchen vor ihr liegt ein Aktenberg. Daneben steht ein Laptop, in den sie immer wieder etwas eintippt. Wahrscheinlich arbeitet sie an einer Doktorarbeit.

In einer Ecke sitzt ein Mann, vielleicht Mitte sechzig. Er trägt eine etwas ausgebeulte Cordhose und einen schon etwas angegrauten Vollbart. Er hat nur eine Akte vor sich und liest sie Seite für Seite durch. Man sieht, dass er heute schon geweint hat. Rot gerändert und feucht wirken seine Augen. Aber gerade lächelt er – ein frohes, nach innen gekehrtes Lächeln, als ob ihn das, was er da gerade liest, an etwas Schönes erinnere, das er vergessen hatte.

Ich habe mir die Räumlichkeiten des Instytut Pamięci Narodowej, des Instituts für Nationales Gedenken in Warschau, viel größer und spektakulärer vorgestellt. Schließlich ist es eine der am meisten diskutierten staatlichen Einrichtungen Polens. Ständig sind die polnischen Zeitungen voll mit Debatten darüber, wer in diesem Lesesaal zu welchem Zweck wessen Akten einsehen darf: Nationalkonservative wie die Kaczyński-Brüder werfen allen Politikern, die linker oder liberaler sind als sie selbst – und das ist nicht schwer –, vor, die kommunistischen Verbrechen vertuschen zu wollen. Die Linken und die Liberalen werfen den Nationalkonservativen vor, die Akten zu instrumentalisieren, um politische Gegner aus dem Weg zu räumen. Nach fast jeder Wahl werden die Regeln, nach denen das Institut arbeitet, wieder geändert – der Etat aufgestockt oder wieder gekürzt. Das Instytut Pamięci Narodowej, kurz IPN, ist ein Politikum.

Ich habe eine Menge Papierkram ausgefüllt, um hier an Jureks Akte zu kommen, ein Empfehlungsschreiben meines Verlages eingereicht und ausführlich dargelegt, warum die Einsichtnahme in diese Akte für mein Buchprojekt unentbehrlich ist. Nun warte ich darauf, dass mir der Archivangestellte die Akte bringt, würde aber am liebsten aufstehen und einfach wieder weggehen. Bis jetzt hatte ich auf meiner Reise immer das Gefühl, dass ich Lücken fülle, Dinge über Jureks Leben herausfinde, die herausgefunden werden sollen, dass ich Enden zusammenfüge, die er selbst nicht mehr zusammenfügen konnte. Heute kommt es mir vor, als ob ich Jurek ganz schlicht nachspioniere.

Ein junger Mann bringt mir einen dicken, braunen Pappordner und einen Mikrofilm. Auf dem Film steht »Jerzy Hronowski – Deckname: Tomek«. Es gab also etwas zu verdecken. Trotzdem lasse ich den Mikrofilm zunächst links liegen und wende mich dem braunen Pappordner zu.

Anträge auf Auslandsreisen befinden sich darin. Reiseziel ist meist die Türkei, ab 1965 auch immer wieder Westdeutschland. Zweimal beantragt Jurek auch, in die USA reisen zu dürfen, um seinen Sohn zu besuchen. Alle Anträge, bis auf einen Antrag für eine USA-Reise, wurden genehmigt. Detailliert gibt Jurek in den Formularen Auskunft über seinen Beruf, seine Einkommensverhältnisse, über Verwandte, die im Ausland leben. Normaler Verwaltungskram in einem kommunistischen Land. Trotzdem schaue ich mir die Anträge Seite für Seite durch. Ich vergleiche die Passbilder, die jeden der Anträge zieren und auf denen Jurek Jahr für Jahr ein bisschen älter aussieht. Ich wage mich nicht an den Mikrofilm. Ich weiß, dass er etwas enthält, was ich nicht wissen will, aber auch, dass es nun kein Zurück mehr gibt.

Endlich lege ich ihn in das Lesegerät. Es surrt leise, als ich die Lampe anstelle. Weiße Buchstaben auf schwarzem Grund. Zuerst ein mit der Schreibmaschine getipptes Deckblatt: »Signatur 1979/1/Hronowski Jerzy/Pseudonym: Tomek/Status: geheimer Mitarbeiter«.

Es folgt ein Schreiben, verfasst im März 1965, in dem ein Mitarbeiter des Geheimdienstes namens Piotr K. vorschlägt, Jurek als Informanten zu gewinnen. Piotr K. muss Jurek gut gekannt haben. Ich vermute, dass er ein Kollege aus Jureks Reisebüro war. Er gibt genaue Auskunft über Jureks Biografie, seine Herkunft und seine Zeit in Auschwitz. Er schreibt, dass Jurek inzwischen als Reiseleiter tätig sei und im Rahmen dieser Arbeit schon einmal mit einer Gruppe aus der DDR zu tun gehabt habe. Jureks Umgang mit der DDR-Gruppe habe deutlich gemacht, dass Jurek sich für die Arbeit beim Geheimdienst eigne, schreibt Piotr K.: Als ein Deutscher sich entgegen den Interessen der Volksrepublik Polen verhalten habe, habe Jurek sich selbst an den Geheimdienst gewandt und den Vorfall gemeldet. Man könne also davon ausgehen, dass er auch einer ständigen Zusammenarbeit mit den Sicherheitsorganen aufgeschlossen gegenüberstehe. Jurek sei zwar kein Mitglied der kommunistischen Partei, aber als bedingungsloser polnischer Patriot dennoch für gewisse Aufgaben brauchbar.

Als Nächstes folgt ein Schreiben, in dem K. von seinem Vorgesetzten beauftragt wird, Jurek anzuwerben. Er solle Jurek gegenüber betonen, dass die bisher gelieferten Informationen von großer Bedeutung für die Interessen des polnischen Staates gewesen seien, an Jurek als Patrioten appellieren und ihm verdeutlichen, welche persönlichen Vorteile aus einer Zusammenarbeit resultierten.

Und dann folgt ein handbeschriebener karierter Zettel, der aussieht, als sei er aus einem Schulheft herausgerissen worden. In gekrakelter Schrift steht oben rechts das Datum: »22.4.1965«. Auf diesem Zettel verpflichtet Jurek sich dazu, dem Geheimdienst Informationen zu liefern und zugleich dazu, niemandem von seiner Mitarbeit zu erzählen.

Jurek hat mir immer erklärt, er habe das kommunistische Regime nicht gemocht. »Ich bin erzogen worden von meinem Vater zum Antikommunisten, und das geblieben ganzes Leben«, hat er gesagt. Und immer wieder hörte ich von ihm, dass das Schlimmste am Kommunismus der Geheimdienst gewesen sei – wegen des allgegenwärtigen Misstrauens, das mit so einem Bespitzelungssystem verbunden sei, und wegen der Erpressungsmöglichkeiten, die sich aus einem solchen System ergäben.

»Spitzeltum macht ganze Gesellschaft kaputt – von innen«, sagte Jurek, und er erklärte mir auch, dass er als Reiseleiter jahrelang nicht mit polnischen Gruppen ins Ausland fahren wollte, weil da von ihm erwartet worden wäre, dass er über seine Landsleute und deren Verhalten Berichte schreibt. Er habe das abgelehnt. Aus moralischen Gründen. Er sei dafür, dass man offen miteinander redet. Ein offenes Gespräch sei das Beste, was man vom Leben haben könne. Mit Menschen, die Berichte schreiben, könne niemand mehr offen reden.

Diesen Zettel zu finden, versetzt mir einen Stich. Aber vielleicht ist es ja gar nicht Jureks Schrift? Vielleicht ist das ja nur eine Fälschung? Man hört doch immer wieder von gefälschten Geheimdienstunterlagen, die dazu benutzt wurden, Menschen unter Druck zu setzen.

Ich packe meinen Laptop aus, auf dem ich eingescannte Briefe von Jurek gespeichert habe. Handschriftliche Briefe, die ich für meine Recherche zusammengesucht habe. Die Schrift auf dem Schmierzettel aus der Akte ist etwas runder als die in den Briefen, etwas jünger, aber es ist eindeutig das gleiche »d«, und auch der kleine Kringel in der Mitte des »k« ist identisch. Es ist Jureks Handschrift, daran gibt es nichts zu rütteln.

»Ich wähle den Tarnnamen Tomek«, erklärt Jurek in dem Schreiben. Er hat den Vornamen seines Sohnes als Decknamen benutzt.

Diesen Schmierzettel zu finden, verstört mich mehr als alles, was mir Dohrmann, Ben und Moritz über Jureks schwierige Seiten erzählt haben. Ich wusste immer, dass Jurek kein einfacher Mensch war. Es war leicht, mit ihm in Streit zu geraten, und fast unmöglich, mit ihm in Harmonie zu sein. Aber ich habe in Jurek immer einen Verfechter der bedingungslosen Ehrlichkeit gesehen. Jemanden, der versuchte, in jedem Moment aufrecht und an seinen Wertvorstellungen orientiert durchs Leben zu gehen, auch wenn es wehtat, auch wenn es Freundschaften zerstörte, ja, sogar dann, wenn es ihn das Leben kosten konnte.

Ich war damals schon ganze Zeit im Lager, und ich kannte Leute vom ersten Transport, die schon hatten wichtige Position, wie die Blockältesten oder die Kapos, aber ich wollte nicht bitten solche Leute, die eng arbeiteten mit SS und die mir vielleicht helfen zu besserer Arbeit, aber verlangen, dass ich mitmache bei manchen Geschäften mit SS. Ich hatte absolut saubere Karte und wollte lieber sterben mit sauberer Karte. Deshalb habe ich lange Zeit keine gute Arbeit bekommen und viel schwerere Arbeit gemacht als die meisten alten Häftlinge, die ja eigentlich waren eine Art Adel unter Häftlingen im Lager. Aber dann, nach dieser Operation, bei der ein Zahnarzt heimlich mir entfernt hat riesige Geschwüre unter dem Arm, damit ich nicht in den Krankenbau muss, da war ich schon halb tot und habe schon nicht mehr gerechnet, dass ich genügend kräftig bin, allein mich rauszuziehen aus solcher Situation und dabei zu schuften, ganze Zeit.

Genau da wurde ich gerufen zum Lagerschreiber. Er hat mir paar Fragen gestellt. Irgendwelche Fragen, ich habe nicht kapiert, worum es sich handelt, aber ich wusste, dass er sich etwas überlegt und ist noch nicht sicher. Dass er mich prüft sozusagen. Und auf einmal sagt er: »Wir brauchen einen Mann, der auf Block 27 geht. Möchtest du dort ein Blockältester sein? Wir brauchen diesen Block.«

Zuerst wusste ich nicht, was bedeutet »wir«. Aber nachher, nach noch paar Andeutungen vom Lagerschreiber, wusste ich es schon: Es ging um die Untergrundorganisation im Lager, welche brauchte jemanden, dem sie vertrauen kann und der übernimmt Block 27, weil das damals war ein Block, der gerade ganz leer war, ohne Bewohner, und dort ist deshalb einzige Möglichkeit gewesen, dass mehrere Leute sich sammeln könnten und sprechen.

Ich sagte ihm: »Auf keinen Fall, Blockältester werde ich nie sein, auch nicht, um euch zu helfen, weil wenn ich habe solche Funktion und werde versetzt an andere Stelle, dann muss ich doch kooperieren mit SS.«

»Und was für eine Funktion möchtest du haben?«, hat der Lagerschreiber mich gefragt.

Da sage ich: »Ich weiß es nicht, aber ich möchte mich in keinem Fall kompromittieren. Ich habe eine saubere Karte und die werde ich nicht beschmutzen. Auch wenn es um Leben geht.«

Er hat auch solche Meinung gehabt und deswegen hat er gesagt: »Willst du Blockschreiber werden in Block 27?«

»Ja.« Ich wusste, solche Position hat mich nicht kompromittiert. Ich müsste als Schreiber niemanden schlagen, ich war nicht verantwortlich für die Ordnung auf dem Block. Das ist eine ziemliche neutrale Position gewesen oder ganz neutrale.

Da sagte er: »Dann bist du jetzt schon Blockschreiber, du gehst jetzt auf 27, holst deine Klamotten dort und dann gehe mal in die Brotstube vom Block, das ist deine. Dort wohnst du ab jetzt. Der Block ist vollkommen leer.« Und am Abend sind gekommen Leute vom Untergrund, welche mir abgenommen haben einen Schwur, dass ich schweigen werde und arbeiten werde für Untergrund als Mitglied. Und so habe ich bekommen viel leichtere Arbeit, ohne zu beschmutzen meine Karte – ja, ich habe sie nur bekommen, weil ich hatte absolut saubere Karte.
Aber diese neue Arbeit war auch gefährlich, weil ich musste Schmiere stehen bei geheimen Treffen von Untergrund.

Warum hat sich Jurek, der immerzu auf seine »saubere Karte« bedacht war, auf eine Mitarbeit bei der polnischen Staatssicherheit eingelassen? Natürlich ist es nicht dasselbe, ob man mit dem Geheimdienst des eigenen Landes zusammenarbeitet oder als Häftling eines Konzentrationslagers mit der SS. Trotzdem widersprach beides eigentlich dem, was Jurek für richtig hielt. Oder zumindest dem, was er als Achtzigjähriger für richtig hielt. Aber vielleicht hielt er als Vierzigjähriger ganz andere Sachen für richtig? Vielleicht dachte er 1965, es sei seine patriotische Pflicht, mit der Staatssicherheit zu kooperieren? Ich muss weiterlesen.

In dem nächsten Dokument wird diskutiert, wie der neu rekrutierte Mitarbeiter »Tomek« eingesetzt werden soll. Ein internes Papier offenbar, das nicht für Jurek bestimmt war. Aufgrund seiner Zeit in Auschwitz spreche Jurek hervorragendes Deutsch und verfüge zugleich über eine »klare Einstellung« gegenüber den Deutschen, stellt ein Geheimdienstmitarbeiter namens J. fest. Er regt an, Jurek »zu nutzen«, um westdeutsche Gruppen zu kontrollieren.

Im nächsten internen Bericht, der aus dem Jahr 1967 stammt, steht, dass Jurek alias Tomek seit Sommer 1965 erfolgreich an der Überwachung westdeutscher Reisegruppen mitwirke.

Ich schalte das Lesegerät für einen Moment aus. In meinem Kopf schwirren die Gedanken. Ich muss sie neu ordnen, einen Moment nachdenken. Immer wieder habe ich Jurek gefragt, warum er Mitte der Sechzigerjahre, zwanzig Jahre nach der Befreiung aus dem KZ, begann, mit deutschen Gruppen zu arbeiten, und dann plötzlich fast nur noch mit Deutschen arbeitete. Er hatte doch mit den Angehörigen dieses Volkes nie wieder etwas zu tun haben wollen. Er hat mir nie richtig auf diese Frage geantwortet, immer nur sehr allgemeine Dinge gesagt, über das Verzeihen, darüber, dass benachbarte Völker eben doch miteinander leben müssten, darüber, dass diese jungen Deutschen ja schon einer ganz anderen Generation angehörten.

In Wirklichkeit war es der polnische Geheimdienst, der ihn auf die Deutschen angesetzt hat. Im Frühjahr 1965 hat er unterschrieben. Im Sommer 1965 hat er Rudolf Dohrmann kennengelernt. Von da an hat er immerzu mit Deutschen gearbeitet.

Ich denke auch an die Geschichte mit der DDR-Gruppe, an die nicht abgezogene Mütze im Strafblock, an Jureks Schlägerei mit dem Stasi-Offizier. Auch das war in den Sechzigerjahren. In der ersten Hälfte der Sechzigerjahre. Ich frage mich, ob wohl die Ereignisse in Block 11 gemeint sind, als der Geheimdienstmitarbeiter etwas verklausuliert über »Verhaltensweisen von Ausländern, die schädlichen Charakter für die Interessen der Volksrepublik Polen haben könnten« schreibt, ob die Geschichte mit der Mütze womöglich sogar ein Schlüssel ist, um zu verstehen, wie Jurek zum Geheimdienst kam.

Jurek muss nach der Auseinandersetzung in Block 11 sehr wütend gewesen sein. Dieser Deutsche hatte sich respektlos verhalten, ausgerechnet in Auschwitz, ausgerechnet im Strafblock, und er, Jurek, hatte daraufhin seine Arbeit verloren. Bestimmt hat Jurek damals alles Erdenkliche versucht, damit ihm Gerechtigkeit widerfährt. Er hat mir erzählt, er sei zum stellvertretenden Innenminister gegangen. Vielleicht ging er auch zum Geheimdienst? Oder vielleicht hat der stellvertretende Innenminister den Dienst eingeschaltet und Jurek dorthin weitervermittelt? Vielleicht war dieser stellvertretende Innenminister, der Mann mit dem Orden aus dem Kampf gegen die Deutschen, ja sogar selbst zuständig für die Staatssicherheit? Das ist nicht unwahrscheinlich.

In meinem Kopf setzt sich eine Geschichte zusammen. Eine neue Geschichte. Mir ist klar, dass sie nicht den Tatsachen entsprechen muss und dass ich sie vielleicht nur zusammenkonstruiere, um wieder ein schlüssiges Bild von Jurek zu haben. Aber die Geschichte, die entsteht, erscheint mir logisch, und ich merke, dass sie Fragen beantwortet, die ich mir schon oft gestellt habe und die bisher unbeantwortet geblieben waren. Jurek trug nach vier Jahren Auschwitz sehr wohl einen Hass gegen die Deutschen in sich, und dieser Hass wurde bestätigt und verstärkt, als er mit dem Leiter dieser DDR-Gruppe aneinandergeriet. Wieder fühlte sich Jurek einem Deutschen ausgeliefert, der mächtiger war als er selbst, weil die mächtige Stasi hinter ihm stand.

Jurek suchte Schutz, und der polnische Geheimdienst bot ihm diesen Schutz. Die Mitarbeiter halfen ihm, seine Arbeit im Reisebüro wiederzubekommen, schmeichelten ihm und erklärten, dass seine Mitarbeit wichtig sei, um die nationalen Interessen seines Landes zu wahren, um polnische Interessen gegen die Deutschen zu verteidigen. Das entsprach Jureks Überzeugung. Er unterschrieb und begann umgehend, im Auftrag des Geheimdienstes deutsche Gruppen zu betreuen.

Allerdings haben die Zuständigen Jurek mitsamt seinem Hass natürlich nicht auf die sozialistischen Brüder aus der DDR angesetzt. Da war Jureks Feindschaft nicht brauchbar. Lieber setzten sie ihn zur Überwachung der ersten Westdeutschen ein, die damals auf der Suche nach Versöhnung nach Polen kamen – zur Überwachung von Rudolf Dohrmann und Renate. Sie dachten, dass Jurek ein harter Hund sei. Jemand, der diesen Westdeutschen nichts würde durchgehen lassen.

Am Anfang von Jureks jahrzehntelanger Aussöhnungsarbeit stand Hass. Ein komisches Gefühl steigt in mir hoch. Ernüchterung ist darin enthalten – auch Enttäuschung. Und mir wird klar, dass es naiv von mir war zu glauben, dass Jurek damals, in den Sechzigerjahren, mit Westdeutschen zusammenarbeiten konnte, ohne beim Geheimdienst unterschrieben zu haben. Damals gab es noch nicht mal ein Grenzabkommen zwischen Polen und der Bundesrepublik. Die Staaten waren völlig verfeindet. Eigentlich habe ich doch genug Bücher gelesen über diese Zeit. Ich habe osteuropäische Geschichte studiert, unterrichte Politikwissenschaft. Ich hätte es wissen müssen. Aber ich wollte es nicht wissen.

Ich schalte das Lesegerät wieder ein und wende mich Jureks Berichten über die Deutschen zu. Anfangs scheint er die deutschen Gruppen tatsächlich sehr kritisch zu beäugen. Er meldet, wenn sich ein Teilnehmer unerlaubterweise von der Gruppe entfernt, »feindliche Literatur« einführt oder einen »revisionistischen

Stadtplan« aus der Vorkriegszeit, auf dem die alten deutschen Straßennamen, beispielsweise von Danzig, vermerkt sind.

Aber bald wird der Ton von Jureks Berichten freundlicher, und schließlich klingen sie geradezu begeistert: Er schwärmt von den fortschrittlichen jungen Leuten, merkt an, dass hier die Chance zu einer echten Versöhnung bestehe. Ganz besonders lobt er Rudolf Dohrmann als einen aufgeschlossenen Menschen, der sich seiner Verantwortung als Deutscher bewusst sei.

Renates Ausflug nach Paraschin im Sommer 1966 meldete Jurek nicht an den Geheimdienst, was einen klaren Verstoß gegen seine Dienstvorschriften als »geheimer Mitarbeiter« darstellt. Ich atme auf. Jurek hat Renate, die damals glaubte, in Jurek einen Vaterersatz zu finden, nicht verraten und auch den jungen Schauspieler nicht, der Renate nach Paraschin begleitete. Er hat nicht alles gemeldet. Nicht alles Verständnis, alle Freundschaft war nur gespielt.

Ich lese weiter und entdecke an vielen Stellen den Jurek wieder, den ich kannte und den ich liebe. Ich entdecke ihn in den präzisen und leicht ironischen Charakterstudien, die Jurek im Auftrag des Geheimdienstes betrieben hat. »X gehört zu den Deutschen, die aus Karrieregründen beschlossen haben, sich mit den Polen zu versöhnen. In den Kreisen, in denen X verkehrt, ist das gerade sehr modern. Er ist ein Karrierist von mittlerer Intelligenz«, schreibt er über einen Funktionär der Gewerkschaftsjugend.

Zugleich spürt man immer wieder, wie es Jurek gelingt, sich mit Tricks aus der Affäre zu ziehen, wenn ihm ein Auftrag unangenehm ist. Ich finde zwei Erklärungen, in denen Jurek angibt, dass er bedauerlicherweise für bestimmte Operationen aus gesundheitlichen Gründen nicht zur Verfügung stehe. In Auschwitz seien seine Nerven ruiniert worden und deshalb sei er äußerst nervös veranlagt. Er wolle diese wichtige Aktion durch seine persönliche Schwäche aber auf gar keinen Fall gefährden.

Interessanterweise kommt dieses Argument immer dann auf, wenn von Jurek Dinge verlangt werden, die ihm wahrscheinlich besonders fragwürdig erschienen: Er weigert sich, mit ausländischen Geheimdiensten wie der Stasi und dem KGB zusammenzuarbeiten und, soweit es aus der Akte hervorgeht, scheint er es auch abzulehnen, seine Arbeitskollegen zu bespitzeln. Er gibt an, dass er sich lieber auf Westausländer konzentrieren wolle, weil diese doch für sein Land viel gefährlicher seien.

Während ich so lese, kommt mir Jureks Geheimdiensttätigkeit plötzlich wieder ziemlich harmlos vor. Er hat nur Berichte über Westdeutsche geschrieben, überwiegend sogar positive Berichte. Hier und da hat er einen Verstoß gegen irgendeine Einfuhrbestimmung gemeldet. Gelegentlich hat er sich über die Weltanschauung und den Charakter des einen oder anderen Sühnezeichen-Aktivisten ausgelassen, aber was konnte diesen Westdeutschen schon passieren? Sie lebten ja letztlich außerhalb der Reichweite der polnischen Staatssicherheit. Und offensichtlich war es Jurek auch in dieser Phase wirklich ernst mit der Versöhnungsarbeit. Er hat sie im Auftrag des Geheimdienstes begonnen, aber an seinen Berichten spürt man, wie sie für ihn mehr und mehr zur Herzensangelegenheit wurde.

Ich muss über den merkwürdigen Weg schmunzeln, den Jurek da genommen hat: Er wurde auf diese westdeutschen Versöhnungstouristen angesetzt, weil er die Deutschen hasste, aber dann lernte er Menschen wie Dohrmann und Renate kennen, die er lieb gewann und mit denen er an einer Aussöhnung arbeitete, die für ihn zum Lebensinhalt wurde und die er auch noch in den Neunzigerjahren mit großem Engagement betrieb, als dies längst nicht mehr im Auftrag von irgendjemandem geschah. Man kann eben auf viele Arten zu seiner Lebensaufgabe kommen.

Gegen Ende der Sechzigerjahre setzt der Geheimdienst Jurek zunehmend für sogenannte Propagandaaufträge ein: Er solle in Westdeutschland, so lautet sein Auftrag, für die Anerkennung der Oder-Neiße-Linie werben und über die Verbrechen aufklären, die die Nazis in Polen begangen haben.

Es gibt aus dieser Zeit Berichte von Jureks Vorgesetzten im Geheimdienst, in denen seine Tätigkeit als geheimer Mitarbeiter beschrieben und eingeschätzt wird: »Genosse Tomek engagierte sich für die Aufklärung über den Zweiten Weltkrieg und dafür, dass in Deutschland Schulbücher korrigiert werden, korrekte Opferzahlen genannt werden etc. Er hält vor den Mitgliedern der Gewerkschaft und den Jungsozialisten Vorträge über die Konzentrations- und Vernichtungslager in der Zeit des Zweiten Weltkriegs. Tomek ist diszipliniert, freundlich und willig. Kulturell zugänglich, jedoch nervenkrank, was eine Folge seines Aufenthalts im KZ ist und dazu führt, dass er nicht für jede Art der Operation zur Verfügung steht.«

Jurek klärte über etwas auf, worüber in Westdeutschland damals zu wenig bekannt war. Er nannte dabei Opferzahlen, die heute als wissenschaftlich erwiesen gelten. Er übertrieb nicht. Er machte eine wichtige Arbeit. Ist diese Leistung wirklich weniger wert, weil er sie im Auftrag der polnischen Stasi erbrachte?

Ich lese weiter. Ab Anfang der Siebzigerjahre wird Jureks Akte immer lückenhafter. Es befinden sich kaum noch von Jurek verfasste Schriftstücke darin, sondern nur noch die Anweisungen, die er vom Geheimdienst bekam, und Berichte, die geheimdienstintern über Jureks Mitarbeit geschrieben wurden.

In den Berichten steht, dass Sühnezeichen die Zusammenarbeit mit Jurek 1970 wegen persönlicher Differenzen eingestellt habe, Jureks Dienste aber nach wie vor sehr wertvoll seien: »Durch die Betreuung deutscher Gruppen lernte Genosse Tomek weite Kreise interessanter Menschen kennen, die den Interessen der Operation dienen«, heißt es in einem Bericht über Jurek aus dem Jahr 1971. »Seit 1965 fuhr er viermal in die BRD, wo er Kontakt mit Leuten aufnahm, die wichtige Positionen in der Verwaltung Westdeutschlands einnehmen. Er steht in Kontakt mit zahlreichen Landtags- und Bundestagsabgeordneten. Außerdem kennt er Bischof Scharf, den Westberliner Bürgermeister Schütz, und auch Bundespräsident Heinemann hat er jüngst kennengelernt.«

Mitten in diesen Schriftstücken stoße ich auch auf eine Anweisung aus dem Februar 1972, die mich stocken lässt. Es geht in ihr um einen Landtagsabgeordneten aus Schleswig-Holstein namens Hartwig S., den Jurek einmal für mehrere Wochen besuchte und mit dem er offenbar gut befreundet war.

Der Geheimdienst weist Jurek an, Informationen über diesen Mann zu sammeln in Bezug auf »Charakterzüge, Schwächen, Interessen, Angewohnheiten usw. sowie Fakten, die ihn als Familienmenschen kompromittieren, als Mitarbeiter des Parlaments oder auch als Bürger der Bundesrepublik«. Soweit möglich, solle Jurek Beweise für solche Fakten sicherstellen und sie dem Geheimdienst zukommen lassen, damit diese gegebenenfalls im Sinne des Dienstes genutzt werden könnten.

In der gleichen Weisung steht auch, dass Jurek wieder Kontakt mit dem SPD-Politiker Björn Engholm aufnehmen solle, der damals Bundestagsabgeordneter war und den Jurek von einer Parlamentarierreise her kannte. Jurek solle Engholm zu sich nach Warschau einladen und so viel als möglich über die Karrierepläne dieses aufstrebenden Nachwuchspolitikers in Erfahrung bringen.

Nein, harmlos ist das, was ich da lese, nicht, und schöndenken sollte ich es mir nicht. Hier geht es ganz eindeutig um Erpressung – genauer gesagt um die Vorbereitung von Erpressung politisch Verantwortlicher. Hier sollen private Kontakte, ja, Freundschaften genutzt werden, um belastendes Material zu sammeln.

Hat Jurek wirklich so etwas getan? Ich durchsuche die Akte, kurble mich durch den Mikrofilm, finde aber kein Dokument, aus dem hervorgeht, wie Jurek mit diesen Anweisungen umgegangen ist, ob er tatsächlich intime Informationen über seine deutschen Freunde preisgegeben hat oder nicht. Ich finde keinen Bericht von Jurek über Björn Engholm und auch keinen über diesen Abgeordneten namens Hartwig S.

Aber am Ende von Jureks Akte befindet sich ein Vermerk, dass 49 Dokumente aus dieser Akte in den Achtzigerjahren im Rahmen eines Routinevorgangs vernichtet wurden.

Vielleicht hat Jurek immer nur gemeldet, dass er leider kein belastendes Material gefunden habe? Vielleicht hat er aber auch die geforderten Informationen gesammelt und weitergegeben? Und vielleicht hat der Geheimdienst die Informationen sogar verwendet – vielleicht gab es eine Situation, in der ein politisch aktiver Freund von Jurek mit dem Material, das Jurek gesammelt hatte, unter Druck gesetzt wurde?

Ich muss versuchen, es herauszufinden, aber ich weiß noch nicht, wie. Ich sollte auf jeden Fall Kontakt aufnehmen mit den Leuten, die Jurek bespitzeln sollte.

Während ich mich weiter durch die Akte lese, wird mir klar, wie dicht das Netz anderer Agenten war, die wiederum Jurek überwachten. Immer wieder wird angemerkt, dass diese oder jene Information von einem anderen geheimen Mitarbeiter überprüft und bestätigt wurde. Jureks Tätigkeit im Reisebüro wird durch einen geheimen Mitarbeiter mit dem Tarnnamen »Jędrek«

genau überwacht, sein Privatleben von einem namens »Raf«. Außerdem wird erwähnt, dass Jureks Korrespondenz überprüft und er zusätzlich »mit den üblichen technischen Mitteln« überwacht werde. Ob damit wohl Telefonüberwachung und vielleicht sogar Abhörwanzen in Jureks Wohnung gemeint sind?

Die Informationen, die über Jurek gesammelt wurden, befinden sich aber nicht in dieser Akte, und zu weitergehenden Akten habe ich aus Datenschutzgründen keinen Zugang – das hat mir eine Archivmitarbeiterin am Telefon schon vorab erklärt. Aber schon aus dem, was hier steht, wird mir klar, dass Jurek viele Jahre seines Lebens beobachtet wurde – was ihm ganz sicher klar war. Er kannte das System von innen.

Ob der polnische Geheimdienst über Jurek wohl auch kompromittierendes Material gesammelt hat, um ihn gegebenenfalls gefügig zu machen? Hatten sie ihn nicht letztlich schon dadurch in der Hand, dass sie jederzeit die Information streuen konnten, dass Jurek für sie arbeite? Eine Information, durch die sie ihn nicht nur bei vielen seiner deutschen Politikerfreunde unmöglich machen konnten, sondern auch bei vielen seiner Bekannten in Polen. Er verkehrte ja immer in eher systemkritischen Kreisen und war nie Mitglied der Partei.

Ob der Abbruch von so mancher Freundschaft vielleicht auch damit zu tun hatte, dass der Verdacht aufkam, dass Jurek ein Spitzel war? Ob zum Beispiel Rudolf Dohrmann die Sache wohl ahnte? Ich denke auch an die beiden alten polnischen Herren, die Auschwitzüberlebenden, mit denen ich zwei Tage zuvor von Szusters Büro aus telefoniert habe. Sie haben irgendwann Verdacht geschöpft und Jurek dann gemieden. Jureks Einsamkeit hat womöglich auch damit zu tun, dass er diese Berichte schrieb.

Er hat sich offenbar auf ein kompliziertes Spiel eingelassen. Ein Spiel, von dem er anfangs vielleicht dachte, er könne es kontrollieren und für sich nutzbar machen – mithilfe seiner Intelligenz, seiner Menschenkenntnis, seiner Argumentationsstärke. Aber letztlich war das Spiel mit dem mächtigen Geheimdienstapparat vermutlich eines, in dem er zum Spielball wurde. Darauf deutet zumindest die Angst hin, von der er in den letzten Jahren seines Lebens besessen war. Die Angst, dass überall Spione sind, dass er von irgendwelchen Geheimdienstleuten bedroht wird.

Eine nachträgliche Angst, denn solange Jurek wirklich für den Geheimdienst arbeitete, trat er seinen Vorgesetzten gegenüber sehr unerschrocken und selbstbewusst auf. Das zeigt ein Konflikt, in den Jurek Anfang der Achtzigerjahre geriet und der in der Akte genau dokumentiert ist: Jurek stellte damals einen Antrag, zusammen mit seiner Frau seinen Sohn, den wirklichen Tomek, in den USA zu besuchen. Bisher waren Jureks Ausreiseanträge immer akzeptiert worden, dieser Antrag wurde nun plötzlich abgelehnt, mit dem Hinweis darauf, dass Jureks Sohn sich aus polnischer Sicht illegal in den USA aufhalte – er war mit einem Touristenvisum ausgereist, dann einfach in den Staaten geblieben.

Jurek schrieb zunächst einen höflichen, aber zugleich entschiedenen Brief, in dem er erklärte, dass er sich in den letzten Jahrzehnten um die Interessen seines Landes stets sehr verdient gemacht habe und dass er zum Dank doch nun wenigstens diese Genehmigung erwarten könne. Er bat um ein persönliches Treffen mit dem zuständigen Geheimdienstmitarbeiter, das ihm laut Aktenlage gewährt wurde, »weil er schon so lange und so effizient für dieses Organ tätig ist«.

Das Treffen verlief dann aber nicht nach Jureks Plan. Ein Herr S. schrieb darüber folgenden Bericht:

»Ich melde, dass auf Empfehlung der Leitung des Dienstes hin am 20.1.1981 ein Treffen mit dem geheimen Mitarbeiter Tomek stattfand, bei dem dieser informiert wurde, dass die negative Entscheidung über die Ausreise von ihm und seiner Frau beibehalten wird. Der Genosse Tomek reagierte auf diese Mitteilung ungestüm. Es wurde deutlich, dass er extrem nervös ist, aufgewühlt, ja, aggressiv. Als ich versuchte, ihm die Entscheidung der Passbehörde zu erklären, sagte er, dass er die Logik dieser Vorgehensweise nicht begreifen könne und dass es sich hier ganz offensichtlich um eine ›gewöhnliche Schweinerei‹ handle.

Im weiteren Gespräch bekräftigte Tomek, dass er ein solches Verhalten seiner Person gegenüber durch eine Behörde, mit der er seit 15 Jahren gutwillig zusammenarbeite, nicht akzeptieren könne. Er erkenne darin einen völligen Mangel an Vertrauen und an Achtung seiner Person gegenüber. Er frage sich, ob es Sinn habe, weiter mitzuarbeiten, und auch, ob seine bisherige

Mitarbeit überhaupt richtig gewesen sei. Er sei jahrelang auch im Ausland für den Dienst tätig gewesen und habe für seine Arbeit niemals Geld oder gar eine Auszeichnung erhalten. Alles habe er nur aus gutem Willen getan, weil er sich den Interessen seines Landes verpflichtet fühle. Nun sei ihm also eine ganz besondere Art der Auszeichnung zugedacht worden – es werde ihm der Pass verweigert (…).

Am Ende des Gesprächs, das eigentlich eher ein einseitiger Monolog von Seiten Tomeks war, bat Tomek darum, schnellstmöglich mit einem Geheimdienstoffizier von höherem Rang sprechen zu können. Aufgrund der geschilderten Situation kann man davon ausgehen, dass keine weitere Zusammenarbeit mit Tomek stattfinden kann. Er selbst hat deutlich gemacht, dass er eine solche Zusammenarbeit unter diesen Bedingungen nicht mehr anstrebt.

Das Gespräch fand in einem Lokal statt, in dem ich 88 Złoty ausgegeben habe.«

Es ist merkwürdig, die Schilderung dieses Vorfalls zu lesen. So ein Wutausbruch ohne Rücksicht auf Verluste – das ist typisch Jurek. Er machte sich nicht klein, sondern plusterte sich auf wie ein Gockel, obwohl er doch eigentlich am kürzeren Hebel saß.

Auch Jureks ironischen Ton und die Entrüstung darüber, nicht genug geschätzt zu werden, erkenne ich wieder. Mich erstaunt aber, dass er mit dem Geheimdienstmitarbeiter so umgehen konnte, und ich kann mir nicht vorstellen, dass sein Verhalten keine negativen Konsequenzen für ihn hatte – obwohl man vielleicht berücksichtigen muss, dass sich der Vorfall in einer ganz besonderen Phase der polnischen Geschichte ereignete: Im Januar 1981 war Solidarność-Zeit. Es war eine Phase, in der in Polen grundlegende Reformen auf den Weg gebracht wurden. Die alten Institutionen, wie der Geheimdienst, arbeiteten zwar noch weiter, aber dennoch waren viele Hierarchien infrage gestellt, die bis dahin uneingeschränkt gegolten hatten. Vielleicht erklärt dies Jureks Kühnheit dem Geheimdienstmitarbeiter gegenüber?

Die Ausreise wurde Jurek damals trotzdem nicht gestattet. Zunächst nicht. Aber zehn Monate später, Ende November 1981, durfte er dann tatsächlich in die USA reisen – sein einziger Besuch bei seinem Sohn Tomek. Was dazu geführt hat, dass dem

Visumantrag nun stattgegeben wurde, geht nicht aus der Akte hervor. Vielleicht hat Jurek sich doch durchgesetzt? Vielleicht war aber auch ganz einfach die mit der Solidarność-Bewegung verbundene Liberalisierung nun auch in der Passbehörde angekommen? Ich werde es nicht erfahren.

Als Jurek Ende November 1981 Polen verließ, waren die Solidarność-Reformen noch in Gange. Als er zwei Wochen später wiederkam, war gerade der Ausnahmezustand ausgerufen worden, die Gewerkschaft Solidarność war verboten worden und das System repressiver als je zuvor.

Jurek hat mir von dieser Reise mehrmals erzählt – aber natürlich niemals von der Vorgeschichte. Er hat mir nur erzählt, dass er in den USA mit Tomek gestritten habe und deshalb früher als verabredet wieder abgefahren sei und dass es dann eine sehr traurige Heimkehr gewesen sei.

Seine Frau und er stiegen in Frankfurt am Main um. Es war der 14. Dezember 1981, und wildfremde Menschen sagten zu ihnen: »Steigt nicht in das Flugzeug, bei euch daheim ist die Hölle los. Alle Telefone sind abgestellt. Auf den Straßen sind Panzer.« Krystyna schlug vor, zu Tomek zurückzufliegen oder zu irgendwelchen deutschen Freunden zu gehen und abzuwarten. Aber Jurek lehnte das kategorisch ab. Er sagte, dass er nirgends weiterleben könne außer in Polen. Er habe dort alle schweren Zeiten durchgestanden und wolle dort leben – egal was weiter passiere.

Krystyna flog mit ihm zurück. Als sie sich im Landeanflug auf Warschau befanden, weinte sie. »So habe ich Krystyna sonst nie weinen sehen«, erzählte Jurek.

- Jurek, du erzählst immer, Krystyna habe dich nicht wirklich geliebt, aber wenn sie geradewegs mit dir ins Kriegsrecht geflogen ist, dann muss sie dich doch geliebt haben. Sie hätte doch alleine umkehren können und zu Tomek in die USA gehen.
- Ich glaube, sie hat oft bereut, dass sie mit mir gegangen ist. Die Achtzigerjahre waren in Polen die Hölle.
- Du hättest sie zurückschicken können.
- Sie war meine Frau.

Ab Anfang der Achtzigerjahre, also nach dem Streit mit dem

Geheimdienstmitarbeiter und der Ausrufung des Kriegsrechts, hat Jurek keine Berichte mehr geschrieben – zumindest sind keine mehr erhalten, und es gibt auch keine Dienstanweisungen mehr.

Warum die Zusammenarbeit einschlief, kann man aber nur mutmaßen. Vielleicht wollte Jurek nicht mehr. Vielleicht wollte aber auch der Geheimdienst seine Dienste nicht mehr. Vielleicht hatte Jurek auch ganz einfach in dieser Zeit nur mit weniger bedeutenden Menschen zu tun, die den Dienst nicht interessierten.

Erst 1988 wurde Jureks Arbeit für den Geheimdienst ganz offiziell beendet – aufgrund seines fortgeschrittenen Alters, steht in der Akte. In dem Abschlussbericht wird vermerkt, dass Jurek für seine Mitarbeit kein Gehalt bezogen habe, jedoch zweimal ein aus Geheimdienstmitteln finanziertes Namenstagsgeschenk erhalten habe und zweimal eine kleinere Geldsumme. Genosse »Tomek« habe seine Mitarbeit als Bürgerpflicht betrachtet, er habe seine Mitarbeit stets geheim gehalten und sich auch verpflichtet, sie weiterhin geheim zu halten. Dann folgen leere Seiten und der Hinweis, dass diese Akte nicht vollständig erhalten sei, dass zu verschiedenen Zeitpunkten Dokumente daraus entnommen und vernichtet wurden.

Ich schalte das Lesegerät aus und schaue hoch. Der Saal hat sich komplett geleert. Ich habe gar nicht mitbekommen, wann die junge Frau gegangen ist, und auch nicht, wann der Herr mit der Cordhose. Nur noch der Archivmitarbeiter, der mir die Akte gebracht hat, sitzt da und schaut mich an – ein junger, etwas schlaksiger Mann. Keine Ahnung, wie lange er mir schon zusieht. Ich hatte ihn gar nicht bemerkt.

»Sie hatten wohl einen harten Tag?«, fragt er höflich, als ich die Akte bei ihm abgebe. »Eigentlich hätte ich schon vor einer Viertelstunde zusperren müssen, aber Sie wirkten so vertieft.« Er lächelt. Er muss ungefähr gleich alt sein wie ich. Höchstens Anfang dreißig.

Zusammen verlassen wir den Lesesaal und das Justizgebäude. Der junge Mann heißt Marcin, hat Geschichte studiert und arbeitet noch nicht sehr lange für das Nationale Gedenkinstitut. Wir haben den gleichen Weg zur U-Bahn und wechseln unmerklich zum Du über. Irgendwie bin ich froh, jetzt nicht alleine zu sein. Es ist längst dunkel, feiner Nieselregen fällt vom Himmel. Die Weihnachtsbeleuchtung macht die Straßen der Warschauer Innenstadt heller, als sie sonst nachts sind, und es ist nicht kalt.

– Ich weiß, dass es sehr indiskret ist zu fragen, es geht mich ja auch gar nichts an, aber ich habe mir den ganzen Tag überlegt, was du da recherchiert hast.
– Warum?
– Du hast es vielleicht gar nicht gemerkt, aber es gab Momente, in denen du gelacht hast, ganz ohne Geräusche, aber eben doch übers ganze Gesicht. Und dann hast du einmal geweint, und manchmal hast du ganz gequält dreingeschaut, und die ganze Zeit warst du in einer völlig anderen Welt.
– Beobachtest du die Leute im Lesesaal immer so genau?
– Du findest das jetzt sehr indiskret. Ich hätte nicht damit anfangen sollen …
– Nein, ich finde das sehr interessant.
– Ich führe nur einmal pro Woche Aufsicht im Lesesaal, und ich bin noch nicht lange dabei. Aber weißt du, die älteren Menschen, die dort sitzen und in ihrer eigenen Akte lesen, erzählen mit ihrem Gesicht oft ihre ganze Lebensgeschichte. Sie leben noch mal ihr ganzes Leben durch, aber eben aus einer anderen Perspektive.
– Der Perspektive des Spitzels?
– Ja, des Spitzels – der ja meistens zugleich ein Freund war, ein Arbeitskollege, ein Nachbar, vielleicht sogar die eigene Ehefrau.

Ich erkläre Marcin, dass ich an diesem Tag im Archiv das Leben eines guten Freundes aus einer anderen Perspektive erlebt habe. Ein Leben, das ich schon aus Erzählungen kannte, aber eben aus Erzählungen, in denen ein wichtiger Faktor, die Mitarbeit beim polnischen Geheimdienst, immer fehlte. Und dass ich nun gar nicht mehr weiß, was die Wahrheit ist und was gelogen war, was Tarnung und was der eigentliche Sinn und Zweck der Sache.

Ich erzähle, dass ich über diesen Freund gerade ein Buch schreibe, seit fast einem Jahr herumreise, um mehr über ihn zu erfahren, aber plötzlich das Gefühl habe, ihn gar nicht wirklich gekannt zu haben. Dass es immer mehr offene Fragen gibt und immer weniger Antworten und dass ich fast bereue, die Akte gelesen zu haben.

Ich erzähle davon, dass es da den Befehl gab, intime Informationen über deutsche Politiker zu sammeln – aber nicht klar ist, wie mein Freund mit diesem Befehl umgegangen ist. Ich erzähle von den vernichteten Akten, den fehlenden Berichten. »Dass die Akten nicht mehr da sind, kann doch bedeuten, dass sie besonders wichtig und besonders belastend waren«, mutmaße ich.

Marcin sagt, dass Akten vernichtet worden seien, habe nicht unbedingt etwas zu bedeuten. Das habe wirklich routinemäßig stattgefunden, um wieder Platz zu schaffen. »Wahrscheinlich wirst du die Antworten nie finden«, sagt Marcin, und er glaube, dass viele Leute die Akten einsehen, um Antworten zu finden, aber dann mit mehr Fragen als Antworten aus dem Lesesaal gingen. »Das ist ein ganz typischer Fall«, meint er.

Ich übernachte bei meiner Freundin Agnieszka, wie immer, wenn ich in Warschau bin. Für den nächsten Tag bin ich mit den beiden alten Herren verabredet, mit denen ich von Leszek Szusters Büro aus telefoniert habe, und ich weiß, dass ich ihnen sagen muss, dass sie recht hatten mit ihrem Verdacht. Mein Freund Jurek war ein Spitzel des Geheimdienstes. Über zwanzig Jahre lang.

»Da haben wir Jurek unrecht getan«, sagt Kazmierz Albin und versetzt mich mit diesem Satz in großes Erstaunen. »Wenn Jurek wirklich nur Westausländer bespitzelt hat, wenn er tatsächlich keine Kollegen ans Messer geliefert hat, dann hat er sich moralischer verhalten als viele andere. Dann war es falsch, ihn so links liegen zu lassen.«

Ich sitze seit einer Stunde mit diesem alten Herrn in seinem Wohnzimmer und habe ihm gerade ziemlich detailliert erzählt, welche Informationen ich in Jureks Akte gefunden habe. Ich habe damit gerechnet, dass Albin sich bestätigt fühlt in seinem negativen Urteil über Jurek und dass ich diejenige bin, die Jurek in Schutz nimmt, die versucht zu erklären, warum Jurek beim Geheimdienst unterschrieben hat. Aber das genaue Gegenteil ist der Fall: »Sie müssen Jurek da verstehen«, meint Albin, »er wollte ganz einfach etwas für sein Land tun – egal ob er die Kommunisten nun mochte oder hasste. Wir hatten ja nur das eine Polen, und wir waren nun mal zu Patrioten erzogen worden.«

Kazimierz Albin hat mich mit einem Handkuss begrüßt, und obwohl er Jurek eigentlich gar nicht ähnlich sieht, erinnert mich alles an ihm an Jurek: das altmodische, elegante Polnisch, die leichte Ironie, die in vielem liegt, was er sagt, die aufrechte Haltung.

Albin trägt ein dunkelblaues Jackett mit einem Abzeichen der polnischen Untergrundarmee Armia Krajowa am Revers, dazu weißes Hemd und Krawatte. Ich glaube, er hat sich extra fein gemacht für meinen Besuch, und er hat sich viel Zeit genommen, dabei ist er als Vizepräsident des internationalen Auschwitzkomitees immer noch ein viel beschäftigter Mann. Wir trinken Tee und essen Sernik, Käsekuchen, den Albin am Morgen extra frisch gekauft hat. An den Wänden hängen Ölgemälde, überall stehen schöne alte Möbel, aber aus dem Fenster sieht man auf die Plattenbaulandschaft, die für Warschau so typisch ist.

Albin ist Mitte achtzig, im selben Jahr geboren wie Jurek, und sie haben auch sonst sehr viele biografische Gemeinsamkeiten. Albin stammt aus Krakau, wo auch Jurek einige Jahre lang zur Schule gegangen ist. Er kommt aus einer ähnlich patriotisch gesinnten Familie und war im selben Pfadfinderverband engagiert wie Jurek. Nachdem die Deutschen Polen besetzt hatten, entwickelte Albin als 17-Jähriger den Plan, sich nach Frankreich durchzuschlagen, um dort mit den Franzosen gegen die Deutschen zu kämpfen. An der polnisch-slowakischen Grenze wurde er aber aufgegriffen, in eine Arrestzelle gesteckt und von dort aus von Gefängnis zu Gefängnis weiterverschoben, ohne jemals ein Gerichtsverfahren zu bekommen.

Im Gefängnis von Tarnów begegnete er dann Jurek zum ersten Mal. »Es war eine sehr große Zelle mit sehr vielen Menschen«, sagt Albin, »die meisten davon waren ähnliche Fälle wie Jurek und ich – junge Kerls, die eigentlich gar nichts getan hatten.«

Mit Jurek habe er sich damals nur kurz unterhalten, aber er könne sich gut erinnern, wie Jurek damals aussah. Ein eher stiller Junge, dünn und nicht sonderlich groß. Er habe ihn später, nach dem Krieg, auch gleich wiedererkannt. »Wir wären wahrscheinlich alle noch ein paar Zentimeter gewachsen, wenn unser Leben anders verlaufen wäre«, sagt Albin.

Kazimierz Albin und Jurek wurden zusammen mit dem ersten Transport nach Auschwitz gebracht. Albin erhielt die Häftlingsnummer 118, Jurek die 227. Im Lager, das schnell immer größer wurde, verloren sie einander aus den Augen. 1943 gelang Kazimierz Albin die Flucht. Er schlug sich nach Krakau durch und schloss sich dort der Untergrundarmee an, in der er eine Gruppe befehligte, die mit Sabotageakten versuchte, den deutschen Besatzern zu schaden.

Nach dem Krieg wäre er gerne Soldat geblieben, aber in der Armee der sozialistischen Volksrepublik Polen war kein Platz für die national gesinnten ehemaligen Kämpfer der Armia Krajowa. Albin wurde stattdessen Kaufmann, und weil er Deutsch sprach, wurde er schließlich auch nach Deutschland geschickt. Auch Kazimierz Albin hat sich ausgesöhnt mit den Deutschen. Auch er hat, als er in Rente ging, ein Buch über seine Erfahrungen in Auschwitz geschrieben und über seine Zeit in der Untergrundarmee. Auch er spricht in der Jugendbegegnungsstätte Auschwitz mit Schulklassen. Alles ganz ähnlich wie bei Jurek.

– War es anfangs schwer für Sie, wieder mit Deutschen zu tun zu haben?
– Nein. Eigentlich nicht.
– Hatten Sie nie das Gefühl, dass Sie die Deutschen hassen, dass Sie sich an Ihnen rächen wollen?
– Nein. Ich hatte Glück. Mir wurde noch im Krieg ein Moment geschenkt, der mich davor bewahrt hat. Vor dem andauernden Hass, meine ich. Wollen Sie die Geschichte hören?
– Gerne.

Alles im Lager, sagt Kazimierz Albin, habe darauf abgezielt, die Gefangenen zu demütigen, ihnen zu zeigen, wie minderwertig sie seien und wie machtlos. »Wenn uns ein Kapo mit ›du dreckiger polnischer Hund‹ angesprochen hat, war er vergleichsweise höflich«, sagt Albin. Für so junge Männer, ja, eigentlich noch Jugendliche, sei so etwas psychisch schwer zu verkraften gewesen. »Vor allem, wenn man alles in sich hineinfressen muss, um irgendwie zu überleben. Und wir waren doch zu Stolz und Würde erzogen worden – mit einem ganz klassischen Männerbild.« Aber dann habe er, wie gesagt, Glück gehabt, großes Glück. Sein Glück habe nicht nur darin bestanden, dass ihm die Flucht aus Auschwitz gelungen sei – eine beinahe unmögliche Flucht –, sondern eben auch darin, dass er die Möglichkeit erhalten habe, »mit der Waffe in der Hand« gegen die Nazis zu kämpfen. »Das hat mich gesund gemacht – psychisch gesund, meine ich«, sagt Albin.

Zu seinen Aufgaben in der Untergrundarmee habe es gehört, Waffen zu erbeuten, und dafür hätten er und ein Kamerad aus der Untergrundarmee nachts in einem Außenbezirk Krakaus, nahe dem Rangierbahnhof, deutschen Soldaten und Polizisten aufgelauert, die allein unterwegs waren.

Er habe damals eine Pistole besessen, eine Parabellum, und plötzlich sei ihnen dieser deutsche Gendarm über den Weg gelaufen, ganz allein in einer sehr dunklen Gasse. Kazmierz Albin sagt, er habe sich auf diesen Polizisten gestürzt, ihm die Pistole gegen den Hals gepresst und ihn am Gürtel festgehalten. Sein Kamerad habe ihm die über die Schulter gehängte Maschinenpistole abgenommen und auch die P38, die er im Gürtel trug. Er habe das viele Male gemacht in seiner Zeit bei der Untergrundarmee, aber diese Situation sei ihm im Gedächtnis geblieben, denn er habe plötzlich gemerkt, dass dieser große, dicke Deutsche vor Angst zitterte. »Am ganzen Körper hat er gezittert – auf Deutsch würde man wahrscheinlich sagen ›gezittert wie Espenlaub‹«, sagt Kazimierz Albin, und seine Stimme klingt aufgewühlt, ja, irgendwie begeistert. »Wahrscheinlich finden Sie das jetzt sehr merkwürdig, aber ich glaube, diesem Moment verdanke ich, dass ich mich nach dem Krieg versöhnen konnte mit den Deutschen.«

– Weil Sie sich gerächt hatten?
– Nein. Wir haben den Gendarm auch gar nicht getötet, sondern ihm nur ordentlich eins über die Birne gegeben, damit er nicht gleich Alarm schlagen konnte, denn für tote Deutsche gab es Vergeltung an unschuldigen polnischen Zivilisten. Aber nachdem ich die Angst des Deutschen gespürt hatte, war ich wieder gleichauf. Mein Stolz war wiederhergestellt. Vielleicht kann man sich leichter versöhnen, wenn man gekämpft hat. Mann gegen Mann. Zumindest, wenn man so erzogen wurde,

wie ich erzogen wurde und wie bestimmt auch Jurek erzogen wurde. Aber vielen von uns blieb dieses Glück verwehrt.

Kazimierz Albin schweigt, und auch ich sage nichts. Ich denke an Jurek, daran, was es für ihn bedeutet haben muss, mit vier Jahren der vollständigen Demütigung ins Erwachsenenleben zu starten. Kazimierz Albin lächelt mich an. Es ist ein etwas trauriges Lächeln, und ich bin sicher, dass er genau weiß, was ich gerade denke.

– Herr Albin, ich habe mir überlegt, ob es ganz am Anfang vielleicht eine Art Rache an den Deutschen war, dass Jurek zum Geheimdienst gegangen ist. Dass es ihm da auch darum ging, den Stolz wiederherzustellen.
– Das weiß ich nicht. Ich kann nur sehr gut verstehen, dass er das Bedürfnis hatte, für sein Land zu kämpfen, und auch, dass er das Bedürfnis hatte, stark zu sein. Mächtig. So wie ich in diesem Moment mit meiner Pistole in der Hand. Sie müssen das nicht gut finden. Sie stammen aus einer anderen Zeit und haben bestimmt ganz andere Vorstellungen vom Leben. Aber Sie müssen versuchen, das zu verstehen.
– Wie gut haben Sie Jurek eigentlich gekannt, ich meine nach dem Krieg dann?

Kazimierz Albin erzählt, dass er Jurek in einem Verband ehemaliger Häftlinge wiederbegegnet sei, hier in Warschau. Dort haben sie eine Zeit lang zusammengearbeitet, zum Beispiel als es darum ging, Hilfspakete zu verteilen, die eine deutsche Freiwilligenorganisation für alte und kranke ehemalige KZ-Häftlinge gesammelt hatte.

Ein paarmal sei er auch bei Jurek und seiner Frau zu Hause zum Bridgespielen eingeladen gewesen, enge Freunde seien sie aber nie gewesen. »Jurek war sehr aufbrausend. Wenn beim Bridge jemand einen Fehler machte, dann vergaß Jurek seine gute Kinderstube und erklärte dem jeweiligen Mitspieler, dass er schlicht dumm sei, zu nichts zu gebrauchen, nicht mal in der Lage, ordentlich Karten zu spielen.« Das habe ihm nicht so gut gefallen, sagt Kazimierz Albin.

Ja, und dann sei eben Anfang der Achtzigerjahre, kurz nach der Solidarność-Phase, als sowieso überall großes Misstrauen herrschte, das Gerücht aufgekommen, dass Jurek für den Geheimdienst arbeite. »Viele haben sich da von ihm distanziert«, sagt Albin, »alle dachten, dass er von unseren Treffen ehemaliger Häftlinge berichte, und man hielt sich in seiner Gegenwart von da an zurück.«

Als ich mich von Kazimierz Albin verabschiede, sagt er noch einmal, dass ich Jurek verstehen müsse. Bestimmt habe er mit seinen Berichten über die Deutschen einfach nur seinem Land dienen wollen.

»Sie haben mir sehr geholfen, ihn zu verstehen«, sage ich.

Als ich im Bus sitze, auf dem Weg zu meinem nächsten Treffen, fällt mir auf, dass der Verdacht, dass Jurek für den Geheimdienst arbeite, genau in der Zeit aufkam, als er aller Wahrscheinlichkeit nach gerade aufgehört hatte, für ihn zu arbeiten: Anfang der Achtzigerjahre, kurz nachdem er sich mit dem Geheimdienstmitarbeiter wegen dieser Visafrage so schrecklich gestritten hatte. Davor war er 15 Jahre lang für die Sicherheitsorgane tätig gewesen, aber offenbar von niemandem verdächtigt worden. Das kann Zufall sein, aber auch eine gezielte Indiskretion, eine kleine, aber wirkungsvolle Rache derer, die Jurek damals so wüst beschimpft hat. Aber all das sind nur Vermutungen.

Es ist ein echtes Schloss, die Aleje Ujazdowskie 6a – ein prächtiger Bau aus der Zeit, in der Warschau zum russischen Zarenreich gehörte, mit einer breiten Treppe, die zu einem imposanten, von Säulen umrahmten Eingangstor hinaufführt. August Kowalczyk hat am Telefon gesagt, hier befinde sich das Büro von TONO, einer Organisation ehemaliger Auschwitzhäftlinge. Auf dem eleganten Schild neben der Tür kann ich den Namen der Organisation jedoch nicht finden.

Der Pförtner schickt mich in den Keller des Gebäudes, wo ich einen langen, fensterlosen Gang entlanglaufe, der eher wie der Weg zum Heizkeller wirkt als wie der Zugang zu einem Büro. Schließlich stehe ich vor einer Tür, an der tatsächlich »TONO« steht. August Kowalczyk öffnet mir.

Man merkt ihm seine 88 Jahre nicht an. Groß ist er und wirkt noch immer kräftig. Auch die helle Stoffhose und der schwarze Rollkragenpullover, den er trägt, lassen ihn jünger erscheinen. Optisch ist er ein ganz anderer Typ als Albin und auch als Jurek.

Auch er ist eine imposante Erscheinung, aber er hat nichts Militärisches an sich. Ein Künstler, das sieht man sofort.

Als Kowalczyk zu sprechen anfängt, füllt seine tiefe, warme Stimme den ganzen Raum aus. Er war Schauspieler – sogar ein recht bekannter. Ich habe im polnischen Fernsehen ein paarmal Filme aus den Siebzigerjahren gesehen, in denen er mitgespielt hat und die immer noch gesendet werden.

Seit August Kowalczyk in Rente ist, verbringt er viel Zeit hier, in diesem bescheidenen Kellerzimmer, in dem ein alter, mit Papierbergen übersäter Schreibtisch steht und ein zweiter, größerer Tisch, um den ungefähr zehn Stühle stehen – zusammengesammelte, alte wacklige Stühle. An den Wänden hängen Häftlingsbilder aus Auschwitz und ein Plakat, auf dem ein polnischer Adler mit Krone zu sehen ist. Der Raum sei Büro und zugleich auch Versammlungsort des Vorstands von TONO, erklärt Kowalczyk und bietet mir einen Platz an, wobei er zunächst kräftig an mehreren Stühlen rüttelt, bis er einen findet, der seinen Stabilitätsanforderungen genügt.

Wir sprechen zunächst über Kowalczyks Arbeit als Schauspieler. Sehr oft habe er SS-Männer und deutsche Wehrmachtsoffiziere gespielt, erzählt er, die stelle man sich in Polen so groß und kräftig vor, wie er es gewesen sei. Den anderen Part, den des KZ-Häftlings, kenne er zwar aus eigener Erfahrung, aber er sei trotzdem nur ein einziges Mal entsprechend besetzt worden, in einer deutschen Fernsehproduktion in den Siebzigerjahren. Nur eine ganz kleine Rolle sei das gewesen, die er angenommen habe, weil er gleichzeitig in Warschau am Theater den Mephisto im »Faust« gespielt habe und sich für diese Rolle ohnehin schon die Haare abrasiert hätte.

Es macht Spaß, August Kowalczyk beim Erzählen zuzuhören. Alles an ihm erzählt. Das Gesicht, die Hände, der Oberkörper.

Der Film, in dem er einen Häftling spielte, sei auf dem Gelände des Stammlagers Auschwitz gedreht worden, sagt er, und die deutsche Kostümbildnerin habe ihm Holzpantoffeln gegeben, die er anziehen sollte. Kowalczyk weigerte sich und sagte, darin könne er nicht richtig laufen. Die Maskenbildnerin schlug einen strengen Ton an, erklärte, sie habe sich genau informiert, in der Phase, in der der Film spiele, habe es im Lager nichts anderes gegeben als solche Holzpantoffeln. Er müsse sie tragen. Nur dann sei es authentisch.

Kowalczyk holte den kleinen Streifen mit den Häftlingsbildern hervor, die ihn als Zwanzigjährigen in Auschwitz zeigen, klar wiederzuerkennen an den buschigen Augenbrauen und dem großen Mund. Er zeigte die Fotos der Kostümbildnerin und sagte zu ihr, er wisse nur zu gut, was hier authentisch sei. Er zum Beispiel sei ziemlich authentisch, und genau deshalb habe er sich geschworen, nie wieder einen Schritt in solchen Holzschuhen zu machen. Die Maskenbildnerin entschuldigte sich. Er bekam Lederstiefel.

Kowalczyk erzählt all das in einem leichten Plauderton, wie eine lustige Anekdote, eine kleine Verwechslungsgeschichte. Aber dann wird seine Stimme plötzlich sehr ernst: »Als ich am Abend nach den Dreharbeiten zurück nach Krakau fuhr, da überfiel es mich plötzlich«, sagt er. »Ich war mit einem Kollegen zum Essen ausgegangen – wir wollten uns eigentlich etwas gönnen, von unserem Filmhonorar, Wein, gutes Essen, aber plötzlich spürte ich, dass die Erinnerungen in mir aufstiegen. Ich flüchtete mich unter einem Vorwand in mein Hotelzimmer, setzte mich dort in den Sessel, und plötzlich waren sie da – all die Bilder aus Auschwitz.«

– Haben Sie damals über die Zeit im Lager gesprochen?
– Schon. Ich habe es nie zu einem Tabu gemacht. Aber es gibt eben Geschichten, die man erzählen kann, und Erinnerungen, über die man nicht wirklich sprechen kann. Aus vielen verschiedenen Gründen nicht. Weil es zu sehr schmerzt. Weil man keine passenden Worte findet. Weil es nur unzusammenhängende Gedankenfetzen und Bilder sind. Die Erinnerungen, die mich in diesem Hotelzimmer überfallen haben, waren solche Erinnerungen.
– Es waren also Erinnerungen, die Sie verdrängt hatten?
– Verdrängt ist das falsche Wort – man kann das gar nicht verdrängen und vergessen. Irgendwo bleibt es, aber man muss doch versuchen, sich nicht zu erinnern. Sonst kann man nicht leben. Zugleich können einen die Erinnerungen aber jederzeit überfallen. Und hier fängt das Paradox an: Je radikaler man versucht, sich nicht zu erinnern, desto größer ist die Gefahr

eines plötzlichen Überfalls, der einen dann ganz unvorbereitet trifft.

- Und was kann man da tun? Ich meine, kann man überhaupt etwas tun?
- Es ist sehr schwierig, ein Gleichgewicht zu finden. Eine Form, mit der Erinnerung zu leben und das Schrecklichste doch von sich fernzuhalten. Ich habe ein großes Glück: Mein Gedächtnis funktioniert so, dass ich mich fast nur an positive Dinge erinnere. Sogar aus der Zeit im KZ. Ich erinnere mich daran, wie mir geholfen wurde, an Kameradschaft, an Momente der Hoffnung.

Nicht jeder könne das, sagt Kowalczyk. Viele ehemalige KZler seien in den ersten Jahren nach ihrer Befreiung gestorben. Er habe einen solchen Kameraden gehabt. Es habe geheißen, er sei an den Spätfolgen einer Lungenentzündung gestorben, die er sich während der Haft zugezogen habe. »Ich glaube, er ist an den Erinnerungen gestorben«, sagt Kowalczyk, »er hat nie ein Wort über Auschwitz gesprochen, aber er hatte ein viel zu gutes Gedächtnis.«

Kowalczyk selbst stirbt nicht an seinen Erinnerungen, er lebt für sie: Vor nun fast dreißig Jahren, als er aus Altersgründen aufhörte, für das Polnische Theater in Warschau zu arbeiten, hat er ein Programm zusammengestellt: eine Art Einmannstück, in dem er über seine Zeit in Auschwitz erzählt. Anfangs hat er die Szenen dabei noch nachgespielt. Heute kann er nicht mehr so lange stehen. Heute sitzt er auf der Bühne und spielt nur mit seinen Händen und seiner Stimme. 6629 Mal ist er mit diesem Programm nun schon aufgetreten: vor Schulklassen, in Turnhallen und Gemeindesälen – in den großen Städten Polens, aber auch in beinahe jedem Provinzstädtchen.

»Ein Freund von mir hat gesagt, dass ich es 6804 Mal spielen muss und dann erst sterben darf«, erzählt Kowalczyk und lächelt dabei. 6804, das war Kowalczyks Häftlingsnummer in Auschwitz. 175 Auftritte fehlen August Kowalczyk noch.

- Hilft Ihnen das Erzählen, um das Gleichgewicht zu halten? Ich meine, das Gleichgewicht, mit der Erinnerung zu leben und sich doch nicht an alles zu erinnern, von dem Sie gerade gesprochen haben.

– Ja. Mir hilft es sehr. Und außerdem geben diese Auftritte mir eine Antwort auf die Frage, warum gerade ich überlebt habe.

Wir schweigen einen Moment. Ich denke daran, wie ich meinem Vater vor einigen Wochen an den Kopf geworfen habe, er habe Jurek gebraucht für seine persönliche Seelenhygiene. Ein Satz, der mir damals, sofort nachdem ich ihn gesagt hatte, leidtat. Nun, nachdem ich mit Leszek Szuster in der Jugendbegegnungsstätte Auschwitz über Jurek gesprochen habe, mit Kazimierz Albin und August Kowalczyk, ist mir klar, dass Jurek seine deutschen Zuhörer ebenso sehr gebraucht hat. »Ich glaube, für Jurek war das Erzählen auch lebenswichtig«, sage ich.

August Kowalczyk lehnt sich auf seinem Stuhl zurück, räuspert sich und sagt dann, dass er zwar wisse, dass ich eine Freundin von Jurek gewesen sei, dass er über Jurek aber leider wenig Nettes zu berichten habe. Die Gesprächsatmosphäre, die auf Anhieb so freundlich und offen war, ist plötzlich kühl.

»Ich verdanke Jurek einen Herzinfarkt«, sagt August Kowalczyk. Die beiden haben einander nicht schon im Lager kennengelernt, sondern erst viele Jahre später, auf einer dieser Versammlungen ehemaliger Häftlinge. Gute Freunde waren auch sie nie, aber zunächst auch keine Feinde, bis es schließlich, Anfang der Achtzigerjahre, zu einer Szene kam, die August Kowalczyk folgendermaßen schildert: Auf einer Mitgliederversammlung sollte ein neuer Vorstand gewählt werden, und dabei gab es eine Meinungsverschiedenheit zwischen Jurek und Kowalczyk.

»Worum es inhaltlich ging, weiß ich nicht einmal mehr«, sagt Kowalczyk, »vielleicht um die Kandidaten, vielleicht um die genaue Vorgehensweise.« Auf jeden Fall habe sich Jurek stur gestellt, obwohl er die Mehrheit gegen sich gehabt habe. »Als er spürte, dass er die anderen mit seinen Argumenten nicht überzeugen konnte, hat Jurek angefangen, sich schrecklich aufzuspielen«, erzählt Kowalczyk. Er habe erklärt, dass er über Kontakte verfüge – ganz maßgebliche Kontakte – und dass er eine Menge über alle hier wisse, ja, dass er etwas in der Hand habe, über jeden. Gegen jeden. Geheimnisvolle, wichtigtuerische Andeutungen.

»Er hat mich damit wahnsinnig gemacht«, sagt Kowalczyk. Die Atmosphäre sei damals ja ohnehin angespannt gewesen, so kurz nach der Niederschlagung der Solidarność-Bewegung, noch während des Kriegsrechts, und er, Kowalczyk, sei ohnehin in keiner einfachen Position gewesen, denn er sei zwar Mitglied der Kommunistischen Partei gewesen, aber eben zugleich auch Mitglied der soeben verbotenen Solidarność-Gewerkschaft. »Ich habe eine schreckliche Wut gekriegt, bin aufgestanden und habe Jurek angeschnauzt, er solle entscheiden, ob er ein Agent sein wolle oder ein Mitglied dieser Organisation ehemaliger Häftlinge.« Jurek habe daraufhin nur mit zusammengekniffenen Lippen dagesessen. Völlig wortlos. Er habe nicht dementiert, dass er als Spitzel arbeite.

August Kowalczyk verließ die Versammlung. Auf dem Weg nach Hause begann er sich Sorgen zu machen. Was war, wenn Jurek seine Drohungen wahr machte? Wenn er wirklich über diese hervorragenden Kontakte verfügte? Wenn er die Macht hatte, ihn zu ruinieren? Aus dieser Mischung aus Angst und Wut heraus, noch auf dem Heimweg von der Versammlung, habe er einen Herzinfarkt erlitten, erzählt August Kowalczyk.

Viele Kameraden hätten ihn im Krankenhaus besucht. Jurek hingegen sei nach diesem Auftritt zunehmend isoliert gewesen. Alle seien ihm von da an aus dem Weg gegangen, und bald sei Jurek, der zuvor sehr engagiert gewesen sei in diesem Verband, nicht mehr zu den Treffen gekommen.

– Junge Frau, Sie haben am Telefon gesagt, dass Sie ins Archiv gehen, um Jureks Geheimdienstakte zu lesen. Waren Sie schon dort?
– Ja.
– Und?
– Er hat wirklich für den Geheimdienst gearbeitet. Aber, soweit ich das überblicke, nur bis Ende der Siebzigerjahre und, soweit ich weiß, ausschließlich für den Auslandsgeheimdienst. Er hat über die Deutschen berichtet, mit denen er gearbeitet hat. Nicht über Sie. Zumindest nach allem, was ich weiß.
– Das ist tragisch.
– Warum tragisch?
– Weil am Ende die Deutschen die einzigen Freunde waren, die ihm noch geblieben sind, und ausgerechnet über die hat er Berichte geschrieben. Wissen die Leute das schon?
– Nein. Aber ich werde es ihnen sagen.

Als ich wieder in Deutschland bin, telefoniere ich viel. Ich versuche herauszufinden, ob Jurek wirklich belastendes Material über seine deutschen Freunde gesammelt hat – aber der ehemalige Landtagsabgeordnete Hartwig S. ist nicht auffindbar, obwohl ich deutschlandweit alle Menschen seines Namens, die ich im Telefonbuch finde, durchtelefoniere und alte Abgeordnetenhandbücher durchstöbere. Wahrscheinlich ist er längst tot. Es geht ja um Vorgänge, die fast vierzig Jahre zurückliegen, und Hartwig S. war, nach allem, was ich Jureks Geheimdienstberichten entnehmen konnte, damals schon ein Mann mittleren Alters.

Björn Engholm erreiche ich hingegen. Er schreibt mir eine freundliche E-Mail, dass er sich leider nur sehr schwach an Jurek erinnern könne. Er sei ihm nur ein-, vielleicht auch zweimal kurz begegnet. Er glaube nicht, dass Jurek irgendetwas Bedeutsames über ihn hätte berichten können.

Auch Rudolf Dohrmann rufe ich an. Ich gehe davon aus, dass er Jurek noch viel kritischer sehen wird als zuvor, wenn er erfährt, dass er über ihn berichtet hat. Dohrmann wird das nicht verstehen, denke ich mir. Er fand es schon schlimm, dass Jurek mit Gebrauchtwagen gehandelt hat. Dass Jurek auch mit Informationen über Freunde handelte, wird er für moralisch völlig inakzeptabel halten.

Aber Dohrmann lacht am Telefon nur, als ich ihm aus den Geheimdienstberichten vorlese. Er sagt, dass er das eigentlich immer gewusst und es auch akzeptiert habe. »Natürlich hat sich der Geheimdienst auf beiden Seiten brennend für das interessiert, was wir damals gemacht haben«, erklärt Dohrmann. »Das ist doch ganz normal. Sie müssen mal versuchen, sich in diese Zeit hineinzuversetzen.«

Das Einzige, was ich am Ende all dieser Telefonate sicher weiß, ist, dass ich alle Informationen, die ich im Archiv in Warschau gefunden habe, höchstens halb verstehe, ja, nur halb verstehen kann. Ich weiß nicht, was damals als Verrat galt und was als ganz normal. Ich weiß nicht, wann Jurek aus Hass gehandelt hat und wann aus Wichtigtuerei, wann sein Motiv Patriotismus war oder Freundschaft oder Versöhnungswillen, was er getan hat, weil er unter Druck stand, und was aus einer Mischung aus allem.

Ich weiß nur, dass Jurek am Ende seines Lebens der Überzeugung war, dass allgegenwärtige Bespitzelung eine Gesellschaft zerstören kann. Jurek wusste das aus eigener Erfahrung. Er selbst hatte Misstrauen gesät, vielleicht sogar Erpressungen möglich gemacht, und er war dadurch noch einsamer geworden. Ein offenes Gespräch sei das Beste, was man vom Leben haben könne, hat Jurek immer gesagt. Aber er hat bis zu seinem Tod mit niemandem offen über seine Arbeit für den Geheimdienst gesprochen. Mit mir nicht, mit meinem Vater nicht, mit Renate nicht, mit Leszek Szuster nicht und schon gar nicht mit Kazimierz Albin oder August Kowalczyk. Stattdessen hat er sich bis zum Schluss gefürchtet, vor dem Geheimdienst.

11 Zahmer erzählen

Ich breite meine Schätze auf der Gästeliege in meinem Münchner Arbeitszimmer aus: Tonbänder, Videokassetten und schriftliche Protokolle. Dann beklebe ich sie mit gelben Zetteln, auf denen Jahreszahlen stehen: 1965, 1966, 1970, 1982, 1986, 1998 und 1999. Sieben Versionen von Jureks Erzählung über Auschwitz, die aus verschiedenen Zeiten stammen. Es war nicht leicht, sie alle zu finden.

Ich habe mich in den letzten Monaten bei allen erkundigt, mit denen ich über Jurek gesprochen habe, ob sie vielleicht noch alte Aufzeichnungen von Jureks Erzählungen haben, und ich habe die Unterlagen aus dem Archiv des Museums Auschwitz organisiert – genauer gesagt, Herr Szuster hat sie mir organisiert.

Als ich Jurek Ende der Neunzigerjahre kennenlernte, erzählte er über Auschwitz eigentlich nur noch Geschichten, die in sich logisch waren und einen Funken Hoffnung enthielten – immer dieselben dreißig Geschichten. Er hat sie in der Jugendbegegnungsstätte erzählt, vor Schulklassen und auf dem braunen Sofa im Haus meiner Eltern, bei laufendem Tonbandgerät. Mit Moritz und mit Ben hat er sich über diese dreißig Geschichten zerstritten, seinem Sohn hat er sie verschwiegen und mir hat er sie hinterlassen, in Form von Tonbändern. Jureks dreißig Geschichten haben mich auf meiner Reise begleitet.

Während dieser Reise habe ich aber auch verstanden, dass diese Geschichten nicht schon immer da waren, sondern dass Jurek sie erst im Lauf der Zeit aus seinen Erinnerungen herausgeschält hat.

Ich will herausfinden, wie und wann Jureks dreißig Geschichten entstanden sind, wie sie sich entwickelt haben und warum gerade diese Geschichten übrig geblieben sind – von all den Erinnerungen an die vier Jahre, die Jurek im Konzentrationslager verbracht hat. Deshalb habe ich die Bänder und Protokolle zusammengesucht.

Zwei Kassetten hat mir Peter Rautenberg aus Flensburg zukommen lassen. Am Telefon erzählte er mir, dass er diese Tonbänder im Herbst 1965 in einem Warschauer Hotelzimmer aufgenommen hat, also nur wenige Monate, nachdem Jurek begonnen hatte, mit westdeutschen Gruppen zu arbeiten.

Rautenberg war damals Anfang dreißig, Leiter einer Amateurtheatergruppe der Deutschen Beamtenjugend, ein SPD-Mann und neugierig darauf, was sich hinter dem eisernen Vorhang verbarg. Deshalb organisierte er für seine Laienspieltruppe eine Polenreise. Jurek wurde ihnen als Reiseleiter zugewiesen und, wie ich inzwischen weiß, auch als Aufpasser des polnischen Geheimdienstes.

Jurek erzählte der Gruppe nicht, dass er im KZ gewesen war, aber nach ein paar Tagen entdeckte Rautenberg die Nummern auf Jureks Arm. Er beschloss, Jurek zu interviewen und das Gespräch auf Band aufzunehmen. Eine Aufnahme, die er nutzen wollte, für Fortbildungsveranstaltungen der Beamtenjugend.

Nun sind die beiden Bänder eine wertvolle Quelle für mich – die älteste Version von Jureks Erzählung. Ein Band, das aus der Zeit stammt, in der Jurek gerade erst damit begonnen hatte, regelmäßig über Auschwitz zu sprechen – nach zwanzig Jahren des Schweigens.

Auf dem Band klingt Rautenbergs Stimme, die am Telefon die Stimme eines alten Mannes war, noch ganz jung. Er redet langsam, sehr deutlich, und in seinem Tonfall liegt eine etwas theatralisch anmutende Betroffenheit.

– Die kleine Bühne der deutschen Beamtenjugend Hamburg ist in der Zeit vom 2. bis 9. Oktober 1965 in Warschau. Unser Begleiter, Herr Georg, führt uns durch Warschau und berichtet uns über Dinge, die wir bei unseren Besichtigungen nicht sofort merken und die wir von den Vorträgen hier nicht erfahren. Aber das ist nicht das Thema unseres Gespräches hier heute Abend. Herr Georg wird von der Vergangenheit berichten, von der Vergangenheit der Jahre 1939 bis 1945, und zwar als einer der Menschen, die dabei gewesen sind.

– Sie haben gesagt, ich sollte berichten. Vielleicht wäre es günstiger, wenn Sie Fragen stellen werden, und ich werde möglicherweise die Fragen beantworten, obwohl das Thema so unheimlich groß ist, weil, das hatte ich schon Ihnen gesagt, es geht um das Leben von paar Millionen Menschen. Wenn wir nur sprechen über Auschwitz: 1,5 Millionen Menschen während fünf Jahren – also etwas, worüber nur sehr schwer zu berichten ist.

Jurek klingt wie immer – nur ein bisschen jünger vielleicht. Und wie immer lässt er sich die Spielregeln nicht von jemand anderem vorgeben. Jurek entscheidet selbst, wie das Gespräch ablaufen soll. Rautenberg spricht ihn mit »Herr Georg« an – so ließ sich Jurek damals von den ersten deutschen Gruppen nennen, das hat auch schon Renate erzählt.

– Herr Georg, was ist das Lager Auschwitz?
– 1939 ist der Krieg zwischen Dritten Reich und Polen ausgebrochen. Kurz nach Beendigung der Kriegshandlungen wurde einer von alten SS-Leuten, der Obersturmführer Rudolf Höß, vom Reichsführer-SS Himmler beauftragt, um einen Lager zu aufbauen auf Gebiet der Polen, das eines von mehrere Lager auf unserem Gebiet sein sollte.

Ausführlich referiert Jurek Fakten, die er sich erst nach dem Krieg angelesen haben kann: Warum, wann und von wem genau Rudolf Höß den Befehl bekam, in dem sumpfigen Gebiet bei der polnischen Ortschaft Oświęcim ein Konzentrationslager zu errichten. Jurek erklärt in sachlichem Tonfall, was die Vorteile dieses Standorts waren: die verkehrsgünstige Lage an wichtigen Bahntrassen, das mörderische Klima mit andauernd hoher Luftfeuchtigkeit und das Vorhandensein einer alten, ungenutzten Kaserne.

Jurek erzählt aus Sicht der Deutschen, der Planer des KZs, und er behält einen auffallend distanzierten Ton bei, auch als er erklärt, wer dort interniert werden sollte: Polen nämlich, die nach dem Einmarsch der Deutschen verhaftet worden waren, meist von der Straße weg. Überwiegend sehr junge Leute, die meist noch gar keinen aktiven Widerstand geleistet hatten gegen die Besatzungsmacht. Hier hakt Rautenberg zum ersten Mal mit einer Frage nach:

– Was hat man denn den Häftlingen gesagt, weshalb sie verhaftet worden sind?
– Ihre Frage ist typische Frage von Vertreter einer Generation, der nie in seinem Leben mit Unrecht zu tun gehabt hat. Der Häftling, in dem Moment, wenn er verhaftet wurde, war nicht betrachtet als Mensch oder als Staatsbürger, dem man etwas erklären brauchte oder den man informieren könnte, sondern war ein Gegenstand, der Befehlen folgen sollte, und wenn er sich äußern wollte in irgendwelcher Weise, da wurde er automatisch brutal gedroschen.
– Also, sie haben überhaupt keine Begründung erfahren, die Leute.
– Nein, die Leute haben keine Begründung erfahren.
– Und was hat man den Angehörigen gesagt?
– Den Angehörigen hat man auch nichts gesagt. Angehörigen, welche sich gemeldet haben bei Gestapo, Gendarmerie oder Polizei, um irgendwelche Informationen zu kriegen, hat man erklärt, sie sollen sich nicht mehr sehen lassen. Als größte Höflichkeit und Zeichen von Menschentum hat man die höchstens mal die Möglichkeit gegeben, einmal ein Paket zu übergeben am Gefängnis.

Merkwürdig, denke ich mir. Warum fragt dieser junge Deutsche nur so unpersönlich, nach »die Leute«, »die Angehörigen«? Er weiß doch, dass Jurek selbst KZ-Häftling war. Warum fragt er dann nicht: »Warum hat man Sie verhaftet« oder »Haben Ihre Eltern Sie gesucht?« Traut er sich nicht? Will er Jurek nicht zu nahetreten? Ist es, weil Jurek bislang nur so unpersönlich berichtet hat, so als ob er all das sich nur angelesen habe?

Doch Jureks extrem distanzierter Ton verändert sich langsam, als er nun von der Ankunft der ersten Häftlinge in Auschwitz erzählt, von seiner eigenen Ankunft also.

Als Bestätigung von großer Ahnungslosigkeit von diesen ersten sogenannten Häftlingen im Auschwitz will ich erzählen eine – kann man sagen – komische Situation, die stattgefunden hat bei Ankunft, wo endlich nach paarstündigen Reise hatte der Zug angehalten, bei einem großen Haus, wo die Häftlinge, die in Wagen saßen, auf einmal gesehen haben irgendwelche komische Gestalten in gestreifte Anzügen und ko-

mischen Mützen, welche mit Knüppel in Hand auf einem Feld rundrum gegangen sind.
Die Häftlinge, oder die Jungs, haben gesagt: »Na ja, wahrscheinlich haben sie uns gebracht zu einem Punkt, an welchem man schon interniert hat deutsche Matrosen aus Wilhelmshaven, die vielleicht wieder eine Revolution angefangen haben, gegen den Krieg.« Die sahen so aus wie Matrosen. Dann aber war es bisschen ernster, wenn man gesehen hat, in Gras, in tiefem Gras liegen deutsche Soldaten in grauen Uniformen mit Maschinengewehren – alle auf den Zug gerichtet. Dann kam ein Kommando: »Alles raus« und Geschrei, Tür wurden aufgemacht, und alle haben sich gedrängelt zum Rausgehen.
Dabei muss ich betonen, niemand fast von uns hat die deutsche Sprache damals gut gekannt. Befehle waren aber alle gegeben in deutscher Sprache, und wegen Unverständnis von diesen Wörtern wusste man am Anfang nicht, um was es sich überhaupt handelt. Die Gesten bei diesen Befehlen haben uns aber erklärt, es handelt sich um Rausgehen, auch weil die Tür aufgemacht wurde. Und ordnungsmäßig haben wir angefangen auszusteigen. In dem Moment begann aber eine riesige Schlägerei mit Knüppeln, mit Balken, mit Peitschen, mit Stacheldraht – alles, was vorhanden war –, und alle sprangen von den Wagen, und durch Spalier oder Allee von SS-Leute und diesen Matrosen rechts und links, um am schnellsten von diesen Wagen wegzukommen, um eben am wenigsten Paukenschläge zu bekommen. Und dann hat man uns sortiert und in Reihen gestellt, immer wieder alle Anordnungen in deutscher Sprache mit ununterbrochen Schlägerei, mit Geschrei und so weiter, in einer Terroratmosphäre. Und die verhasste Leute, die kein Wort verstanden haben, nach langem Bemühen von SS und Kapos, wurden in Reihen zu – zehn, denke ich, ich erinnere mich nicht mehr – gestellt zum Nachzählen.

Mir fällt auf, dass Jurek nur »ich« sagt in dieser Erzählung, wenn er sich als Erzähler meint, sein späteres Ich, sein Nachkriegs-Ich: »Ich muss betonen«, »Ich erinnere mich nicht mehr«.

Wenn er über die Vergangenheit spricht, über seine Ankunft in Auschwitz, spricht er zuerst nur von »die Häftlinge« oder »die Jungs«, ganz so, als habe er die Szene von außen beobachtet. Erst als Bewegung in die Häftlinge kommt, als sie aus den Wagen geprügelt werden, wird in Jureks Erzählung aus »den Häftlingen«

ein »Wir«, und gleichzeitig wird auf dem Tonband seine Stimme aufgeregter, sein Erzählen stockender, sein Deutsch schlechter. Ich sehe ihn plötzlich zwischen den Knüppeln hindurchhechten, einen klein gewachsenen 18-Jährigen, mitten in einem Gebrüll, das er nicht versteht.

Jurek unterbricht sich auf dem Band selbst und wendet sich wieder an Rautenberg:

– Hoffentlich wird das alles, was ich Ihnen hier sage, nicht in Ihrem Bericht anschließend ausgeschaltet. Sie werden keine Radierungen machen und so weiter?
– Nein.
– Warum sage ich das alles. Es ist absolut kein Misstrauen gegenüber Ihnen als meinen sehr angenehmen, sympathischen Zuhörer. Es ist nur das Problem von Unmöglichkeit von irgendwelchen Systematisierungen von diesem Thema. Wir haben bisher nur von der Ankunft des ersten Transportes im Auschwitz gesprochen. Von vielleicht fünf Minuten. Um wirklich über Auschwitz zu erzählen, sollte ich aber systematisieren, und zwar das ganze Leben während der fünf Jahren der Existenz des Lagers, multipliziert per – mehrerer Millionen Menschen, das wieder per 365 Tage im Jahr und lauter Stunden und Minuten und Sekunden, in welchen ununterbrochen Tausende, Zehntausende und mehr gequält, gedroschen, terrorisiert waren, um dem Dritten Reich, bevor sie starben, noch Profit zu geben in ökonomischen Dingen. Es ist sehr schwer. Ich kann Ihnen manche Impressionen erklären, erzählen, ich kann Ihnen manche Bilder von Lager sagen. Aber die können nicht frei sein von grausamster Brutalität, welche dem normalen Menschen absolut unbegreifbar und unverständlich ist. Ob das Ihnen nutzbar sein könnte für Ihr Ziel, also den Unterricht von jungen Menschen, die in Recht und Anerkennung von anderen Menschen erzogen werden sollen? Ich glaube kaum!

Ich drücke die Aus-Taste. Spule zurück und höre die Sätze noch einmal und dann noch ein drittes Mal. Was Jurek da sagt, ist so dicht, dass man es beim ersten Hören noch nicht so recht versteht, aber es ist wichtig, sehr wichtig: Jurek wirft auf diesem gut vierzig Jahre alten Band all die Fragen auf, um die ich seit Monaten kreise. Fragen, um die Jurek und ich in vielen unserer

Gespräche gekreist sind. Wahrscheinlich schon vom ersten Wortwechsel an, damals in der Jugendbegegnungsstätte. Jene erste kleine Diskussion zwischen mir und ihm – eine Diskussion, die ich nie vergessen werde:

– Warum erzählen Sie nur Geschichten, die gut ausgehen?
– Mein Fräulein, zwei Gründe. Erstens: Wenn sie nicht gut ausgegangen wären, könnte ich sie nicht erzählen. Zweitens: Ihr seid jung. Ich will euch nicht den Glauben nehmen.
– Sie waren selbst ganz genauso alt, als Sie diese schrecklichen Dinge erlebt haben.
– Eben.

Kann man die Wahrheit über Auschwitz überhaupt erzählen? Die Wahrheit über das sinnlose, aber vollständig durchgeplante und beabsichtigte Sterben von Millionen von Menschen? Und so das der Fall sein sollte, könnte man das Erzählte als normaler Mensch überhaupt begreifen? Und so auch das der Fall sein sollte, könnte man mit dieser Wahrheit, der ganzen Wahrheit über Auschwitz, überhaupt weiterleben? Und so auch das der Fall sein sollte, wird ein Mensch dadurch, dass er die Wahrheit über Auschwitz kennt und begreift, gerechter, toleranter – ja, auf irgendeine Weise besser?

Wahrscheinlich haben diese Fragen Jurek sein Leben lang begleitet. 1965 hat er sie nicht nur als Fragen formuliert, er hat sie damals auch beantwortet, denn Jurek verdeutlicht durch seine Rechnung über Minuten, Stunden und Qual mal Millionen, dass man »die Wahrheit« über Auschwitz gar nicht erzählen kann, nur winzige Ausschnitte. Ausschnitte, die das Ausmaß des Leids völlig unzureichend wiedergeben.

Und dann fragt er den jungen Deutschen, der ihm das Mikrofon der Deutschen Beamtenjugend aus Bildungszwecken unter die Nase hält, welchen Sinn es denn bitte schön machen soll, von all diesen Grausamkeiten zu erzählen. Ob er denn wirklich glaube, solche Grausamkeit sei pädagogisch wertvoll? Und Jurek beantwortet auch diese Frage. Er sagt: »Ich glaube kaum!«

Eine weitreichende Antwort. Eine Antwort, die letztlich alle Jugendbücher über den Holocaust, alle Zeitzeugengespräche und auch Institutionen wie die Jugendbegegnungsstätte in Auschwitz für nutzlos erklärt. Und doch weiß ich, dass diese Antwort, Jureks Antwort von 1965, nicht seine endgültige Antwort gewesen sein kann, denn er hat ja erzählt. Über vierzig Jahre lang, fast sein ganzes restliches Leben.

Anfangs hat er es auch im Auftrag des polnischen Geheimdienstes getan, das weiß ich aus den Akten, aber wenn man diese alten Bänder hört, spürt man sofort, dass Jurek niemals nur in fremdem Auftrag gehandelt hat: Er überlegte sehr gewissenhaft, was für diese jungen Deutschen gut, ja, verkraftbar ist. Jurek agiert nicht wie jemand, der beauftragt worden ist, Propaganda zu betreiben, und diesen Auftrag stur ausführt. Er zögert erst einmal, als er gebeten wird, über Auschwitz zu erzählen.

Wieder einmal habe ich das dringende Bedürfnis, Jurek anzurufen, um zu sagen: »Jurek, ich habe dieses alte Band gehört. Warum hast du dann doch erzählt? Warum hat das Erzählen über Auschwitz trotzdem Sinn? Und wie muss man deiner Meinung nach über Auschwitz erzählen, damit es Sinn hat?« Aber ich kann Jurek nicht anrufen.

Ich drücke die An-Taste.

Man merkt, dass Jureks Argumentation Peter Rautenberg für einen kurzen Moment verlegen macht – dass er nicht gleich weiß, wie er auf Jureks rhetorische Frage reagieren soll. Als er antwortet, spricht er zunächst sehr viel leiser als zuvor und verheddert sich ein bisschen, dabei ist seine Antwort letztlich banal, ein Standardsatz, der zumindest heutzutage ständig auf Gedenkfeiern wiederholt wird – so oft, dass ihn schon niemand mehr hinterfragt.

- Ich glaube schon, dass, denke allerdings, dass es – äh, wichtig oder auch richtig ist, dass man doch über diese Dinge weiß, damit solche Dinge nie wieder geschehen können.
- Gut, also, es tut mir leid, dass ich immer negativ auf Ihre Vorschläge reagiere. Aber ich kenne das Thema durch meine beinahe fünfjährige Existenz im Lager, wo ich als 18-Jähriger mit Lagerexistenz angefangen habe, wo sich mein Charakter gebildet hat, wo ich alles beobachtet habe, was ich nicht vergessen kann – doch nicht imstande bin, Ihnen das in irgendwelcher Weise zu systematisieren.

Jurek scheint Rautenbergs Antwort über das »nie wieder« nicht so recht zu überzeugen. Das hört man an seinem Tonfall. Vielleicht ist sie ja auch gar nicht logisch. Wieso soll durch das Wissen, dass etwas geschehen ist, verhindert werden, dass es wieder geschieht? Macht das Wissen um Leid Menschen wirklich friedliebender?

Aber seine gute Absicht nimmt Jurek diesem jungen Mann offenbar ab. Er beginnt zu erzählen, erzählt stockend, und immer wieder muss er nach Worten suchen.

Wenn es um andere Beispiele von der Bestialität der SS-Leute geht, kann ich eine Menge oder Unmenge von verschiedenen Beispielen geben, welche keine extreme Fälle im Lagerleben waren, welche eine normale Erscheinung waren, weil die SS-Leute sich alle gegenseitig gelobt haben für das Töten. Und die, welche am meisten Häftlinge selbsthändig umgebracht haben, galten als die größten Helden unter den Kameraden. Der persönliche Ansatz, um sich solchen Ruhm zu erwerben, war verschieden. Aber die jeweilige Methode war nicht die Folge von irgendwelchen Befehle, wie man heute erklärt.
Die Technik – oder Techniken – waren selbst entwickelt durch enorme Intelligenz von SS-Leute. Ein Beispiel ist Rapportführer Palitzsch, der sich gelobt hat, dass er über zehntausend Häftlinge selbsthändig ermordet hat. Er lief durch Lagergelände oder Arbeitsgelände der Häftlinge ununterbrochen mit Kleinkaliberwaffen, wovon er von Zeit zu Zeit gegenüber einem Häftling einen Schuss gegeben hat. Größtenteils gut – mit gutem Erfolg, das heißt mit Volltreffer.
Herr Rapportführer Schillinger war im Lager auch bekannt, weil er jeden Tag mindestens einen jungen Häftling bei seinem Spaziergang durch Lagergelände gefunden hat, der ihm gefiel. Dann hat er ihn geholt in einen Block, wo immer stand ein Ofen in der Mitte, und dann kam der Befehl »Kopf in Ofen«, ganz gleich ob das im Winter oder im Sommer war, ganz gleich ob das in brennenden Ofen war oder ohne Feuer. Dann hat er mit Knüppel geschlagen, bis der Häftling nicht tiefer ins Ofen reinpasste, und dann folgte immer ein Schuss von Pistole in Hintern von Häftling. Wir haben vermutet, dass er ein Homosexueller ist und nur wegen Angst gegenüber Lagerbehörden solcherweise seine erotischen Gefühle erfüllt.
Andere SS-Leute, je nach eigenem Charakter, körperlichen Möglichkeiten und Intelligenz, haben ihre erfinderische Gabe eingesetzt für die Entwicklung der persönlichen Methode. Der Tag im Lager war eine un-

unterbrochene Kette von Bestialitäten, die im Umfang von den Augen ab dem Wecken bis zum Einschlafen stattgefunden haben.

Stopp-Taste. Ich wollte Jureks Geschichten analysieren, die ich mühsam zusammengesammelt habe. Ganz sachlich. Zwei Wochen habe ich mir dafür freigenommen, aber schon nach ein paar Stunden sitze ich an meinem Schreibtisch und weine. Nicht nur wegen der Geschichten, die Jurek da erzählt, sondern weil in Jureks vertrauter Stimme so viel Angst liegt, die er nicht übertünchen kann mit diesem merkwürdigen Sarkasmus, mit dem er über »die enorme Intelligenz von SS-Leuten« und »Volltreffer« spricht. »Im Umfang von den Augen«, also in Jureks Sichtweite, hat all das stattgefunden. Jurek hat es mit angesehen, Tag für Tag, vier Jahre lang. Und er konnte niemals sicher sein, dass er nicht das nächste Opfer sein würde. Angst ohne Ausweg. Ohne die geringste Chance, sich in Sicherheit zu bringen. Wie zum Teufel soll man damit leben?

Ich reiße das Fenster meines Arbeitszimmers auf. Ich muss weg, von diesem Schreibtisch, von meiner Sammlung, von all den Bändern, all den Erinnerungen. Ohne richtig darüber nachzudenken, beginne ich, Dinge in meinen Rucksack zu stopfen: Badeanzug, Schwimmbrille, Handtuch, Geldbeutel. Als ich im Hallenbad ins Schwimmbecken eintauche und nichts mehr sehe als den blau gekachelten Boden des Beckens und nichts mehr höre als ein paar ferne, gedämpfte Hallenbadgeräusche, erst da wird es wieder ruhig in meinem Kopf. Einatmen, abtauchen, ausatmen, auftauchen. Zuerst schwimme ich sehr hektisch, dann ruhig.

Ich gehe sehr oft schwimmen in den zwei Wochen, die ich mit Jureks Erzählungen verbringe. Meist abends. Manchmal denke ich, dass es doch zu nichts gut ist und niemandem hilft, dass ich mich durch diese Geschichten quäle. Dass auch Jurek nichts mehr davon hat. Dass ich damit aufhören sollte. Aber jeden Morgen setze ich mich wieder an den Schreibtisch.

An-Taste.

Nachdem er über die Grausamkeit der SS gesprochen hat, erzählt Jurek eine Geschichte, die ich schon kenne. Die Geschichte über die erste Flucht eines Häftlings aus Auschwitz und den schrecklichen Strafappell, der sich an diese Flucht anschloss.

Die Häftlinge mussten stundenlang sogenannte Strafübungen machen, um herauszupressen Angaben über die Flucht von einem von unseren Kollegen, der Pijowski heißen sollte. Als Beispiel, dass Sie einen Begriff haben können, wie sah es aus, kann ich Ihnen erzählen von Kniebeugen – eineinhalb bis zwei Stunden lang ununterbrochen. Wer umgefallen ist dabei, der wurde mit Knüppelschlägen zur weiteren Übung gezwungen. Wer nicht mehr aufstehen konnte, der wurde mit Knüppelschlägen bis zum Tode geprügelt.

Pijowski. Er hieß doch Wiejowski, dieser erste Häftling, der aus Auschwitz geflüchtet ist. Tadeusz Wiejowski, im KZ »Schutzhäftling Pole 220«. In vielen Berichten kann man das nachlesen. Vielleicht hat Jurek den Namen falsch verstanden, damals im KZ? Später hat er immer von einem Wiejowski erzählt. Wahrscheinlich hat er das dann irgendwo nachgelesen – er war ja später oft in Auschwitz mit all diesen deutschen Gruppen.

Ansonsten ist die alte Version dieser Geschichte aber ganz ähnlich wie die Version, die ich schon kenne: Jurek erzählt, dass während des Strafappells plötzlich seine Nummer ausgerufen und er zum Verhör gebracht wurde. Aber anders als später nennt Jurek 1965 überhaupt keinen Grund, warum gerade seine Nummer ausgerufen wurde. Später hat er immer erzählt, dass er zum Verhör gerufen wurde, weil er, genau wie der geflohene Wiejowski, Kontakt zu polnischen Zivilisten hatte, die damals in der Nähe des Lagers arbeiteten, dass das offenbar irgendein Mitgefangener der SS verraten habe und ihn die SS wahrscheinlich deshalb zum Verhör holte.

Das ist etwas, was mir immer wieder auffallen wird beim Vergleich der Versionen aus unterschiedlichen Jahren: Jureks Geschichten werden im Lauf der Zeit immer logischer, immer zusammenhängender und immer verknüpfter.

In den späteren Erzählungen scheint fast alles, was Jurek im KZ erlebt hat, logisch einzuordnen zu sein: Er wurde zum Schreiber in Block 27 ernannt, weil er eine »saubere Karte« hatte. Feliks Klecha hat ihn, als er krank war, im Misthaufen versteckt, weil er Feliks Klecha Brot gegeben hatte. Die SS hat gerade ihn zum Verhör geholt, weil er zuvor Kontakt mit Zivilisten hatte. Später lieferte Jurek sich und seinen Zuhörern immer Ursache und Wirkung. In den Sechzigerjahren berichtet er aber noch aus der Perspektive eines Jungen, dem Dinge widerfahren, die er sich nicht erklären kann und die ihm niemand erklärt.

Ich wurde zum neben liegenden Block geholt und dort drüben bei der Wand mit Gesicht zur Wand gestellt, und jede paar Minuten wurde ich von vorbeispazierendem SS-Mann geprügelt. Infolge von diesen Schlägen wurde mein Nasenknochen gebrochen – bei einem gewaltigen Stoß ins Genick hat die Nase in die Wand geschlagen. Dann wurde ich zum Verhör gebracht, und nach einer Reihe von Fragen wegen Pijowski, welchen ich überhaupt nicht kannte, wurde ich wieder auf den Korridor gestellt.

Auf einmal hat der vorbeigehende Rapportführer – damals Oberscharführer – Schillinger mir befohlen, ich sollte kehrtmachen, hat sich mich angesehen, und ohne mich etwas zu fragen, hat mich systematisch zu prügeln angefangen. Rechte Hand wurde mir mehrfach gebrochen. Sieben Zähne wurden ausgeschlagen. Beide Trommelfälle sind durch Schläge mit flacher Hand auf die Ohren geplatzt. Mehrere Rippen wurden gebrochen.

Anders als zu Beginn des Gesprächs mit Rautenberg sagt Jurek nun »ich«, wenn er von diesem gequälten Jungen spricht. Ein passives »Ich« ist es. Ich wurde geholt, gestellt, geprügelt, geschlagen, gebracht. Mir wurde befohlen. Mir wurde gebrochen. In späteren Jahren gab es dieses passive »Ich« nicht mehr. Da war Jurek in den Erzählungen übers KZ nur noch »ich«, wenn es um seine kleinen Lösungen, seine Rettungen ging, darum, wie er sich zu helfen wusste.

Plötzlich, mitten in der Erzählung über die schrecklichen Schläge, unterbricht Jurek sich wieder selbst. Er schweigt für einen Moment und setzt dann neu an: »Der Auftrag, vor den Sie mich gestellt haben, vom Lager zu erzählen, ist für mich sehr schwer«, sagt er zu Rautenberg. »Außerdem: Das, was ich Ihnen erzähle, könnte man anzweifeln, ob das wirklich so war, oder ist das jetzt nur so extrem von mir erzählt. Aber es existiert eine Literatur über Auschwitz, sehr klein, sehr gering, aber mit großem Gewicht, welche von Deutschen, von SS, geschrieben ist.« Dann beginnt Jurek, Peter Rautenberg Bücher zu empfehlen, die nach dem Krieg von SS-Leuten verfasst wurden: Die Memoiren des Lagerkommandanten von Auschwitz, Rudolf Höß, die Lebenserinnerungen eines Lagerarztes und auch die Erinnerungen von Perry Broad, der als Mitarbeiter der politischen Abteilung in Auschwitz grausame Verhöre durchführte.

Jurek muss all diese Bücher sehr aufmerksam gelesen haben, vielleicht sogar mehrere Male, denn er kann spontan und aus dem Kopf den wesentlichen Inhalt dieser Bücher zusammenfassen. Offensichtlich hat Jurek in dieser Phase, in der er begann, mit jungen Deutschen zu arbeiten, die andere Seite, die Täterseite sehr interessiert. Jurek erzählt Rautenberg ausführlich, wie diese Aufseher lebten, wenn sie nicht gerade im KZ wüteten. »Das waren sehr gute Eltern für ihre Kinder«, sagt Jurek, »normale Staatsbürger oder Spießbürger, besser gesagt, welche nach der Arbeit in Lager vor kleinem Häuschen, welche sie von Lagerverwaltung auf dem Gebiet nahe des Lagers bekommen haben, Blumen gepflückt haben, mit Kindern – eigenen Kindern. Kinder, welche sie mit guten Sitten erzogen haben. Nach den bürgerlichen Moralvorstellungen, die bestimmt nicht schlecht waren. Das waren Leute, über die man sich überhaupt nicht beklagen konnte, wenn es ging um Kameradschaft.«

Warum bricht Jurek seine eigenen Erinnerungen, seine Erzählungen aus der Perspektive eines geschundenen Häftlings, immer wieder ab? Und immer dann, wenn sie besonders grausam ist? Warum verweist er, anstatt selbst zu erzählen, auf Erzählungen der »anderen Seite«, der Täter, die er als viel wertvoller darstellt als seine eigenen Erinnerungen, deren Unzulänglichkeit er wieder und wieder betont?

Liegt es daran, dass er Angst hat, dass dieser junge Deutsche ihm, einem ehemaligen Häftling, nicht glauben könnte? Hängt es damit zusammen, dass damals, zu Zeiten des Kalten Kriegs, in Westdeutschland viele Naziverbrechen, die inzwischen als historisch erwiesen gelten, noch als kommunistische Propaganda abgetan wurden? Oder war vielleicht damals noch etwas übrig von der Entwertung, die Jurek erleiden musste, davon, dass ihm über vier Jahre hinweg eingetrichtert worden war, dass seine Sicht, die Sicht eines Häftlings, nichts zählt?

Der spätere Jurek, der Jurek, den ich kennengelernt habe, hat seine Erzählungen über Auschwitz sehr viel selbstbewusster präsentiert. Niemals hätte er auch nur angedeutet, dass sein Bericht weniger wichtig oder weniger glaubhaft sein könnte als der eines Rudolf Höß. Aber vielleicht hat er dieses Selbstbewusstsein ja zurückgewonnen durch jahrelanges Erzählen? Dadurch, dass er spürte, dass sie ihm glaubten, all die jungen Deutschen?

Ich lege die Kassetten mit der ersten Version von Jureks Geschichte, der Version von 1965, zurück auf mein Gästebett. Die gelben Zettel mit den Jahreszahlen 1966 und 1970 kleben nicht auf Tonbändern, sondern auf zwei Papierstapeln: Kopien von auf der Schreibmaschine getippten Seiten, die mir das Archiv des Museums Auschwitz zur Verfügung gestellt hat.

Sie stammen aus einer Phase, in der Jurek zum ersten Mal seit dem Krieg wieder viel Zeit in Oświęcim verbrachte. Ab 1965 betreute er ständig westdeutsche Gruppen. Manche kamen über Dohrmanns christlich-friedensbewegte Kreise, andere wurden ihm vom staatlichen Reisebüro zugeteilt. Westdeutsche, die damals, noch vor den Ostverträgen, nach Polen reisten, wollten nicht Urlaub machen, sondern kamen, um ein politisches Zeichen zu setzen und eine andere Sicht auf die Welt kennenzulernen. Auschwitz stand fast immer mit auf dem Programm, und Jurek führte sie dorthin.

Als Sühnezeichen dann Freiwillige nach Auschwitz schickte, war Jurek den ganzen Sommer über in Auschwitz. Er wohnte mit den Gruppen direkt neben dem Lager, in ehemaligen SS-Kasernen. Jurek war es wichtig, dass Zeit für inhaltliche Arbeit blieb. Auf den Tonbändern aus späteren Jahren sagt er darüber: »Ich hatte damals den Standpunkt – ein Standpunkt, von dem ich immer noch keinen Millimeter runtergegangen bin –, dass so ein Krematorium auszugraben vielleicht ist wichtig, aber viel wichtiger war es, dass es Gespräche gibt über System von KZ, dass die Jugendlichen lesen, dass ganz ehrlich gesprochen wird und auch ehrlich gedacht.« Sah Jurek also nun doch einen Sinn im Erzählen über Auschwitz? Glaubte er, dass man Auschwitz doch erfassen kann, wenn man nur genug Zeit im Archiv verbringt?

Jurek setzte bei Sühnezeichen durch, dass »Archivtage« im

Programm der Freiwilligen eingeplant wurden, die er zusammen mit einem Mitarbeiter des Archivs in Auschwitz organisierte.

Tadeusz Iwaszko hieß dieser junge Historiker, und er arbeitete damals an einer Art riesigem Erinnerungspuzzle: Die SS hatte in Auschwitz, als die Rote Armee anrückte, tonnenweise Unterlagen verbrannt, um Beweise für die Verbrechen zu vernichten. Um diese Lücken zu schließen, interviewte Iwaszko nun schon seit Jahren KZ-Überlebende. Alle Gespräche wurden auf Band aufgezeichnet, Wort für Wort abgetippt und dann durch den Vergleich mit Berichten anderer Häftlinge überprüft.

Natürlich bat Iwaszko auch Jurek um ein Gespräch, genauer gesagt, bat er ihn sogar gleich zweimal um Gespräche: 1966, kurz nachdem er Jurek kennengelernt hatte, verfasste er ein relativ kurzes Protokoll, das sich auf einige Eckdaten beschränkte, und dann, 1970, als die beiden schon gute Freunde waren, zeichnete Iwaszko ein ausführliches Gespräch mit Jurek auf.

Leider kann ich mit Iwaszko selbst nicht mehr sprechen. Er starb Ende der Achtzigerjahre bei einem Autounfall, aber sein ehemaliger Kollege, Henryk Świebocki, hat mir aus dem Archiv Kopien der beiden Protokolle zukommen lassen. Er teilte mit Iwaszko lange ein Büro. Er sagt, dass Jurek sehr oft in dieses Büro kam, um mit Iwaszko zu sprechen.

Beim Lesen der Protokolle höre ich Jurek sprechen – dieses Mal auf Polnisch. Es ist ein betont elegantes Polnisch, dessen grammatische Konstrukte mich an einen klassischen Paartanz voll eleganter Drehungen und Hebefiguren erinnern. Ich kam mir immer wie ein Trampel vor, wenn ich mit Jurek polnisch sprach.

Einige Zeit war ich als »Zementträger« tätig, was in besagter Phase eine der schwersten Arbeiten im KZ war, nicht nur aufgrund des Schleppens von fünfzig Kilogramm schweren Säcken, sondern auch wegen des unaufhörlichen Antreibens und Quälens der dort beschäftigten Gefangenen durch Kapos. Ich kann von Glück sprechen, dass es mir gelang, relativ schnell die Tätigkeit zu wechseln, denn ansonsten wäre ich innerhalb kürzester Zeit erledigt gewesen. In dieser Phase der Existenz des KZs, also 1940, kam es relativ häufig zu Arbeitsplatzwechseln, und man muss bedenken, dass der Rauswurf aus einem sogenannten besseren Kommando oftmals den sicheren Tod bedeutete. Ich selbst befand mich schließlich in einer solchen Situation, nachdem ich aus der Funktion des Feuermachers in der Blockführerstube entfernt worden war. Ich war dort zusammen mit einem anderen Häftling beschäftigt gewesen, der Wilk hieß. Die Funktion des Feuermachers hatte unter anderem den Vorteil mit sich gebracht, dass man sich von Zeit zu Zeit ein paar Brotreste einverleiben konnte, die ich dann mit dem mir zufällig bekannten Häftling Klecha teilte. Bedauerlicherweise verlor ich diese nach den Maßstäben des Lagers einwandfreie Arbeit durch den Häftling Wilk, der die SS darauf aufmerksam gemacht hatte, dass ich Brot aus der Blockführerstube schmuggelte. Ich wurde von den Vorgesetzten zusammengeschlagen und von dieser Arbeit wegversetzt.

Jureks Art zu sprechen, seine elegante Wortwahl, steht in einem geradezu grotesken Gegensatz zu dem, was er da erzählt. Wenn man den polnischen Text liest, dann fallen einem vor allem zwei Worte sofort ins Auge: »erledigt« und »zusammengeschlagen«. Sie klingen, als sei der Tänzer zwischen zwei Pirouetten aus dem Rhythmus geraten. Sie passen nicht zu den anderen Vokabeln. Es sind Wörter, die Dinge beschreiben, die es in Jureks Vorkriegswelt so nicht gab und die inmitten seines Vorkriegspolnisch fremd wirken.

Jurek hat seine Geschichten meistens auf Deutsch erzählt. Vielleicht war es sogar leichter für ihn, das KZ mit den Wörtern zu beschreiben, die er im KZ gelernt hatte, den deutschen Wörtern?

Inhaltlich enthält diese Geschichte für mich nur teilweise Neues. Ich wusste schon, dass Jurek einige Zeit als Heizer in der Blockführerstube gearbeitet hat. Er erzählte mir oft, wie er durch einen glücklichen Zufall an diese Arbeit kam: Er wurde einfach so aus der Kolonne gezogen, in der er zur Arbeit auf der Baustelle marschierte, und zwar an einem Tag, an dem er so erschöpft war, dass er Zweifel hatte, ob er den Abend noch erleben würde.

Ausführlich berichtete Jurek in den späteren Jahren, wie gut es war, nach der grausamen Schinderei im Regen unter einem Dach arbeiten zu dürfen, wo es warm und trocken war. Er schilderte mir detailreich, wie er in den Spinden der SS, die er in der Blockführerstube säubern sollte, Brotreste fand. So viel Brot, dass er gar nicht alles allein essen konnte und es deshalb unter der Asche nach draußen schmuggelte, wo er es mit Feliks Klecha teilte, der damals kurz vor dem Verhungern war.

Aber an diesem Punkt endete die Geschichte. Den Verrat durch einen Häftling namens Wilk erwähnte Jurek mir gegenüber nie und auch nicht die Schläge, die er bekam, als er die Arbeit in der Blockführerstube wieder verlor.

Ich habe auch nie danach gefragt. Ich hatte akzeptiert, dass Jureks Geschichten fast immer einem bestimmten Schema folgten: Sie begannen damit, dass es Jurek schlecht ging und er um sein Leben fürchten musste, und sie endeten damit, dass er gerettet wurde – durch die Hilfe von Kameraden, durch einen glücklichen Zufall oder durch einen Trick, den er sich selbst ausgedacht hatte. In den späteren Jahren handelten Jureks Geschichten allesamt davon, wie er eine Krise bewältigt hatte, und nicht, wie es zu dieser Krise gekommen war.

Natürlich war klar, dass Jurek in diese Krisen auch immer irgendwie hineingeraten sein musste, aber nach dem »Wie« habe ich nie gefragt, und er hat über das »Wie« nicht mehr von sich aus erzählt.

Und noch etwas anderes bestätigt sich, was ich aufgrund der Bänder von 1965 schon vermutet hatte: In Jureks frühen Erzählungen geht es trotz der eleganten und oft distanzierten Sprache viel grausamer zu als in den späteren.

1966 erzählt Jurek ausführlich von massenhaften Morden an russischen Kriegsgefangenen und schildert genau, wie halb tote Menschen aus zwei Meter Höhe von den Schlafbuchsen mit dem Gesicht voraus auf den Steinboden geworfen wurden, um sie zum Appell zu schaffen, denn dort mussten alle anwesend sein – egal ob tot oder lebendig.

»Man muss eine Form finden, mit der Erinnerung zu leben und das Schrecklichste doch von sich fernzuhalten«, hat August Kowalczyk, der alte Schauspieler in Warschau, gesagt.

In den Sechzigerjahren hatte Jurek diese Form noch nicht gefunden, in den Neunzigerjahren, als ich ihn kennenlernte, offenbar schon.

Im Protokoll von 1970 erkenne ich schon gewisse Veränderungen im Vergleich zu den beiden ersten Erzählungen. Die Geschichten von 1970 sind zwar noch nicht weniger grausam, aber schon viel logischer und verknüpfter, und sie passen auch viel besser zu dem, was im Allgemeinen über Auschwitz gesagt wird. Jurek erzählt beispielsweise nun über die Flucht Wiejowskis und nicht mehr Pijowskis. Er hat seine persönlichen Erinnerungen also »überprüft« und ergänzt.

Eine Tätigkeit, bei der ihm Tadeusz Iwaszko half, der Archivar, der die Protokolle angefertigt hat. Zumindest hat Jurek das meinem Vater so erzählt, als er über die Nachkriegszeit sprach.

– Ich war dann sehr befreundet mit dem Leiter vom Archiv im Auschwitz. Tadeusz Iwaszko hieß der. Das ist ein Mensch gewesen, den ich fragen konnte, wie war das und das im Auschwitz gewesen.
– War er auch ein ehemaliger Häftling?
– Nein. Tadeusz war viel jünger. Aber er wusste alles. Er wusste besser Bescheid als ich und alle ehemalige Häftlinge, weil er von mehreren Leuten die Berichte kannte über fast jedes Ereignis. Und ich habe verstanden am Anfang von meiner Arbeit mit den Gruppen, dass bei jedem Häftling die Sicht von Auschwitz ist zu subjektiv. Über dasselbe Geschehen, wenn fünf dabei waren, wurden fünf Berichte gegeben.
– Du meinst, dass sich jeder ein bisschen anders erinnert? Und jeder anders erzählt hat?
– Nein, ich meine, dass es völlig verschiedene Erinnerungen gibt über gleiche Sache. Und von diesem Phänomen habe ich überhaupt nicht gewusst, bevor ich Iwaszko kennenlernte, aber dann habe ich es verstanden, auf einmal. Weil vier Jahre im Auschwitz, das ist eine solche Masse von Sachen, dass man da selbst Ordnung machen muss in der Erinnerung, damit man keine Fehler macht. Und ich habe neu studiert ganzen Auschwitz über Iwaszko und über Lektüre und habe befestigt meine eigenen Erinnerungen über diese Zeit, und ich bin bis heute sehr vorsichtig. Ich berichte über Fakten, die dort stattgefunden haben, nur wenn ich weiß, dass es bestimmt so war, und das nicht nur weiß, weil ich selbst so erinnere.

Jurek hat die Bedenken, die er 1965 geäußert hat, also nicht einfach über Bord geworfen und drauflloserzählt. Seine Zweifel, ob man das Leiden von so vielen Menschen über einen so langen Zeitraum hinweg überhaupt fassen kann und systematisieren, sind nicht einfach verschwunden. Jurek hat sich an die Arbeit gemacht. Er hat Berichte anderer ehemaliger Häftlinge gelesen. Bücher gelesen. Dokumente studiert und nächtelang Gespräche mit Iwaszko geführt. Und während er den deutschen Gruppen erzählte, hat er sich immer mehr auf die Geschichten konzentriert, bei denen er sich ganz sicher war und für die es möglichst noch andere Augenzeugen gab.

Jurek beschloss also, dass man über Auschwitz erzählen kann – dass man sich aber nicht nur auf die eigene Erinnerung verlassen sollte bei diesen Erzählungen. Jurek erarbeitete sich eine neue Perspektive auf Auschwitz. Dadurch, dass er Auschwitz »studierte«, war er bald nicht mehr nur ein leidender Häftling in der Masse, sondern jemand mit Überblick, jemand, der das »System des KZs« verstand, ja, sogar anderen half, es zu verstehen. Absurderweise war es aber dann genau dieses »Arbeiten an der Erinnerung«, dieses Überprüfen und Nachlesen, was dazu führte, dass es ihm schwerfiel, beim Frankfurter Auschwitzprozess eine überzeugende Aussage zu machen: Er wusste nicht mehr auf Anhieb, was wirklich eigene Erinnerungen waren und welche fremden Erinnerungen er sich nur angelesen hatte.

Eine der großen Fragen, die Jurek 1965 aufgeworfen hat, bleibt noch immer unbeantwortet: Hat das Erzählen über Auschwitz und über all die Grausamkeiten wirklich einen pädagogischen Nutzen?

Aus dem Jahr 1982 stammt eine Tonbandabschrift, in der Jurek über den Alltag im KZ spricht. Deutsche Bekannte von Jurek haben dieses Tonband aufgenommen und abgeschrieben, um Jureks Zitate für eine Ausstellung des polnischen Künstlers Mieczysław Koscielniak zu verwenden. Koscielniak war genau wie Jurek jahrelang im KZ gewesen. Er malte während dieser Zeit im Auftrag der SS Plakate mit Inschriften wie »Eine Laus, dein Tod«, und heimlich malte er Portraits seiner Mithäftlinge, die diese für ihre Angehörigen auf verschlungenen Wegen nach draußen schmuggeln ließen.

Viele von Koscielniaks Bildern sind im Museum in Auschwitz zu sehen – so auch ein Bilderzyklus, den er direkt nach dem

Krieg gemalt hat und in dem er den Alltag der Häftlinge vom Wecken bis zum Abendappell darstellt.

Jurek kommentierte für die Ausstellung alle Bilder Koscielniaks und ergänzte sie mit kleinen Erzählungen aus seinem Geschichtenschatz, die dann auch im Ausstellungskatalog veröffentlicht wurden. Jurek erzählte zu diesem Zeitpunkt nur Geschichten, die ich auch aus seinen späteren Erzählungen kenne: Die Geschichte darüber, wie die SS-Posten Häftlingen befahlen, ihre Mütze zu holen, und sie dann »auf der Flucht« erschossen, die Geschichte über den grausamen Appell am Weihnachtsabend 1940 und die Geschichte darüber, wie die SS den Häftlingen die Lederschuhe wegnahm und sie stattdessen in Holzschuhe steckte, die die Füße wundrieben.

Der Fokus dieser Erzählungen hat sich im Vergleich zu den früheren Versionen aus den Sechzigerjahren und von 1970 verändert: In vielen der Erzählungen betont Jurek nun die Kameradschaft unter den Häftlingen. Ein Bild, das einen sterbenden Häftling zeigt, neben dem ein Kamerad sitzt, kommentiert Jurek mit den Worten:

Niemand war allein. Ohne Hilfe, Unterstützung, Herz, ohne ein gutes Wort von Freunden, Kameraden konnte man überhaupt nicht überleben. Auch auf dem Sterbebett war ein gutes Wort nötig. Die Anwesenheit von Kameraden hat das Sterben erleichtert.

Ich muss daran denken, was Rudolf Dohrmann mir erzählt hat. Daran, wie Jurek ihm knapp zwanzig Jahre, bevor er diesen Katalog schrieb, ausführlich von seiner Einsamkeit im Lager erzählt hat, davon, wie er, Jurek, todkrank auf seiner Pritsche lag, es aber niemandem sagen konnte, wie es um ihn stand, weil er sich vor einem möglichen Verrat fürchtete und vor der Todesspritze im Krankenbau, die fast unweigerlich auf diesen Verrat gefolgt wäre.

Man kann davon ausgehen, dass es beides gab: Kameradschaft und Einsamkeit. Beistand und Verrat. Aber ich merke an mir selbst, dass die Erzählungen, so traurig sie beide sind, völlig unterschiedlich auf mich wirken: Wenn ich Jurek auf den Bändern aus den späteren Jahren über Kameradschaft im KZ sprechen höre, darüber, wie Menschen einander unter schrecklichen Bedingungen geholfen haben, dann berührt mich das – manchmal so sehr, dass mir Tränen in die Augen steigen. Aber ich kann doch an meinem Schreibtisch sitzen bleiben. Es sind traurige Geschichten, aber keine hoffnungslosen.

Bei den anderen Geschichten, den älteren Geschichten über Verrat und Einsamkeit, muss ich von meinem Schreibtisch flüchten. Bei ihnen hilft mir nur noch Schwimmen, alles vergessen außer den blauen Kacheln am Grunde des Schwimmbeckens.

Jurek wusste offenbar genau, welche Geschichten am schwersten zu ertragen sind. Und Jurek hat diese Geschichten immer seltener erzählt. Er hat seine Erinnerungen an Auschwitz sortiert, und zwar ganz ähnlich, wie August Kowalczyk das beschrieben hat: Am Ende standen auf der einen Seite Geschichten, die erzählbar waren und für seine Zuhörer verkraftbar. Auf der anderen Seite blieben jedoch Erinnerungen, über die er nicht sprechen konnte oder wollte.

Auch Karl-Friedrich Barth, der friedensbewegte Kirchentagsorganisator, den Jurek schon in den Achtzigerjahren gebeten hat, mit ihm ein Buch über sein Leben zu schreiben, hat mir nach unserem Telefonat einen dicken Umschlag geschickt. Darin steckte unter anderem eine Broschüre. »Feiert Abendmahl« heißt das Heft, und es erschien anlässlich des evangelischen Kirchentags in Frankfurt 1987. Mitten zwischen geistlichen Liedern und Bibeltexten finde ich darin das Interview, das Barth im Herbst 1986 mit Jurek in Warschau führte, nachdem Renate ihn angerufen und ihm erzählt hatte, dass Jurek über dem leeren Papier verzweifle.

Barth, der auch Herausgeber der Broschüre ist, hat das Gespräch mit Jurek einem Kapitel zugeordnet, in dem es um das Jüngste Gericht geht. Aber wie so oft lässt sich Jurek die Agenda nicht vorgeben, und Barth war aufrichtig genug, diese Weigerung Jureks mit abzudrucken:

– Friedrich, wie kommst du darauf, dass meine Auschwitzgeschichte mit dem letzten Weltgericht zu tun hat? Es hat nichts damit zu tun. Ich habe nichts damit zu tun. Ich habe mir das lange überlegt, aber das ist eine ganz andere Geschichte.

– Jurek, erzähle, was haben sie mit dir gemacht?
– Das ist lange her. Und war furchtbar, ist keine schöne Geschichte.

Ich habe schon seit Langem nicht mehr in der Bibel gelesen, aber nun lese ich die Stelle nach, die Barth mit Jureks Geschichte verknüpft sehen wollte. Matthäus 25, Vers 31–46 ist das. Es geht darum, wie Gott die guten Menschen ins Paradies führt, weil sie den Hungrigen zu essen gaben, den Durstigen zu trinken und weil sie die, die im Gefängnis waren, besuchten – »Was ihr für einen meiner geringsten Brüder getan habt, das habt ihr für mich getan«, sagt der Herr. Und es geht an dieser Stelle auch darum, wie Gott die schlechten Menschen, diejenigen, die anderen Hilfe verweigert haben, in die Hölle schickt, zum Teufel, ins Feuer, in die ewige Verdammnis.

Gott, der Richter, teilt die Menschen also streng in zwei Gruppen, »so wie ein Hirte die Schafe von den Böcken trennt. Rechts werden die Schafe und links die Böcke stehen«.

Mit seiner Auschwitzgeschichte habe das nichts zu tun, sagt Jurek zu Karl-Friedrich Barth. Und dann erzählt er Barth völlig unvermittelt, dass er, Jurek, übrigens auch den Heiligenkult um Pater Maximilian Kolbe ablehne, also die Verehrung jenes katholischen Priesters, der in Auschwitz freiwillig für einen andern Häftling in den Tod gegangen ist.

Beim Appell fehlte ein Häftling, und die SS hatte beschlossen, dass für den geflohenen Häftling zehn beliebig ausgesuchte Menschen aus dessen Block den Hungertod sterben müssten. Die SS wählte unter anderem einen Mann aus, der in Tränen ausbrach, was im KZ doch so ganz und gar nicht unüblich war, und laut klagte, dass er eine Frau und zwei Kinder habe und leben müsse. Und Kolbe erklärte sich bereit zu sterben, anstelle dieses Mannes.

Anfang der Achtzigerjahre wurde Kolbe deshalb vom polnischen Papst Johannes Paul II. im Eilverfahren heiliggesprochen, und er wird in Polen sehr verehrt. Aber Jurek sagt über Kolbe:

Der Heiligenkult um Pater Kolbe, ich kann das schwer ertragen. Ich kannte ihn. Ein großartiger Mensch. Aber dass er sich für den anderen meldete – das war, was Tausende andere auch getan haben. So was tat man nicht aus Heiligkeit. Du warst einfach fertig. Deine Kräfte waren alle, und sie schinden dich und beleidigen dich immer weiter. Dir ist die Lust am Leben vergangen. Du willst nur Ruhe, in solcher Lage. Da ist so was ein selbstverständlicher Weg in die Freiheit. Dafür müsste die Kirche viele heiligsprechen.

Ich denke lange darüber nach, warum Jurek vom einen zum anderen kommt: Vom Jüngsten Gericht, das für Jurek nichts mit Auschwitz zu tun hat, zu Maximilian Kolbe, dessen Märtyrertod für Jurek einfach ein Selbstmord mit positivem Nebeneffekt war.

Ich weiß, dass Jurek sehr fromm war in seiner Jugend. Er hat mir davon erzählt. Aber nach Auschwitz hat Jurek nicht mehr an Gott geglaubt, auch das weiß ich. Er ist aus der katholischen Kirche ausgetreten, zu der in Polen, auch zu sozialistischen Zeiten, fast jeder gehörte. Und oft hat Jurek darauf geschimpft, wie naiv die Kirche doch sei. Jurek erklärte mir immer wieder, alles Christliche sei kitschig – egal ob evangelisch oder katholisch. Und er sagte solche Dinge auch zu all den Pfarrern, mit denen er bei seiner Versöhnungsarbeit zu tun hatte. Rudolf Dohrmann hat das erwähnt und Karl-Friedrich Barth auch.

Während ich über Jureks Gespräch mit Barth nachdenke, fühle ich mich an eine Unterhaltung erinnert, die ich selbst einmal mit Jurek hatte. Im Sommer 2002 muss das gewesen sein. Ich besuchte ihn in Warschau, und Papst Johannes Paul II., schon alt und krank, war gerade auf Polenreise. Jurek und ich schauten zusammen Nachrichten. Fast die ganze Sendung handelte vom Papst. Alle Fernsehmoderatoren und Reporter sprachen ehrfurchtsvoll über den »Heiligen Vater«. Eine Journalistin erzählte in einer Liveschaltung mit feuchten Augen vom Aufruf des Papsts zur bedingungslosen Nächstenliebe. Jurek saß in seinem Sessel und schimpfte vor sich hin.

– Jurek, du bist der einzige Pole, den ich kenne, der Johannes Paul nicht mag.
– Du hast nicht verstanden. Es ist nicht, dass ich ihn nicht mag. Wir sind fast gleich alt. Unsere Väter stammen aus derselben Gegend. Sein Vater war auch Offizier. Ich wollte auch Priester

werden als Junge. Er ist einer von uns. Ich mag ihn. Aber ich glaube ihm nicht.

– Was glaubst du ihm nicht?

– Weißt du, während dem Krieg, als ich im KZ war, hat der Papst in einer Theatergruppe gespielt und auf der Untergrunduniversität studiert. Ihm ist gar nichts passiert. Wäre er im Auschwitz gewesen, würde er jetzt nicht mehr leben. Oder nicht so reden. Oder lügen.

– Warum?

– Weil jeder von uns Brot gegessen hat, mit dem er einen anderen hätte retten können. Jeder. Es gab im Auschwitz keine Heiligen. Es gab für jeden solchen Moment, in dem er dachte, wenn ich jetzt gebe mein Abendessen dem Kollegen, der gerade verhungert, dann kann er vielleicht doch leben bis morgen. Aber du hast es nicht gegeben. Auch nicht, wenn du selber überhaupt nicht kurz vor Verhungern warst. Aber du wusstest ja nicht, was morgen kommt. Du musstest deine Kraft sparen. Und immer ist irgendjemand gerade verhungert – neben dir, über dir, unter dir. Du musstest das ignorieren. Konntest nicht fühlen und leiden mit allen. Und mit solchem Wissen muss der Papst überhaupt gar nicht leben. Aber ich. Und jeder, der im Auschwitz war und länger dort gelebt hat als eine Woche.

Aus Jureks Stimme sprach Trauer, Wut, aber irgendwie auch Neid. Neid auf den Papst und alle, die nicht mit solchen Erinnerungen leben müssen. Auf alle, die den Glauben nicht verloren haben. Den Glauben an die Menschen, daran, dass bedingungslose Nächstenliebe möglich ist, aber auch den Glauben an einen Gott, der gerecht ist.

Ich wusste damals nicht, was ich dazu sagen sollte. Jurek schwieg. Nach den Nachrichten machte ich Abendessen. Wir aßen schweigend. Hering und Gurkensalat gab es, das habe ich mir seltsamerweise gemerkt. Ich glaube, ich weiß das nur noch, weil ich so erschüttert war von dem, was Jurek gesagt hatte.

Während ich die Gurken, gute polnische Gartengurken, klein schnitt, dachte ich über Schuld nach. Darüber, was es bedeutet, wenn ein Mensch vollkommen schuldlos in eine Lage gerät, in der er sich schuldig machen muss, wenn er leben will. Schuldig, zumindest nach den Maßstäben, die ihm zuvor – in einem ganz normalen Leben mit ganz normalen moralischen Maßstäben – anerzogen worden sind.

Die Geschichte über das Brot war anders als die Geschichten, die Jurek sonst erzählte, aber ich wusste, dass sie wahr ist.

Ich verstehe, warum Jurek darauf bestand, dass das Jüngste Gericht, so wie es bei Matthäus beschrieben wird, nichts mit Auschwitz zu tun haben kann. Aufgrund der Logik eines solchen Weltgerichts würde er, Jurek, womöglich verdammt werden, nur weil er im KZ überleben wollte und dem Verhungernden neben sich sein Brot nicht gab. Karol Wojtyła käme hingegen natürlich in den Himmel, unter anderem deshalb, weil er, anders als viele seiner polnischen Altersgenossen, das Glück hatte, nicht im KZ zu landen.

Und dann ist da noch dieser Maximilian Kolbe, der von Karol Wojtyła heiliggesprochen wurde. Vielleicht auch, weil die katholische Kirche beweisen muss, dass man sogar im KZ, ja, immer und überall, nach christlichen Überzeugungen handeln kann? Dass man einem wahrhaften Christen vielleicht das Leben nehmen kann, aber nicht die Fähigkeit zur Nächstenliebe?

Jurek glaubte das nicht. Er hatte gesehen, dass Menschen die Fähigkeit zur Nächstenliebe genommen werden kann. Und er glaubte auch nicht, dass Kolbe ein Heiliger war, der den Märtyrertod starb. Er hatte ihn gekannt. Ein großartiger Mensch, aber eben auch nur ein Mensch, der nicht mehr leben wollte unter diesen unmenschlichen Bedingungen.

Ich kann mir vorstellen, dass Jurek sich mit solchen Thesen reichlich unbeliebt gemacht hat im katholischen Polen. Sicher auch bei manchen anderen ehemaligen KZlern, denn von vielen von ihnen wird Kolbe sehr verehrt – weil er einen sinnvollen Tod gestorben ist, einen Opfertod, der zugleich ein Heldentod ist, weil er einem anderen das Leben gerettet hat. Ein solcher Tod ist viel erträglicher als all die sinnlosen Tode rundum. An so einen Tod erinnert man viel lieber.

Das wusste auch Jurek. Er hat den deutschen Schülern in den späteren Jahren meist nur noch von Häftlingen erzählt, die würdig starben. Trotzdem hat Jurek sich gegen die Mystifizierung von Auschwitz gewehrt. Dagegen, dass die Menschen unbedingt eine Botschaft haben wollen, etwas Heiliges oder wenigstens Lehrreiches entdecken wollen an Auschwitz.

Geschichten, die zum Jüngsten Gericht passen würden, mit einer klaren Trennlinie zwischen Gut und Böse, hat Jurek über Auschwitz nicht erzählt. Es gab in seinen Geschichten SS-Leute, die eigentlich streng waren, aber ihn, Jurek, retteten. Es gab Kapos mit weichem Herzen. Und bösartige Funktionshäftlinge. Es gab alles – nur keine Heiligen.

Und doch hat auch Jurek seine eigene Erinnerung, seine Geschichten im Lauf der Jahre ein Stück weit den Erwartungen dieser Zuhörer angepasst. Er hat sie kameradschaftlicher gemacht. Positiver. Logischer.

Karl-Friedrich Barth hat Jureks Geschichten in der Kirchentagsbroschüre trotz des Einwandes gegen das Kapitel über das Jüngste Gericht aufgenommen.

Was Jurek damals, Ende der Achtzigerjahre, erzählt, ist fast wörtlich identisch mit dem, was er zehn Jahre später meinem Vater erzählt. Er spricht davon, wie er verhaftet wurde. Über die Kälte. Den Hunger. Von seiner Entlassung und seiner erneuten Verhaftung. Nur ein kleiner Unterschied fällt mir auf – und zwar in der Geschichte, in der es um Jureks zweiten Transport nach Auschwitz geht, im August 1943. Jurek erzählt Barth, dass damals in jeden der Viehwaggons hundert Menschen gepresst wurden. Menschen, die schon erschöpft waren, weil sie zuvor meist monatelang im Pawiak-Gefängnis gehungert hatten. Und dann erzählt er, dass auf dieser Fahrt durch den Sommer in seinem Waggon zwölf Menschen starben. Aus Erschöpfung, wegen des Wassermangels, der schlechten Luft und der Hitze.

Später hat Jurek das anders erzählt. Später hat er gesagt, dass in seinem Waggon niemand starb, weil ihm, Jurek, der Trick mit dem Fenster einfiel, das er einen Spalt weit öffnete.

Das erinnert mich an die zwei Versionen der Geschichte über die Mengele-Zwillinge. 1968 vor Gericht hat Jurek ausgesagt, dass in der Zeit, in der er auf dem Zwillingsblock Schreiber war, immer wieder einige Kinder erschlagen wurden, weil die Kapos und die SS so versuchten, Ruhe herzustellen. Dreißig Jahre später hat er meinem Vater auf Band erzählt, dass er, Jurek, in der Zeit, in der er Blockschreiber war, verhindern konnte, dass Kinder getötet wurden. Dass er keine prügelnden Kapos in den Block ließ. Einzig den Tod des von Windeck erschlagenen ungarischen Jungen habe er nicht verhindern können.

Jurek hat sich selbst im Lauf der Zeit also aktiver gemacht, in seiner Erinnerung. Er hat sich nicht zum Heiligen stilisiert, aber doch zu jemandem, der nicht nur sein eigenes Leben rettet, sondern auch das von anderen.

Am Anfang aller Gespräche steht eine Kontroverse. Bevor Jurek jemandem seine Geschichte anvertraute, widersprach er diesem Jemand erst einmal. Zu Rautenberg von der Beamtenjugend sagte er, dass man von Auschwitz gar nicht erzählen könne. Barth erklärte er, dass seine Auschwitzgeschichte nicht zum Jüngsten Gericht passe. Bei meinem Vater zweifelte er an, ob der den Kassettenrekorder richtig bedienen könne, und auch die Dame von der Shoah-Foundation verbesserte Jurek erst einmal, gleich am Anfang, sobald die Kamera lief.

Im Bild sieht man eine Dame von ungefähr sechzig Jahren in kariertem Jackett und mit roter Bluse neben Jurek in seiner Warschauer Wohnung sitzen. Beide schauen in die Kamera. Die Dame spricht betont langsam und deutlich auf Polnisch in die Kamera. Offenbar ein Standardtext:

– Mein Name ist Joanna Sobolewska, heute ist der 18. Februar 1998. Ich spreche mit Herrn Jerzy Hronowski, Häftling von Auschwitz.
– Ehemaliger!

Die Interviewerin zieht, auf Jureks Einwand hin, die Mundwinkel minimal nach oben – ein kleines unterdrücktes Lächeln – und redet dann weiter in die Kamera, ohne den Kopf zu Jurek zu drehen. Aber Jurek hat das Lächeln sehr wohl wahrgenommen. Er schaut bitterböse. Das kann er sehr gut. Ein typischer Jurek-Blick und ein typischer Jurek-Einwurf. Jurek versteht sich nicht als »Häftling von Auschwitz«, sondern als »ehemaliger Häftling von Auschwitz«. Für ihn machte das einen großen Unterschied.

Vielleicht zeichnete sich schon in dem Moment, in dem die Interviewerin Jurek nicht nur als einen »Häftling von Auschwitz« bezeichnete, sondern über seinen Einwand dann auch noch hinweglächelte, ab, dass Jurek der Shoah-Foundation am Ende seine Geschichte nicht vermachen würde. Jurek hat sein Urteil über Menschen immer sehr schnell gefällt, und revidiert hat er es nur ganz selten. Die Dame von der Shoah-Foundation mochte er nicht besonders. Das hat er mir erzählt, aber man sieht es auch an seinem eisigen Blick, den zusammengekniffenen Lippen und dem hochgereckten Kinn, wenn sie Fragen stellt. Und man merkt es daran, dass Jurek auf jede Frage erst einmal mit Widerspruch reagiert. Das hat er ohnehin oft gemacht, aber in diesem Gespräch macht er es ununterbrochen:

– Ihr Vater war also Offizier?
– Nein, er war nicht nur Offizier, er war ein hervorragender Offizier, sowohl im österreichisch-ungarischen Heer als auch später bei den polnischen Grenztruppen.

Oder, an einer anderen Stelle:

– Wann kamen Sie genau nach Auschwitz?
– Nein, ich kam überhaupt nicht nach Auschwitz. Ich wurde von SS in einen Zug gepfercht und dorthin gebracht. Ich bin nie dorthin gegangen.

Es muss ein sehr anstrengendes Interview gewesen sein. Nach der Anfangseinstellung, auf der auch die Interviewerin zu sehen war, sieht man auf dem Video nur noch Jurek. Und der sprüht vor Energie. Er sitzt aufrecht und benutzt die Hände, um alles, was er sagt, zu unterstreichen. Anfangs trägt er eine Wolljacke. Dann wird ihm offenbar durch das Erzählen zunehmend heiß. Bald sitzt er mit aufgekrempelten Hemdsärmeln da und bis zum dritten Knopf steht sein Hemd offen. Die Jacke ist längst verschwunden.

Die Stimme der Interviewerin klingt zunehmend erschöpft und auch verunsichert. Kein Wunder bei all den kleineren und größeren Zurechtweisungen. Sie tut mir leid. Drei Tage haben sie miteinander gearbeitet, und fast neun Stunden Bandmaterial sind dabei entstanden – Bandmaterial, das Jurek dann doch nicht freigegeben hat, das im Archiv der Shoah-Foundation nicht auftaucht, weil Jurek sich am Ende weigerte, die Rechte an diesen Geschichten, seiner Geschichte, abzutreten.

Inhaltlich bestätigt sich bei der genaueren Durchsicht der Videoaufnahmen, was ich schon vermutet habe: Die Geschichten auf den polnischen Videobändern sind fast völlig identisch mit denen auf den deutschen Bändern, die Jurek eineinhalb Jahre später mit meinem Vater aufgenommen hat. Nur einen kleinen, aber vielleicht doch bemerkenswerten Unterschied entdecke ich: Auf dem polnischen Band sagt Jurek immer wieder »die Deutschen«, wenn er über die Erfinder der nationalsozialistischen Rassenpolitik, über die Planer der Konzentrationslager oder über die Aufseher in Auschwitz spricht. Auf den deutschsprachigen Bändern sagt er in solchen Zusammenhängen nicht »die Deutschen«, sondern »die Nazis«, »die Gestapo« oder »die SS«.

Sie fragen, ob es hart war, so jung von den Deutschen nach Auschwitz gebracht zu werden. Sie fragen ganz falsch. Meine Dame, versuchen Sie sich Folgendes vorstellen: Diese ganzen jungen Leute aus dem ersten Transport, das waren Gymnasiasten, Studenten, Jungs aus gutem Hause, die darauf gefasst gewesen waren, auf einem bestimmten Niveau zu leben. Und dann landeten sie in so schrecklichen Umständen, dass man sie letztlich gar nicht schildern kann. Wenn ich heutzutage Bilder sehe, von furchtbarer Not in afrikanischen Flüchtlingslagern zum Beispiel, dann sind diese Bedingungen noch immer besser als die, unter denen wir plötzlich leben mussten – nach einem Leben mit Badewanne, Daunenbett und zum Frühstück immer frisch gebackenen Milchbrötchen mit Marmelade. Nun haben die Deutschen uns morgens mit Gebrüll und ersten Schlägen von unserem Strohlager gescheucht, die Türe zum Flur wurde aufgerissen, und jeder von uns hatte eine Minute, um, mehr oder weniger im Rennen, die physiologischen Notwendigkeiten für den ganzen Tag zu erledigen und wieder in den Block zurückzustürzen. Wer das nicht schaffte, der wurde von den Deutschen zu Strafübungen gezwungen: zwanzig Minuten Kniebeugen. Oder eine halbe Stunde auf dem schmutzigen Boden herumrollen. Vom nächsten Kapo oder SS-Mann bekam man dann Schläge, weil man ein schmutziger polnischer Hund ist, der sich überhaupt nicht wäscht.

Die Bänder von 1999, die Jurek mit meinem Vater aufgenommen hat, aufrecht auf dem Sofa sitzend, mit einer Tasse kalt gewordenen Tees vor sich, kenne ich inzwischen ziemlich gut, denn mit dieser Version habe ich nun all die früheren Versionen verglichen. Aber nun durchsuche ich sie systematisch nach Stellen, an denen Jurek nicht einfach nur erzählt, sondern über das Erzählen spricht, und eine Stelle erscheint mir besonders wichtig.

Jurek erzählt dabei über die Arbeit mit deutschen Jugendlichen: »Ich habe die jungen Leute immer gebeten am Ende von gemeinsamer Zeit aufzuschreiben, was sie gut fanden und was schlecht. Viele haben sehr offen geschrieben und wirklich interessante Dinge. Manche haben geschrieben ›das Essen war schlecht‹ – andere ›Ihre Geschichte hat mich so getroffen, dass ich mich tagelang nicht wiederfinden konnte. Es hat schrecklichen Einfluss auf mich gehabt‹. Da habe ich mich bedankt und habe versucht zahmer zu sprechen über diese Dinge. Aber das ist schwierige Sache. Man kann nicht ganze Wahrheit sagen, aber man muss wahr bleiben.«

Jurek hat sich dieser schwierigen Aufgabe gestellt. Er hat das ganze Leben lang darum gekämpft, eine Version seiner Erzählung über Auschwitz zu finden, die noch wahr ist, aber eben auch verkraftbar.

Jurek wollte seinen Zuhörern, zumindest in den späten Jahren, nicht mehr abverlangen, sich in einen geschundenen, hoffnungslosen, kranken und einsamen Häftling hineinzuversetzen. Er hat geglaubt, dass das die Welt nicht weiterbringen würde, und wahrscheinlich wollte er sich selbst auch nicht immer und immer wieder öffentlich mit diesen Erinnerungen quälen. Deshalb hat er andere Geschichten erzählt. Geschichten von einem Jungen, der eigentlich mal ganz ähnlich gelebt hatte wie seine Zuhörer, mit Skilager und Daunendecken, bevor er ins KZ gebracht wurde, wo er Schreckliches erlitt. Aber es war eine Geschichte vom Überleben, nicht vom sinnlosen Sterben. Über Kameradschaft, nicht über Einsamkeit.

Geschichten, die einen die ganze Grausamkeit des KZs begreifen ließen, hat Jurek in den späten Jahren nur noch sehr selten erzählt. Er hatte sie nicht vergessen. Er konnte sie wahrscheinlich gar nicht vergessen, aber sie gehörten nicht zu seinem Repertoire, wenn er mit Schulklassen sprach. Ich habe nur ein paarmal solche Geschichten gehört, nur wenn ich Jurek in einem Gespräch sehr nah war oder damals, als er wütend war und mir beweisen wollte, dass der Papst nicht recht hat. Dass Nächstenliebe nicht immer und überall möglich ist. Dann hat er erzählt, dass jeder Häftling Brot gegessen hat, mit dem er einen anderen hätte retten können.

Warum hat Jurek diese Brot-Geschichte aber nicht mehr öffentlich erzählt? Vermutlich, weil er von sich und seinen Mithäftlingen lieber ein anderes, heldenhaftes und solidarisches Bild zeichnen wollte. Vielleicht auch, weil er selbst nur mit diesem Bild weiterleben konnte. Das ist sicher beides wahr, ein Teil der Wahrheit zumindest, aber für mich ist auch ein anderer Teil der Wahrheit wichtig: Jurek hatte den Glauben verloren, durch alles, was er gesehen und erlebt hatte. Aber seinen deutschen Zuhörern, diesen jungen Leuten, wollte er den Glauben nicht nehmen.

12 Tomek

Ich schiebe den Anruf vor mir her. Wochenlang. Ich weiß, dass mir die Antworten auf die Fragen, die nun noch bleiben, nur Tomek, Jureks einziger Sohn, geben kann – aber ich weiß auch, wie schwierig ihr Verhältnis war. Und ich mag Tomek nicht. Ich kenne ihn kaum, aber ich mag ihn nicht. Vielleicht weil Jurek so viel über ihn geschimpft hat, vielleicht aber auch, weil ich es ihm übel nehme, dass er mir nicht von dem Ermittlungsergebnis der Staatsanwaltschaft erzählt hat, obwohl ich ihn doch in den ersten Monaten nach Jureks Tod immer und immer wieder anrief und danach fragte. Wenn ich früher gewusst hätte, dass Jurek nicht ermordet wurde, denke ich mir, hätte mir das viel ziellose Wut und Verzweiflung erspart.

Trotzdem: Ich muss Tomeks Geschichte anhören, und zwar so unvoreingenommen, wie es irgend geht, denn sonst werde ich niemals verstehen, warum zwischen Jurek und Tomek Schweigen herrschte und warum sie sich nicht versöhnen konnten.

Als ich endlich Tomeks amerikanische Handynummer wähle, bin ich sehr nervös. Ich habe im Internet die Zeitzonen ausklamüsert und lange überlegt, was wohl die beste Uhrzeit ist, um ihn zu erreichen. Es ist schon sehr spät in der ersten warmen Frühlingsnacht. Ich habe die Tür zu meinem Arbeitszimmer geschlossen und meine Mitbewohner gebeten, die Musik in der Küche leise zu drehen, und vor mir liegt ein Zettel, auf den ich mir genau aufgeschrieben habe, was ich zu Tomek sagen will. Tomek weiß sofort, wer am Apparat ist.

– Du bist das Mädchen, das auf der Beerdigung meines Vaters geweint hat.
– Tomek, ich kann nicht aufhören, an Jurek zu denken. Er war ein wichtiger Freund für mich. Aber ich denke nicht nur deshalb an ihn. Ich denke auch an ihn, weil es da so vieles gibt,

was ich nicht verstehe. Ich verstehe nicht, wie ein Mensch so vertrauensvoll und großzügig sein kann und gleichzeitig so misstrauisch. Ich verstehe nicht, wie er für mich ein wunderbarer Ersatzgroßvater sein konnte und zugleich für dich so ein schwieriger Vater. Ich verstehe so vieles nicht, und ich habe mir gedacht, dass ich versuchen sollte, ein Buch über Jurek zu schreiben, um alles besser zu verstehen – nicht nur deinen Vater, sondern irgendwie auch etwas über das 20. Jahrhundert insgesamt und über die Deutschen und die Polen und die Menschen überhaupt.

– Hör zu, ich bin im Walmart und kaufe Motoröl. Ruf mich in einer halben Stunde an.

Als ich Tomek wieder anrufe, sagt er, er sitze nun im Truck. Er sei irgendwo im Mittleren Westen unterwegs, die Straße sei frei, und er könne jetzt sprechen. Ich bin noch nervöser als beim ersten Anlauf. Mir ist peinlich, dass ich einen wildfremden Mann auf seinem Handy angerufen habe und ihm irgendwo zwischen den Regalen eines Supermarkts etwas über »das 20. Jahrhundert insgesamt«, seinen Vater und »die Menschen überhaupt« erzählt habe.

Ich versuche, den verpassten Einstiegs-Smalltalk nachzuholen, und frage Tomek, wie es seinen Kindern gehe. Tomek ignoriert diese Frage. Er sagt: »Ich denke in letzter Zeit auch immerzu an ihn. Vor allem im Truck. Ich werde den Gedanken an Jurek nicht los. Komm nach Amerika, mach eine Tour mit mir im Truck, ich denke laut, und dann schreibst du dein Buch.«

Auf dem Blatt, das noch immer vor mir liegt, steht eine lange Liste von Argumenten, die ich aufgeschrieben habe, weil ich dachte, es würde schwer sein, Tomek für mein Projekt zu gewinnen und ihm zu erklären, warum ich ihn treffen muss. Nun sind die Argumente überflüssig.

Wir reden übers Wetter, darüber, dass der Frühling im Mittleren Westen schlagartig da ist, genauso wie in Polen, während er in Westeuropa ganz langsam heranschleicht. Tomek erzählt mir, dass er gerade in Paris gewesen ist, mit Freunden. Er sagt, er habe dort eine Ausstellung eines modernen Künstlers gesehen, den Namen habe er leider vergessen. Porträts seien es gewesen, aber wenn man nahe vor den Bildern gestanden habe, dann habe man darauf gar nichts mehr erkannt. Erst wenn man weit, weit zurücktrat, wurden die Gesichter sichtbar – je größer die Distanz, desto klarer erkennbar das Gesicht.

Ich verstehe nicht gleich, warum er mir das erzählt. Zuerst denke ich, dass er so ausführlich von der Ausstellung spricht, weil er denkt, ich könnte ihn als Truckfahrer nicht für das halten, was sein Vater einen »kulturellen Menschen« nannte – dass Tomek deshalb einflicht, dass er jemand ist, den man auch auf Kunstausstellungen in Paris treffen kann, nicht nur beim Motoröl-Kaufen im Mittleren Westen. Aber nachdem ich den Hörer aufgelegt habe, wird mir klar, dass Tomek mir wahrscheinlich aus einem anderen Grund von der Ausstellung erzählt hat. Vielleicht hat er mir und sich selbst mithilfe der Bilder erklärt, warum ich es bin, die über seinen Vater schreiben wird, und nicht er selbst.

Ein halbes Jahr später sitze ich im Flugzeug nach Salt Lake City. Es ist ein sonniger, klarer Herbsttag, und der Flieger nimmt die nördliche Route, unter uns die Gletscher von Island inmitten eines von weißen Eisbergen übersäten Meeres und schließlich dann riesige, verschneite Flächen in Kanada. Ich starre aus dem Fenster und überlege mir, wie es wäre, wenn wir notlanden müssten – irgendwo da drunten im ewigen Eis, wie wir das Gepäckfach aufbrechen würden, um an wärmere Kleider zu kommen, und wir in der kalten, weißen Wüste stehen und mit den pinkfarbenen Decken der Airline winken würden, um Retter auf uns aufmerksam zu machen. Man denkt viele merkwürdige Dinge, wenn man schläfrig aus einem Flugzeugfenster starrt. Mich erstaunt nur, dass ich mich vor der filmreifen Notladung, deren Bilder durch mein müdes Gehirn flackern, fast weniger fürchte als vor dem Treffen mit Tomek, das mir wirklich bevorsteht.

Wir haben noch einige Male telefoniert seit unserem ersten Gespräch im Frühling. »Natürlich kannst du kommen«, sagte er jedes Mal. Und dann bat er mich, in zwei Wochen wieder anzurufen, um über den Termin zu sprechen. So ging das das ganze Frühjahr und den ganzen Sommer hindurch. Manchmal war er herzlich am Telefon, manchmal genervt. Einmal erzählte er mir ausführlich von seiner Freundin und seinen erwachsenen

Kindern, und beim nächsten Telefonat fragte er mich, ob wir uns nicht lieber an einem schönen Strand in der Karibik treffen wollten, um uns eine schöne Zeit zu machen – so alt sei er ja nun auch wieder nicht. Und als ich dann sagte, dass ich komme, um mit ihm über seinen Vater zu sprechen, und nicht, um mit ihm eine Affäre zu beginnen, da sagte er nur »auch gut«.

Beim nächsten Gespräch begann Tomek wüst auf seinen Vater zu schimpfen, und dann weinte er wieder am Telefon. Ich fragte, ob so ein Besuch vielleicht doch zu aufwühlend für ihn sei, und war drauf und dran, alles abzublasen, aber Tomek wehrte ab. Und dann sagte er plötzlich, irgendwann Ende September: »Du kannst mich nächste Woche in Salt Lake City treffen – am Mittwoch, da bin ich auf dem Weg von der Ostküste heim nach San Francisco, und da nehme ich dich ein Stück im Truck mit.«

Ich legte den Hörer auf und buchte sofort einen Flug. Ich wusste, dass das unsere einzige Chance war. Tomek hatte am Telefon wie jemand geklungen, der seinen Mut zusammennimmt und etwas schnell hinter sich bringen will. Ich verstand: Er will mich unbedingt treffen, weil auch er glaubt, in dem Gespräch Antworten zu finden, aber zugleich fürchtet Tomek dieses Treffen, und nun, im Flugzeug, merke ich, dass es mir ganz genauso geht.

Ich weiß nicht, wovor ich genau Angst habe. Eine Freundin sagte, es sei eine wahnsinnige Idee, allein mit einem wildfremden Truckfahrer mehrere Tage lang in der Wüste herumzufahren. Jeder amerikanische Trucker habe einen Colt im Handschuhfach. Meine Schwester fragte besorgt, ob mir klar sei, was ich psychisch in diesem Menschen auslöse, wenn ich nach so vielen Jahren in seiner missratenen Vater-Sohn-Beziehung herumstochere.

Aber ich glaube, mehr als den Colt und die Emotionen fürchte ich Tomeks Geschichten. Ich vermute, dass sie nicht zu meinem Bild von Jurek passen werden – noch viel weniger als alles, was ich bisher über ihn erfahren habe.

Inzwischen fliegen wir nun über eine braune Ebene, auf der, wie mit dem Zirkel eingezeichnet, grüne, bewässerte Kreise zu sehen sind. Es tauchen Berge auf, dann beginnt das Flugzeug zu sinken, und unter uns schimmert der große Salzsee, und dahinter, direkt vor den Bergen, umgeben von einem breiten Suburb-Gürtel, sieht man die Wolkenkratzer von Salt Lake City.

Ich werde bei der Passkontrolle ausgesondert. Ich muss dem Grenzschützer in ein enges Büro folgen und werde dort befragt.
– Was tun Sie in den USA?
– Jemanden besuchen.
– Einen Freund?
– Eine Art Familienfreund.
– Kennen Sie ihn schon lange?
– Nein.
Es fällt mir nicht leicht zu antworten, denn, ja, was mache ich eigentlich hier?

Als ich den Flughafen endlich mit einem Stempel im Pass verlasse, schlägt mir sommerlich heiße Luft entgegen. Den Wollpulli und die Winterjacke stopfe ich sofort in den Koffer und dann rufe ich noch vom Flughafen aus Tomek an, mit dem ich für den nächsten Tag verabredet bin. Am anderen Ende ist nur eine Mailbox: »Hier ist Tomek«, heißt es darauf, »rufen Sie später wieder an. Hinterlassen Sie keine Nachrichten« – ein bisschen barsch klingt das. Ich hinterlasse keine Nachricht, aber ich schreibe eine SMS: »Ich bin jetzt in Salt Lake City – wann und wo treffen wir uns?«

»Was tun Sie in den USA?« – die Frage, die mir der Grenzbeamte gestellt hat, stelle ich mir in den nächsten fünf Tagen oft. Ich übernachte in einem billigen Hostel, das von außen leuchtend gelb angestrichen ist und in dessen Innerem es nach Putzmitteln stinkt, und jeden Tag verlängere ich meinen Aufenthalt um eine weitere Nacht. »Hier ist Tomek. Rufen Sie später wieder an. Hinterlassen Sie keine Nachrichten.«

Ansonsten sitze ich in der Sonne und esse Bagels. Salt Lake City ist eine merkwürdige Stadt: Im Stadtzentrum, in einem weißen Wolkenkratzer, zwischen weißen Springbrunnen und riesigen Blumenbeeten, die penetrant süßlich duften, ist die Weltzentrale der Mormonen untergebracht. Man erkennt sie an ihren weißen Hemden, Anzügen und Krawatten und daran, dass alle alten Ehepaare händchenhaltend herumlaufen. Die Frauen tragen knielange, schwingende Röcke und schlichte, gut geschnittene Blusen. Die Männer halten ihnen die Türen auf. Alle lächeln. Immer. Und sie eilen mit großen, aber würdevollen Schritten von einem weißen Gebäude zum nächsten, vorbei an der Bronzestatue des Stadtgründers und Mormonenpropheten Brigham Young, der visionär mit der Hand nach Westen weist und mit leicht gen Himmel gerecktem Kopf in die Zukunft blickt. Irgendwie sieht er Lenin ähnlich. Und der Mormonentempel im Hintergrund erinnert mich an die stalinistischen Zuckerbäckerbauten, die ich aus Moskau und Warschau kenne.

Ich esse ein Truthahnsandwich mit Erdbeersoße und werde von einer mormonischen Missionarin angesprochen. Sie stammt ursprünglich aus Russland, sieht ein bisschen asiatisch aus und spricht Englisch mit einem amerikanischen Kaugummi-Akzent. Sie erzählt mir von der Familienbibliothek der Mormonen. Nur indem man die eigene Familiengeschichte erforsche, könne man seine Vorfahren aus der ewigen Verdammnis erretten, behauptet sie.

Vielleicht ist das der Grund, warum ich hier bin, denke ich mir. Es geht nicht um die Verdammnis, aber es geht um das Vergessen, was letztlich vielleicht das Gleiche ist, denn vergessen und vergessen werden war für Jurek die schlimmste Verdammnis.

Eine Familiengeschichte geht verloren, wenn sie nicht weitererzählt wird.

Vielleicht bin ich hier wegen Tomeks Satz auf der Beerdigung: »Ich weiß eigentlich nichts über meinen Vater.« Vielleicht bin ich hier, weil Jurek mir seine Geschichte vererbt hat und ich weiß, dass ich sie hier abliefern muss, bei seiner leiblichen Familie, dass ich versuchen muss, sie in Tomeks Erinnerung einzufügen, und dass ich verstehen will, warum Tomek Jureks Erinnerungen nicht zu den seinen machen konnte.

»You know what« – die Missionarin, die immer noch vor mir steht, lächelt mich an. Sie hat einfach weitergeredet, und ich habe ihr schon lange nicht mehr zugehört. »Weißt du was, du kannst einfach deine E-Mail-Adresse hinterlassen, dann schicken wir dir mehr Informationen über unsere Religion«, sagt sie. Ich sage, das sei gar nicht nötig, verabschiede mich höflich und fliehe, Entschuldigungen murmelnd, in den einzigen Buchladen in der Innenstadt.

Ich bleibe dort, bis es Abend wird und ich wieder in mein Hostel gehe. Alpenveilchen. Das Putzmittel stinkt nach Alpenveilchen. »Hier ist Tomek. Rufen Sie später wieder an. Hinterlassen

Sie keine Nachrichten.« Am ersten Tag habe ich mich geärgert, als Tomek nicht zu erreichen war. Nun ärgere ich mich nicht mehr. Wer eine Familiengeschichte zusammensetzen will, der muss eben Geduld haben.

»Sam Weller's« Buchladen wird meine Heimat in Salt Lake City. Es gibt dort Kaffee mit Koffein, richtigen italienischen Cappuccino, obwohl Mormonen so etwas doch gar nicht trinken dürfen. Die Missionarin hat es mir erklärt: kein Koffein, kein Alkohol, kein Sex vor der Ehe, dafür viel echte Fröhlichkeit. Ich kaufe das neue Buch eines amerikanischen Rocksängers, das in Las Vegas spielt und ausschließlich von Sex und Drogen handelt. Es fängt damit an, wie der Barkeeper eines Casinos seine betrunkene Freundin in einer Behindertentoilette vögelt.

Der junge Mann in tief hängenden Jeans, der mich beim Bücherkauf berät, sagt, dieses Buch sei ein guter Schutz vor mormonischen Missionarinnen. »Wenn du das vor dich hinlegst, spricht dich keine mehr an.« Er habe das selbst ausprobiert.

Ich besichtige die University of Utah, obwohl es da gar nichts zu sehen gibt außer großen, modernen Bürogebäuden und Reihenhaussiedlungen aus rotem Klinker, in denen die Studenten wohnen. Hier werde ich wieder von einer Missionarin angesprochen. Ich versuche mein Hostelzimmer so lange zu lüften, bis der Alpenveilchengeruch entwichen ist, und scheitere, weil ich nicht schlafen darf, wenn das Fenster zur Straße hin offen steht. In wachem Zustand ertrage ich aber die Alpenveilchen nicht.

Am dritten Tag erhalte ich eine Nachricht von Tomek. »Dauert noch, aber komme. Warte. T.« Und so gehe ich wieder in den Buchladen, und der Junge, der dort arbeitet, begrüßt mich schon mit »Hey, Kati, how are you today?«. Er hat mich am Vortag genau ausgefragt, und nun will er wissen, ob es Neuigkeiten von Tomek gibt. Er zeigt mir die große Adolf-Hitler-Abteilung des Buchladens und sagt, dass er sich schon sehr darauf freue, mein Buch irgendwann in die Adolf-Hitler-Abteilung zu stellen – zu all den anderen Büchern. Ich glaube, es soll eine Ermunterung sein.

An meinem sechsten Morgen in Salt Lake City erhalte ich eine Nachricht von Tomek: »Komm um vier in den Flying-J. Treffen im Restaurant.«

Der Flying-J-Truckstopp liegt an einem Autobahnkreuz außerhalb der Stadt. Als ich dort aus dem Taxi steige und meinen kleinen dunkelblauen Rollkoffer über den schier endlosen Parkplatz ziehe, vorbei an riesigen Truck-Ungetümen und überdimensionalen Zapfsäulen, komme ich mir so europäisch und so mickrig vor wie noch niemals zuvor in meinem Leben.

Tomek ist noch nicht im Restaurant, und so setze ich mich auf eine der mit grünem Kunstleder bezogenen Bänke. Die Kellnerinnen tragen rosarote Schürzen und gehen mit Glaskannen voll wässrigem Kaffee von Tisch zu Tisch, um nachzuschenken. Es sind nur wenige Gäste da. Am Büffet lädt sich ein voluminöser Trucker riesige Portionen auf einen überdimensionierten Teller: das »All You Can Eat Trucker Special« für 8,50 Dollar, für das am Eingang geworben wird. Ich bestelle eine Cola mit »bitte nicht ganz so viel Eis« und schaue zum Fenster hinaus. Hinter dem Parkplatz voller Trucks erstreckt sich ein Märchenland. Vor dem strahlend blauen Himmel heben sich die Berge ab, die den Talkessel umgeben. Die Nachmittagssonne taucht sie in warmes Licht. Letzte Nacht hat es geregnet, es ist kälter geworden, und alle Bergspitzen sind nun weiß. Der Herbst kommt hier so plötzlich wie der Frühling. Weiter unten an den Hängen glänzt goldenes Steppengras, und entlang der Bachläufe drängen sich leuchtend rote Herbstbäume.

Um fünf ist Tomek immer noch nicht da, aber ich sorge mich nicht, denn von nun an ist es seine Sache. Ich weiß, dass ich Jureks Teil der Geschichte bis hierher tragen musste, aber ob Tomek nun kommt oder mich mitsamt den Geschichten seines Vaters im Truckstopp sitzen lässt, das ist einzig seine Entscheidung.

Ich erkenne ihn sofort wieder, als er das Restaurant betritt, obwohl er anders aussieht als auf der Beerdigung. Damals trug er einen maßgeschneiderten schwarzen Anzug. Jetzt trägt er schmutzige Bluejeans und ein graues, kragenloses Sweatshirt mit verbleichtem Aufdruck, das über dem Bauch ein bisschen spannt. Unter den Augen hat er dunkle Ringe. Die Falten sind tief. Er sieht aus wie jemand, der seit Tagen nicht mehr genug geschlafen hat.

Er kommt auf mich zu. Ich lächle. »Do I look like my father?«, sind seine ersten Worte. Er gibt mir die Hand und setzt sich zu mir an den Tisch. Es ist komisch, Tomek nun wirklich gegenüberzusitzen. Er hat Jureks Falten um den Mund und auch Jureks Nase, und trotzdem sieht er in diesem Moment ganz fremd aus. Ein amerikanischer Truckfahrer mittleren Alters eben. 55 vielleicht. Etwas zerknittert von all den Nächten auf der Pritsche im hinteren Teil des Trucks, erschöpft von den vielen Kilometern, den endlosen Maisfeldern, der Prärie, all den Sonnenauf- und -untergängen, den Lichtern der entgegenkommenden Autos und den steigenden Benzinpreisen. Jemand, den ich eigentlich gar nicht kenne.

»Du siehst ihm sehr ähnlich«, sage ich.

Wir reden über die schwächelnde amerikanische Konjunktur und über den Sturm, den er heute Vormittag in Wyoming erlebt hat. Er sagt, er habe auf seine Ladung warten müssen, deshalb sei er so spät. Er handelt mit Gebrauchtwagen, die er zwischen den Küsten hin und her transportiert. Mit einem halb vollen Truck durch die Staaten zu fahren lohne nicht mehr, meint Tomek. Und dann sagt er plötzlich: »Ich werde die Leute töten, die das getan haben.« Ich verstehe zuerst nicht, wovon er spricht.

- Ich werde sie so langsam und qualvoll sterben lassen, wie sie Vater haben sterben lassen. Ich werde sie in den Wald schleppen und an einem Baum aufhängen, bis sie um den Tod betteln.
- Glaubst du immer noch, dass dein Vater getötet wurde? Die Staatsanwaltschaft hat doch …
- Man hat ihn auf den Hinterkopf geschlagen, und er hat sich den Kopf zwischen der Badewanne und der Toilette eingeklemmt. Er konnte nicht aufstehen. Sie haben ihn von hinten verprügelt und dann liegen lassen, bis er verblutete. Das ist ein langsamer, grausamer Tod, und ich werde diesen Leuten genau so einen Tod bereiten.

Tomek sagt es mit einem Ton, der keinen Widerspruch duldet. Ich kenne diesen Ton von Jurek. Es ist der »Das-ist-meine-Geschichte-mein-Leben«-Ton. Tomek glaubt also noch immer, dass Jurek ermordet wurde, und er wird sich nicht davon abbringen lassen. Aber was deutet denn noch darauf hin, dass sein Vater ermordet wurde, wenn die Türe doch von innen verriegelt war und die Staatsanwaltschaft sagt, dass die Obduktion keine Hinweise auf einen unnatürlichen Tod ergab? Weiß Tomek etwas, was ich nicht weiß? Ich sehne mich in diesem Moment nach meiner WG-Küche, oder wenigstens nach »Sam Weller's« Buchladen. Aber ich bin hier, um andere Wahrheiten zu hören, Tomeks Wahrheit, und so bezahle ich meine Cola, nehme meinen Rollkoffer und gehe mit Tomek zum Truck.

Wir fahren im Abendlicht in die Salzwüste hinaus. Weil es in der letzten Nacht so stark geregnet hat, ist die Wüste heute aber keine Wüste, sondern eine Art riesiger, flacher See, und der Highway führt auf einem endlosen Damm durch diesen See, in dem sich die Wolken spiegeln.

Es ist nicht leicht, mit Tomek über seinen Vater zu sprechen. In allen Geschichten, die er in den ersten Stunden unserer Fahrt erzählt, wird Jurek nur manchmal – ganz am Rande – erwähnt. Die Hauptperson ist Tomek. Er erzählt, wie er sich in der Schule prügelte, was daran lag, dass die meisten seiner Klassenkameraden Idioten waren. Und dass er schlechte Noten gehabt habe, zum Beispiel in Mathe, aber dass das nicht daran gelegen habe, dass er, Tomek, ein Problem mit Mathe gehabt habe, sondern daran, dass sein Lehrer ein Problem mit Mathe gehabt habe. Und dann gab es da noch einen Lehrer, der hatte ein Problem mit Geografie.

»Und wie ging Jurek damit um«, frage ich immer wieder, aber Tomek geht fast gar nicht auf diese Frage ein, ja, er wirkt richtig genervt davon. Dabei muss er doch wissen, dass ich hier bin, um mit ihm über seinen Vater zu sprechen.

Irgendwann akzeptiere ich, dass Tomek die Geschichte seiner Kindheit nur mit Fokus auf sich selbst erzählen kann, dass er beim Erzählen, genau wie in den Erzählungen, ein Kind ist, das sich zu wenig beachtet fühlt. Ich muss an meinen kleinen Neffen denken, der jetzt zweieinhalb ist und der immer, wenn ich meiner Schwester gerade etwas erzählen will, brüllt: »Kati, guck mal, Mama, guck mal, was ich kann!«

Tomek erzählt mir, dass er schon immer gern Auto fuhr. Schon als Sechsjähriger. Sie hatten damals schon einen Wagen. Das war selten, aber Jurek war es sehr wichtig. Er, Tomek, habe immer hinten im Auto gesessen und seinen Vater nachgeahmt. Wie er das Lenkrad hielt und die Gänge wechselte, und er, Tomek, habe bald versucht, die Bewegung des Gängewechselns vorauszusehen. Er habe darauf gelauscht, bei welchem Motorengeräusch der Vater die Gänge wechselt, und habe dann, sobald er das Geräusch hörte, noch vor seinem Vater seinen imaginären Gang gewechselt. So habe er fahren gelernt.

Später dann, als 12-Jähriger, hat er nachts das Auto seines Vaters geklaut. Diesen alten Mercedes. »Mein Vater wäre ausgerastet, wenn er das erfahren hätte«, sagt Tomek, »sogar als ich längst erwachsen war, hat er mir nie erlaubt, seinen Wagen zu fahren. Der Wagen war heilig. Ich habe meinen Vater nie so schlecht gelaunt gesehen wie bei den Gelegenheiten, wenn der Mercedes nicht ansprang und er nicht wusste, was kaputt war.« Aber Tomek klaute die Schlüssel und schlich sich nachts in die Garage, die der Vater für den Wagen gemietet hatte und die so groß war wie das Zimmer, in dem die drei Hronowskis lebten und schliefen. Er startete den Wagen und holte damit einen Freund ab, und sie fuhren einfach herum, bis vier oder fünf Uhr morgens.

»Ich war klug genug, um mich daran zu erinnern, dass mein Vater immer den Kilometerstand genau aufschrieb«, sagt Tomek, und es klingt stolz. »Ich habe also beschlossen, ganz genau zehn oder auch hundert Kilometer zu fahren, damit es nicht auffällt. Vater dachte dann einfach, er hätte sich bei einer Ziffer verschrieben.« Ich lache, und Tomek sagt, Jurek habe das bis zum Ende nicht gewusst. Er habe ihm das nicht erzählt, weil er sicher war, dass ihn das noch vierzig Jahre später wütend gemacht hätte. »Vater wusste gar nicht, was für ein verdammter Überlebenskünstler ich bin«, sagt Tomek, und da klingt etwas Bedauern mit. »Aber ja, ich bin ein verdammter Überlebenskünstler – genau wie mein Vater.«

Tomek schweigt. Es ist ein zufriedenes Schweigen. Er ist stolz auf diese Geschichte, und ich weiß, dass sie auch Jurek gefallen hätte – aber eben wahrscheinlich nur, wenn man sie ihm von einem anderen erzählt hätte. Von einem anderen Sohn und einem anderen Vater und einem anderen Wagen. Jurek mochte Geschichten über solche Tricks. Aber Geschichten, in denen er der Ausgetrickste, das Opfer war, die ertrug er nicht.

Jurek habe sich kaum um ihn gekümmert, sagt Tomek. Er war bei der Arbeit. In der Bibliothek. Beim Billardspielen oder später dann auch, als Tomek schon in die fünfte oder sechste Klasse ging, bei »seinen Deutschen« in Auschwitz. Und wenn Jurek zu Hause war, dann verschanzte er sich meist hinter seinen Büchern.

– Am liebsten las er Bücher über irgendwelche Topspione. Über Leute wie diesen Richard Sorge, der während des Zweiten Weltkriegs die Nazis und die Japaner ausspionierte. Ganz trickreich und klug hat der das gemacht. Das waren Jureks Helden.
– Tomek, wusstest du eigentlich, dass Jurek für den polnischen Geheimdienst gearbeitet hat?
– Nein. Ich glaube auch nicht, dass er das getan hat. Dazu war er doch gar nicht in der Lage.
– Es gibt da Dokumente. Ich habe sie in Warschau eingesehen. Sein Deckname war »Tomek«.

Tomek schweigt für einen Moment. Wahrscheinlich versucht er, die Neuigkeit einzuordnen, denke ich, aber dann erzählt Tomek einfach weiter, ohne auf die Geheimdienstsache weiter einzugehen. Er erzählt, dass er immerzu leise sein musste, wenn Jurek las. Aber dass Jurek selbst sehr laut war, wenn er Gäste mitbrachte, mit denen er dann bis spät in die Nacht dasaß und Karten spielte. Seine Mutter servierte belegte Brötchen und Wodka, und wegen dieser häufigen Partys war das erste Wort, das er, Tomek, sagte »Pasch«.

Sie wohnten damals schon in der Einzimmerwohnung, in der Jurek bis zum Ende lebte, und Tomeks Mutter legte über das Babybett abends, wenn Gäste da waren, ein dünnes Tuch, um das Licht und den Zigarettenqualm abzuhalten, und dann ging es die ganze Nacht hindurch hoch her: »Pasch.« – »Pasch.« – »Krystyna, du bist eine Idiotin.« – »Pasch.« – »Jetzt leg endlich.« – »Pasch.« – »Du bist dran.« Tomeks Stimme ahmt das Gewirr der vielen Stimmen nach. Er kann das gut. Bis jetzt sprachen wir Englisch, obwohl Tomek weiß, dass ich Polnisch verstehe, aber nun gleitet er unmerklich ins Polnische hinüber.

»Und irgendwann, mitten in der Nacht«, erzählt er, »da hob sich dann auf einmal das Tuch, der kleine Tomek steckte den Kopf heraus und rief ›Pasch‹. Noch bevor ich richtig ›Mama‹ oder ›Papa‹ sagen konnte!«

Tomek schweigt eine Weile, und dann sagt er plötzlich wieder auf Englisch: »Das ist die einzige Geschichte aus meiner frühen Kindheit, die mein Vater jemals jemandem erzählt hat. Er fand das lustig. Aber sonst war ich nicht weiter erwähnenswert.«

Es ist dunkel geworden über der Wüste. Eine tiefe, makellose Dunkelheit, und wenn ein Fahrzeug auf der anderen Spur entgegenkommt, dann blenden die Scheinwerfer. Es sind fast nur Trucks unterwegs um diese Zeit.

Ich denke daran, wie sehr ich es als Kind mochte, wenn davon erzählt wurde, wie es war, als ich »noch ganz klein war«, und wie sehr ich es hasste, wenn ganz alte Super-8-Filme herausgekramt wurden, die aus einer Zeit stammen, in der ich noch gar nicht geboren war. Ich bin das dritte Kind von vieren, die alle schnell nacheinander geboren wurden, und je mehr kleine Kinder da waren, desto seltener kamen meine Eltern dazu zu filmen. Deshalb gibt es unendlich viele Fotos und Filme, auf denen meine älteste Schwester als Säugling zu sehen ist, und viele Filme, auf denen mein großer Bruder zu sehen ist, und kaum Filme, auf denen mein kleiner Bruder Johannes und ich zu sehen sind. Wir Jüngsten waren so erzürnt darüber, dass meine Eltern sich schließlich genötigt sahen, bei den Filmen, in denen wir nicht auftauchten, gelegentlich zu rufen: »Schau mal, da ist ja die kleine Kati, wie süß! Und dahinten das Johannes-Baby!« – Dabei waren in Wirklichkeit mal wieder meine älteste Schwester und mein größerer Bruder im Bild.

Ich weiß nicht genau, warum mir die Geschichte jetzt einfällt. Vielleicht wegen Tomeks bitterem Ton, als er sagt: »Das ist die einzige Geschichte, die mein Vater für erwähnenswert hielt.« Ich frage mich, wie es wohl ist, der Sohn eines Vater zu sein, dessen »erwähnenswerte Geschichten« alle vor der eigenen Geburt stattfanden und zugleich so schrecklich sind, dass er sie einem Kind nicht erzählen kann.

Wie es wohl ist, der Sohn eines Vaters zu sein, der 24 Stunden lang sein Leben auf Band sprach, die Geburt seines Sohnes aber mit keinem Wort erwähnte? Ganz einfach, weil diese Geburt nicht erwähnenswert war im Vergleich zu all den historisch wichtigen Begebenheiten, die dieser Vater miterlebt hatte. Es war eine normale Geburt eben, eines kleinen Jungen, der sich zu einem schwierigen Kind entwickelte. Aber hatte der kleine

Junge, der da geboren wurde, nicht ein Recht darauf, wichtig zu sein? Zumindest für seine Eltern der wichtigste Mensch der Welt zu sein?

Wir schweigen beide, und vor uns weht ein vertrockneter Busch über die Fahrbahn. So ein Busch, wie sie in Western durch Geisterstädte kullern.

»Jurek hatte so viele Komplexe«, sagt Tomek schließlich, »zum Beispiel, weil er so klein war. Und er konnte sich nicht prügeln. Er hatte seinen guten Kopf und seine Tricks, aber miese Fäuste. Er mochte Gewalt auch gar nicht, er hasste Gewalt sogar, aber ich glaube, manchmal hätte er sich doch gewünscht, ein Macho zu sein. Einer, der Stolz zeigt.« Tomek erzählt, dass Jurek irgendwann sogar einen Boxkurs belegte. Anfang der Sechzigerjahre sei das gewesen. Und wieder fällt Tomek ins Polnische, als er die Szene aus seiner Kindheit zu schildern beginnt: Jurek kam vom Boxen fast immer mit blutender Nase heim. Blut auf dem Unterhemd. Blutunterlaufene Augen. Und zweimal war sogar eine Rippe gebrochen. Aber er wollte nicht aufhören mit dem Boxen, um keinen Preis.

Tomek erinnert sich, dass Jurek auch versuchte, ihm, seinem Sohn, das Boxen beizubringen. Es war selten, dass Jurek sich so intensiv mit Tomek beschäftigte, und Tomek wollte ihm imponieren. Jurek sagte zu Tomek, er solle fest zuschlagen. Tomek war vielleicht zehn. Er schlug seinem Vater so fest er konnte auf die Nase, er hatte ja geübt, auf dem Schulhof. Die Nase blutete, und Tomeks Mutter sagte, sie sei gebrochen. Jurek war sauer. Tomek sagte zu seinem Vater: »Sei nicht sauer, das ist Sport. Du wolltest doch, dass ich richtig kämpfe.« Er sei immer gut gewesen in Sport, sagt Tomek, und in seiner Stimme liegt wieder Stolz. Der gleiche Stolz wie bei der Autogeschichte. Als gehe es darum, einen weiteren Punktsieg gegenüber seinem Vater zu verbuchen. Anfang der Sechzigerjahre war das. Kurze Zeit später wählte Jurek beim Geheimdienst den Tarnnamen »Tomek«. Tomek, das war für Jurek einer, der zuschlagen kann. Einer der Stolz zeigt.

Später, sagt Tomek, später habe der Vater ihn dann manchmal geschlagen. Wenn er in der Schule wieder Probleme machte, vor allem. In fünf verschiedenen Klassen ist Tomek gewesen und auf drei verschiedenen Schulen. Und immer wieder flog er, bis schließlich alle Verwandten und Bekannten sagten, dass bei dem Jungen nur eine ordentliche Tracht Prügel helfe. Anfangs bückte Tomek sich weg, wenn sein Vater ihn schlug. Er hielt sich die Hände über den Kopf. Aber dann war da dieser Tag.

Tomek weiß gar nicht mehr, was genau passiert war damals, wahrscheinlich habe er sich mal wieder geprügelt in der Schule. Tomek war 16 Jahre alt, und Jurek wollte ihn bestrafen und erhob die Hand, ließ sie aber dann wieder sinken und sagte: »Das hilft ja doch nichts.« Jurek wusste, dass der Junge sich trotzdem wieder prügeln würde und dass er trotzdem wieder zum Lehrer bestellt werden würde, und er beschloss, sich eine strengere Strafe einfallen zu lassen. Er sagte zu Tomek, er würde nun sein Herz schlagen, nicht seinen Hintern.

Und in dem Korridor, dem engen Korridor der kleinen Wohnung, von dem die Türen zu Küche, Bad und Wohnzimmer abgehen, da nahm er dieses Holzstück vom Fensterbrett. Ein Stock mit Löchern drin, der lag da, weil man mit seiner Hilfe das Fenster unterschiedlich weit geöffnet halten konnte. Jurek nahm dieses Holz und sagte zu Tomek: »Ich schlage jetzt deine Mutter, bis sie vor Schmerzen heult. Und das wird deine Strafe sein.«

Tomek sagt, Jurek habe seine Mutter einmal geschlagen mit diesem Holz. Sie habe angefangen zu kreischen und sie habe geschrien: »Jurek, hör auf damit, das ist nicht lustig!«

Jurek habe gesagt: »Nein, das ist nicht lustig.« Und dann habe er sie so schlimm am Rücken getroffen, dass sie geblutet habe.

»Und dann habe ich mich auf meinen Vater gestürzt«, sagt Tomek.

An diesem Tag hörte die Familie Hronowski auf, eine Familie zu sein. Es war im Frühsommer 1968, und der 16-jährige Tomek Hronowski zog aus. Er lebte zuerst in einem Keller, dann bei seiner Tante, dann irgendwann später in einer eigenen Wohnung. Sein Vater habe keinen einzigen Versuch unternommen, ihn heimzuholen, sagt Tomek. »Er war froh, dass ich aus dem Weg war.«

Es liegt völlige Dunkelheit über der Wüste. Kein Haus weit und breit. Und auch im Truck ist es dunkel. Nur auf dem Armaturenbrett leuchten ein paar kleine Lämpchen. Ich hätte gerne gewusst, wie Jurek diese Geschichte erzählt hätte. Aber er hat sie nie erzählt. Er hat mir nur einmal erzählt, dass sein Sohn ihn sogar einmal geschlagen habe. »Dieser Tunichtgut«, sagte er. Ich wüsste gerne, ob Jurek das Ereignis mit dem Stock aus seinem Gedächtnis gestrichen oder ob er die Geschichte in seinem Gedächtnis verändert hat. Aber ich bin sicher, dass er diese Geschichte gehasst hätte. Wenn man ihm erzählt hätte von einem Vater, der so straft, dann hätte er diesen Vater verurteilt. »Das ist die gleiche Logik von Strafe wie bei SS. Grausam!«, hätte Jurek gesagt.

Ein paar Lichter tauchen am Horizont auf. »Da vorne ist die Grenze zu Nevada«, sagt Tomek.

»Wann wurde dir eigentlich zum ersten Mal bewusst, dass Jurek in Auschwitz war?«, frage ich in die Dunkelheit hinein. Tomek sagt, dass das eigentlich immer Thema war. Nicht dass man richtig darüber gesprochen habe, aber es sei trotzdem immer Thema gewesen. Seine Mutter sagte: »Trampel nicht so laut, das halten Vaters Nerven nicht aus. Iss nicht so schnell. Mach keine Geräusche beim Essen, Vater erträgt das nicht.« Immer habe man Rücksicht nehmen müssen, nicht mal mit Kleinigkeiten wie einem Schmatzgeräusch habe der Vater umgehen können.

»Meine Güte«, meint Tomek, »was für ein Problem ist es denn, wenn ich schmatze und genieße, weil ich dieses hervorragende Essen vor mir habe, das meine Mutter gekocht hat?« Besonders furchtbar sei es gewesen, wenn es Blattsalat gab. Da habe man von ihm erwartet, dass er das ganze große Blatt auf einmal in den Mund stopfte und dann mit geschlossenem Mund kaute. Und immer, wenn es ans Essen ging, hieß es: Radio aus. Fernsehen aus. Alle Gespräche einstellen. »Wir haben gegessen wie in Auschwitz«, sagt Tomek.

»Was, glaubst du, hatte diese Art, schweigend zu essen, genau mit Auschwitz zu tun?«, frage ich, und Tomek sagt: »Der Lkw da vorne, der transportiert Kühlware, deshalb ist er so verspiegelt von außen.« Er antwortet mir nicht. Es ist nicht das erste Mal und nicht das letzte Mal, dass er so reagiert. Immer wieder, wenn ich Warum-Fragen stelle, wenn ich nach den genauen Zusammenhängen zwischen Geschichten frage, die Tomek irgendwie intuitiv nebeneinanderstellt, dann beginnt er über Dinge zu reden, die er vor dem Fenster sieht. Über den Kühllaster. Über die Berge und über die Straßenschilder. Ich glaube, Tomek reagiert so, weil er über diese Fragen noch nicht nachgedacht hat, das aber nicht zugeben will. Er hat gespürt, dass diese Art zu essen etwas mit Auschwitz zu tun hatte, aber die »Warums« und »Wies« in dem, was Tomek da erzählt, sind Leerstellen. Schmerzhafte Leerstellen.

Anders als Renate und Dohrmann erzählt er mir nicht eine hundertmal erzählte, perfekt zusammengefügte Geschichte. Er erzählt Erinnerungsstücke, die er für sich selbst noch nicht zusammengefügt und nach den Gesetzen der Logik überarbeitet hat. Die intuitiv sind. Teils sogar widersprüchlich.

Wir schweigen und fahren auf die Lichter Nevadas zu.

»Ich glaube, er wollte sich und der Welt beweisen, dass er gute Tischmanieren hat«, sagt Tomek, als ich schon längst mit keiner Antwort mehr rechne. »Jurek wollte immer allen zeigen, dass er ein Mensch ist. Dass er kulturell ist.« Tomeks Stimme bebt. »Er war einfach ein verdammter Kriegsgefangener, sein Leben lang. Sein Scheißkopf blieb doch in diesem verdammten Lager, und ich war ein Kind. Ich musste doch Spaß haben.« Tomek bricht ab. »Diese Kühllaster«, sagt er dann, »sie fahren in dreißig, vierzig Stunden einmal quer durch die Staaten. Am Stück. Da sitzen dann zwei oder sogar drei Fahrer drin, die sich immerzu abwechseln, nur damit sie keine Pausen machen müssen. Und während der eine fährt, schläft der andere.«

Ich bin sehr froh, dass Tomek vorgeschlagen hat, im Truck zu reden. Wenn wir einander einfach nur gegenübersäßen, in einem Zimmer, dann wäre Tomek wahrscheinlich schon längst weggelaufen und vielleicht auch ich, denn mir tut vieles von dem weh, was ich hier höre. Aber aus dem Truck kann man nicht weglaufen. Wir bleiben sitzen, beide, und die einzige Möglichkeit auszuweichen, besteht darin, das Gespräch auf Kühllaster zu lenken. Ich bin froh, dass wir im Truck sitzen, und ich bin auch froh, dass es da draußen Kühllaster gibt.

Wir sind jetzt schon ganz nah bei den Lichtern. Wendover sei das, sagt Tomek. Eine Stadt mitten in der Wüste. Hier gebe es nichts, keine Bäume, keinen Fluss, nur eine Grenze, und die Stadt lebe allein von dieser Grenze. Auf der einen Seite der Grenze ist Utah, der Bundesstaat der Mormonen, in dem die

Restaurants keinen Alkohol ausschenken dürfen und in dem Glückspiel verboten ist. Auf der anderen liegt Nevada, der Bundesstaat der USA, in dem all das erlaubt ist, sogar Prostitution ist dort legal.

Als wir die Grenze überqueren, befinden wir uns sofort in einer bunten, glitzernden Casinowelt, und über den Truckerfunk schaltet sich eine Dame in unsere Fahrerkabine, die von kühlem Bier und hübschen Ladys spricht, die auf die Fahrer warten. Vor dem Fenster tanzen funkelnde Riesenpalmen und bunte Regenbögen, und Tomek sagt, er müsse dringend mal duschen.

Wir halten auf dem riesigen Parkplatz, der exakt gleich aussieht wie der Parkplatz, auf dem wir vor vielen Stunden in Salt Lake City losgefahren sind. Trucks, große Zapfsäulen und im Hintergrund ein baugleiches Gebäude, in dem es bestimmt auch das gleiche Trucker Special zu essen gibt. Tomek kramt aus dem hinteren Teil seiner Fahrerkabine eine Plastiktüte hervor, und wir gehen zum Gebäude, aber nicht ins Restaurant, sondern in einen Aufenthaltsraum, in dem ein paar rau aussehende Männer vor einem Fernseher sitzen, in dem ein Footballspiel läuft.

Hinter einer Theke steht eine ältere Frau, die eine durchsichtige Plastikhaube auf dem Kopf trägt. Sie gibt Tomek ein Handtuch und will mir auch eines geben. Aber ich will nicht duschen, ich habe ja erst vor ein paar Stunden in dem nach Putzmittel stinkenden Hostel geduscht, und irgendwie sind mir auch all diese Trucker unangenehm, die da sitzen und inzwischen mich anstarren anstelle des Fernsehers.

Tomek schlägt mir vor, dass ich im Casino auf ihn warte – da drüben in dem flachen Bau hinter dem blinkenden Regenbogen. Es ist kurz nach zehn. Tomek sagt, dass er anschließend noch ein Stück weiterfahren will, und dann verschwindet er in einem der kleinen, weiß gekachelten Badezimmer.

Ich gehe über die breite Straße hinüber ins Casino. Tausende von Spielautomaten stehen hier, und vor diesen Automaten sitzen alte, müde aussehende Menschen, die Knöpfe drücken und Münzen einwerfen. Auch die jungen Leute sehen hier alt aus. Jeder der Automaten blinkt, jeder macht Lärm, und zwischen den Automaten stöckeln Cocktailkellnerinnen mit kurzen Röcken, tiefen Ausschnitten und voll beladenen Tabletts herum. Auch sie sind weder jung noch hübsch, und auch sie haben schrecklich müde Augen. Auch ich bekomme schnell müde Augen von all dem Geblinke, von den bunten Lichtern, der Fototapeten-Ästhetik und der Plastikpalmen-Hässlichkeit.

Der trostloseste Ort des Casinos ist die Showbühne. Ein dicklicher Sänger mit fettigen langen Haaren steht da und redet. Er erzählt und erzählt, die Geschichte eines Liedes, das er gleich singen wird, und kein Mensch hört ihm zu – weder der Geschichte noch dem Lied. Alle werfen weiter Münzen in die Automaten und drücken Knöpfe und nehmen Cocktails von den Tabletts, ohne sich auch nur die Mühe zu machen, den Kellerinnen in den Ausschnitt zu schauen. Unendlich einsam wirken die Menschen hier, und mir wird übel von dieser ohrenbetäubenden Einsamkeit.

Ich suche die ruhigste Ecke des Casinos und setze mich dort auf einen Barhocker, der mit türkisfarbenem Plüsch bespannt ist. In meinem Kopf schwirren die Erinnerungsfetzen durcheinander, die Geschichten, die Tomek im Truck erzählt hat, und sie vermischen sich mit anderen Erinnerungsstücken. Jurek, wie er den Stock vom Fensterbrett nimmt und seine Frau schlägt. Jurek, der von einem Kapo angeschrien wird. Jurek, wie er mit blutiger Nase vom Boxen heimkommt. Jurek, wie er Geheimdienstberichte schreibt – ausgerechnet unter dem Decknamen Tomek. Jurek, wie er mich zum Abschied umarmt. Jurek, wie er alt und müde an seinem runden Tisch sitzt und traurig sagt, dass er nicht mehr lieben konnte. Jurek, wie er mit Renate durch Polen fährt, wie sie reden und picknicken, und Renate glaubt, einen Vater gefunden zu haben.

1968, denke ich. Dieses verdammte Jahr 1968. Im März hat Jurek in Frankfurt gegen Windeck ausgesagt, die Geschichte des Zwillingsjungen erzählt, der getötet wurde, damit die anderen Kinder ein paar Stunden lang ruhig sind. Im Mai hat Jurek seine Frau geschlagen, um seinen Sohn zu bestrafen. Im August hat er dafür gesorgt, dass die deutschen Jugendlichen in Auschwitz nicht zu hart arbeiten müssen, und er hat Renate vor dem Soldaten mit dem Maschinengewehr beschützt. 1968 hat Rudolf Dohrmann Jurek ein Buch gewidmet, das »Versöhnung hat politische Gestalt« heißt. 1968 hat Jurek vorbildlich für politische

Versöhnung gekämpft, seine Frau geschlagen und Tomek nicht wieder nach Hause geholt.

Ich trinke einen wässrigen Kaffee, aber keinen Alkohol. In meinem Kopf dreht sich alles, und ich bin sicher, dass ich, wenn ich nun auch nur einen Tropfen tränke, den Faden endgültig verlieren würde. Dass ich den roten Faden in Jureks Geschichte hier, in einem Casino an der Grenze zwischen Nevada und Utah, endgültig verlieren und ihn nie wiederfinden würde. Dann würde ich das Buch über Jurek niemals fertig schreiben, und seine Geschichte bliebe auf alle Zeit in kleinen traurigen Stücken über die Welt verstreut.

Ich sitze auf dem Barhocker und habe plötzlich ein Bild im Kopf, an dem ich mich festhalten kann: dass ich einen roten Faden dabeihabe, der meine Liebe für Jurek ist, eine Liebe, die trotzdem bleibt, und dass ich all die Erinnerungsstücke verschiedener Menschen, die mir auf dieser Reise begegnen, auf diesen Faden auffädeln muss. Und dass ich die Enden des Fadens gut festhalten muss, weil die Erinnerungen sonst wieder herunterkullern.

Ich sitze in einem Casino in Nevada – warte wieder mal auf Tomek und schmunzle über den Gedanken an den roten Faden, dessen Enden ich mit beiden Händen festhalte. Wahrscheinlich bin ich ein bisschen wahnsinnig, denke ich, aber was soll's, Wahnsinn ist vielleicht nicht das schlechteste Konzept.

Tomek sagt, er habe ganz schön lang nach mir gesucht. Er steht plötzlich vor mir. Seine Haare sind noch nass und zurückgekämmt, und er hat ein frisches T-Shirt angezogen. Er sieht erholt aus. »Ich bin so weit. Lass uns direkt weiterfahren«, sagt er, und wir wissen beide, dass »weiterfahren« auch »weiterreden« heißt, und so nehme ich meine roten Fadenenden in die Hand und verlasse mit Tomek das Casino.

Das erste Stück fahren wir schweigend. Ich will nicht fragen. Ich will Tomek selbst entscheiden lassen, worüber wir weiterreden. Er beginnt mit etwas ganz anderem, als ich erwartet habe:

– Um noch eine praktische Sache zu klären. Wo übernachten wir heute?
– Ich dachte, irgendwo in einem Motel. Das hatten wir doch so besprochen. Schon vor zwei Wochen am Telefon.

– Das wird schwierig. Ich will und kann jetzt noch ein, zwei oder drei Stunden fahren, und wir sollten so weit kommen wie irgend möglich. Dann sind wir mitten in der Wüste, und da gibt es keine Motels. Wenn du mir traust, können wir einfach beide hier im Truck schlafen.

Tomek deutet auf die Pritsche hinter dem Fahrersitz. Sie ist ziemlich schmal. Vielleicht gut einen Meter breit. Ich sehne mich danach, irgendwann irgendwo in einem Motelzimmer meine Ruhe zu haben. Echte Ruhe. Ein paar Stunden für mich zu sein, allein mit meinen Gedanken, aber ich weiß, dass Tomek schon entschieden hat. Sonst hätte er eben nicht geduscht. Es ärgert mich, dass er schon entschieden hat, bevor er mich überhaupt fragt. Und es ärgert mich, dass ich das jetzt erst durchschaue.

– Wenn ich dir nicht trauen würde, würde ich nicht hier in deinem Truck sitzen.

– Und wenn ich dir nicht trauen würde, würde ich dir nicht mein ganzes verdammtes Leben auf dieses Band erzählen.

»Ich kann mich erinnern – einmal – wir gingen die Marszałkowska entlang«, sagt Tomek auf Polnisch, und ich verstehe, dass wir nun wieder in seiner Kindheit sind. Die Marszałkowska ist eine stalinistische Prachtstraße in Warschau – breit und von bombastischen Bauten gesäumt, deren Fassaden mit wuchtigen Säulen geschmückt sind und mit Halbreliefs, die muskelbepackte Arbeiter- und Bauernhelden bei der Arbeit zeigen. »Alles ist irgendwie zu groß auf dieser Straße«, sagt Tomek, »und schon damals war viel Verkehr. Ich war vier oder fünf Jahre alt.«

Ich stelle mir vor, dass die inzwischen ganz grauen stalinistischen Gebäude damals noch weiß waren, und die Geschichte, die Tomek erzählt, läuft in meinem Kopf ab wie ein Film, der aus der Perspektive eines kleinen Jungen gedreht ist. Die Kamera filmt von unten nach oben, alles wirkt dadurch noch gewaltiger. Jurek und Tomek gehen über die breite Straße, die Ampel schaltet von Grün auf Rot um, und der kleine Tomek schaut auf die ganzen Autos, die da stehen und die gleich losfahren werden. Er bekommt Angst und klammert sich an die Hand des Vaters, der neben ihm her geht, mit so großen Schritten, dass der kleine Junge kaum mithalten kann.

»Ich wollte nur, dass er mich an der Hand hält«, sagt Tomek.

»Ich hatte Angst, und ich wollte doch nur, dass er mich an der verdammten Hand hält, wenigstens bis wir auf der anderen Seite sind.«

Jurek schüttelte Tomeks Hand ab. Er bellte: »Mach das nicht. Du bist doch kein Mädchen. Lauf alleine!« Und dann hielt er seine Hand hoch, um die Autos zu stoppen.

Tomek sagt, die Art, wie er die Hand hochgehalten habe, habe ausgestrahlt: »Stopp, ich überquere hier jetzt die Straße, und ich bin sehr wichtig. Wisst ihr etwa nicht, wer ich war und wer ich bin?«

Tomek wechselt zurück ins Englische und erklärt, dass Jurek damals der Vorsitzende einer Organisation von Kriegsveteranen war. »Aber«, sagt Tomek »er hat sich verhalten, als sei er der polnische Präsident persönlich.« Jurek habe immer erwartet, dass alle ihm Respekt entgegenbringen. Wegen dem, was er durchgemacht hat. Davon sei er nicht abzubringen gewesen. Alle seine polnischen Freunde hätten ihm immerzu gesagt »Jurek, verdammt, das ist doch Vergangenheit. Du musst den Krieg einfach vergessen.«

Tomek sagt, Jurek habe nicht viele Freunde gehabt in Warschau, und dieser Kriegsveteranenverein habe ihn bald auch nicht mehr gewollt. Er habe ja auch gar nicht richtig gekämpft im Krieg, sagt Tomek: »Er war ja nur ein Gefangener.«

Die Uhr auf Tomeks Armaturenbrett zeigt halb zwei, als Tomek vorschlägt, einen Platz zum Schlafen zu suchen. Wir verlassen den Highway bei einer kleinen Siedlung. Als ich aus dem Truck klettere, um mir noch mal die Beine zu vertreten, rieche ich den Duft der Wüste. Es ist eine kalte und klare Luft, und weil es geregnet hat, ist sie ganz erfüllt von dem würzigen Geruch des Wüstensalbeis, der hier überall wächst. Es ist Luft, die man tief in sich aufsaugen will.

In dieser Nacht schlafe ich nicht. Ich liege auf der Pritsche im Fahrerhaus in Tomeks Schlafsack vergraben da und starre in die Dunkelheit. Tomek liegt in eine Wolldecke gewickelt neben mir und schnarcht leise. Ich warte darauf, dass es hell wird. »Jurek, verdammt, in was für absurde Situationen bringst du mich eigentlich«, denke ich und weiß gleichzeitig, dass ich selbst mich in diese absurde Situation gebracht habe. Ich denke an alles, was

Tomek erzählt hat, und es sind so traurige und mühsame Gedanken, dass ich mich schließlich zwinge, an etwas anderes zu denken.

Ich denke nacheinander an alle Mitglieder meiner Familie, dann an alle guten Freunde, an alle Menschen auf dieser Welt, von denen ich mit Sicherheit sagen kann, dass sie mich mögen und dass ich sie mag. Ich denke an jeden einzeln und versuche mich an einen besonders schönen Moment mit jedem dieser Menschen zu erinnern. Ich denke an Bergwanderungen. An Abendessen. An Spaziergänge, fröhliche Feste und lange Gespräche. Ich versuche auch an Jurek auf diese Art zu denken. Daran, wie wir zusammen Schinken essen und wie er lacht, mit diesen freundlichen Falten rund um den Mund.

Ich denke an meine letzte Begegnung mit Jurek, im Herbst bevor er starb. Ich besuchte ihn in Warschau. Wir tranken an seinem runden Tisch unter dem strengen Blick seiner Mutter Tee und aßen Kremówka, Cremeschnitte, die Jurek wegen des Zuckers nicht hätte essen dürfen. »Das ist sehr gutes Gebäck«, sagte Jurek. Als ich mich verabschiedete, brachte er mich zur Tür und half mir galant in die Jacke. Er sorgte sich, dass mein Jeansjäckchen, das er als »Fetzen Mode« titulierte, nicht warm genug sei für einen Herbst in Polen. Und dann, in dem engen Korridor seiner Wohnung, begann Jurek plötzlich vom Sterben zu sprechen. »Ich werde nicht mehr gebraucht«, sagte er.

Ich stand da, mit den Schuhen schon an den Füßen, und begann zu weinen. »Ich brauche dich«, sagte ich.

Er hat mich umarmt. Das hat er nur selten von sich aus gemacht. Wir hielten einander für einen Moment fest. »Komm, zieh die Mütze über die Ohren und spring raus«, sagte er, als er mich losließ.

Ich bin beruhigt, als ich merke, dass ich das Bild immer noch vor Augen habe, dass es nicht verblasst ist und auch nicht verzerrt. Der rote Faden ist nicht gerissen.

Tomek wacht früh auf und behauptet, er habe keine Minute geschlafen, weil ihm so kalt war. Und ich erzähle ihm von seinem stundenlangen gleichmäßigen Schnarchen. Er lacht, und nun sieht er Jurek wirklich ähnlich. Dann braut er uns aus dem heißen Wasser, das er in einer Thermoskanne vom letzten Truckstopp mitgenommen hat, einen sehr guten Earl Grey. Auch Milch hat er dabei, in einem kleinen, tragbaren Kühlschrank, der neben der Pritsche steht. Wir trinken den Tee schweigend im Fahrerhaus. Die Atmosphäre zwischen uns ist jetzt viel entspannter als noch am Vortag – ich glaube, weil Tomek jetzt weiß, dass ich ihm vertraue, und ich weiß, dass ich ihm vertrauen kann.

Die Sonne ist noch nicht aufgegangen. Den Morgen verkündet nur ein heller Streifen hinter den kantigen Bergen, die davor nichts sind als tiefschwarze Silhouetten. Wie schlampig gearbeitete schwarze Scherenschnitte sehen sie aus.

Als die Sonne sich leuchtend rot über die kantigen Berge schiebt, sind wir schon wieder auf dem Highway, und weil wir gen Westen fahren, kann ich den glutroten Sonnenaufgang nur im Rückspiegel sehen. Wir schweigen, aber zu schweigen ist nun weniger seltsam als am Vortag. Das Schweigen ist normal geworden und auch das Reden.

Tomek erzählt mir davon, wie sein Leben weiterging, von dem Tag an, als er seine Sachen packte und in den Keller zog. Eine Zeit lang ging Tomek noch auf die Schule – eine Mechanikerschule, die ihm zwar besser gefiel als alle Schulen zuvor, die er aber schließlich auch abbrach. Dann übernahm er verschiedene Gelegenheitsjobs und wurde schließlich Taxifahrer, sehr zum Entsetzen seines Vaters, der ihn gerne in einem ehrenwerteren Beruf gesehen hätte. »Du hast alle Chancen und nutzt keine. Ich hatte keine Chance und habe sie genutzt«, habe der Vater zu ihm gesagt.

Sie sprachen sehr selten miteinander, damals. Tomek kam manchmal, um die Mutter zu besuchen. Jurek verschanzte sich dann hinter einem Buch oder verließ die Wohnung. Tomek begann mehr und mehr Geld zu verdienen. Er sagt, er habe schnell mehr Geld verdient als sein Vater, und es klingt, als wolle er wieder, zum dritten Mal, einen Punktsieg gegenüber Jurek verbuchen.

Tomek machte als Taxifahrer alle möglichen Geschäfte nebenbei, organisierte auch Mädchen für die schwedischen Geschäftsleute, die damals, in den Siebzigerjahren, immer häufiger nach Warschau kamen. Die Mädchen bekamen von den Geschäftsleuten Geld und so viele Nylonstrümpfe, wie sie selbst gar nicht auftragen konnten, und so handelte Tomek auch noch mit Nylonstrümpfen, die in Polen knapp waren. Tomek sagt, Jurek habe zwar nie so ganz verstanden, wie er sein Geld genau verdient habe, aber er habe es geahnt.

»Er hat mich dafür noch mehr verachtet«, sagt Tomek. Dann macht er eine Pause, setzt neu an und sagt: »Verachtet hat er mich ja sowieso schon. Von Geburt an hat er mich verachtet. Jurek wollte überhaupt keine Kinder, auf gar keinen Fall. Er wollte die Aufmerksamkeit meiner Mutter ganz für sich. Er wollte, dass sich alles nur um ihn dreht. Er fand, jetzt sei er mal an der Reihe, seinen Spaß zu haben. Meine Mutter war zehnmal schwanger – vor und nach meiner Geburt jeweils ein paar Mal. Und jedes Mal hat Vater sie zum Arzt geschickt, damit sie abtreiben lässt, und als sie mit mir schwanger war, da hat sie das versteckt. Sie hat die Schwangerschaft versteckt, bis sie schon im fünften Monat war und der Arzt sagte, es sei nun zu spät.«

Tomek holt tief Luft. Die letzten Sätze waren ein einziger Schwall. Jetzt schweigt er.

Es fällt mir schwer, das zu glauben, weil es nicht zu dem Jurek passt, den ich kannte. Dem Jurek, der sich unbändig freute zu hören, dass meine Schwester schwanger ist. Dem Jurek, der immer nach all meinen Geschwistern fragte. Dem Jurek, der sich um Renate sorgte. Dem Jurek, der die Bilder seiner Enkel auf dem Nachttisch stehen hatte und furchtbar trauerte, weil er sie nicht kannte.

– Woher weißt du, dass dein Vater keine Kinder haben wollte?
– Meine Mutter hat es mir erzählt. Als ich mit Jurek stritt, sagte sie einmal, ich dürfe Jurek das nicht übel nehmen. Eigentlich sei sie schuld, denn er habe gar keine Kinder gewollt. Nie. Und dann hat sie erzählt, wie sie ihn ausgetrickst hat, um mich zu bekommen.
– Verstehst du, warum dein Vater keine Kinder wollte?
– Wegen Auschwitz vielleicht?
– Aber es ist doch nicht logisch. Ich meine, wenn man schon überlebt, wenn man vier Jahre durchhält, dann müsste man doch eigentlich erst recht Kinder kriegen wollen. Dann ist so ein Kind doch der größte Sieg.

Ich schweige nach diesem Satz. Er erscheint mir plötzlich dumm. Auf zu platte Art heroisch. Nein, so einfach ist das nicht.

Auch Tomek sagt nichts. Ich denke daran, wie Jurek einmal zu mir gesagt hat, dass er keine Familie hätte haben dürfen. »Ich konnte doch gar nicht mehr lieben nach allem, was ich erlebt und gesehen habe«, sagte er damals.

Nach dem Gespräch mit seiner Mutter hielt sich Tomek ganz von seinem Vater fern. Er traf die Mutter jetzt öfters in einem Café in der Stadt. Dann kam der Onkel aus Kanada, Jureks Bruder, zu Besuch. Er lud Tomek zu sich ein. 1979 war das. Eigentlich wollte Tomek nur zwei Monate bleiben, aber dann fand er in Kanada einen Job. Und er lernte ein Mädchen kennen. Und fand einen neuen Job. Und lernte ein neues Mädchen kennen, und als er schließlich mit dem Auto eines Pizzaservices in Toronto als Schwarzarbeiter erwischt wurde, bekam er zwei Wochen Zeit, um Kanada zu verlassen, und so packte Tomek seine Sachen und ging in die USA.

Er arbeitete illegal in einer Autowerkstatt in Florida, aber den ganzen Tag unter Autos zu liegen war ihm bald zu eng und zu heiß, und so heuerte er als Truckfahrer an. Bald heiratete er eine Amerikanerin, ein Mädchen, das er auf einer seiner Touren in einer Bar kennengelernt hatte, und bekam eine Aufenthaltserlaubnis.

Er lud seine Eltern ein, und als sie zusagten, glaubte er, dass nun alles wieder gut werden würde. Sein Vater würde sehen, was er sich aufgebaut hatte. Er würde stolz auf ihn sein. Aber Jurek fand die USA furchtbar, das Brot unerträglich, den Schinken schlicht ungenießbar, die Sprache unmöglich zu verstehen und die Schwiegertochter hübsch, aber kulturlos. Jurek und Krystyna wollten sechs Wochen lang bleiben. Nach zehn Tagen sagte Jurek, er müsse nun heim, und sie buchten rasch um und stiegen wieder ins Flugzeug. Das war im Dezember 1981.

Von da an hat Tomek Jurek nicht mehr eingeladen. Nur noch Krystyna, allein. Tomek kaufte einen eigenen Truck und fuhr nun auf eigene Rechnung. Sein Sohn Merek kam zur Welt und dann seine Tochter Alyssa. Tomek fuhr weite Strecken, am liebsten die Ostwestroute, und er verdiente nicht schlecht, denn die

Benzinpreise waren niedrig. Und er kaufte ein Haus in Pennsylvania, aber irgendwann kam Tomek heim, und bei seiner Frau war ein anderer Mann. Tomek sagt, für ihn habe sich mit seiner Scheidung eigentlich wenig geändert. Er sei sowieso nie daheim gewesen. Nun lebte er eben ganz in seinem Truck, er überließ seiner Ex das Haus und kam weiterhin vorbei, wenn er in der Gegend war, um seine Kinder zu sehen. Das geschah nicht sehr oft.

Tomek sagt, er habe das Auf-der-Straße-Sein eigentlich immer geliebt. Die Freiheit. Die Ruhe. Das Sich-vor-niemandem-verantworten-Müssen. Und auch das Fahren selbst, das Steuer in der Hand zu halten, und ich muss an Jurek denken, der »lebensgern den Wagen steuerte«.

Ende der Achtzigerjahre, als man wieder leichter nach Osteuropa reisen konnte, fuhr Tomek zum ersten Mal wieder nach Polen. Er brachte den Eltern die edelsten Lebensmittel mit, die er besorgen konnte: Hummer, Austern, Champagner, Kaviar. In Polen war die Versorgungslage damals sehr schlecht, sagt Tomek.

Krystyna umarmte Tomek und weinte vor Freude, und als er seinem Vater die Hand geben wollte, sagte der, er solle erst einmal seinen Bruder küssen, zur Begrüßung, und Tomek verstand nicht, wer da gemeint war.

Jurek zeigte auf den kleinen kläffenden Schnauzer, den die Eltern sich inzwischen angeschafft hatten. »Sein Name ist Jacques«, sagte Jurek. Tomek antwortete, dass er aus Prinzip keine Hunde küsse, und Jurek sagte, Jacques sei ein besserer Sohn als Tomek. Jacques knurrte Tomek an, und Jurek sagte, Jacques habe auch eine bessere Menschenkenntnis als Tomek. Er freunde sich nicht mit Gaunern an.

Tomek zog zu alten Freunden und traf seine Mutter während dieser Zeit in Warschau meist in dem Café in der Stadt, in dem sie sich auch schon früher getroffen hatten.

Tomek sagt, er habe es gehasst, wie Jurek alle herumkommandierte, wie alles immer nach seinem Willen ablaufen musste, nach seinem Plan und seinen Vorgaben, und wie er immer alles besser gewusst hatte, hinterher. Tomek sagt, dass er glaubt, dass Jurek Jacques, den Schnauzer, nur so sehr liebte, weil er den herumkommandieren und quälen konnte und der Hund ihm danach immer noch die Finger leckte. Und er sagt, Jurek habe seine Frau Krystyna wie eine Sklavin behandelt.

– Mein Vater hat versucht, Mama einzureden, dass sie dumm ist, viel dümmer als er, und dann hat er sie dafür geschimpft, dass sie sich so dumm anstellt.
– Warum hat deine Mutter ihn nie verlassen?
– Sie hatte Angst.
– Angst vor dem Alleinsein?
– Nein, Angst, dass er seine Einsamkeit nicht überlebt, wenn sie weggeht.

Die Morgensonne scheint auf die Prärie. Wir fahren durch einen breiten Talkessel, immer leicht bergauf. Auf dem kargen Land wachsen nicht einmal mehr Steppengräser, sondern nur kleine, struppige Büsche mit silbrig schimmernden Blättern wie von Olivenbäumen und kleinen gelben Blüten. Das ist der Wüstensalbei, den ich in der Nacht schon gerochen habe, und es sind genau die Büsche, die, wenn sie vertrocknen, über die Prärie kullern, als kleine, stachlige Kugeln.

– Tomek, ich muss dich etwas fragen. Ich war an Jureks Grab in Warschau, und ich war sehr erstaunt, denn da stehen so viele Namen auf dem Grabstein. Der deines Onkels und die von Jureks Eltern. Dabei wurden die doch gar nicht dort begraben, oder?
– Nein, wurden sie nicht. Jurek liegt allein in seinem Grab.
– Weißt du, warum deine Mutter dort nicht begraben werden wollte?
– Er hat es nicht erlaubt. Er hat nicht zugelassen, dass meine Mutter dort begraben wird.

Der Satz trifft mich wie ein Blitz. Eigentlich habe ich mir vorgenommen, Tomek einfach reden zu lassen auf dieser Reise. Ihn seine Version und seine Geschichte erzählen zu lassen. Auch wenn sie nicht zu meiner Version oder Jureks Version passt. Aber in diesem Moment ist es mir einfach unerträglich. Ich denke daran, wie Jurek sagte: »Krystyna hat hinter meinem Rücken dem Tomek Weisung gegeben, dass sie verbrannt werden will.« Und wie getroffen er war und wie er immer und immer wieder traurig und wütend war darüber, dass seine Frau nicht mit ihm in diesem Familiengrab liegen wollte.

Nun werde ich wütend. Verdammt, denke ich, verdammt, dieser Tomek sitzt hier seit dreißig Jahren in Amerika in seinem Truck und kultiviert sein Selbstmitleid und seine Version der Welt und setzt sich nicht mit den Versionen der Daheimgebliebenen auseinander. Gar nicht. Aber das sage ich nicht. Ich sage nur: »Mir hat Jurek erzählt, dass Krystyna nicht dort begraben sein wollte, in dem Familiengrab. Dass er das gewollt hat, aber dass sie entschieden hat, dass ihre Asche nach Zakopane gebracht werden solle.« Viel später – als ich wieder in Deutschland bin und das Band aus dem Truck höre – merke ich, dass meine Stimme bebt, als ich diesen Satz sage. Sie klingt fremd und wie die Stimme von jemandem, der sich nur mühsam beherrscht.

Die friedliche und vertrauensvolle Atmosphäre des Morgens im Truck ist plötzlich verschwunden. »Nein«, sagt Tomek, »nein, so war das nicht. Nein. Willst du die wirkliche Wahrheit wissen?« Aus der Stimme von Tomek, der gerade noch so ruhig erzählt hat, klingt nun eine Mischung aus Wut und Besserwisserei. Tomek sagt, sein Vater habe die Mutter geradezu umgebracht. Ein fröhlicher und lebendiger Mensch sei die Mutter gewesen. Jemand, der gerne feiert, der gerne in die Berge fährt und gut segeln kann. Sie, nicht Jurek, habe ihm das Segeln beigebracht und auch das Skifahren. Viele Freunde habe die Mutter gehabt und auch Verehrer – aber alle Verehrer habe Krystyna immer weggeschickt. »Ich bin eine verheiratete Frau«, habe sie gesagt und die Männer, die ihr Avancen machten, dabei nur ausgelacht.

Aber Jurek sei neidisch gewesen. Auf Krystynas Fröhlichkeit und auch auf die Liebe zwischen Mutter und Sohn. Er habe immer die ganze Stimmung zerstört. »Mama mochte den Geruch unserer Wohnung nicht«, sagt Tomek. »Wenn wir unterwegs waren, dann war sie fröhlich, aber sobald wir nach Hause kamen und uns dieser Geruch entgegenschlug, dieser Geruch von Unglück, dann wirkte Krystyna, als hätte jemand die Luft aus ihr herausgelassen. Sie wurde klein und ganz traurig. Ich mochte den Geruch unserer Wohnung auch nicht. Ein gottverdammter Mief.«

Tomek sagt, er sei sicher, dass es einzig und allein diese furchtbare Atmosphäre war, die in der Mutter den Krebs wachsen ließ, damals, Anfang der Neunzigerjahre. Der Krebs breitete sich in ihrem ganzen Körper aus. Immer wieder wurde Krystyna operiert, und Jurek machte ihr ständig Vorschläge, was sie tun müsse, damit sie gesund werde. Er schickte sie zum Spazierengehen, weil er glaubte, dass frische Luft gegen alles helfe, und er behauptete, dass die Türkei sehr gut für Krystynas Gesundheit sei. »Nur weil er selbst es liebte, in der Türkei zu sein. Er war so egoistisch«, sagt Tomek. Und schließlich, als Krystyna schon sehr krank war, feierten sie noch eine große Party daheim. Ein Genesungsfest. Dabei war Krystyna doch gar nicht gesund. Krystyna schleppte das ganze Essen an und kochte. Zwei Tage später bekam sie innere Blutungen und begann Blut zu spucken. Sie brachten sie ins Krankenhaus, aber sie erstickte an ihrem eigenen Blut.

Und Jurek habe nicht einmal bei ihm in den USA angerufen. Er habe nur einen Cousin in Warschau angerufen und zu ihm gesagt: »Jacek, ruf Tomek an und sag ihm, er soll kommen und den Körper meiner Haushälterin wegschaffen.«

– Das ist eine völlig andere Geschichte, als die, die Jurek mir erzählt hat.
– Es ist die Wahrheit, die wahre Wahrheit.
– Ä-hä …
– Ich habe Vater also angerufen und habe gesagt: Warum hast du mich nicht angerufen?

Tomek kocht, und ich weiß, ich muss ihm jetzt einfach zuhören. Ich muss ihn jetzt ausreden lassen und seine Geschichte anhören. Normalerweise, wenn ich einem Interviewpartner zuhöre, dann sage ich beim Zuhören »ja«, »ja«. Aber hier kann ich nicht »ja« sagen – es würde mir wie Verrat an Jurek vorkommen. Ich mache einen »Ä-hä«-Laut, und es liegt etwas Ungläubiges in diesem Laut, der von nun an Tomeks Erzählung durchzieht.

– Jurek hat gesagt, dass er kein Geld dafür ausgeben will, jemanden wegen seiner Haushälterin anzurufen. »Komm rüber und hol ihren Körper im Krankenhaus ab«, hat er gesagt. »Erledige alles. Kümmere dich um die Beerdigung. Da ist kein Platz im Familiengrab. Sie war nicht Teil der Familie.«
– Ä-hä …
– Ich flog heim und erledigte alles. Wegen des Krematoriums und der Trauerfeier. Und Vater wollte, dass ich die Termine

dann noch mal verändere, weil er nach Deutschland fliegen wollte. Ich musste nach Poznań fahren, weil es in Warschau damals gar kein Krematorium gab, und wir mussten dort auf einen Termin warten. Vater hat doch tatsächlich vorgeschlagen, dass wir die Trauerfeier in Warschau vor der Kremation abhalten. Mit einer leeren Urne! Damit er dann nach Deutschland fahren kann und seine Freunde da besuchen. Er sagte: ›Merkt doch niemand, ob in der Urne Mamas Asche ist.‹ Stell dir das mal vor.

– Deine Mutter wollte also verbrannt werden und gar nicht begraben?

– Ja, darum hat sie mich gebeten. Als sie schon sehr krank war, kam sie in die USA. Sie kam für fast zwei Monate und fuhr mit mir herum, im Truck. Und irgendwann, wir fuhren gerade durch die Rocky Mountains, da sagte Krystyna zu mir, sie wolle, dass ich ihre Asche in den Bergen der Tatra ausstreue. In einem Ort bei Zakopane, den sie sehr mochte. Und ich müsse mich darum kümmern, dass das auch wirklich so passiert. Und deshalb habe ich mich gekümmert. Ich habe zu meinem Vater gesagt, dass er nicht nach Deutschland fahren dürfe, bis Mutter verbrannt ist. Oder dass er sich zum Teufel scheren solle und nach Deutschland fahren, und dann eben ertragen, dass die Leute darüber reden, dass er nicht einmal bei der Trauerfeier seiner eigenen Frau war.

– Ä-hä …

– Mein Vater lief also in der Wohnung rum und fluchte vor sich hin und verhielt sich einfach, als habe er eine verdammte szerszeń im Arsch.

– Ä-hä …

– Ach verdammt, weißt du überhaupt, was eine szerszeń ist?

– Nein, ich weiß nicht, was eine szerszeń ist.

– Dann frag doch nach, verdammt. Wenn du etwas nicht verstehst, dann frag nach, verdammt! Du sitzt da und sagst die ganze Zeit »Ä-hä, a-hä«, dabei weißt du nicht mal, was eine szerszeń ist!

Tomek brüllt plötzlich richtig. Er äfft mein »Ä-hä, a-hä« nach, und ich fühle mich angegriffen. Ich spüre, dass es Tomek eigentlich nicht darum geht, ob ich nun das Wort »szerszeń« kenne oder nicht. Es geht ihm darum, dass ich diesen Laut mache, der zeigt, dass ich seine Geschichte zwar anhöre, aber nicht wirklich akzeptiere. Dass ich noch andere Dinge weiß. Ich, eine Fremde. Dass ich eine andere Version kenne. Dass Jurek mir von dieser Beerdigung auch erzählt hat. Dass ich sie nicht einfach annehme, seine »wahre Wahrheit«. Er ist sauer, dass sich da irgend so eine wildfremde Deutsche in seinem Truck breitmacht, die nicht einmal fehlerfrei Polnisch spricht und die doch denkt, sie kenne eine noch wahrere Wahrheit über seine Familie.

Tomek atmet tief durch. »Eine szerszeń, das ist ein großes Insekt. Es ist gelb und wenn es dich sticht, hast du ein echtes Problem«, erklärt er betont beherrscht. »Eine Hornisse«, sage ich auf Englisch und versuche meiner Stimme einen fröhlichen Tonfall zu geben, was mir prächtig misslingt. »Ja, verdammt, eine Hornisse«, sagt Tomek, aber seine Stimme klingt schon wieder etwas ruhiger, und dann erzählt er weiter.

– Jurek ging also in der Wohnung auf und ab und knurrte vor sich hin, und ich fuhr nach Poznań und brachte dann die Asche meiner Mutter heim nach Warschau. Am nächsten Tag war die Trauerfeier, und eine Menge Leute kamen. Sie kamen alle nur für sie. Nicht wegen ihm. Sie gaben ihm die Schuld dafür, dass sie so gestorben war, wie sie gestorben war, und vielleicht auch irgendwie mir, weil ich in die Staaten abgehauen war und sie mit ihm allein gelassen hatte. Nach der Trauerfeier fuhr Jurek nach Deutschland, und ich fuhr mit meinen Freunden und Freunden meiner Mutter in die Berge.
– Ja.
– Wir streuten ihre Asche auf einer Wiese aus, auf der sie immer gern gepicknickt hat. Und wir machten zwei Flaschen Champagner auf, und als wir da standen und auf meine Mutter tranken, da begann es zu regnen, und ein Freund sagte, dass sogar der Himmel um Krystyna weint. Der Himmel hat geweint, und Jurek nicht. So war das.

Tomek schweigt. Ich schweige auch. Wir sind nun schon ziemlich hoch in den Bergen. Die verschneiten Spitzen sind ganz nah, aber das Tal, durch das wir fahren, ist braun, kahl und trocken. Wir sind hier unendlich weit weg von Polen, und doch sind Tomeks Erzählungen so nah, klingt er so aufgewühlt, als kämpfe er bis heute darum, Distanz zu finden zu dem, was er erlebt hat. Und er kämpft darum allein. Hier im Truck. Er erinnert sich, ohne andere Versionen seiner Geschichten zu hören.

Seit dreißig Jahren erinnert Tomek sich fast immer allein, und seit die Mutter gestorben ist, erinnert er sich nur noch allein. Er ist ausgewandert. Er hat sich die Auseinandersetzung mit seinem Vater gespart. Genau wie Jurek sich eine ernsthafte Auseinandersetzung mit seinem Sohn gespart hat – ihn nie wieder heimgeholt, ihn nie richtig willkommen geheißen, ihm nie etwas erzählt hat über sein Leben. Die beiden haben einfach geschwiegen und einander gegrollt und ihre Privatgeschichten entwickelt. Jetzt sitze ich hier mit dem Groll der beiden und darf mich dumm fühlen und sehen, wie ich ihre Erinnerungsperlen zusammen auf meinen roten Faden bekomme – obwohl sie doch kein bisschen zusammenpassen.

Ich sitze in Tomeks Truck, schaue auf das kahle Tal hinaus, und dann fällt mir ein, wie ich in Krakau studiert habe, damals vor inzwischen fast zehn Jahren. Und wie verwirrt ich war von den verschiedenen Versionen der Geschichte – der polnischen und der deutschen. Und wie Jurek mich auslachte für meine Verwirrung, wie er mir von der Schulbuchkommission erzählte, die er für seine Idee hielt. Nun gut, Jureczku, denk ich mir, dann spiele ich jetzt eben Schulbuchkommission. Dann veranstalten wir jetzt eben eine ganz private Schulbuchkommission für die Familiengeschichte der Hronowskis.

– Tomek, willst du hören, was dein Vater über die Beerdigung deiner Mutter gesagt hat?
– Wenn du meinst.
– Also, er hat gesagt …
– Du musst nicht so laut sprechen. Ich verstehe dich auch so.

Ich senke meine Stimme und erzähle. Jurek habe gesagt, dass er schon dabei war, Krystynas Beerdigung im Familiengrab vorzubereiten, als er plötzlich einen Anruf von ihm, Tomek, bekommen habe. Und dass er erst da erfahren habe, dass Krystyna verbrannt werden wolle. Dass sie nicht im Familiengrab liegen wolle, sondern wolle, dass ihre Asche in die Berge gebracht wird. Ich erzähle auch, dass Jurek darüber noch Jahre nach Krystynas Tod traurig war – und auch wütend.

»Ich glaube, dass Jurek sich allein gelassen gefühlt hat von Krystyna. Endgültig allein gelassen, nachdem sie das ganze Leben miteinander ausgehalten hatten«, sage ich. Und dann sage ich noch, dass ich ja nicht behaupten will, dass alles genau so war, wie Jurek es mir erzählt hat, aber dass das eben die Version ist, die ich kenne, weil Jurek sie mir so erzählt hat – mir und auch anderen deutschen Freunden. Renate zum Beispiel. Oder Uli Wegner. Und dann frage ich ihn, ob er sich denn an Uli Wegner erinnert. Ein großer Mann mit Bart sei das.

Als ich das Gespräch später abhöre, merke ich, dass ich Uli Wegner hier als Kühllaster benutze. Ich bin froh, dass Tomek Jureks Version angehört hat, aber ich will ihn nicht zwingen, darauf zu reagieren. Und so biete ich ihm auch das Thema »Uli Wegner« an, damit er auf etwas ausweichen kann. Damit keine unangenehme Gesprächspause entsteht. Damit es nicht wirkt, als ob ich von ihm eine sofortige Antwort fordere. Jede Schulbuchkommission braucht Verhandlungspausen.

Tomek sagt, dass er sich dunkel erinnere an diesen Uli, und dann schweigt er. Wir schweigen beide, und wir schweigen ziemlich lang.

»Teile von dem, was du gesagt hast, sind wahr«, sagt Tomek schließlich. »Vielleicht sogar mehr als Teile. Weil, ich … habe Vater gesagt, dass ich komme und alles selbst mache, anders mache – nachdem er eine derart schreckliche Einstellung in der ganzen Angelegenheit der Beerdigung gezeigt hatte. Ich war sehr wütend. Ich meine, dass er Jacek gebeten hatte, mir auszurichten, dass meine Mutter gestorben war. Ich war wirklich wütend.« Ich sage nichts. Ich höre zu. »Ich war irgendwo auf der Straße, als Mutter starb«, erzählt Tomek weiter. Er erzählt die Geschichte nun noch einmal von vorne. Und er erzählt sie dieses Mal anders. Er war unterwegs, und es gab noch keine Handys damals. Sein Cousin Jacek rief also den Broker an, der Tomek meist die Aufträge vermittelte, und der Broker rief in verschiedenen Truckstopps an, entlang der Strecke.

Verdammt, denke ich, wie hätte denn Jurek selbst anrufen sollen, wenn Tomek doch nicht persönlich erreichbar war und Jurek kaum Englisch sprach? – Das denke ich mir, aber ich sage es nicht. Ich will nun Tomeks Geschichte anhören, so wie er gerade

Jureks Version, ohne zu unterbrechen, angehört hat. Geduldiges einander Zuhören gehört zur Arbeit einer Schulbuchkommission.

Der Broker hinterließ für Tomek in den Truckstopps entlang der Strecke die Nachricht, dass er in Polen anrufen solle. Tomek rief Jurek an, und der sagte: »Hat Jacek dich angerufen?«

»Warum Jacek? Sag du mir, was passiert ist.«

»Deine Mama ist gestorben. Wir haben sie im Krankenhaus gelassen. Mach mit ihrem Körper, was immer du willst.«

»Das war unser verdammtes Gespräch«, sagt Tomek, und dann schweigt er wieder. Wieder ist es ein langes Schweigen und eines, von dem ich spüre, dass ich es nicht durchbrechen darf.

»Oder vielleicht«, sagt Tomek dann und er zieht das »maybe« in die Länge wie Kaugummi. »Es kann auch sein, dass Jurek mich zuerst gefragt hat: ›Wie willst du das organisieren? Kommst du zur Beerdigung?‹, und dann habe ich gesagt …« Tomek bricht mitten im Satz ab. Ich schaue zu ihm hinüber. Er legt die Stirn in Falten, atmet kräftig aus und sagt: »Ja, wahrscheinlich, nein, bestimmt war es so, dass er gesagt hat: ›Kommst du zur Beerdigung?‹, und dann habe ich gesagt, ›Mama hat mit mir darüber gesprochen. Sie wird nicht beerdigt, sie wird verbrannt.‹«

Wieder unterbricht Tomek seine Erzählung. Und als er wieder anfängt zu sprechen, kommt er scheinbar vom Thema ab. Er sagt: »Jurek hat mir nie gesagt, was mit seinem Körper geschehen soll, wenn er tot ist. Aber ich habe angenommen, ich war irgendwie immer sicher, dass Jurek nicht verbrannt werden will. Wegen Auschwitz.« Er schaut mich über den Innenspiegel an, als ob er auf eine Bestätigung warte.

»Ja«, sage ich, »ich bin auch sicher, dass er das nicht wollte. Er hat mir oft von dem schrecklichen Anblick der Krematorien erzählt.«

Tomek nickt, und als er weitererzählt, nun wieder von der Beerdigung seiner Mutter, da wird mir klar, dass wir gar nicht vom Thema abgekommen sind – dass Tomek hier intuitiv eine Erklärung eingeschoben hat für die Wut seines Vaters, über die er als Nächstes erzählt.

»Jurek ist wahnsinnig wütend geworden, als er von der Verbrennung hörte«, sagt Tomek. Er sei wütend geworden und habe dann gesagt, Tomek solle kommen und den verdammten Körper aus dem Krankenhaus holen und damit tun und lassen, was immer er wolle. Jurek habe auch auf ihn, Tomek, geschimpft, und er habe auf Krystyna geschimpft. Er habe plötzlich behauptet, Krystyna sei doch nichts als eine Haushälterin für ihn gewesen und habe niemals wirklich zu seiner Familie gehört. Und dann habe er gesagt, er müsse nun nach Deutschland fahren. Zu seinen Freunden. Dort habe er wichtige Dinge zu tun, die nicht warten könnten.

»Es könnte also wirklich sein, dass Jurek sich im Stich gelassen fühlte von Krystyna«, sage ich ganz vorsichtig, »dass er das Gefühl hatte, dass sie ihn nun, nach ihrem Tod, doch noch verlassen hat. Nachdem sie doch immer bei ihm geblieben war. Dass sie sich doch noch von ihm befreit hat und ihn allein gelassen hat in diesem Familiengrab.« Tomek sagt »A-hä«, und es klingt etwas Ungläubigkeit aus seiner Stimme, aber keine Feindschaft. »Ja«, sagt er dann nach einiger Zeit, »ja, sie hat es in ihrer Art zu sterben doch noch getan. Sie hat ihn verlassen.« Ich glaube, es liegen zwei widersprüchliche Gefühle in diesem einen Satz: Stolz auf seine Mutter und zugleich Mitleid mit seinem Vater.

Ich lehne mich zurück und bin erleichtert, und ich bewundere Tomek aus tiefstem Herzen. Ich bewundere ihn dafür, dass er Jureks Version nun doch noch angehört und sogar seine eigene Geschichte entsprechend verändert hat. Nun, zwei Jahre nach Jureks Tod und zehn Jahre nach dem Tod seiner Mutter. Beide hatten in ihrer Geschichte Dinge weggelassen und die Reihenfolge von Ereignissen vertauscht. Beide hatten nicht im eigentlichen Sinn gelogen, aber beiden musste die Version des anderen als »Lüge« erscheinen. Aber nun hat Tomek sich darauf eingelassen, mit mir, einer wildfremden Deutschen, ein Gespräch zu führen, um eine gemeinsame Version der Geschichte auszuarbeiten. Eine Version, die aus seiner eigenen und der von Jurek besteht. Eine transatlantische Version.

Wir schweigen. Es ist ein erschöpftes und zufriedenes Schweigen. Wir fahren weiter den Berg hinauf und überqueren dann die Wasserscheide. Das sagt zumindest ein Schild am Rand der Straße. In einem Tal geht es dann bergab und auf der Sohle dieses Tals fließt ein Bach, an dessen Ufer Bäume wachsen. Die ersten

Bäume seit Salt Lake City! Wunderschöne, herbstrote und leuchtend gelbe Bäume.

Tomek dreht das Radio an. Wir hören klassische Musik, fahren den Berg hinunter, und Hornissen sind nun keine mehr im Truck. Szerszeń, denke ich mir – Hornisse heißt auf Polnisch »szerszeń«.

Wir durchqueren Reno und fahren dann über die Grenze zwischen Nevada und Kalifornien. Auch die Hänge sind nun wieder baumbestanden, Kiefern vor allem, ein richtiger Wald und richtige Berge und Bäche, und ich fühle mich viel heimischer als in der magischen, aber unwirtlichen Wüstenlandschaft, durch die wir bisher gefahren sind.

Es ist schon fast Mittag, als wir eine kurze Essenspause am Straßenrand machen. Wir steigen aus dem Truck und schauen hinunter in ein Tal, in dem ein merkwürdig türkisblauer See leuchtet. Tomek holt aus seinem Kühlfach eine Tupperdose mit kaltem, in Kräutern und Essig eingelegtem Rindfleisch und eine zweite Plastikdose voller Tomaten. Richtige Gartentomaten – Herbsttomaten, wie sie meine Mutter daheim vor dem ersten Frost aus dem Garten holt und dann auf die Fensterbank über dem Heizkörper legt, damit sie nachreifen.

»Ich hasse Supermarkttomaten«, sagt Tomek, schiebt sich eine der Gartentomaten in den Mund und erzählt dann kauend und schmatzend, dass er diese Tomaten aus dem Garten des Hauses in Pennsylvania mitgebracht hat, in dem noch immer seine Exfrau und seine Tochter leben. Er habe sie besucht, auf dem Weg nach Salt Lake City.

– Dein Vater wäre begeistert gewesen von diesen Tomaten.
– Ja, Jurek liebte es, wenn Tomaten nach Sommer schmecken.
– Zu mir hat er immer gesagt, die besten Tomaten der Welt gebe es in der Türkei.
– Er liebte die Türkei. Campen am Strand und sich den Bauch mit Tomaten und Schafskäse vollzuschlagen, das war für ihn Freiheit.

Wir schweigen, kauen weiter Beef und Tomate, und ich glaube, wir genießen es beide, dass wir dabei einmal an denselben Jurek denken. Einen glücklichen Jurek. Aber wir wissen beide, dass der anstrengende Teil unseres Gesprächs noch nicht vorbei ist und noch ein gutes Stück Weg vor uns liegt. Es ist nur eine Atempause. Eine wohlverdiente Tomatenpause, irgendwo am Straßenrand.

Es geht weiter bergauf. Vor uns keucht ein Truck den Hang hoch, der gewaltig aus dem Schornstein über dem Fahrerhaus qualmt. Tomek greift zu seiner Sprechfunkanlage. Damit kann er alle Trucks im direkten Umfeld anfunken. »Du qualmst«, sagt er in den Sprechfunk.

»Ich weiß«, antwortet die quäkig verzerrte Stimme des anderen Truckers, »ich weiß aber verdammt nicht, woran es liegt.«

»Einspritzpumpe«, sagt Tomek, »vom Qualm her würde ich sagen, es ist die Einspritzpumpe. Du musst da dieses Teil rausnehmen, du weißt schon, und es reinigen, und dann verwende Automatic-Transmission-Fuel – das sollte helfen.« Der Trucker bedankt sich, und Tomek hängt das Sprechfunkgerät zurück an seinen Platz über dem Fahrersitz.

– Mit dem Truck, den der da fährt, tut er sich keinen Gefallen. Die machen beschissene Motoren. Ich fahre einen Freightliner. Seit die zu Mercedes gehören, sind da ordentliche Motoren drin. Die Deutschen machen die besten Motoren, ja, verdammt, Motoren bauen, das könnt ihr. Vor allem Mercedes.
– Das mit den Mercedes-Motoren hat dir Jurek eingeredet und Jurek hat es dieser Fritz Kohlberg eingeredet.
– Fritz was?
– Hat dir Jurek nicht davon erzählt, wie er in dieser Autowerkstatt gearbeitet hat?

Nun sind wir ganz von allein in einer von Jureks dreißig Geschichten gelandet. In der Geschichte von Fritz Kohlberg. Mir ist klar, dass Tomek wenig weiß über Jureks Zeit in Auschwitz, aber es erstaunt mich, dass der autobegeisterte Vater seinem Mechanikersohn nicht einmal diese Geschichte erzählt hat, die doch eine seiner Lieblingsgeschichten war. Eine Geschichte, die in einer Autowerkstatt spielt, die alle meine ehemaligen Klassenkameraden kennen und bestimmt achttausend andere junge Deutsche.

Aber wahrscheinlich hatte Jurek damals, in den Sechzigerjahren, als er den Kontakt zu Tomek letztlich für immer verlor, diese Geschichte noch gar nicht aus seinen Erinnerungen geschält.

Ich beginne also Tomek irgendwo in den Bergen der Sierra Nevada von Fritz Kohlberg zu erzählen.

1944 war ich in einem Außenlager in einer Autowerkstatt beschäftigt. Das war schon nicht mehr im Auschwitz. Da war ich schon deportiert worden, nach Westen, weil die Rote Armee vorrückte. Der Meister dort, ein deutscher Ingenieur, war anständig. Er hat uns nicht geschlagen, »Sie« zu uns gesagt, und er war ein hervorragender Fachmann für die Motoren, von dem ich gelernt habe, wie man einen deutschen Motor repariert.
Aber zu essen bekamen wir damals fast nichts. Wir waren schon fast gestorben vor Hunger. Da habe ich einmal den Mut zusammengenommen und den Meister gebeten, dass er mit mir geht zu einem Wagen, von welchem ich die Haube aufgehoben habe, damit wir irgendwie versteckt sein können in dem Gespräch. Dann habe ich gesagt: »Herr Meister, Krieg ist zu Ende, Krieg ist verloren von Deutschland. Und viele Leute werden bald verantwortlich dafür gemacht werden, wie sie behandelt haben die Gefangenen. Aber Sie haben hier in dieser Werkstatt uns Häftlinge, und wir wissen, dass Sie ein fabelhafter Mensch sind, der uns immer anständig betrachtet hat, wofür ich herzlich möchte mich bedanken bei der Gelegenheit, im Namen unserer Truppe hier. Und wir bitten Sie, dass Sie für uns etwas Essbares organisieren zusätzlich, weil wir schon nicht mehr Kräfte haben, um zu arbeiten. Ohne zusätzliches Essen werden wir sterben und die Wahrheit über Sie niemandem sagen können, nach dem Kriege.«
Und anstatt sich zu freuen, hat er mir das übel genommen und hat geschrien, dass er sofort zur politischen Abteilung gehen muss und melden, dass ich habe gesagt, dass der Krieg verloren ist. Ich habe ihm geantwortet: »Wovor kann ich Angst haben? Eigentlich ich brauche noch zwei, drei Tage und krepiere ich auch so.« Er hat kein Wort dann gesagt. Mit Wut ging er zu seinem Büro und knallte die Tür. Aber er ging nicht zu Gestapo. Und da haben wir bemerkt, dass meine Wort doch in ihn gedrungen sind: Am nächsten Tag kam er gefahren mit seinem Wagen mitten in die Garage, und er schaute auffordernd auf mich und ging ins Büro. Im Kofferraum fanden wir einen 80-Kilo-Sack Kartoffeln. Wir brieten sie in Maschinenöl. Wir verhungerten nicht.

»Ä-hä …«, sagt Tomek.

»Ich glaube, von Fritz Kohlberg hat Jurek viel über Motoren gelernt«, sage ich.

»Weißt du«, sagt Tomek schließlich, »Jurek war ein sehr schlechter Erzähler.« Ich denke zuerst, dass Tomek einen Witz macht. Jurek war der beste Erzähler, den ich kannte. Nie werde ich vergessen, wie er mit ausladenden Gesten geredet hat, Spannung aufgebaut, Stimmen nachgeahmt, kleine Dialoge geradezu gespielt – eigentlich ganz ähnlich wie Tomek, wenn er in Fahrt ist. Aber Tomek meint, was er da sagt, ernst. »Weißt du, mein Vater hat wenig geredet, und er hat es ganz besonders gehasst, über Auschwitz zu sprechen«, sagt Tomek.

»Aber Jurek hat doch irgendwann fast hauptberuflich erzählt«, will ich rufen. Aber ich sage das nicht. Mir fällt meine Bauernhof-Oma ein, die ihrem Sohn, meinem Vater, auch nichts erzählt hat über die NS-Zeit. Ich dachte immer, der Grund dafür sei Scham gewesen. Scham, weil sie an Hitler geglaubt hatte, weil sie auf Seiten der Verbrecher gestanden hatte.

Ich dachte immer, für Jurek sei es viel leichter gewesen zu erzählen. Er war Opfer dieses verbrecherischen Regimes gewesen. Wofür sollte er sich da schämen? Warum sollte er da schweigen?

Manchmal habe der Vater angesetzt, um etwas zu erzählen, sagt Tomek, aber Jurek habe immer abgebrochen und gesagt: »Was rede ich da, du hast ein Fahrrad, deine Mädchen, deinen Sport. Du verstehst das sowieso nicht.« Und auch mit der Mutter habe Jurek nicht reden wollen. Nicht über Auschwitz.

Tomek schweigt – es ist, als ob er nachdenke, ob ihm nicht doch noch etwas einfällt, was Jurek erzählt hat. »Aber da gibt es dieses Buch«, sagt er schließlich, »es heißt, ähh … Ich habe vergessen, wer noch mal dieses Buch geschrieben hat, aber da gibt es einen Abschnitt über meinen Vater. Es ist ziemlich bekannt und heißt irgendwie lateinisch.«

»Meinst du ›Anus mundi‹?«, frage ich.

»Ja, dieses verdammte Buch mit dem lateinischen Namen. Es ist ziemlich bekannt in Polen. Ich habe das Ding zweimal weggeschoben.« Und dann erzählt Tomek wieder auf Polnisch.

Es muss Anfang der Neunziger gewesen sein. Tomek lebte

damals schon lange in den USA, war auch schon geschieden, und über Weihnachten fuhr er nach Polen. Zum ersten Mal seit Jahren wollte er mit den Eltern feiern, mit der Mutter, die schon krank war, und auch mit dem Vater.

Der Vater hielt ihm ein Buch hin, das er nicht kannte. »Setz dich auf den Stuhl dort neben dem Weihnachtsbaum«, sagte Jurek, »und lies den Abschnitt, in den ich den roten Faden gelegt habe. Dann kannst du etwas darüber lernen, was ich erlebt habe.«

Tomek las ein paar Sätze. Er begriff schnell, dass es hier um Auschwitz ging, und er gab dem Vater das Buch zurück. »Das ist so traurig«, sagte er, »ich werde das jetzt nicht lesen. Es ist Weihnachten. Es ist Zeit zu genießen. Glücklich zu sein. Ich mag glücklich sein, wenn ich zu Besuch komme – wo ich doch sonst immer arbeiten muss.«

Jurek war sehr verletzt, als Tomek das Buch wegschob. »Du willst nicht wissen, was ich durchgemacht habe«, sagte er und dann schwieg er. Fast das ganze Weihnachtsfest über.

Und dann, es war Jahre später, da gab er Tomek das Buch noch ein zweites Mal. »Aus irgendeinem Grund war ich nicht bereit, das zu lesen«, sagt Tomek, »ich weiß auch nicht, wieso.«

Jurek sei außer sich gewesen. Und später, wenn sie mal wieder stritten, dann habe Jurek immer wieder dieses Buch ins Gespräch gebracht. Er habe gesagt: »Du hast das Buch nicht gelesen. Du weißt nichts. Du weißt nichts darüber, was mein Leben ausgemacht hat. Du weißt nichts darüber, wie ich Menschen geholfen habe.« Und dann begann er, Tomek Fragen zu stellen – Jurek fragte: »In welchem Block war ich Schreiber?«, »In welchem Monat wurde ich verhaftet?«

»Lauter dumme Fragen«, sagt Tomek und schüttelt den Kopf.

Tomek hat »Anus Mundi« bis zum heutigen Tag nicht gelesen. Es sind nur ein paar Seiten über Jurek, die Tomek da zu lesen gehabt hätte. Jurek ist darin nur eine Nebenfigur. Die Hauptpersonen sind Edek Galinski und Mala Zimetbaum, die aus Auschwitz flüchteten, verkleidet mit einer gestohlenen SS-Uniform, und Jurek war derjenige, der für seinen Freund Edek die Uniform versteckte. Schreiber auf Block 27 war er damals. Eine Geschichte, die Jurek mir wahrscheinlich ein paar hundert Mal erzählt hat.

Tomek schweigt und wirkt irgendwie mitgenommen, und absurderweise habe ich das Gefühl, dass es meine Gedanken sind, die ihn mitnehmen. Jurek konnte Tomek seine dreißig Geschichten nicht erzählen, denke ich. In den Sechzigerjahren konnte er sie nicht erzählen, weil er diese Geschichten damals noch gar nicht aus seiner Erinnerung geschält hatte und weil sie damals noch viel zu grausam waren. Weil er diese Grausamkeit seinem Sohn nicht zumuten konnte. Vielleicht auch deshalb, weil er sich seinem Sohn nicht als passives Opfer präsentieren konnte und wollte – und damals war Jurek in seinen Geschichten noch ein Opfer. Wahrscheinlich hat Jurek sich tatsächlich dafür geschämt, derart erniedrigt worden zu sein.

Und später konnte Jurek es ihm nicht mehr erzählen, weil da zu viel zwischen ihnen stand.

Jurek versuchte einen anderen vorzuschicken, den Autor von »Anus Mundi«, einen dritten, unbeteiligten Zeugen, von dem Tomek erfahren sollte, dass er einen Vater hat, auf den man stolz sein kann. Aber Tomek wollte nicht.

Ich weiß nicht, was zu tun ist. Ich will fragen: »Warum wolltest du es nicht lesen?«, aber ich zögere. Dann überlege ich, ob ich sie einfach erzählen soll, die Geschichte von Mala und Edek, und ich überlege, wie ich sie am besten erzählen soll.

»Stell deinen Fuß nicht da auf das verdammte Plastikteil«, herrscht mich Tomek plötzlich an. »Das Ding könnte abbrechen, und dann muss ich den Scheiß reparieren.«

Mein Fuß steht schon sehr lange auf ein und demselben Fleck – vor ungefähr zwei Stunden, nach unserem Picknick am Straßenrand, habe ich die Schuhe ausgezogen und den rechten Fuß auf das kleine schwarze Plastikfach gestellt, das in die Tür eingelassen ist und sehr stabil wirkt. Erschrocken ziehe ich ihn nun zurück und ziehe sogar meine Schuhe wieder an, ohne Schuhe fühle ich mich plötzlich schutzlos. Tomek will das nicht, denke ich mir. Er will nicht von mir erfahren, dass sein Vater Schreiber auf Block 27 war. Er will Jureks Geschichten nicht hören. Nicht von mir. Nicht jetzt.

Ich tröste mich damit, dass er wenigstens die Geschichte von Fritz Kohlberg nun gehört hat, und fühle mich auf einmal sehr, sehr erschöpft. Wir fahren schweigend und verlassen die Berge.

Der Verkehr wird dichter – anders als in der Wüste besteht er nun aus Pkw aller Formate, sogar europäisch anmutende Kleinwagen sind dabei. »Gleich sind wir in Sacramento«, sagt Tomek, und es klingt versöhnlich. Und ich bin sehr froh, dass es nicht mehr weit ist bis San Francisco.

»Ich habe meinen Vater selten weich und nahbar erlebt«, sagt Tomek unvermittelt in das Schweigen hinein. »Meistens, wenn er ein bisschen getrunken hatte. Dann war er ganz weich und eigentlich ein angenehmer Mensch. Aber meistens war er so hartherzig.« Ich sehe, dass Tomek fast weint, und er tut mir leid. Ich komme mir vor wie jemand, der einen Schutzdamm niedergerissen hat und dann von einem sicheren Hügel aus mit ansieht, wie ein Haus überflutet wird. Eine Psychologin sollte hier sitzen. Nicht ich.

»Er hat die ganze Zeit seinen verfickten Krieg gekämpft«, sagt Tomek und seine Stimme zittert, »er hat immerzu Auschwitz überlebt. Sein ganzes Leben hat sich um das Auschwitzproblem gedreht. Auschwitz überall. Immer hat er innerlich an diesem Problem gearbeitet. Wenn ich als Kind nachts zur Toilette ging und Lärm machte, dann sprang er aus seinem verdammten Bett, stand stramm und brüllte ›Schutzhäftling 227‹, ›Meldung‹ und lauter so Zeug. Und wenn wir dann Licht machten, um ihm zu zeigen, dass er zu Hause ist, dann zitterte er noch stundenlang. Und Krystyna nahm ihn in den Arm wie ein kleines Kind. Und er konnte gar nicht mehr sprechen, zwanzig, dreißig Minuten lang …« Tomek hört auf zu reden, und ich sehe, dass er wirklich weint.

»Lass uns aufhören, über dieses Thema zu reden«, sagt er schließlich.

»Ja«, sage ich und nach einer Pause, die eine sehr unangenehme Pause ist: »Ich bin gespannt auf San Francisco.«

Dann sprechen wir über San Francisco, und ich spüre, wie Tomek sich bei diesem Thema langsam wieder erholt. Er erzählt mir stolz, dass es in San Francisco das beste Brot der Vereinigten Staaten gebe, ja, vielleicht das beste Brot der Welt, und dass er für sein Leben gern segelt im Bay, und dass er ein guter Segler ist. Ein richtig guter. Besser als sein Vater und auch als seine Mutter.

Tomek hat ein Recht darauf, nicht alles wissen zu wollen, denke ich mir.

Er erzählt, dass er mit seiner Freundin und deren erwachsener Tochter in einem Suburb lebt, und als ich sage, dass ich ein Zimmer reserviert habe in einem Hostel in der Stadt, da will Tomek unbedingt, dass ich sofort anrufe und das Zimmer absage. »Du kannst doch bei uns schlafen, du gehörst doch gewissermaßen zur Familie«, sagt er, und ich spüre, dass ihm das wichtig ist. Sehr wichtig. Und ich freue mich darüber.

In den nächsten zwei Tagen zeigt er mir San Francisco, und nebenbei führt er mich halb San Francisco vor. Er fährt mich auf seiner Harley über die Golden Gate Bridge – extra schnell. Er schleppt mich in alle seine Lieblingskneipen und sogar in die Motorradwerkstatt, in der er in seiner Freizeit oft an seiner Maschine herumschraubt, und ständig treffen wir Freunde und Bekannte von Tomek und seiner Freundin, die Stewardess ist. Zu jedem sagt Tomek: »Das ist Katarina, eine Journalistin aus Deutschland – sie schreibt ein Buch über meinen Vater«, und wenn jemand sagt »wow« oder »not bad«, dann sagt er ganz lässig: »Es ist gar nicht das erste Buch, das über meinen Vater geschrieben wird.«

Wenn die anderen dann nachfragen, dann beginnt er fantastische Geschichten über Jurek zu erzählen. Darüber, dass Jurek letztlich, sozusagen aus dem KZ heraus, Ideengeber des Warschauer Aufstands war. Und dann schildert er den Warschauer Aufstand so genau, dass man meinen könnte, Tomek sei dabei gewesen, wobei die meisten der Szenen aus dem polnischen Film »Kanal« stammen, der in Warschaus Kinos lief, als Tomek ein Kind war. In Tomeks Erzählung vermischt sich der Warschauer Aufstand mit dem Ghettoaufstand. Er sagt, die Polen hätten die Juden mühsam überredet, auch zu kämpfen – aber die hätten sich in ihrem Ghetto verschanzt und sich nicht gerührt, bis die Polen ihnen Waffen durch den Kanal brachten.

Der Ghettoaufstand fand über ein Jahr vor dem Warschauer Aufstand statt. Jurek hätte Tomek gewürgt für solche historischen Ungenauigkeiten, denke ich und beiße mir auf die Zunge. Tomek erzählt derweil, dass auch die Gründung der EU auf seinen Vater zurückzuführen sei. Der habe beschlossen, dass Krieg gar keinen Sinn macht und Handel viel besser ist. Ich beobachte die staunenden Gesichter der Harley-Davidson-Gemeinde. Der mit dem roten Bart hat sicher irische Vorfahren, denke ich – und der da ist ein Mexikaner, und der könnte britisches Blut haben, und sie haben alle bestimmt noch nichts vom Warschauer Aufstand gehört. Ich bin sicher, dass auch Tomek sich selbst diese Geschichten glaubt. Sonst würde er sie wohl nicht vor mir erzählen, er muss doch wissen, dass ich es besser weiß, denke ich.

Als Tomek aufhört zu erzählen, sieht er mich an, als ob er auf Zustimmung warte.

»Jurek war jemand, der sehr im europäischen Geist gedacht und gehandelt hat«, sage ich und finde, dass das nicht gelogen ist und dass es klingt wie ein Satz von einer Europäerin, die Bücher schreibt.

Im Flugzeug auf dem Weg zurück, irgendwo über dem großen eisigen Meer, muss ich noch einmal an die Bilderausstellung denken, von der Tomek mir bei dem Telefonat vor einem halben Jahr erzählt hat. An die Porträts, auf denen man erst mit großem Abstand ein Gesicht erkennen kann. Tomek hat einen ganzen Ozean Abstand zwischen sich und Jurek gebracht und steht doch immer noch ganz nah vor dem Bild seines Vaters, denke ich mir.

Tomek hofft und behauptet, dass sein Vater aus großem Abstand betrachtet eine historische Persönlichkeit ist, aber in seiner persönlichen Erinnerung bleibt Jurek ein widersprüchlicher, schweigsamer und geschundener Mensch. Ein Vater, der nachts getröstet werden muss, ein Vater, der umsorgt werden muss, ein Vater, der nicht trösten kann und nicht umsorgen. Ein Mensch, der innerlich ermordet worden ist, lange bevor er Vater wurde, und fast siebzig Jahre, bevor er in einer Blutlache in seinem Badezimmer in Warschau gefunden wurde.

Aber für mich bleibt Jurek ein Mensch, der alle Kraft zusammennahm, um sein Leiden erzählbar zu machen. Kein Held. Ein Mensch, der unvorstellbar tapfer darum kämpfte, von sich selbst und seinem Leid so weit zurückzutreten, dass aus diesem schrecklichen Leid Geschichten werden. Und aus den Geschichten eine Botschaft. Eine humane Botschaft.

Eine Botschaft, die für die Deutschen bestimmt war, die viele gehört haben, die aber sein eigener Sohn nicht hören konnte. Das wusste Jurek. Denn dieser Sohn hat auch all die anderen Dinge gehört – das Weinen, wenn er nachts aufwachte, die Geschichten über die Abtreibungen und auch Jureks Satz, dass er nun Tomeks Herz schlagen werde, nicht sein Hinterteil.

Mir fällt auf, dass ich die Frage, mit der ich nach Amerika gekommen bin, gar nicht wirklich gestellt habe. Ich bin über den Atlantik geflogen, um zu verstehen, warum Jurek seinem einzigen Sohn Tomek nicht von Auschwitz erzählt hat. Und ich bin über den Atlantik geflogen, um Tomek Jureks dreißig Geschichten zu erzählen, falls er sie hören will. Stattdessen haben wir über Tomeks längst vergangene Schulprobleme geredet, über Eifersüchteleien zwischen einem Vater und einem Sohn und über die Trauerfeier einer Frau, die ich nie kennengelernt habe.

Und doch bin ich zufrieden, weil ich weiß, dass das die Dinge sind, die zwischen Tomek und Jureks Geschichten stehen. Und ich spüre, dass in mir eine Antwort wächst auf die Frage, die ich nicht gestellt habe. Eine Antwort, die mit Tomeks Geschichten zu tun hat und auch mit einem banalen Satz, der mir plötzlich einfällt. »Tomek hat einen Vater gebraucht und keinen Zeitzeugen«, heißt dieser Satz, und ich muss bei dem Gedanken lächeln, dass ich für so einen einfachen Satz so weit reisen musste.

Ich denke an meinen blauen Koffer, der im Bauch dieses Flugzeugs liegt. In diesem Koffer ist Jureks Geschichte – und zwar in einer Sprache, die Tomek versteht. Ich habe für Tomek, bevor ich in die USA fuhr, die Bänder kopiert, die die Shoah-Foundation mit Jurek aufgenommen hat. Jene Bänder, die er der Stiftung abgetrotzt und dann mir aufgeschwatzt hat. Die verwahrt werden sollten im Haus meiner Eltern, obwohl in diesem Haus damals noch niemand Polnisch verstand.

Jureks dreißig Geschichten sind mit mir in die USA geflogen und haben mit mir in Salt Lake gewartet. Ich habe sie mit meinem Koffer über den Parkplatz des Flying-J-Truckstopps gezogen und in Tomeks Truck gehievt. Sie waren ganz nah bei mir, als ich im Truck wach lag. Die Geschichten sind mit uns gereist, ohne dass Tomek davon wusste. Ich wollte sie ihm geben, zum Abschied, aber ich habe dann gemerkt, dass die Zeit dafür noch nicht gekommen ist. Nur eine einzige von Jureks Geschichten ist auch in den USA geblieben. Und ich bin nicht sicher, ob sie Tomek heldenhaft genug ist, die Geschichte von Fritz Kohlberg, den Kartoffeln und der Autowerkstatt.

Die dreißig Geschichten fliegen mit mir zurück nach Deutschland, aber in meinem Koffer liegen sie nun direkt neben dem Diktiergerät, auf das ich im Truck Tomeks Geschichten aufgenommen habe.

Ich habe nicht aufgegeben und immer geschaut auf eine Gelegenheit, um zu entkommen, aber die SS-Leute haben uns beobachtet ununterbrochen und Leute schon erschossen, weil sie sich gebückt haben zum Boden, um einen Schluck Wasser von der Pfütze zu nehmen.
Wir wurden immer weitergetrieben. Ich glaube, die SS-Leute haben gar nicht mehr gewusst, was sie weiter machen sollen, weil sie überhaupt keine Befehle mehr bekommen haben aus Berlin, und deshalb haben sie immer weitergemacht, mit altem Befehl, nämlich uns zu treiben bis zur Küste bei Lübeck. Sehr viele Kollegen sind gestorben. In allerletztem Moment vor Befreiung. Sie haben sich einfach hingesetzt und gewartet auf den Genickschuss, weil sie nicht mehr gehen konnten und wollten. Nicht eine Sekunde länger dulden.
Aber auf einmal hat sich eine Gelegenheit geboten, in welcher die SS-Mannschaft unserer Kolonne war abgelenkt, weil sie gefunden haben die Uniformen, nagelneue Uniformen von den SS-Offizieren, welche einfach so standen in einem Anhänger an dem Rand von der Straße. Das war ganz nah an der Front. Völlig chaotische Zustände sind das gewesen, aber die SS-Leute haben sofort eingetauscht ihre eigene Pistolentaschen und Gürtel und ganze Ausrüstung gegen die neueren und besseren, was eigentlich sehr dumm war, weil das waren die Sachen für die Offiziere, und wenn sie geraten sind in Hände von Russen und Engländern, haben solche Sachen sie zusätzlich kompromittiert. Uns haben sie plötzlich nicht mehr beachtet.
Ich habe gewinkt meinem Kollegen Josef und mich mit ihm geschlagen in die Büsche, ohne überhaupt aufgehalten zu werden, und als wir schon bisschen weiter weg waren, haben wir gefunden einen Haufen von den hinterlassenen Uniformen von den Flakhelfern, die wahrscheinlich getürmt waren vor der Front.
Solche Uniformen haben wir angezogen, aber darunter behalten unsere

Häftlingsanzüge, weil wir dachten, dass wir sie vielleicht brauchen als die Beweise, wenn wir geraten endlich zu den Alliierten.
Wir waren halb tot und sind eingeschlafen, in diesen Büschen, und als wir wieder wach waren, war schon nichts mehr zu hören von unserer Kolonne, aber plötzlich haben wir gehört ein Geräusch, und vor uns sind gestanden mehrere Leute – die deutschen Feldgendarmen, welche gesucht haben die getürmten Soldaten, um sie zu erschießen. Sofort.

Wir haben schon keine Chancen gehabt – weder mit Häftlingsanzügen noch als Flakhelfer. Es kam schon der Befehl, dass wir uns stellen sollen mit dem Gesicht zu den Büschen, und dann hörten wir hinter uns das Kommando »Legt an!« und warteten nur noch auf das zweite Kommando, also »Feuern!«.

Aber das passierte nicht, sondern wir hörten eine Stimme von einem Mann, welcher gesagt hat, mit ganz Berliner Betonung: »Mensch, lass se loofen, die sind doch schon halb tot. Die krepieren von alleene.« Dann hörten wir die Schritte, und dann war es ruhig. Seit diesem Tag habe ich große Liebe für Berliner Dialekt.

Und wir sind gegangen auf Frontlinie, welche so aussah, dass auf einem kleinen Hügelchen saß ein Amerikaner, welcher auf seinem Stahlhelm noch hatte den zweiten Helm, von der Pappe, welcher wohl da war, damit die Strahlen von der Sonne den Stahlhelm nicht heiß machen. Er sah sehr lächerlich aus. Er hat sich uns angeschaut, wie wir uns näherten, stolpernd, ganz langsam, und natürlich hatten wir schon ausgezogen unsere Flakuniformen und sind nur gestolpert in Häftlingskleidung.

Als wir ihn erreicht haben, hat er genommen so ein kleines Gerät – das hatte ich noch nie gesehen, so ein Telefon ohne Draht – und er sagt in dieses Telefon so was wie »I have two suvivors of a concentration camp«.

Zeittafel

Im Buch erwähnte historische Ereignisse

1. 9. 1939: Deutscher Überfall auf Polen – Beginn des Zweiten Weltkriegs

17. 9. 1939: Die sowjetische Armee marschiert im Osten Polens ein – dies war im Geheimen Zusatzprotokoll des Hitler-Stalin-Pakts vereinbart worden.

Winter 1939/40: Nach Plan der Nationalsozialisten sollen die Polen zu einem »führerlosen Arbeitervolk« gemacht werden, das den Deutschen untertan ist. Zehntausende von Intelligenzija-Angehörigen werden verhaftet.

Mai 1940: Das Konzentrationslager Auschwitz wird errichtet. Dreißig deutsche Strafgefangene werden aus dem KZ Sachsenhausen dorthin verlegt. Sie sollen als Kapos die polnischen Häftlinge beaufsichtigen, die ab Juni1940 dorthin gebracht werden.

Leben von Jerzy Hronowski (*1922 in Złoczów † 2006 in Warschau)

September 1939: Der 17-jährige Jurek büxst von zu Hause aus, um sich der polnischen Armee anzuschließen.

17. 9. 1939: Jurek gerät in sowjetische Kriegsgefangenschaft, kann jedoch fliehen.

Winter 1939/40: Vergeblich sucht Jurek seine Familie, verbringt einige Monate im sowjetisch besetzten Lemberg und kehrt dann in seine Heimatstadt Nowy Sącz zurück, die von den Deutschen besetzt ist.

24. 4. 1940: Jurek wird in Nowy Sącz von der Gestapo verhaftet, ins dortige Gefängnis gebracht und später weiter ins Gefängnis von Tarnów.

14. 6. 1940: Jurek wird im allerersten Häftlingstransport nach Auschwitz (Stammlager) gebracht. Er erhält die Häftlingsnummer 227.

6. 7. 1940: Nachdem dem Häftling Tadeusz Wiejowski die Flucht gelang, veranstaltet die SS einen grausamen Strafappell. Jurek wird dabei halb totgeschlagen.

Sommer 1940: Jurek arbeitet unter katastrophalen Bedingungen in Bau- und Erntekommandos. Er versucht besser Deutsch zu lernen, um seine Überlebenschancen zu steigern.

1940–42: In Auschwitz werden in den ersten eineinhalb Jahren vor allem Polen gefangen gehalten. Die Häftlinge müssen das KZ selbst auf- und ausbauen. Mehrere Industriebetriebe (vor allem Werke der IG-Farben) werden neben dem Konzentrationslager angesiedelt. Der Auschwitz-Kommandant Rudolf Höß richtet in Auschwitz auch landwirtschaftliche Betriebe ein. Die Haftbedingungen sind von Anfang an unmenschlich.

22. Juni 1941: Deutschland greift die Sowjetunion an, die bis zu diesem Zeitpunkt mit dem NS-Staat verbündet war.

Sommer/Herbst 1941: Hinter der Ostfront ermorden deutsche »Sonderkommandos« Hunderttausende von Juden. In Auschwitz werden »probeweise« erste Vergasungen durchgeführt.

20. Januar 1942: Auf der Wannseekonferenz plant die NS-Führung die Ermordung aller europäischen Juden. Das KZ-Auschwitz wird wegen seiner »verkehrsgünstigen Lage« als eine der Hauptvernichtungsstätten ausgewählt. Ab Februar 1942 werden dort massenhaft Juden mit Gas ermordet.

1943/44: Nach der Niederlage bei Stalingrad im Winter 1942/43 geraten die deutschen Truppen im Krieg gegen die Sowjetunion zunehmend in die Defensive. Das Besatzungsregime in Polen wird dadurch noch brutaler: Rücksichtslos wird das Land zugunsten der deutschen Kriegswirtschaft ausgeplündert. Fast drei Millionen Polen werden als Zwangsarbeiter verschleppt.

Herbst 1940: Jurek wird Heizer in der Blockführerstube. Dort findet er immer wieder Brotabfälle, die er ins Lager schmuggelt und mit anderen Häftlingen teilt.

Weihnachten 1940: Bei einem Appell werden die Häftlinge besonders grausam gequält. Viele sterben.

Ostern 1941: Jurek erkrankt an Bauchtyphus. Sein Freund Feliks Klecha rettet ihn vor der Todesspritze, indem er ihn in einem Misthaufen versteckt.

Frühjahr/Sommer 1941: Jurek arbeitet im »Kommando Kälberstall«.

Ende September 1941: Jurek wird in den Entlassungsblock verlegt.

Januar 1942: Jurek wird aus Auschwitz entlassen. Er meldet sich nicht bei der Gestapo, sondern taucht in Lemberg unter.

Januar 1942–Juni 1943: Jurek arbeitet als Gehilfe eines Lastwagenfahrers. Er hat keine gültigen Ausweispapiere.

9. Juni 1943: Jurek wird erneut verhaftet und im Warschauer Pawiak-Gefängnis festgehalten.

25. August 1943: Jurek wird wieder nach Auschwitz gebracht, dieses Mal ins inzwischen erbaute Konzentrationslager Auschwitz-Birkenau.

September 1943: Jurek wird bei einem medizinischen Versuch mit Fleckfieber angesteckt. Er überlebt knapp.

Herbst 1943: Jurek wird zum Blockschreiber auf Block 27 ernannt – eine leichtere Arbeit, bei der er sich erholen kann.

Ebenfalls Herbst 1943: Jurek wird Mitglied in der Untergrundbewegung im Lager.

Winter 1943: Jurek erlebt Selektionen mit, bei denen entkräftete jüdische Häftlinge ins Gas geschickt werden.

Mai bis Juli 1944: Ungefähr 440 000 ungarische Juden werden nach Auschwitz gebracht und die meisten von ihnen sofort ermordet. Der SS-Arzt Mengele sucht auf der Rampe Zwillingskinder aus, die er für pseudomedizinische Versuche benutzt.

Frühjahr 1944: Auf Jureks Block sind für einige Wochen die sogenannten »Mengele-Zwillinge« untergebracht.

Sommer 1944: Jurek verliert die Stellung als Blockschreiber und wird als Bauarbeiter im Außenbereich des Lagers eingesetzt. Er erlebt einen Angriff alliierter Flieger auf die Industrieanlagen neben dem KZ mit.

1. 8.–2. 10. 1944: Warschauer Aufstand. Polnische Untergrundkämpfer erheben sich mit dem Ziel, ihre Hauptstadt von der NS-Besatzung zu befreien, bevor die Rote Armee einmarschiert. Der Aufstand wird niedergeschlagen.

29. 10. 1944: Jurek wird ins KZ-Sachsenhausen nördlich von Berlin verlegt. Er leistet Zwangsarbeit in einer Autowerkstatt der Heinkel-Flugzeug-Werke.

Herbst 1944–Januar 1945: Die SS räumt Auschwitz. Die meisten Häftlinge werden nach Westen gebracht.

27. 1. 1945: Die Rote Armee befreit Auschwitz, findet dort einige Tausend völlig entkräfteter Häftlinge und tonnenweise Schuhe und Menschenhaar – Spuren des Massenmords.

21. 4. 1945: Das Lager Sachsenhausen wird geräumt, die Häftlinge werden auf einen Todesmarsch Richtung Ostseeküste geschickt.

Wahrscheinlich 29. April 1945: Jurek gelingt es, in unmittelbarer Nähe zur Front aus der Todesmarsch-Kolonne zu fliehen.

9. Mai 1945: NS-Deutschland kapituliert bedingungslos. Hitler hat bereits am 30. April Selbstmord begangen.

Sommer 1945: Jurek findet seinen Vater in einem Offiziersgefangenenlager in Dössel bei Halle wieder.

Juli/August 1945: Bei der Potsdamer Konferenz beschließen die Siegermächte die Westverschiebung Polens und somit die Vertreibung von Millionen von Menschen, vor allem Deutschen und Polen.

Oktober 1945: Jurek kehrt nach Polen zurück. Seine Eltern kommen einige Zeit später nach.

1945–47: Jurek arbeitet in Polen zunächst als Lkw-Fahrer, wird dann aber (vermutlich im Sommer 1946) zum Vizedirektor eines staatlichen Betriebs ernannt.

1947/48: Die Kommunisten erobern in Polen die Alleinherrschaft. 1947 finden Parlamentswahlen statt, deren Ergebnis zu Gunsten der Kommunisten manipuliert wird. 1948 schließen sich die linken Parteien Polens zur Polnischen Vereinigten Arbeiterpartei zusammen (Polska Zjednoczona Partia Robotnicza – PZPR), die ein stalinistisches Regime errichtet.

1948: Jurek heiratet Krystyna. Kurz darauf verliert er seinen Posten als stellvertretender Direktor, weil er nicht in die kommunistische Partei eintreten will.

1956: Nach landesweiten Unruhen wird Władysław Gomułka neuer Generalsekretär der PZPR. Er verkündet den »polnischen Weg zum Sozialismus« und stoppt die Zwangskollektivierungen.

1963–68: Im Rahmen der Frankfurter Auschwitzprozesse werden SS-Angehörige und Kapos vor Gericht gestellt.

1965: Ein Brief der polnischen Bischöfe an ihre deutschen Kollegen wird veröffentlicht. Der darin enthaltene Satz »Wir vergeben und bitten um Vergebung« wird zum Leitmotiv der christlichen Versöhnung zwischen Polen und Deutschen.

März 1968: In Warschau werden bei Studentenprotesten Reformen im Stile des Prager Frühlings gefordert. Die Proteste werden brutal niedergeschlagen.

21. August 1968: Polnische Truppen beteiligen sich an der Niederschlagung des Prager Frühlings durch den Warschauer Pakt.

7. Dezember 1970: Bundeskanzler Willy Brandt unterschreibt den »Warschauer Vertrag«. Die BRD akzeptiert somit die Oder-Neiße-Linie als faktische Westgrenze Polens. Innenpolitisch ist der Vertrag sehr umstritten. Erst im Mai 1972 wird er vom Deutschen Bundestag ratifiziert.

1952: Tomek wird geboren. Jurek arbeitet als Grafiker.

Ab 1959: Jurek beginnt als Reiseleiter zu arbeiten. Im Winter gibt er Skiunterricht in Zakopane.

April 1965: Jurek wird geheimer Mitarbeiter des polnischen Geheimdienstes.

Sommer 1965: Jurek beginnt, westdeutsche Gruppen zu betreuen und lernt Rudolf Dohrmann und Renate Gobbato kennen. Er ist von nun an regelmäßig mit deutschen Gruppen in Auschwitz.

Weihnachten 1967: Jurek feiert Weihnachten in Wolfsburg. Er kommt nun regelmäßig nach Deutschland.

März 1968: Jurek sagt im dritten Frankfurter Auschwitzprozess als Zeuge aus.

Mai 1968: Der 16-jährige Tomek zieht nach einem Streit mit seinem Vater aus.

Sommer 1968: Jurek betreut in Auschwitz zusammen mit Renate Gruppen der Aktion Sühnezeichen Friedensdienste (ASF).

Februar 1971: Jurek nimmt an der Konferenz »Friede mit Polen« in Frankfurt am Main teil.

Siebzigerjahre: Jureks Arbeit für ASF endet im Streit, er ist aber weiter als Reiseleiter tätig und betreut Gruppen in Auschwitz. Jurek organisiert Parlamentarierreisen und lernt so westdeutsche Politiker kennen. Immer wieder hält er in Deutschland Vorträge.

1979: Tomek wandert in die USA aus.

August 1980: Nach einer Welle von Streiks lässt die kommunistische Regierung die Gründung der unabhängigen Gewerkschaft Solidarność zu. Die

1981: Jurek und Krystyna wollen Tomek besuchen, sie erhalten jedoch

Zensur wird gelockert, umfangreiche Reformen werden begonnen.

13. Dezember 1981: General Wojciech Jaruzelski verhängt das Kriegsrecht. Die Solidarność wird verboten, die Gewerkschaftsführer werden interniert.

Anfang 1982: Im Kreis ehemaliger Auschwitzhäftlinge kommt der Verdacht auf, dass Jurek für den Geheimdienst arbeitet.

1989: Am sogenannten »Runden Tisch« handelt die polnische Regierung mit Oppositionsvertretern eine Liberalisierung der Politik aus. Die Solidarność wird wieder zugelassen und halbfreie Wahlen finden statt, die die Solidarność mit deutlichem Vorsprung gewinnt. Tadeusz Mazowiecki wird erster nichtkommunistischer Ministerpräsident.

1990: Erst mit dem Zwei-plus-Vier-Vertrag erkennt die Bundesrepublik die Oder-Neiße-Grenze endgültig an.

1999: Polen wird Nato-Mitglied.

2004: Polen tritt der Europäischen Union bei.

2006–2007: Während der Regierungszeit von Premierminister Jarosław Kaczyński wird deutlich, dass es im deutsch-polnischen Verhältnis trotz aller Annährung noch viele unaufgearbeitete Probleme gibt.

zunächst keine Genehmigung. Erst Anfang Dezember können sie in die USA reisen. Sie kommen unmittelbar nach der Ausrufung des Kriegsrechts zurück.

1986: Jurek geht in Rente. Er entwickelt die Idee, ein Buch über sein Leben zu schreiben.

1986–1995: Jurek betreut weiterhin gelegentlich deutsche Gruppen in Auschwitz.

1996: Jureks Frau Krystyna stirbt an Krebs.

1997–2006: Jurek arbeitet als Zeitzeuge in der Jugendbegegnungsstätte Auschwitz.

Herbst 1998: Katarina Bader lernt Jurek kennen.

1999–2000: Jurek beginnt mit Walter Bader an einem Buch über sein Leben zu schreiben.

2001–2006: Wegen Angstzuständen ist Jurek wiederholt in psychiatrischer Behandlung.

2000–2002: Jurek arbeitet mit Moritz von Trucheß an seinem Buch.

2002: Jurek arbeitet mit Ben Schaffer an seinem Buch.

17. 2. 2006: Jurek stirbt in Warschau.

Dank

Ich hätte dieses Buch nicht schreiben können, wenn mir nicht viele Menschen ihre Geschichten und ihre Erinnerungen an Jurek anvertraut hätten. Ich bedanke mich für das Vertrauen und die Bereitschaft, auch schmerzliche und kontroverse Gespräche zu führen, ganz besonders bei Tomek und Merek Hronowski, Rudolf Dohrmann, Renate Gobbato, Walter Bader, Karl-Friedrich Barth, Moritz und Elisabeth von Truchseß, Ben Schaffer, Ulrich Wegner, Peter Gollnik, Peter Rautenberg, Leszek Szuster, Kazimierz Albin und August Kowalczyk.

Dafür, dass sie an das Buch geglaubt haben und das Erscheinen in dieser Form möglich gemacht haben, danke ich meinem Lektor Lutz Dursthoff und meiner Agentin Diana Stübs.

Außerdem möchte ich einigen Menschen danken, die mich sehr unterstützt haben, während ich an diesem Buch gearbeitet habe: Elisabeth Hoppe, Beatrice, Rudolf und Pauline Spindler, Margarethe Simpfendörfer, Ursula Bader und Agnieszka Mazurczyk, sowie meinen Kollegen und Mentoren von den Osteuropastudien in München Petra Stykow, Ruth Schneider und Martin Schulze Wessel, die nicht nur verstanden haben, dass ich dieses Buch unbedingt schreiben muss, sondern mir auch mit wertvollen Anregungen dabei geholfen haben. Danke!

Literaturhinweis

Jerzy Hronowski: Leben – Erinnerungen. Staatliches Museum Auschwitz-Birkenau / Stiftung für die Internationale Jugendbegegnungsstätte, Oświęcim 2008

August Kowalczyk: Stacheldraht-Refrain. Eine wahre Triologie. Staatliches Museum Auschwitz-Birkenau, Oświęcim 2008

Kazimierz Albin: Steckbrieflich gesucht. Staatliches Museum Auschwitz-Birkenau, Oświęcim 2008

(Die drei vom Staatlichen Museum Auschwitz herausgegebenen Bücher sind nicht im Buchhandel erhältlich, können aber unter folgender Adresse bestellt werden: Internationales Auschwitz Komitee, Stauffenbergstraße 13/14, 10785 Berlin; E-Mail: susanne.goldstein@iak-berlin.de.)

Wiesław Kilar: Anus Mundi. Fünf Jahre Auschwitz. Fischer Taschenbuch Verlag, Frankfurt / Main 1982

Susann Pásztor. Ein fabelhafter Lügner. Roman. Gebunden

Joschi Molnár bleibt ein Rätsel. Der famose Fabulierer hat seinen Kindern etliche Versionen seines Lebens hinterlassen. Als sich die Halbgeschwister Hannah, Marika und Gabor in Weimar treffen, um Joschis hundertsten Geburtstag zu feiern, prallen Welten aufeinander. In rasanten Dialogen und skurrilen Szenen nähern sie sich der Wahrheit – und finden zueinander.

Edna Mazya. Über mich sprechen wir ein andermal. Roman.
Deutsch von Stefan Siebers. KiWi 1149

Eine deutsch-jüdische Familie, drei Frauengenerationen und ihr Kampf um Unabhängigkeit und Lebensglück – mit hinreißendem Humor und einem vortrefflichen Gespür vor allem für die komischen Seiten der Verzweiflung schreibt Edna Mazya in ihrem Roman über drei selbstbewusste Frauen, die die Schwächen ihrer Mütter zwar verachten, deren Fehler aber trotzdem wiederholen.

»Eine packende Geschichte, die von einer raffinierten Dramaturgie und Empathie gekennzeichnet ist.« *Die Welt*

www.kiwi-verlag.de KiWi PAPERBACK